让 我 们 一 起 追 寻

NE

〔美〕迈克尔·多布斯（Michael Dobbs）/ 著

午夜将至

MM

INUTE TO　　　　　　　　　　　IDNIGH

Kennedy, Khrushchev, and Castro on the Brink of Nuclear War

核战边缘的肯尼迪、赫鲁晓夫与卡斯特罗

陶泽慧　赵进生 / 译

社会科学文献出版社

SOCIAL SCIENCES ACADEMIC PRESS (CHINA)

MISSILE SHELTER TENTS

LAUNCH CONTROL

THEODOLITE STATION

CABLING

2 VANS UNDER

MISSILE STAND & FLAME DEFL

MISSILE ERECTOR

CAMOUFLAGE NETTING

MISSILE STAND & FLAME DEFL

CHERRY PICKER

本书获誉

多布斯的写作非常出色，为各种来源的线头穿针引线，编织到这个惊心动魄的人类故事中……里面有许多值得铭记的人物，他们身处极端的境遇，应对着完全陌生的状况……《午夜将至》令人们联想起艾伦·弗斯特、约翰·勒卡雷和格雷厄姆·格林等小说家。

——《华盛顿邮报图书世界》

我本以为关于古巴导弹危机的书已经写到头了，可这本写得真好。

——马德琳·奥尔布赖特，前美国国务卿

令人沉迷……这本书极大地增进了我们对那个多事之秋的理解。

——彭博新闻社

令人不寒而栗……多布斯让那些彼时尚未出生，或勉强能体会其父母恐惧的人们身临其境般地体验了这些时日，他还把当时的焦虑感带回给那些经历了这场危机的人，这是他最大的成就。

——《波士顿环球报》

生动地描绘了政府权能的谨慎运用及其限度……如今日益

壮大的新闻领域对六七十年代有颇多事后观，本书是其中值得打开的一个入口。

——美国国家公共广播电台

予人启发……无论是对这一重大事件层层递进的讲述，还是引导读者废寝忘食地阅读，这本书都非常成功，毫不逊色于任何惊险小说。

——《休斯敦纪事报》

《午夜将至》绝对是一本杰作，情节跌宕起伏，令人废寝忘食地阅读，同时它还是一本重要的学术之作。多布斯的调研令人震惊。任何其他关于古巴导弹危机的书都不敌本书的成就。

——马丁·舍温，《美国的普罗米修斯》合著者

丰富的细节和紧凑的时间顺序为这本书染上了一层汤姆·克兰西的惊险小说色彩，《午夜将至》探究的一些历史差错令人心跳加速。

——《圣路易斯邮报》

本书包含新的信息与视角，其分析令人毛骨悚然，追寻了那些差点毁灭地球的事故与误算。

——《美国历史杂志》

这是一部对古巴导弹危机的私人特写。多布斯的结论毫无疑问是正确的……在我们为古巴导弹危机去神秘化的近二十五

年间,《午夜将至》无疑是顶峰之作,它改变了我们对这场危机的理解,让我们明白这场危机绝不是冷战旧事中的一个乏味案例,而是一桩差一点令人类毁于一旦的灾难性事件。

——詹姆斯·布莱特,布朗大学沃森国际研究所,

真相挖掘网(www. truthdig. com)

引人入胜……多布斯的这本书无论在历史方面还是在文学方面都做出了卓越的贡献,为我们提供了另外一个清晰的视角,探查一场核灾难是如何一分一秒地得到化解。

——《普罗维登斯日报》

当国家面临危机的时候,政治领袖要三思再三思,避免鲁莽行动,这非常重要。这本书逐日描述的视角,告诉我们两位世界领袖约翰·肯尼迪和尼基塔·赫鲁晓夫如何展示了他们处理危机的能力。多亏了他们,人类才得以幸存,我们才有机会读到这本书。

——谢尔盖·赫鲁晓夫

毫无疑问,这本书是我们现有的关于古巴导弹危机的最全面和准确的描述,而且在很长一段时间内都会如此。一流的历史和一流的可读性。

——雷蒙德·加特霍夫大使,前情报分析师,

《古巴导弹危机反思》作者

在那几个折磨人的日子里,世界濒于核毁灭边缘,而多布斯写就的这部"编时史"无疑是引人入胜的。为了弄清事件

的本质，明确当时的工事，他研究了危机期间拍摄的照片；多布斯是第一位运用这些重要照片的史学家。

　　　　　　　　　——迪诺·布鲁焦尼，《眼球对眼球》作者

中文版序

亲爱的中国读者：

　　我这本关于古巴导弹危机的小书《午夜将至》能够在中国出版，心里很是高兴。尽管这是本历史作品，但我相信它对当今的世界也有颇多助益。倒回至1962年，那个时代的国际事态几近失控，我们需要的是能够清醒地做出可靠决策的领导人，不仅是为了本国国民的福祉，也是为了全人类的福祉。

　　古巴导弹危机是人类历史上最为危急的时刻，两个敌对的超级大国前无古人、后无来者地站在世界毁灭的悬崖边缘，而我写作《午夜将至》的目的，就在于为这一事件披露出新的内涵。我想把诸位读者领至华盛顿、莫斯科和哈瓦那的"权力走廊"幕后，领至冷战的前线，那里部署着潜艇、飞机和导弹基地，两边对峙的军队已经为核战争做好准备。尽管我们今天面对的国家安全问题和1962年的截然不同，苏联早已不复存在，中国已经发展成一个军事大国，种族冲突在世界的大部分地区蔓延，但是爆发战争的风险依然很高。

　　在这种种危机之中，最有可能的便是突发战争。所谓的"突发战争"主要指由于政治失策、反常事件、领导人之间的信息沟通缺失以及单纯的人为失误，导致冲突失控进而爆发的战争。约翰·肯尼迪和尼基塔·赫鲁晓夫都亲身经历过战争恐惧的洗礼，都是理性之人。两人尽管都曾部署过自己难以驾驭的军事力量，迫使所有人离核战争仅有一步之遥，但他们都不愿让这个世界一头扎进核末日的深渊。

　　肯尼迪和赫鲁晓夫的优点在于他们明白（也许有点姗姗来迟），即便是最睿智、最强势的领导人，也不可能完全把控事态的发展。正如我在书中所言，1962 年，真正的危险并非来自那些"理性的角色"，而是来自于那些"非理性的角色"，他们意外地登上舞台，却有可能改变历史的走向。那个在1962 年 10 月 27 日飞往北极执行采集空气样本任务，却误入苏联领空的美国 U-2 侦察机飞行员便是最具代表性的例子。无论是肯尼迪还是他的那些顾问，都对这架在关键时刻偏离航道的 U-2 侦察机一无所知。他们同样不知道的是，事发之后，苏联派遣了几架米格战斗机，试图击落这架迷路的 U-2侦察机，而美国空军在仓促之中竟派出载有核武器的 F-102战斗机飞往白令海峡应战。

　　肯尼迪和赫鲁晓夫就这样把世界带到了灾难的边缘，但他们也有足够的智慧，懂得在为时已晚之前各退一步。这场危机教会我们人的品格是多么重要。古巴导弹危机证明了在政治中，人的品格有时候可以起到多么重要的作用。如果在 1962年担任美国总统和苏联总书记的是其他人，那么结果可能就会大不相同。

　　我们这个世界在 1962 年 10 月与核毁灭擦身而过。即便只是为了阻止这样的时刻再度发生，我们也有充分的理由继续研究古巴导弹危机。

迈克尔·多布斯

2015 年 4 月

献给奥利维娅

目　录

地图目录

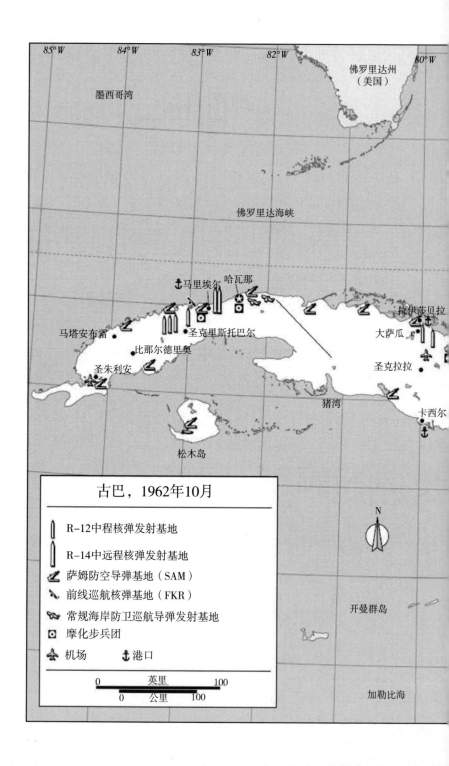

古巴，1962年10月

R-12中程核弹发射基地

R-14中远程核弹发射基地

萨姆防空导弹基地（SAM）

前线巡航核弹基地（FKR）

常规海岸防卫巡航导弹发射基地

摩化步兵团

机场　　港口

前　言

　　鲜有历史事件会像古巴导弹危机那样受到如此多的研究和分析。古巴导弹危机（1962 年 10 月）发生的十三天，是人类历史上距离核战争毁灭最近的一次。无以计数的杂志、书本、纪录片、研究总统决策的论著、大学课程、冷战两大阵营的会议和好莱坞电影，都对这十三天进行了探究。尽管关于这一事件的文献卷帙浩繁，但类似电影《最长的一天》或《总统之死》那样分秒详尽的叙事却尚未出现。

　　大多数关于这场危机的作品不是回忆录，就是学术研究，关注的是这个宽泛而复杂的话题的某一方面。如此浩瀚的学术文献似乎淹没了关于人的故事：20 世纪的一次史诗般的、调动了第二次世界大战以来最大规模人力和物力的事件，巨大压力下的生死抉择，从柯蒂斯·李梅（Curtis LeMay）到切·格瓦拉（Che Guevara）的巨大人物阵容，每个角色都有独特的故事。

　　在本书中，我想重点展开叙述小阿瑟·M. 施莱辛格（Arthur M. Schlesinger, Jr.）所称的"人类历史上最危险的时刻"，帮助新一代的读者再现冷战中这次极具代表性的危机。对肯尼迪政府来说，1962 年 10 月 27 日是一个"黑色星期六"。这一天跌宕起伏，令人如坐针毡。这一天，地球离核毁灭如此之近。这一天，约翰·F. 肯尼迪（John F. Kennedy）和尼基塔·S. 赫鲁晓夫（Nikita S. Khrushchev），两股对立意识形态的代表人物，将地球拖入核毁灭边缘。这一天，他们离坠入深渊仅有一步之遥。如果说古巴导弹危机是冷战的关键性时刻，那么"黑色星期六"就是古巴导弹危机的决定性时刻。换言之，毁灭日之钟的时针离午夜只差一分钟。

这一天的开始，是菲德尔·卡斯特罗（Fidel Castro）用电报请求赫鲁晓夫使用核武器打击他们的共同敌人。这一天的结束，是肯尼迪兄弟私下提出条件，撤走美国在土耳其部署的导弹以换取苏联导弹撤离古巴。同样是这一天，苏联核弹头被运到古巴导弹基地，U－2 侦察机在古巴东边被击落，另一架 U－2侦察机在苏联领空迷失方向，苏联核潜艇被美军的深水炸弹强行逼出水面，古巴对低空飞行的美军侦察机开火，参谋长联席会议通过了全面入侵古巴的计划，苏联将战术核武器部署到距关塔那摩美国海军基地 15 英里的范围内。以上任一事件都可能触发两个超级大国动用核武器。

我试着结合历史学家的方法和新闻工作者的技巧来讲述事件。距导弹危机发生已久远，档案开放的程度足以再现当时的绝大部分机密。许多危机的亲历者仍旧在世，并且乐意回顾当时的情景。在两年的深入研究中，我深度挖掘了旧有记录，采访了亲历者，拜访了古巴的导弹部署遗址，研究了数千幅美国侦察机拍摄的照片。我感叹从中发现的新材料如此充裕。最具启发的往往是那些角度不同、内容各异的材料，比如对苏联老兵和美国情报拦截员的采访、美国 U－2 飞行员的回忆录等。此外，我还在国家档案馆发现该飞行员驾机误入苏联两小时的飞行路线图，这份地图先前从未公布。

尽管研究导弹危机的学术作品汗牛充栋，世人未知的故事仍然多不胜数。本书出现的许多苏联老兵，有的曾操控核弹头并且瞄准美国城市，这些人以前从未接受过西方学者的采访。

xiv

据我所知，导弹危机的研究者们尚未开始研究档案馆中数百盒情报录像带原片，而这些材料却详细记录了关于古巴导弹基地的建造和投入使用的过程。本书首次通过利用这些档案资料而确定了 10 月 24 日那天早晨美苏两国军舰的位置。用迪安·腊斯克（Dean Rusk）的话来说，那天双方已经到了"眼球对眼球"的地步。

其他史料资源也是专门研究总统决策的学术圈子的参考重点。最典型的例子就是肯尼迪和他最亲密的顾问长达 43 小时的磁带录音，苏方学者曾对这些录音进行详尽的研究。白宫的录音是十分重要的历史记录，却也只是这个大事件的冰山一角。危机期间，流入白宫的部分信息是不真实的，仅仅依赖罗伯特·麦克纳马拉（Robert McNamara）和约翰·麦科恩（John McCone）作为总统助理的声明，而不用其他历史记录佐证，就很可能以讹传讹。在下面的叙述中，我将指出一些最明显的错误。

正如新千禧年的头几年，20 世纪 60 年代初期也是经济、政治和科技经历剧变的年代。帝国一个个消亡，新的国家纷纷加入联合国，世界的版图被重新划分。当时的美国享有绝对的战略领先地位，而这样的地位也招致了强烈的不满。纵使强者也有脆弱的一面：美国的中心地带前所未有地遭到了来自遥远的他国的巨大威胁。

当时的世界就像今天一样经历着科技革命的阵痛。飞机能够以音速飞行，电视能够瞬间跨洋传送大量图像，按几下按钮便可触发全球性的核战争，世界正成为马歇尔·麦克卢汉（Marshall McLuhan）所称的"地球村"。然而，变革却还只是

半成品：人类的能力足以让世界瞬间毁灭，却仍需要借助星星
导航；美国人开始探索太空了，但苏联驻华盛顿大使却还需要
召唤信使骑着自行车来大使馆取电报，以便将电报传至莫斯
科；美国军舰能够迅速接收来自月球的信息，却需要数个小时
才能解密一份最高机密情报。

　　古巴导弹危机告诉我们，历史总是充满难以预知的曲折
变化。历史学家们喜欢从一些难解的事件中找出逻辑、先后
顺序以及必然性。正如丹麦哲学家索伦·克尔凯郭尔（Søren
Kierkegaard）所说的，历史是"向前进行"但"向后理解"
的。我试着呈现一种故事正在进行的状态，情节是向前发展
而不是向后倒退的，以为读者保留故事的悬念和不可预知的
情节。

　　为让读者了解"黑色星期六"的背景，本书以"十三天"开
头。"十三天"因为博比·肯尼迪（Bobby Kennedy，罗伯特·肯
尼迪的昵称）的 1968 年回忆录而名声大噪。我把危机第一周
（也就是在约翰·肯尼迪向赫鲁晓夫发出最后通牒前、华盛顿
进行艰难抉择的那一周）的故事压缩成一章。随着事件发展
步伐加快，叙述也会越来越详细。我用了六个章节讲述从 10
月 22 日星期一到 10 月 26 日星期五发生的事情；在本书的后
半部分，我详尽描述了危机高峰的"黑色星期六"以及危机
解除的 10 月 28 日早晨。

　　古巴导弹危机是全球性事件，波及全球二十四个时区同一
时段所发生的事件。故事发生在不同的地点，从华盛顿、莫斯
科和古巴，到伦敦、柏林、阿拉斯加和南太平洋，甚至还包括
北极。为了方便读者理解，本书涉及的所有时区的时间均换算
成了华盛顿时间（并在括号内注明当地时间），每页的页眉则

注明当前时间。

　　本书的情节其实很简单：分别来自华盛顿和莫斯科的两个人竭力摆脱他们所释放的核危机恐惧。然而，正是危机过程中那些次要的情节让故事充满了戏剧性。如果说那些看似次要的角色会随时上升为故事的主角，那么也不难理解，书中看似次要的情节也能随时喧宾夺主。真正的问题不是肯尼迪或赫鲁晓夫是否愿意遏制危机，而是他们能否遏制。

第一章　美国人

1962 年 10 月 16 日，星期二，中午 11：50

中央情报局的首席图像分析师此刻正站在总统面前。阿瑟·伦达尔（Arthur Lundahl）手中握着指示棒，他将马上向总统揭示一个几乎会让世界陷入核战争的机密。

这秘密正藏在三张黑白照片里。照片贴在黑色公文包里面的一个消息板上，显然是用强大的变焦镜头从高处往下拍摄的。乍一看，颗粒感十足的图像显示的是田野、森林、曲折的乡间小道，一派平和的田园风光。在其中一片空地上，可看到管状物体。其他地面上则是排列整齐的椭圆形白点。约翰·F. 肯尼迪后来回忆说，自己将这里误认为是"足球场"。那天早上看过这些照片后，他的弟弟罗伯特·肯尼迪还以为这只是"腾出土地做农场或者盖房打地基"而已。[1]

为帮助肯尼迪总统了解这些图的重大意义，伦达尔用箭头标出了这些点和小块，用大写字母标明"竖直发射设备""导弹拖车"以及"帐篷区"。他正要展示消息板的时候，突然听到门外一阵吵闹。一个四岁的小女孩冲进了白宫守卫最为森严的房间。

房间里 14 位美国权力顶层的人都看向了门口，只见卡罗琳·肯尼迪（Caroline Kennedy）跑向父亲，激动地说着："爸爸，爸爸，他们不放我朋友进来。"[2]

这些面色阴沉的黑衣人早已习惯这样的场面。看到总统从皮垫椅子上起身并把孩子领到了内阁会议室的门口，他们都放松了紧皱的眉头，露出了笑容。

"卡罗琳，你吃糖了吗？"[3]

没有回答。总统露出微笑。

"告诉我，是吃了，还是没吃？"

4　　　总统将手搭在女儿肩膀上，父女俩走出去了几秒钟。当肯尼迪再回到办公室，又是一脸的严肃。他坐在放着总统徽章的长桌正中间，背对着玫瑰花园。他身旁分别是国务卿和国防部长，对面是他弟弟、副总统以及国家安全顾问，他们身后放着林肯的半身铜像，铜像周围则是几尊帆船模型。壁炉上方右侧是经过美化、头戴假发的乔治·华盛顿的肖像，它是由大名鼎鼎的吉伯特·斯图尔特创作的。

肯尼迪总统宣布会议开始。

肯尼迪听着关于克里姆林宫"表里不一"的证据。在旁人眼里，他显得异常平静。苏联人表面声称无能力、无意图，实际上却早已私下在离美国海岸不到 100 英里的古巴部署了地对地核导弹。在中央情报局看来，导弹的射程达 1174 英里，能够打击美国东部沿海大部分地区。如果装上核弹头发射的话，13 分钟内就可在华盛顿上空爆炸，将这个美国首都变成一片焦土。[4]

伦达尔从他的包里取出消息板，放到桌上，他用指示棒让总统注意到发射起竖器附近的导弹拖车，拖车上盖有帆布，而附近的地面上还停有 7 辆这样的导弹拖车。

"你怎么知道这是中程弹道导弹？"总统问道。他的声音短促而紧张，表面的平静却掩饰不了随即喷发的怒火。

"是从长度来判断的，总统先生。"[5]

"什么？从长度？"

"是的，物体的长度。"

在过去 36 个小时里，中情局专家们仔细研究了关于古巴西部山丘溪谷的数千张侦察照片。他们发现了照片中有连接椭圆圆点和管状物体的信号电缆。他们用一台半间房大的新型曼恩模型 621 号（Mann Model 621）比测仪测量了管状物体的长度，长达 67 英尺。在莫斯科红场的阅兵仪式上，他们曾拍到同样长度的导弹。

总统问了一个无法逃避的问题：导弹是否准备好可以发射？

专家们并不确定，因为这得看导弹和核弹头的装接速度。一旦装接好，几个小时之内就可以发射。目前尚无证据显示苏联已把核弹头运到导弹基地。如果弹头已经送达的话，在附近应该看得到安全储存设施，但是目前显然没有。

"我们有理由相信那里还没有核弹头，这说明他们还没有准备发射。"国防部长罗伯特·S. 麦克纳马拉说道。此人曾任福特汽车总裁，他的大脑就像计算机一样高速运转，推算着苏联发动突袭的可能性。他认为总统仍有足够时间来应对。

参谋长联席会议主席马克斯维尔·泰勒（Maxwell Taylor）将军则持不同看法。他曾在二战期间指挥诺曼底空降任务，也在柏林和朝鲜战场指挥过盟军。他必须提醒总统，不可延误战机，不然后果不堪设想。苏联人很可能以"迅雷不及掩耳之势"发射核弹头。大部分设施已准备妥当，"绝不是等着混凝土完工的问题"。

总统的顾问们已然分成鹰派和鸽派了。

肯尼迪早上已经收到初步情报简报了。上午 8 点刚过，他的国家安全顾问麦乔治·邦迪（McGeorge Bundy）就已经等候在白宫二楼总统卧室的门前了。总统穿着睡衣从床上起身，此前正读着早晨的报纸。他常常被《纽约时报》的头条惹急。而今天，他的怒火则是烧向他的前任，也就是德怀特·D. 艾森豪威尔。前总统卸任后不公开批评现任总统，这已经是一条不成文的惯例，艾森豪威尔却打破了这个惯例。

艾森豪威尔称总统对外软弱

——

抨击总统"成绩平平"

质疑肯尼迪的"成就论"

——

认为美国处境堪忧

听着邦迪介绍 U－2 侦察机在古巴的最新任务，他对艾森豪威尔的怒火又转向他的冷战对手。过去两年里，他和尼基塔·赫鲁晓夫公开进行核军备较量。但是，肯尼迪自以为了解这位反复无常的苏联领导人。赫鲁晓夫曾通过中间人向肯尼迪传达一个信号，那就是他不会在国会中期选举前做出任何让肯尼迪难堪的举动，而现在离中期选举也就只有三周的时间了。

苏联人在古巴建立导弹基地的新闻来得可谓不是时候。在 60 年代的总统大选中，肯尼迪曾拿古巴问题刁难共和党人，批评艾森豪威尔眼睁睁看着菲德尔·卡斯特罗一步步把古巴变成"全民皆兵、穷兵黩武的共产主义卫星国"。[6] 现在民主党上台了，两党的政治角色也调换过来了。共和党人拿苏联在古巴的军事力量报告大做文章，借此抨击肯尼迪软弱无能。纽约州共和党议员肯尼思·B.基廷（Kenneth B. Keating）曾说，苏联马上就要从他们在加勒比的基地向美国的中心地带发射火箭导弹。[7]两天前，肯尼迪曾派邦迪上电视来公开反驳这样的论断。

从邦迪那里得知自己被赫鲁晓夫摆了一道的消息后，肯尼迪显得气急败坏，"竟然这么耍弄我！"过了一个钟头，他走到秘书肯尼·奥唐奈（Kenny O'Donnell）的办公室，面色阴沉地说："看来下任总统会是肯·基廷的了。"[8]

为了尽可能防止走漏风声，肯尼迪决定继续遵循往常的日程安排，绝不表现出任何异样。他向从太空归来的宇航员一家人炫耀自己女儿卡罗琳养的矮种马，和民主党国会议员亲切交谈了半个小时，并主持了一场有关智障话题的会议。直到将近中午，他才从这些日常事务中脱身，去会见他的高级外交顾问。

肯尼迪承认他无法摸透赫鲁晓夫的性子。这个金属工人出身的大国领袖不同于他所接触的其他政客：时而谄媚，时而粗鄙，时而亲切友善，时而咄咄逼人。他们仅有的一次会面是在1961年6月的维也纳，那次会面让肯尼迪终生难忘。当时，赫鲁晓夫向肯尼迪数落美国的恶行，那架势就像教训一个小孩子。他还叫嚣着要夺取柏林，并向肯尼迪鼓吹共产主义制度终将胜利。最令肯尼迪诧异的是，赫鲁晓夫似乎不像自己那样担心核战争的危险，也不在意任何一方的错误判断可能触发的核战争。赫鲁晓夫谈起核武器是那样的满不在乎，好像那仅仅是两个超级大国较劲的一个小插曲。他声称，如果美国要挑起战争的话，就"随时奉陪"。[9]

事后，肯尼迪告诉《纽约时报》的詹姆斯·赖斯顿（James

Reston），说这是他"生命中最煎熬的时刻"，"他把我狠狠地教训了一顿"。副总统林登·B. 约翰逊（Lyndon B. Johnson）非常瞧不起这位总统的表现。他对他的心腹说："赫鲁晓夫快把他吓出心脏病了。"英国首相哈罗德·麦克米伦（Harold MacMillan）在维也纳之后也见到肯尼迪，他对总统的遭遇表示同情。他认为总统"完全被苏联总书记的粗鲁和野蛮吓得不知所措了"。"肯尼迪的一生中首次碰到一个对他的魅力无动于衷的人，"麦克米伦后来说道，"这让我联想起哈利法克斯外交大臣和张伯伦万般小心地避免和希特勒谈崩的情形。"[10]

这其中也确有肯尼迪总统的政策失误。最大的失误就是猪湾事件。1961 年 4 月，上任四个月后，肯尼迪批准了由中情局训练的 1500 名古巴流亡者入侵古巴的计划。然而，这次行动无论在计划安排上还是执行上，都可谓是巨大的败笔。卡斯特罗进行了成功的反击，把流亡者围堵在一块四面孤立的滩头。肯尼迪急于摆脱美国与这次侵略行动的干系，拒不让古巴近海的军舰和飞机援救这些寡不敌众的流亡者。结果，那些人多数被关进了古巴监狱。事后肯尼迪向赖斯顿承认，他的对手肯定认为他"没经验，甚至觉得我是傻瓜，更可能觉得我缺乏胆识"。[11]之后他一直努力扭转"没经验和缺乏胆量"的领袖形象。

来自古巴的消息加深了赫鲁晓夫在肯尼迪心中"该死的骗子"的印象。[12]他向自己的弟弟吐苦水，形容这位苏联领袖的言行是"流氓做派，既不像个政治家，也不像个有责任感的人"。[13]

当务之急是如何应对。增加 U－2 侦察机对古巴的侦察活动是必然的。在军事打击方面，可以对导弹基地的目标进行空袭，也可以全面侵略古巴。泰勒将军警告说，空袭是不可能一次性摧毁所有导弹的。"总统先生，我们无法做到百分百全部摧毁。"任何军事行动都可能迅速升级为全面侵略。入侵古巴需要在空袭结束后用 15 万兵力登陆古巴。可到了那个时候，苏联可能会朝美国发射一两颗核导弹。

8

"当然选第一个方案，"肯尼迪冷冷地对助手说道，"我们要清除这些导弹。"他指的是空袭。

10 月 16 日，星期二，下午 2∶30

那天下午，在宽敞的司法部长办公室与美国秘密对抗卡斯特罗的负责人会面时，罗伯特·肯尼迪眼里仍然带着怒火。他下定决心要跟他们传达总统对猫鼬计划的"不满"。[14]计划已经进行了一年，却颗粒无收。他们规划了一次又一次的破坏行动，却不见一次成功。卡斯特罗和他的留着胡须的革命派多掌权一天，美国就多一天受辱。

来自中情局、五角大楼和国务院的官员面对司法部长围成半圆而坐。墙上是这位司法部长的孩子创作的水彩画，以及政府统一规格的艺术品。在凌乱的、铺满纸张的桌上有一份文件，是两页纸的备忘录，上面写有"猫鼬机密"。除此之外，还有在古巴酝酿暴动的最新方案。肯尼迪兄弟曾要求方案应更加"大胆"，中情局的人因此制定出了这样的方案。罗伯特读着这个清单，赞同地点了点头。清单上列有：

· 炸毁比那尔德里奥省（Pinar del Río）的铁路桥梁

· 手雷袭击中国驻哈瓦那使馆

· 在通往古巴主要港口的路段埋地雷

·对哈瓦那或马坦萨斯（Matanzas）郊外的储油罐放火

·使用燃烧弹袭击哈瓦那或圣地亚哥的炼油厂[15]

　　司法部长的头衔掩盖了罗伯特在政府中的真正角色，其实他的地位近似于美国副总统。他除了头衔的职责以外，还要带领一支秘密的委员会，名为"特别小组"（"增强组"）。这个小组的目标是"除掉"卡斯特罗，将古巴从共产党的统治中"解放"出来。总统弟弟加入这个小组，尤其是"增强组"这个神秘的用词，表明这个小组相对于其他机构的重要性。自1961 年 11 月接手猫鼬计划起，博比就曾表示"古巴问题是美国议程的当务之急，必须不惜一切人力、时间、资金和力量解决"。[16]巧的是，就在他安排对小组行动计划进行远期回顾的那天，美国在古巴发现了苏联导弹。

　　对特别小组讲话的时候，博比的措辞显得十分谨慎。这间屋子里的半数官员都不了解事态的最新进展，而总统也强调要完全保密。然而，在谈到"过去 24 小时里美国政府氛围发生的变化"时，他仍然按捺不住自己的怒火。他对破坏行动毫无进展而感到十分失望，宣布他将把更多精力放在猫鼬计划上。为此，在得到进一步通知前，他将于每天早晨 9 点 30 分和猫鼬计划行动成员开会。

　　对博比来说，苏联导弹出现在西半球并不仅仅是政治上的挑衅，更是对人的挑衅。他是肯尼迪家族中较为情绪化的一员，相比于文雅而安静的哥哥，他显得急躁而鲁莽。约翰·肯尼迪一次又一次被卡斯特罗和赫鲁晓夫羞辱，作为弟弟的他很想出口恶气。博比争强好胜，即使与肯尼迪家族一贯争强好胜的作风相比，他也尤甚，而且他有怨必报。肯尼迪家族的家长约瑟夫·肯尼迪曾说："肯尼迪家族的人都是懂得原谅的，博比除外。"[17]

他在早上接到约翰的电话，得知了苏联导弹的消息。"我们有麻烦了"，总统这么告诉他。他立即赶到了邦迪在白宫的办公室，对着侦察机拍到的照片仔细研究。"他妈的，他妈的！"[18]他怒喊着，拳头狠狠打在另一只手掌上。"狗娘养的俄国佬。"面对坏消息，约翰显得更加冷静而沉着，而博比则是在屋内踱来踱去，一边骂娘一边将拳头举到胸前，好像随时会给谁来一拳似的。

博比对赫鲁晓夫十分恼火，但他也对美国的官爷们非常不满，这些人天天嘟囔着要解放古巴，却从没有过任何实际行动。他对自己也十分恼火，虽然反卡斯特罗人士和在古巴境内潜伏的中情局特工源源不断地给他消息，可当苏联否认导弹基地的时候，他竟然也信以为真了。后来他写道："当时大家都十分震惊，表示难以置信。我们被赫鲁晓夫耍了，但其实我们自己也耍了自己。"[19]

过去一年里，肯尼迪兄弟为报复卡斯特罗想尽了法子，只差全面入侵古巴了。博比在 1961 年的备忘里这样写道："我的想法是让古巴人对自己的国家进行间谍、破坏以及干扰活动来搅乱局势，不敢说这样会成功，但至少我们不会损兵折将。"[20]只要能达到目的，再下作或旁门左道的办法都不为过。国务院草拟了一些扰乱古巴经济的方案；国防部提出要轰炸华盛顿和迈阿密，以嫁祸给卡斯特罗；中情局派遣反卡斯特罗流亡者潜入古巴去存放武器，准备酝酿一场暴动。中情局曾多次协助暗杀卡斯特罗的计划，包括正在进行的利用黑手党走私武器和毒药来除掉这个"最高领袖"（*el lidermáximo*）。还有一个备用计划，就是用化学药物毁掉卡斯特罗的胡子，让他成为古巴人的笑柄。

博比对推翻卡斯特罗的每个方案都饶有兴趣。他邀请反卡斯特罗人士到他位于弗吉尼亚州的大宅。博比和他们讨论如何推翻这位独裁者，也不管自己的孩子正躲在床下玩着火车。博比避开官方渠道，亲自打电话直接联系古巴流亡者的社区。他甚至有自己的中情局全职联络官，且这名联络官的行动独立于中情局其他人员，可执行司法部长的任务，无须通报上级。[21]

在肯尼迪时代的编年史家小阿瑟·M. 施莱辛格看来，猫鼬计划是"罗伯特·肯尼迪明摆着犯蠢"。[22]但是，犯蠢的还不只有博比。罗伯特·肯尼迪的确是肯尼迪内阁中最积极的反卡斯特罗分子，他又得到总统哥哥的全力支持。参加特别小组会议的每个人对此都心知肚明。白宫会议记录员托马斯·帕鲁特（Thomas Parrott）这样形容："博比坐下来，嚼着口香糖，领带松垮，双脚放在桌上，绝不轻饶反对他的人。他是有点混账，但他是总统的弟弟，一人之下万人之上，不得不听从他。大家都觉得，要是不顺从或支持他的意见，他就可能向他大哥告状。"[23]

肯尼迪兄弟之间的关系就像杰基尔博士和海德先生一样。急躁冲动的弟弟就像是稳重随和的哥哥的粗糙版。白宫一位名叫理查德·古德温（Richard Goodwin）的官员对肯尼迪兄弟之间的交流进行了细致的观察，他认为弟弟的口若悬河"正是总统藏在内心的情绪的表达，这种默契源自两人私下亲密的交谈。约翰·肯尼迪和蔼、深思和克制的外表下面藏着的，正是一颗冷酷而喜怒无常的心"。[24]

当冷战进入最严峻的危机时期时，杰克（约翰·肯尼迪的昵称）正好 45 岁，也就是成为美国历史上最年轻总统的第二年。博比则是 36 岁。

执行肯尼迪兄弟古巴对策的一个重要人物是爱德华·兰斯代尔（Edward Lansdale），这位气势汹汹的空军准将现在正坐在司法部长的前面，认真地记着笔记。兰斯代尔胡须整齐、笑容迷人，一副充满干劲的气势，俨然盖博·克拉克再世。他给肯尼迪兄弟留下了敢于担当的印象。他的正式头衔是"古巴计划"的"作战部长"。

兰斯代尔曾是黑色宣传的执行官和专家。他帮助菲律宾政府镇压了共产党的叛乱，在东南亚树立了自己的名声。他也在越南当过美军军事顾问。有些人觉得他就是格林的小说《文静的美国人》里那位真诚但天真的英雄，一心想向亚洲丛林输出美式民主，却到处留下灾难。

从 1962 年 1 月起，兰斯代尔下达了一系列推翻卡斯特罗的指令和计划，这些指令和计划分别列在"心理战""军事指导""破坏活动"板块下面。"关键一击"的预定日期是 10 月中旬，这个时间距离美国国会中期选举仅有几周，正好符合肯尼迪兄弟的政治目标。在兰斯代尔 2 月 20 日的最高机密备忘录[25]上写着进程时间表：

·第一阶段：1962 年 3 月，行动。开始进入古巴。

·第二阶段：1962 年 4 ~ 7 月，积累。在古巴境内启动军事行动，同时里应外合，从外部给予军事、政治和经济支持。

·第三阶段：1962 年 8 月 1 日，预备。检查最终决策过程。

·第四阶段：1962 年 8 ~ 9 月，抵抗。开展游击战。

12　　·第五阶段：1962 年 10 月的前两周，策反。开始策反和推翻卡斯特罗政权。

·第六阶段：1962 年 10 月，终结。建立新政府。

不过，兰斯代尔只是个光杆司令。古巴境内没有多少能听从他指挥的人，甚至在派别林立的美国官场，他也说不上话。看似服从于他的中情局猫鼬计划成员实际上却认为他的计划"不切实际，考虑不周"。他们给他取了"陆军元帅""全美游击战士"等绰号，称他为"傻瓜""异想天开""疯子"。他们几乎无法理解，为什么他有"魔力"说服肯尼迪兄弟。在中情局局长约翰·麦科恩的助手乔治·麦克马纳斯（George McManus）看来，兰斯代尔的计划就是一副"花架子"。[26]

计划在古巴境内制造混乱的日期日益临近，而实际行动却毫无进展，兰斯代尔想出的策略越来越千奇百怪。在他 10 月 15 日的方案里，他计划让美军潜艇半夜浮出水面，朝向哈瓦那，对着海岸发射照明弹。照明弹将照亮夜空。同时，中情局特工将在古巴散布消息，说卡斯特罗是反基督教分子，说天空闪过的光是基督再世的前兆。兰斯代尔认为行动当天正好是万灵节，能使迷信的古巴人更加深信不疑，中情局中对此质疑的人则调侃这个计划是"光照消灭法"。[27]

兰斯代尔的另一个方案是让古巴抵抗势力标榜自己为"自由的蠕虫"（gusano libre）。在古巴的官方宣传中，反卡斯特罗的古巴人通常被称作"蠕虫"（gusanos）。兰斯代尔想把这种官方修辞用来反击卡斯特罗，鼓励异见者把自己当作"自由的虫子"，借这种不痛不痒的破坏行动颠覆古巴的经济和政治制度。但是这场公关活动扑了个空，古巴人自视甚高，即使真的不自由，也不愿让自己和虫子联系到一起。

兰斯代尔通过小型游击战，结合宣传活动，煽动古巴国内反卡斯特罗的叛变，这是效仿卡斯特罗推翻美国支持的富尔亨西奥·巴蒂斯塔（Fulgencio Batista）时的做法。卡斯特罗当时是学生运动领袖，入狱两年，流亡至墨西哥。1956 年 12 月，卡斯特罗坐船返回古巴，有 81 名轻装的追随者。这些胡子军（barbudos）在他们位于古巴东部马埃斯特腊山的藏匿处发起了农民起义。而当时，巴蒂斯塔的手下有 50000 兵力。到 1958 年 12 月底，独裁者被打跑了，卡斯特罗成了古巴的绝对统治者。

对肯尼迪政府来说委实不幸的是，卡斯特罗的革命和兰斯代尔想要策划的革命相差万里。卡斯特罗的胜利来得迅猛而彻底，却少不了长期的准备工作。即便在卡斯特罗流亡以前，他已经打下了发动起义的坚实基础。他充分利用公众对巴蒂斯塔政权的不满，袭击了位于古巴第二大城市圣地亚哥的军营，并且将自己的受审当作反对巴蒂斯塔的宣传资本。卡斯特罗革命的能量和动力来自古巴内部，而非外部。而且，卡斯特罗是个成功的革命家，深知如何对付像他一样的人以巩固自己的统治。上台之后，卡斯特罗把古巴变成了一个秘密警察的国家，举国上下，处处都有告密者和监察委员会。

此外，肯尼迪政府也给了自己太多束缚。白宫不愿人们把这场革命追究到美国政府的头上，但这却是致命的矛盾。博比一次又一次在猫鼬计划行动会议上要求更多的"轰动和爆炸"，却又嫌之前的行动"太过张扬"。如此一来，肯尼迪兄弟的革命最后也只是装订整齐的"纸上革命"，有完整的进程阶段、具体的预计目标完成日期，以及源源不断的高级机密备

13

忘录。到了 10 月，兰斯代尔和他的行动计划小组对发动革命完全不知从何下手。他们不像卡斯特罗身经丛林鏖战，经历过数月没有食物补给的日子，他们只是一群官僚，而不是一群革命者。

最典型的例子，就体现在一份递交给政府机构的 9 月 11 日备忘录之中。该备忘录来自"行动总负责人"，上面要求保证通信安全，并要求在五角大楼战争指挥室有足够的文档存放空间，以应对古巴发生"紧急状况"。兰斯代尔以军方的姿态要求国务院相关部门一周内答复，而国务院的答复也是典型的官僚作风：一台秘密电话和一个文档柜"足以满足需求"。[28]

如果猫鼬计划只是用于训练自我幻想，就像邦迪后来所形容的"光说不做的心理安慰"，那么后果也不会多么严重。事实上，这计划却是一次最糟糕的外交政策组合：张扬、咄咄逼人而低效。任何注意到美国媒体的爆料或者听到古巴流亡者的传言的人都会知道肯尼迪想要对付卡斯特罗。猫鼬计划虽然不足以动摇卡斯特罗的权力，却足以提醒卡斯特罗和他的苏联后台们要做好应对准备。

肯尼迪似乎已经忘记猪湾事件失败后对前任总统做出的承诺。1961 年 4 月，艾森豪威尔曾这样教导肯尼迪："卷入这种事只有一条路：只许成功。"[29]肯尼迪那时候回答："没问题，我可以保证，再发生这类事，我们必定会成功。"

在猫鼬计划实施后的第一年年末，它就已经是彻头彻尾的败笔了。

10 月 16 日，星期二，下午 4：35

自上台之日起，约翰·肯尼迪便已做好和苏联摊牌的准备。在总统宣誓就职仪式上，他说，"美国的新一代"将"为保卫自由而付出任何代价，承受任何负担，克服任何困难，支持任何盟友，反对任何敌人"。他通常带着一张写着林肯格言的纸条：

> 我知道上帝就在那里——我看到风暴来临；
> 上帝若心里有我，我已做好准备。[30]

在东德境内分成两半的柏林，暴风雨来临前总是盘旋着诡谲的乌云。一年前，为防止难民逃到西德，苏联在柏林建起了一道墙，美国和苏联坦克在"查理检查站"两头直接对峙。在柏林，苏联的军事力量处于绝对优势，如果真要夺取柏林，美国将束手无策，除非用核战争进行威胁。然而，现在风暴却降临到了古巴。

肯尼迪从未如此孤立过。即使在导弹危机发生以前，肯尼迪也会像下赛马赌注那样，不停地计算核毁灭的概率。那晚的宴会上，他宣称"十年内如果发生氢弹战争，两方将会打成平手"，此言惊呆了在场宾客。[31]只有寥寥几位助手知道，在最近 24 小时里，他有多么接近噩梦。他曾认为，发生核战争的概率是"五分之一"。

那天下午他参加了国务院的新闻和电视编辑外交政策会议，出现在公开场合。他的语调异常沉闷。他告诉记者，总统任期内的最大挑战是保证"国家的生存……避免发生第三次世界大战，或者说最后一次大战"。随后，他从口袋取出一张纸条，背诵了一段能表达自己孤绝而坚毅的心境的诗句：

15

> 斗牛士的反对者站成一排排
>
> 挤满了广场，
>
> 但只有一人知晓
>
> 他是唯一的斗牛士。[32]

10月16日，星期二，下午6:30

在和顾问召开的白宫晚间会议上，总统打开了内阁会议室里的秘密录音器。他椅子后的墙里藏着麦克风，能将房间里每个人的声音录到地下室的磁带机里。除了肯尼迪兄弟和操作这台精密机器的特勤局人员之外，谁也不知道有这样的设备。

对肯尼迪来说，赫鲁晓夫挑起超级大国对抗的动机实在是"太神秘了"。"为什么会把导弹放那里？"他问他的助手们，"这样对他能有什么好处？这跟我们要在土耳其部署中程弹道导弹有什么区别？不是很危险吗？"

"总统先生，我们的确是已经部署了。"邦迪向总统指出。

肯尼迪没有理会邦迪的话。他认为土耳其和古巴有明显的差别。美国同意向土耳其提供中程弹道导弹，其导弹类型就类似苏联于1957年在古巴部署的R-12导弹。这些导弹在1962年就可以全面投入使用。与北约国家在土耳其部署导弹问题上争论不休相比，苏联在古巴部署导弹则是悄悄进行的。即使这样，拿土耳其的情况做比较，对肯尼迪和助手来说也是非常不妥的。赫鲁晓夫这么做有可能只是积压已久的泄愤之举，他想对美国以牙还牙。

苏联在古巴的导弹部署是否会打破两方的力量平衡，尚不能下结论。参谋们强调，此举会增加苏联偷袭美国的风险。但是总统更倾向于麦克纳马拉的观点，认为赫鲁晓夫还尚未具备先发制人的能力。

肯尼迪认为"地理位置不是问题"。无论是从古巴发射的导弹毁灭美国，还是从苏联本土发射来的洲际弹道导弹毁灭美国，并没有什么差别。

他认为，问题是"心理"和"政治"上的，而非"军事"上的。美国如果按兵不动，那就等于屈服于讹诈。在冷战的核边缘政策格局下，心理感知往往能决定现实。如果赫鲁晓夫在古巴得逞，那他也会有胆量在柏林、东南亚或者其他冷战热点地区得寸进尺。共和党人批评肯尼迪在古巴政策上"畏畏缩缩"，对此，总统于 9 月 4 日公开宣称，如果苏联在古巴达到"重大攻击能力"，事态将"尤其严峻"。他在沙中放了一个标记，表明誓死守卫的决心。

"如果是上个月，我可能会说，没什么大不了，"肯尼迪若有所思地说，像是自言自语，"但如果说我们将坐视不管，他们就会得寸进尺，如果我们再无所作为的话……"他的声音变弱了。确实，不能再坐视不管了。

坐在对面的博比强烈要求对莫斯科采取强硬对策。这位司法部长比他的言辞所表现的还要好战。赫鲁晓夫要挑起战争的话，那还不如"随他来吧……想想我们的损失"。找个入侵古巴的借口并非难事。博比想到了 1898 年的美西战争。当时挑起战争的借口是美国战舰"缅因号"在哈瓦那毁于来源不明的爆炸。美国指责西班牙是背后黑手，而真实的原因至今仍是个谜。

"也许可以尝试些别的主意，"博比陷入了沉思，"比方说，击沉'缅因号'那样的办法……"

讨论的话题转向了如何构陷古巴，在今天早些时候，特别小组曾考虑过这些提议。在递交提议清单的时候，邦迪直截了当地和总统说道："那我就理解为你赞成构陷了。"

其中只有一个方案让肯尼迪觉得不妥，那就是在古巴海港布水雷，因为这可能在炸毁古巴和苏联舰艇的同时也伤及外国船只。次日，白宫给猫鼬行动组提交了一份备忘录，上面有"最高权力"（也就是总统的代号）的正式许可，针对包括用手榴弹袭击中国大使馆等 8 个破坏目标。[33]

10 月 17 日，星期三，中午

加勒比地区的飓风季节即将来临。40 多艘美国军舰正驶向波多黎各的别克斯岛（Vieques），进行入侵古巴的演习。飓风"艾拉"的风速达到了 80 节（1 节 = 1 海里/小时），为避免遭遇飓风，海军特遣队改变了航向。[34]这 4000 名海军陆战队士兵两栖登陆的作战计划也因此搁浅。

五角大楼的参谋们拟定了"罗特斯卡（ORTSAC）行动"，名字是卡斯特罗名字的倒序拼写。一旦特遣队到达别克斯岛，海军陆战队将以雷霆之势登陆，模拟推翻独裁者，帮助该岛向民主政体过渡。一切顺利的话，整个行动将在两周内完成。

早在几个月前，这五位参谋长就在号召实施入侵了。他们十分怀疑猫鼬计划的可行性，也认为在古巴境内策动叛变"毫无迅速成功的可能"。到了 4 月，他们提醒总统，"美国不可能容忍西半球有共产主义政权的存在"。如果卡斯特罗继续执政，拉美的其他国家也将很快陷入共产主义统治之下。莫斯科有可能"像美国在苏联周边所做的那样在古巴设立军事基地"。美国只有直接的"军事干预"才有可能推翻卡斯特罗。[35]

在发现苏联部署在古巴的导弹之前，困扰参谋长们的主要问题是如何找到借口入侵这个小国。一份 8 月 8 日的备忘录列出了一系列能够栽赃陷害卡斯特罗的主意，博比对这些策略比较感兴趣：

·在关塔那摩湾炸毁美国军舰并谴责古巴；

·在迈阿密地区、佛罗里达州的其他城市甚至华盛顿进行古巴共产党的恐怖活动；

·以"来自古巴并受卡斯特罗指使"的名义对加勒比地区某个邻国进行掠夺；

·策划一场民航空难，并且能有效证明是古巴空军击落了该飞机。[36]

参谋长们认为，发动侵略古巴的战争而不挑起和苏联的"热战"是可行的。美军有足够的实力"迅速控制"该岛，尽管肯定需要"长期的军事占领"。在完成初步的入侵行动后，再动用一个师约 15000 人的兵力就足以占领古巴。

但是，只有海军陆战队对此表示异议。他们不相信美军能迅速瓦解古巴的抵抗势力。一份海军陆战队的备忘录曾写道："想想古巴有 44206 平方英里的土地和 6743000 的人口，有长期的政治动乱历史，有根深蒂固的游击战传统。因此，在初步袭击之后仅仅派一个师的兵力去实现目标，成功率极其微小。"根据该备忘录的预测，至少需要 3 个步兵师攻占该岛，并且需要"数年之久"才可建立一个稳定的能够接替卡斯特罗的政权。

海军陆战队有理由担心自己会困在古巴。历史已证明，向古巴派兵远比从古巴撤军容易。美西战争后，海军陆战队用了四年才撤出古巴。让西奥多·罗斯福万分头疼的是，四年后，海军陆战队又一次回到古巴。罗斯福曾带领他的骑兵挺进圣胡安山（San Juan），他的政治生涯在古巴取得了重大突破。"很厌烦这个地狱般的小古巴共和国，巴不得把这个民族从地球抹去，"这位 1898 年的功臣曾这样向他的朋友倾诉，"我们只希望他们可以本本分分地繁荣幸福，不用我们再去操心。"[37]

　　海军陆战队在古巴时来时走，直到 1923 年才完成撤离。三年后，卡斯特罗出生。即便是撤离之后，美军仍在关塔那摩保留了一个据点。

　　在美国人看来，古巴是美国国土的延伸。这个鳄鱼形状的小岛就像墨西哥湾的一扇闸门，控制着从密西西比河到大西洋的海上路线。1823 年，时任美国国务卿的约翰·昆西·亚当斯（John Quincy Adams）认为，古巴"在国家利益上具有美国任何其他海外领土无法比拟的重要性"。[38]在亚当斯看来，遵循"政治地心引力定律"，美国必然会吞并古巴。

　　古巴位于美国基维斯特岛（Key West）向西 90 英里处，这片土地极大地刺激着美国人的想象，即使在海军陆战队撤离该岛很久之后也同样如此。在 20 世纪 30 年代、40 年代和 50 年代，这里是美国富人享受日光浴、赌博、进出风月场所的胜地。美国人把大把的钱投到哈瓦那的赌场和酒店、奥连特（Oriente）的甘蔗园以及比那尔德里奥的铜矿。到了 50 年代，古巴经济的大部分，包括 90% 的矿业和 80% 的公用事业，都由美国企业掌控。

　　古巴不仅具备地理和经济上的引力，对形形色色的人也同样充满诱惑。古巴革命以前，美国最负盛名的作家海明威曾在

"瞭望农场"（Finca Vigia）定居，俯瞰山下的哈瓦那。黑手党老大迈耶·兰斯基（Meyer Lansky）曾在马雷贡海滨大道修建一座 21 层的"里埃维拉"（Riviera）酒店，并建议巴蒂斯塔进行赌场改革。纳京高（Nat King Cole）曾在"热带果园"（Tropicana）夜总会演出。当时年轻的议员约翰·F. 肯尼迪是亲巴蒂斯塔政权的美国大使，也是哈瓦那的常客。

10 月 18 日，星期四，上午 9：30

周二下午，博比·肯尼迪提出，每日须在自己的办公室进行猫鼬计划的汇报工作，但眼下他已经很难兑现这个承诺了。[39] 由于白宫召开紧急会议，他无法参加周三的会议。周四的时候，他还是于百忙之中抽出半小时和猫鼬计划的负责人见面了。在这些人中，有兰斯代尔，还有比尔·哈维（Bill Harvey），他是中情局反卡斯特罗特遣组的负责人。

哈维性情暴躁，他的工作就是将兰斯代尔那里成堆的书面文件理出头绪。这两人可谓水火不容。天马行空的兰斯代尔总会想出一些新的打击卡斯特罗的策略，而最后往往被循规蹈矩的哈维否决。在哈维看来，要执行这样的行动方案，需要长达数月的精心策划。

到了危机的第三日，博比开始重新思考对付赫鲁晓夫的策略。对苏联的狡诈抵赖，他不再感到愤怒，而是更加冷静地分析思考。一个传记作家后来发现了他的情绪规律："起初一阵喜怒无常、难以捉摸，然后便开始认真地倾听和改变。"[40] 他现在不赞成突袭导弹基地的策略，因为这不符合美国的一贯做法，这等于制造另一次珍珠港事件。"我哥哥可不想成为第二个东条英机。"他在周三的白宫会议上这样说道。博比开始倾向使用海上封锁，同时对莫斯科发出最后通牒，后者也是麦克纳马拉先提出的主意。

博比一时转变了观点，但并不意味着他将会叫停猫鼬计划。根据哈维10月18日的会议记录，这位司法部长要求继续"重视破坏活动的开展，并且与中情局计划实施的破坏活动相互配合"。[41]

在哈维看来，最可行的打击目标就是位于古巴西部比那尔德里奥的一家铜矿厂。几个月来，为了中断马塔安布雷（Matahambre）矿厂的生产，中情局使尽了招数，对地形也进行了透彻的研究，却总得不到运气的垂青。第一次行动是在8月，由于小组队员在红树林沼泽迷路了，破坏计划因此落空。第二次行动也因为无线电操作员摔伤了肋骨而不幸夭折。第三次，破坏小组已经进入距离目标一千码的范围内了，不料途中杀出巡逻的民兵，一阵交火后，破坏小组不得不撤退。尽管挫折重重，马塔安布雷仍然是哈维行动清单上的首要目标。

他告诉罗伯特和兰斯代尔，只要条件成熟，他一定会"卷土重来"。

10月19日，星期五，上午9∶45

正当将军们成队进入内阁会议室的时候，总统的眼睛正迅速扫过一叠最新的情报报告。来自古巴的信息越发令人担忧。除了在比那尔德里奥的导弹发射场以外，U-2侦察机还在岛中央发现另一批导弹发射场。这些导弹发射场有包括中远程弹道导弹在内的武器装备，导弹能够打击2800英里以外的目标，射程比10月14日侦察到的中程弹道导弹多一倍。

没有证据显示这些导弹已经到达古巴，所以威胁还不算很迫近。但是，第一批导弹发射场的建设则在快马加鞭地进行中。中情局发现，岛上已有 3 个中程弹道导弹兵团。每个团控制 8 座导弹发射台，总共 24 座。 21

"我们来看看，"肯尼迪大声朗读情报报告，"其中两枚导弹已经进入作战状态了……可以在下令开火后 18 个小时内发射出去……低百万吨级的威力。"

总统害怕参加这样的会议，但知道自己至少也得听听参谋长们的意见。他觉得这些将军曾在猪湾事件上误导了他，促使他匆忙批准了唆使古巴流亡者入侵古巴的错误决定。他尤其不信任空军参谋长柯蒂斯·李梅。这个常常叼着雪茄的二战英雄麾下掌控着 3000 枚核弹头。有一次，听着李梅滔滔不绝地讲着要用原子弹把美国的对手炸回到石器时代时，肯尼迪表示，"我真的不想再看到这个人了"。[42] 李梅这种如此世俗、粗暴而又高效的人，出现在战争年代是救星，但绝不适合帮人决定是战还是和。

听到总统对核战争的恐惧，李梅几乎控制不了自己。肯尼迪把自己放在赫鲁晓夫的位置上，他预测如果美国进攻古巴，必然招致苏联袭击柏林。"这样我们就只能发射核武器了，别无选择，这真是自掘坟墓。"

"一派胡言！"李梅抑扬顿挫地反驳道，像在训导不开窍的小学生。他认为，如果不对古巴采取强硬措施，只会壮大苏联的胆子去拿柏林开刀。如果听从肯尼迪顾问的建议，进行海上封锁的话，就相当于向对方示弱，这可是致命的。

"这样做也会导致战争。就像是慕尼黑会议时的绥靖主义。"

会议室突然陷入沉默，仿佛李梅的话含沙射影地挖苦了肯尼迪的父亲约瑟夫·P. 肯尼迪一番。总统的父亲曾任美国驻伦敦大使，他赞成和希特勒进行谈判。李梅认为，约翰·肯尼迪这样一个以一部反绥靖主义作品《英国沉睡时》开启政治生涯的人，似乎也要开始步他父亲的后尘了。

　　在对抗这个超级大国的策略上，李梅的逻辑再简单不过。美国的核军力与苏联相比有绝对的优势。无论赫鲁晓夫如何虚张声势，他绝对不敢挑起一场必败的核战争。由于拥有史上最强大的战略空军，美国绝对能压倒"俄国熊"。[43]"现在我们这是瓮中捉鳖，可以打他个屁滚尿流，再来个穷追猛打。"

　　肯尼迪的思路则完全不同。美国的核武器数量可能远超过它的对手，但"打赢核战争"却是一个伪命题。和苏联爆发核战争的话，会导致多达7000万美国人死亡。[44]"你们这是要摧毁一个国家！"他这样告诉参谋长们。他想避免把赫鲁晓夫逼到像麦克纳马拉所形容的"狗急跳墙"的地步，以防止把两国推向核战争的悬崖。

　　这位总司令对空军司令的粗鄙感到震惊。当李梅告诉总统"你这次糗大了"时，肯尼迪以为自己听错了。

　　"你说什么来着？"

　　"你这次糗大了。"李梅平静地用他平缓的中西部口音重复道。

　　"哦，你和我同病相怜啊。"

　　这么一回答，会议室里的人都忍俊不禁。几分钟后，李梅向总统保证，空军"能在周日凌晨发动攻击"，尽管"最佳的战机"理应是下个周二。肯尼迪没过多久就离开了会议室。

　　总统走后，将军们便各抒己见。藏在墙后面的磁带录音机仍在录音。

　　"是你让他下不了台的。"海军陆战队的司令官戴维·M.

舒普（David M. Shoup）对李梅说。

"我的天，你这话怎讲？"这位空军司令问道，似乎迫切想得到回答。

舒普说，政客们的问题就在于他们总想一步一步来，而军人则想要一口气摆平这些"小事"。

"你折腾这些导弹，那你就完蛋了。你再去折腾乱七八糟的事儿，你也完蛋了。"

"说的没错。"

"完了，完了，完蛋了。"

随后，总统在自己的办公室里暗暗地分析各位将军的表现。他对李梅的自信感到震惊。李梅坚信，如果美国轰炸古巴导弹基地并造成数百名苏联士兵伤亡，赫鲁晓夫会措手不及。

肯尼迪告诉他的好友兼私人助理戴夫·鲍尔斯（Dave Powers）："这些长官的看法的确也有各自的好处。但要是我们对他们言听计从、百依百顺，那么没人会活着告诉他们当时的决定是错误的。"[45]

10 月 19 日，星期五，晚

肯尼迪对历史的反复无常有着悉心的观察。二战期间在太平洋指挥巡逻艇的经历，加上猪湾事件的教训，让他对军官的过度自信表示怀疑。他知道白宫的书面指令与政策落地实施中的真实情况之间永远存在巨大的鸿沟。战争留给他的印象就是"军人总是什么都能搞砸"。[46]

肯尼迪认为，历史是一团混沌。人们可以偶尔左右历史前进的方向，但绝无可能完全掌控。而接下来的几天也印证了肯尼迪的历史观。谋事在于总统，而成事则取决于普通民众。因此，历史最终是众人行为塑造的结果：声名显赫的、默默无闻的、位高权重的、想推翻既有秩序的、想要弹指间扭转时局的，还有偶然被推上政治舞台的。这个被后人称为古巴导弹危机的事件，充满了偶然加入却常常被人忽视的参加者：飞行员、潜艇水手、间谍、导弹兵、官员、宣传者、雷达操作员，还有破坏行动成员。

正当总统为古巴导弹基地焦头烂额的时候，两名冷战斗士正划着皮划艇穿过古巴西边的红树林沼泽。米格尔·奥罗斯科（Miguel Orozco）和佩德罗·贝拉（Pedro Vera）把自己的脸涂黑，穿上军装风格的斗篷。他们的背包里装着炸药、雷管、一台收音机、一把 M－3 步枪、几把气枪以及足够维持一周的食物和水。RB－12 皮划艇的电动引擎是带了消音器的，小船漂在弯折的河道上，几乎没有任何噪音。

这两人认识已久。他们曾一起对马埃斯特腊山的"胡子军"发起过进攻。奥罗斯科曾是巴蒂斯塔政府军的中尉，他长得比贝拉更高大也更结实，而贝拉的军衔则是中士。在卡斯特罗革命胜利后，他们逃离古巴，加入了中情局负责训练的反卡斯特罗游击队，也就是第 2506 旅。奥罗斯科曾协助运送该旅成员到达猪湾。贝拉曾作为伞兵降落在通往萨帕塔（Zapata）半岛的路上。在卡斯特罗发动了反击后，他们仓皇而逃。幸运的是，借助小皮艇在海上漂流一周后，他们被美国海岸巡逻队救了起来，没有沦为阶下囚。

他们朝南前进，途经马拉斯阿瓜斯河（Malas Aguas），到达沿着比那尔德里奥海岸线绵延而起的山地。他们的目标是摧毁连接马塔安布雷铜矿场和圣卢西亚港（Santa Lucia）的空中车道，他们距离目标只有十多英里了。但是，他们面前的乡村却是一片人烟稀少、人迹罕至的景象，只有沼泽、有毒的矮灌木丛和茂密的森林。他们可能还要再走上三四天才能到达目的地。

这个行动的每一步都是经过仔细规划的。[47] 铜矿曾经是美国人的，在革命后被古巴当局没收了，中情局从铜矿之前的美国主人那里获得了详细的铜矿设计图。利用这些图纸，他们搭起了一个名为"农场"的模拟训练营。[48] 这座"农场"深藏在弗吉尼亚州约克河对岸的树林里，对面是殖民地时期的首都威廉斯堡（Williamsburg）。8 月的时候，奥罗斯科曾乘飞机来到"农场"，训练如何炸毁车道和附近的电缆。他的长官们相信这样做比袭击矿厂更安全，因为矿厂必定守卫森严。如果成功炸毁了车道，就可以极大干扰铜矿生产。中情局认为该计划的成功率"极高"。

在基维斯特岛附近的夏地礁岛（Summerland Key），马塔安布雷计划负责人里普·罗伯逊（Rip Robertson）正在对这两人做最后说明："你们去吧！别打算活着回来！"[49]

一艘长达 150 英尺的"母舰"带这两人走过 90 英里宽的海峡的一半，这艘船是中情局在南佛罗里达秘密计划的一部分。在这部分行程中，他们由另外 4 个古巴人陪同，这四个人曾偷偷地把重达 1000 磅的武器和炸药运到古巴，提供给反卡斯特罗游击队。船即将到达古巴水域了，两组人员分道扬镳，他们将乘坐更轻便快捷的快艇趁天黑继续前进。

奥罗斯科和贝拉登上了"里费号"（Ree Fee），这是艘 36 英尺长的汽艇，能探测到附近的古巴海岸巡逻舰，速度也更快。在离海岸线几英里的地方，他们换上了皮划艇。

当无法继续在水道前行时，他们便爬上岸，放掉皮划艇的气，并将它藏在一堆树枝下面。奥罗斯科是组长，他检查了从佛罗里达带来的地图和指南针，标记了一条朝着山的方向的路线。U-2侦察机拍下的图片显示，在泥泞道路的另一边，也就是距内陆 3 英里远的沼泽地上，有高约 400 英尺的山脊。中情局行动负责人向他们保证，他们正在穿越的地方人烟稀少，不太可能遭遇敌人。为了以防万一，中情局还是为他们准备了伪造的古巴身份证以及在古巴生产的衣服。从鞋子到斗篷，他们穿着的一切都是由古巴难民带到美国的。

天气阴沉而潮湿。他们穿上笨重的橡胶靴子，系好背带，开始蹚过红树林沼泽。在天空的半月照耀下，树枝浓浓的侧影投射在地面上。

10 月 20 日，星期六，早晨

"美国人要见着我们，肯定会吓得屁滚尿流。"[50]第 79 导弹团的共产主义青年部书记亚历山大·马拉霍夫（Aleksandr Malakhov）调侃道。[51]该团驻扎在大萨瓜（Sagua La Grande），这是一个位于古巴中部的小镇。

马拉霍夫站在由泥土堆成的三尺高的指挥台上。这些土不是普通的泥土，而是装在袋子里的俄罗斯泥土，用以寄托对"祖国"（rodina）的思念。为了增强效果，这个苏联共青团的书记还找了一根长长的木杆子，漆成红色和白色，看上去像是边哨站。杆子立在指挥台的前面，上面挂有标语，写着"苏联领土"。

旁边的横幅上写着"我们将像保卫祖国一样保卫古巴"。

几百名军官和其他人在指挥台前面的空地上集合。尽管他们站成军队阵列，但外表怎样看都不像军人。他们的着装搭配十分奇怪：格子衬衫，只到膝盖的军装裤，笨重的俄国靴子筒部被剪去了一部分，还戳了洞用来透气。有些士兵赤裸上身，有些按马拉霍夫的说法，看着像是"稻草人"。

26

　　他召开会议来纪念这个特别的时刻：第 79 团刚刚成为第一支在古巴宣布进入"战备状态"的导弹团。8 座导弹发射器已准备就绪，旁边是厚重的水泥发射台，全部朝北，指向帝国主义敌人。停靠在附近的是用帆布覆盖的导弹拖车，拖车上已经装载了 R－12 导弹，细长如巨型铅笔。燃料卡车和氧化剂车辆也已就位。导弹头眼下虽然未到达，但也不用一天就可到达了。

　　"我们已经完成第一阶段的任务，"马拉霍夫说道，"苏联士兵永远忠于军人职责。我们可以抛头颅、洒热血，但绝不会弃古巴不顾，绝不让这个国家落入帝国主义的魔掌。"

　　台下掌声和哨声一片，机关枪鸣枪敬礼。

　　"誓死保卫祖国。"（"Rodina ili smert. Patria o muerte."）

　　"我们必胜。"（"Venceremos."）

　　第 79 导弹团的长官和士兵也许看上去像稻草人，但他们的确创造了军事后勤与运输史上的一大奇迹。苏军从未如此远离自己的"祖国"，更别提携带着能一口气消灭数千万人口的武器了。不仅如此，他们绝大部分的行程都是秘密进行的。第一批苏联导弹 9 月初到达古巴，而美国侦察机过了一个月才发现。即便在今天，华府对苏军是如何悄无声息地到达他们的后院的，仍有很多不清楚之处。

　　历经大约三个月，这些武器才进入战备状态。7 月底的时候，兵团指挥官伊凡·西多罗夫（Ivan Sidorov）上校曾接到一个特别的"政府任务"。[52]8 月的多数时间里，他们都在为这个机动导弹军团收拾零散装备，比如导弹、卡车、推土机、起重机、提前造好的棚屋，加起来约 11000 吨重。导弹团需要 19 列特别列车将物资从俄罗斯西部的基地运到克里米亚的塞瓦斯托波尔（Sevastopol）港口。到了塞瓦斯托波尔，物资被转移到 5 艘货轮和 1 艘客轮进行运载。

　　而这也仅是这支大规模舰队的九牛一毛而已。[53] 为了能跨越大洋输送 5 万兵力和 23 万吨的供给，苏军参谋们成立了一支由 85 艘舰艇组成的舰队，其中许多船只将往返古巴两到三次。苏军共有 5 个导弹团，其中 3 个装备有 R－12 中程导弹，另外 2 个装备有 R－14 中远程导弹。除此之外，还有 4 个用来护卫导弹的摩化步兵团、3 个巡航导弹团、1 个米格－21 喷气式战斗机团、48 架轻型伊尔－28 轰炸机、2 个直升机团、1 个导弹巡逻艇旅、1 个潜艇中队以及 2 个防空师。

　　和其他人一样，西多罗夫的手下都不知道自己为何被调遣，也不知道自己将会被派往何地。为了迷惑敌手，这个行动代号为"阿纳德尔"（Anadyr），这是以西伯利亚东部的一座城市命名的。为骗过在码头溜达的美国间谍，滑雪板和一种名为"valenki"的毛皮靴子被装到运输船里，让间谍误以为这支舰队将前往冰天雪地的北部地区。士兵被禁止和家人联系。"祖国不会忘记你们的！"[54] 一个苏军参谋部代表这样告诉远航的士兵们。

　　出发的第一艘船是重达 10825 吨的"鄂木斯克号"（Omsk），于 8 月 25 日离港。[55] 这艘由日本制造的运输船原本是运输木材的，因此船上有足够的舱口存放导弹。67 英尺长的 R－12 导弹必须靠着墙、斜对角摆放。由于空间有限，只有西多罗夫和他的高级将领们睡在船舱里，普通士兵则挤在舰桥下方储物的甲板下面。264 个人挤在只有 4000 平方英尺的空间里，人均 16 平方英尺，仅能勉强躺下。[56]

航行路线的指示放在一些密封的信封里，必须由团长、船长和克格勃高级官员一起才可打开。第一批指示命令船只"驶向博斯普鲁斯海峡"，第二批指示命令船只"驶向直布罗陀海峡"。在"鄂木斯克号"穿过地中海进入大西洋后，他们才打开第三批指示，命令他们"驶向古巴"。

甲板下方的环境令人窒息。阳光照射在金属舱口，使舱内温度有时候高达 120℉，湿度达到 95%。在直布罗陀海峡和博斯普鲁斯海峡，只要外国船只接近或者船将靠岸，舱口就必须关闭。只有少数士兵夜间能到甲板上透透气，而这几乎成了人人都想得到的特权。娱乐活动也只有反复播放的苏联电影《静静的顿河》。

晕船成了一个严重的问题。由于导弹重量相对较轻，船体高高浮于水面。当遇上大西洋中部的强烈风暴时，船就会被海浪打得左右摆晃。

28

后来的军事统计专家估计，船上 3/4 的士兵都有严重的晕船；这次旅行中，平均每个士兵体重减轻了 22 磅；30% 的人员在到达后一到两天内无法进行体力劳动，4% 的人员则是长达一周或更久。[57]

随着"鄂木斯克号"越来越靠近古巴，美国空军飞机开始在上方盘旋，拍摄甲板上的货物。一天晚上，西多罗夫被几束射进船舱的探照灯光照醒。他冲到舰桥，看到美军军舰靠近右舷。9 月 9 日凌晨，运输船穿过关塔那摩海军基地，巡逻艇对该船进行巡查。两架喷气式战斗机呼啸而过。华盛顿要在几个星期之后才会知道"鄂木斯克号"上的货物是什么。根据拦截到的苏方消息，8月31日，美国国家安全局认为"鄂木斯克号"上装载的是"桶装瓦斯油"。[58]

三周后，西多罗夫的剩余部队乘坐"纳西莫夫元帅号"（Admiral Nakhimov）客轮抵达古巴。2000名士兵（苏联媒体的说法则是"农耕人员和学生"）被塞进这艘本应容纳900名乘客的大船。当船停在哈瓦那的时候，这些饱受晕船折磨、疲惫不堪的士兵首先看到的是地面上升起的篝火。一个苏联摩化步兵团正在焚烧已经派不上用场的滑雪装备。

苏联在古巴的兵力远超中情局的最坏估算。在10月20日星期六下午向总统汇报情况时，麦克纳马拉预计，苏联在古巴大约集结了"6000～8000人"的兵力。[59]这是在统计了穿越大西洋的苏联船只数量以及计算可利用的甲板空间后，中情局的分析人士得出的结论。但是，这样的估计遗漏了一个关键因素：苏军比美军更能够适应极度恶劣的环境。

到10月20日，苏联军队已有40000多名士兵到达了古巴。

一旦到达古巴，还要沿着蜿蜒崎岖的山路把导弹运到发射点。勘测团队用几周时间确定了路线图，修路造桥，扫除障碍。为了使80英尺长的导弹拖车畅通无阻，人们连夜拆除了一些邮筒、电话亭甚至房屋。对因此而背井离乡的居民，古巴负责陪同苏方的联络官则解释为"为了革命事业"。[60]

"鄂木斯克号"停泊在古巴南海岸的渔港卡西尔达（Casilda），这个港口仅能容纳一艘中型船只。整整花了两个晚上才卸下"鄂木斯克号"的货物。设备如此简陋，以至于这艘500英尺长的大船不得不一次次掉头以方便人员进入舱口。漆黑的夜色下，工作人员在来自马埃斯特腊山的有70人的卡斯特罗贴身卫队的保护下从船上卸下导弹。巡逻艇阻止渔船接近港口，潜水员每两小时检查一次船体，防止突发的破坏行动。

为了减少知情人，只有午夜到早晨 5 点之间才可以转移导弹。在车队离开后不久，警方封锁了路段，并且写明"交通事故"。[61]警用摩托在车队前面开路，后面跟着苏联的吉普车、美国的凯迪拉克和笨重的导弹运输车，再后面则是起重机和备用卡车，最后是更多的警用摩托。另有几支车队朝其他方向进发，以收到掩人耳目、以假乱真的效果。

士兵被禁止在公开场合说俄语，尤其是在广播里。随从车队的苏联士兵须穿古巴军服，并且使用西班牙语的数字 1 到 10 进行交流。比如，西语的"4，4"代表"车队停下"，"2，3"则表示"前方无障碍"。这样的暗号系统看似简单，却带来了种种误解。有时候士兵急了，便破口大骂。苏军军官调侃说："我们还没把美国特工搞糊涂，自己倒先被自己说晕了。"[62]

在卡西尔达北部 3 英里处，车队到达了特立尼达镇（Trinidad）。这座风景如画的小镇是由 18 世纪的甘蔗园园主和奴隶主们建成的。由于导弹无法通过这些殖民地时期的街道，苏联和古巴军队便修建了绕过小镇的道路。车队绕过反卡斯特罗游击队的一个据点——埃斯坎布雷（Escambray）山脉，北上抵达古巴中部的平原。

天将破晓，车队在帕尔米拉（Palmira）镇外边的森林里停下休息。第二晚当车队再次启程的时候，才知热带风暴把桥冲走了。该地区的所有男丁都被拉去造桥了，而行程也延误了 24 小时之久。140 英里的行程整整走了三个晚上。

西多罗夫的指挥部位于一排小山丘的后面，前有甘蔗园，后有采石场，地上稀稀落落地长着棕榈树。没过多久，建筑工　30

程队便开始拔除树木，腾出空间建造 4 个导弹发射器。在西北方向 12 英里靠近大萨瓜的地方，他们又搭建了 4 个导弹发射器。[63]

高大的西多罗夫在决定谁来坐镇这件事上没有浪费一分一秒的时间。在欢迎仪式上，这位上校告诉新到的士兵："只要记住一点，我是这个团的指挥官，我是这里的苏军代表——集检察官、辩护律师和法官于一身。干活去吧。"[64]

10 月 20 日，星期六，下午 2∶30

肯尼迪正身处在美国中西部地区，时值竞选之旅的第二天。为了转移人们对正在发酵的国际危机的关注，肯尼迪高调出现在各种公开场合。突然，他接到博比的电话，说华盛顿有事。弟弟要他尽快回到白宫，因为顾问们的争论正陷入僵局。抉择时刻终究还是来了。

在喜来登－黑石酒店外面的记者正要登上大巴去参加下一场政治会议，却听到消息说，会议取消了。"总统感冒了，要回华盛顿。"白宫新闻秘书长皮埃尔·塞林杰（Pierre Salinger）简单地向大家宣布，没有给出任何说明。

肯尼迪一行登上"空军一号"后，塞林杰马上就问总统发生了什么。肯尼迪并不打算告诉他实情，至少时候未到。他对塞林杰调侃道："回到华盛顿你就会知道了，可得做好准备啊。"[65]

历经 4 天的激辩，候选方案缩减到两个：空袭或者封锁。每个方案都有优势和劣势。突然发动空袭，可能极大地减少来自古巴的直接威胁。[66]但空袭不能保证百分百成功，并可能惹怒赫鲁晓夫把剩下的导弹发射出去或者在其他地方进行报复。五角大楼计划的 800 次空袭可能造成古巴局势过度混乱，导致美国不得不以入侵来收拾残局。封锁可能会带来和谈，但这样的话，苏联也可能支吾其词、暗度陈仓，偷偷在古巴修好导弹发射场并部署剩下的导弹。

空袭根据提议者命名为"邦迪计划"，这个计划得到军方的支持。中情局局长麦科恩和财长道格拉斯·狄龙（Douglas Dillon）也倾向空袭，但希望给苏联 72 小时的最后通牒以撤离导弹。麦克纳马拉、国务卿迪安·腊斯克、联合国大使阿德莱·史蒂文森（Adlai Stevenson）以及总统特别顾问兼撰稿人西奥多·索伦森（Theodore Sorensen）都支持封锁计划。博比最近才接受封锁方案，然而他也担心这样做可能会错过"消灭卡斯特罗和苏联部署在古巴的导弹的最佳时机"。

"诸位，今天是决定的时候了，"肯尼迪走近聚集在白宫二楼客厅的顾问们时这样说道，"大家都应该希望自己的建议最后不会成真。"[67]

最近几天里，在如何告知国民古巴的苏联导弹这个问题上，白宫曾流传两份观点对立的总统演讲初稿。其中一份初稿，也就是邦迪呈交的"空袭"演讲稿，将被锁在档案馆里长达四十多年：

美国同胞们：

为恪守职责，我带着沉重的心情特此下令，美国空军执行如下军事行动：美军将使用常规武器摧毁部署在古巴的苏联核武器……任何其他措施均可能带来延误以及无法承受的混乱，并且无法有效消除苏共对美国真正的核威胁……延误战机则可能引发更严重的危机。对苏联发出警告，也会极大地增加双方伤亡。我有责任在此刻采取空袭行动。[68]

　　总统和博比一样，起先是倾向空袭，现在则更倾向封锁计划。但他尚未做最后决定。封锁似乎更加安全，但也有巨大风险，包括可能造成美苏双方舰队对峙等。会议结束后，总统带着博比和索伦森来到杜鲁门阳台，望着华盛顿纪念碑。

　　"我们离战争非常非常近了，"总统严肃地说，然后又用他爱尔兰式的自嘲缓解了气氛，"白宫的避难所可不够我们用的。"[69]

第二章　苏联人

10 月 22 日，星期一，下午 3：00

（莫斯科，晚上 10：00）

尼基塔·赫鲁晓夫得知自己宏伟的导弹计划可能泡汤时，已是莫斯科时间的晚上了。整个晚上，这里源源不断地传来关于白宫和五角大楼活动异常的报道。肯尼迪总统甚至要求媒体让自己向美国人民说明"国家最高紧急事件"。[1] 广播时间设为下午 7 点，也就是莫斯科次日东部时间凌晨 2 点。

这位苏联国家领导人刚从列宁山上的宅邸散步归来，就接到了电话。他选择的这个住所位于莫斯科河湾上方，可以俯瞰整座城市。这里在俄国历史上也具有非凡的意义。150多年前，1812 年 9 月 16 日，拿破仑以欧洲征服者的姿态站在此地。而这个胜利时刻却很快在俄国人的焦土策略下演变成一场大溃败。拿破仑没有得到期盼的胜利，而是茫然望着这座满目疮痍的城市。一个月后，他下令撤退。

召集苏联领导层在克里姆林宫开会的时候，赫鲁晓夫告诉儿子谢尔盖："他们可能已经发现我们的导弹了。导弹没有设防，来个空袭就能一击致命。"[2]

"海鸥"（chaika）轿车缓缓地把这位苏联领袖送至河对岸。一共有两辆车，一辆是为赫鲁晓夫准备的，另一辆是为他的保镖准备的。赫鲁晓夫向来讨厌晚上开会，在他 9 年的执政生涯里，这种晚间会议实属罕见。开会让他回想起斯大林时

代。斯大林会在半夜把手下召集到克里姆林宫，众人胆战心
惊，难知祸福。斯大林的怒视可能意味着升官晋爵，而他的微
笑却可能意味着尸首两地，这得看他心情好坏。

　　"海鸥"轿车在老参议院大楼放下赫鲁晓夫，这里位于克
里姆林宫的中心，能俯瞰红场。赫鲁晓夫坐电梯到三楼，经过
长长的走廊，天花板高悬，地上的红毯一尘不染。随后，赫鲁
晓夫到达办公室，而他的同僚们早已聚集在主席团会议室了。
尽管是苏联政府掌权，但所有重大决策均来自苏共中央主席
团。作为苏共中央第一书记和主席团主席，赫鲁晓夫同时领导
着两个权力机构。

　　到了晚上 10 点，会议终于召开了。国防部长罗季翁·马
利诺夫斯基（Rodion Malinovsky）将军坚持认为："这只是美
国人选举前的伎俩。如果他们宣布要入侵古巴，也得几天的准
备时间。"[3]

　　马利诺夫斯基已经准备下令，让古巴的苏联军队使用
"一切有效手段"捍卫古巴。这个说法令赫鲁晓夫诧异，"如
果他们要使用一切手段，那也将包括（中程）导弹"，他表示
反对，"这会引发热核战争。后果不堪设想！"[4]

　　赫鲁晓夫是个十分情绪化的人，短短几分钟里他能从欣喜
变得沮丧。从未接受过任何意义上的正规教育，因此赫鲁晓夫
依靠着他的强硬性格实现对身边人的领导。他大胆、有远见、
精力充沛，但同时又暴躁、狡诈、易怒。"他的性格里从来不
是一直喜或者一直悲的"，他的妻子曾这样形容。[5]他的外交部
部长安德烈·葛罗米柯（Andrei Gromyko）为此吃了不少苦
头。他说赫鲁晓夫"至少汇集了十个人的脾气"。[6]现在，赫鲁
晓夫对美国人很恼火，但也很想避免核对抗。

在赫鲁晓夫看来，美国入侵古巴是极有可能的。他无法理解肯尼迪在猪湾事件中的唯唯诺诺、举棋不定。1956 年 10 月，当反革命势力控制了匈牙利时，赫鲁晓夫先是静观其变了几天，然后下令苏联军队镇压起义。这是超级大国的作风，是"理所当然"的。[7] 许多年后，他在回忆录中这样写道："美国不能接受自己的海边有一个社会主义古巴，以防其成为拉美国家革命的典范。同理，我们也希望自己的邻国属于社会主义阵营，这对我们有利。"

赫鲁晓夫告诉他的同僚，阿纳德尔计划的主要目标就是防止美国入侵古巴。"我们不想挑起战争，我们只想吓唬他们，用古巴来钳制美国。"　　34

他现在承认，问题在于苏联还没完成计划，美国却已经听到风声了。如果计划顺利，他应该已经飞往哈瓦那参加胜利阅兵式了；苏联士兵也可以身穿苏联军服，和他们的古巴兄弟一同亮相；两国也早已签署好防卫协议，就苏联在古巴几十枚瞄准美国的核导弹的部署安排达成一致意见；美帝也不得不接受这个既成事实。

然而，一切都出乎想象。还有几十艘苏联舰艇带着 R - 14 中远程导弹游荡在公海上。R - 12 中程导弹虽然已经部署完毕，绝大部分却还不能发射。不过，美国人依然不知道，苏联在古巴已有数十枚装有核弹头的短程导弹，它们足以瞬间消灭整支入侵部队。

"可怕的是，他们可以发动攻击，而我们也可以反击，"赫鲁晓夫担忧道，"这将导致大战爆发。"[8]

他现在后悔自己没有在部署导弹前就同意卡斯特罗的请求。卡斯特罗曾请求赫鲁晓夫签署并对外宣布与古巴的防卫协议，以防遭到美国对其"口是心非"行为的指控。华盛顿和土耳其——苏联邻国——签订了防卫协议，因此，如果苏联采取类似的做法，理应不会遭到反对。

赫鲁晓夫主导着主席团，他提出了应对肯尼迪即将发表的演说的对策。第一，立即通过广播宣布防卫条约，将古巴纳入苏联的核保护伞下。第二，如果美国发动攻击，苏联将把武器交于古巴。然后，古巴则可以宣称会使用这些武器保卫领土。最后一个对策，允许古巴的苏联军队使用短程核武器进行自卫，但不使用足以攻击美国的战略导弹。

关于这次主席团会议的记录是零散而杂乱的，却足以说明赫鲁晓夫认为美国必然入侵古巴，也表明赫鲁晓夫已经准备好使用战术核武器抵抗美国军队。他的鹰派国防部长马利诺夫斯基想阻止其草率地做决定。他认为，美国人在加勒比没有足够的海军实力，不可能迅速拿下古巴；克里姆林宫在时机尚未成熟的时候草率行动，有弊无益，徒增美国使用核打击的借口。

驻莫斯科的美国大使馆已经通知苏联外交部，肯尼迪总统将于莫斯科时间凌晨1点（也就是华盛顿时间下午6点）向赫鲁晓夫传达重要消息。马利诺夫斯基建议："让我们等到1点。"

马利诺夫斯基发表讲话的同时，坦克、导弹车以及士兵正浩浩荡荡地经过红场。在庞大的重型武器阵容中有 R - 12 导弹，由掌控核武器的精锐部队——战略导弹部队——护送。主席团成员都已经焦头烂额，没时间留意阵容。他们知道，这种令人惊叹的军力展示只是革命纪念日阅兵的预演仪式。

面对政治生涯中最严重的国家危机，两个超级大国领导人的最直接反应大体上是相似的：震惊、傲气受挫、态度坚决和难以克制的恐惧。肯尼迪本想轰炸苏联导弹基地，赫鲁晓夫则思考着对美军使用战术核武器，这些都能使全面核战争一触即发。

尽管两人最初的反应类似，但是肯尼迪和赫鲁晓夫的性格却是千差万别。一位是美国富豪之子，生来条件优越；另一位是乌克兰农民之子，打小没鞋穿，擦鼻涕都得用衣袖。一位看似不费吹灰之力就走向政坛巅峰，另一位则是用诌媚逢迎和不择手段一步步上位。一位内向，另一位暴躁。他们的差别在外表上便一目了然——前者瘦长优雅，后者矮胖秃顶。家庭上也差别巨大：一位的妻子就像是时尚杂志上的模特，另一位的妻子则是典型的苏联"大婶"（babushka）。

68 岁的赫鲁晓夫是从极度残酷的政治学校走出来的。这所学校就是暴君当朝。他像坐火箭般一路升迁，靠的不是吸引力，而是取悦斯大林的本事和把玩官场的能力。他认为政治是肮脏的游戏，需要极强的克制和伪装术。他深知如何笼络人心，也擅长抓住时机痛击劲敌。他总有一些让对手出乎意料的政治招数：公开谴责斯大林杀人无数、逮捕秘密警察头子拉夫连季·贝利亚（Lavrenty Beria）和发射世界上第一颗人造地球卫星。

除了玩世不恭和冷酷无情，赫鲁晓夫也有着几近宗教色彩的理想主义。他不相信会有来世，但坚信有人间天堂。既然共产主义的美好愿景改变了他的人生，那么也定能改变他祖国同胞的人生。他坚信，历史终将证明共产主义制度比资本主义更优越、更公平、更高效。1961 年，他宣布将在"20 年内建成"共产主义社会，实现人人平等的富足，所有人的需求都可得到满足。届时，苏联的物质财富将超越美国。

赫鲁晓夫对自己卑微的出身感到自豪，并深以打败更强大、更富裕且出身更优越的对手为荣。[9]他将自己比作乌克兰童话里一个贫穷的犹太鞋匠，受尽了众人白眼，却最终因为勇气和能力成为众人之首。还有一回，他说："政治就像那则在火车上的两个犹太人的笑话。"[10]其中一个犹太人问另一个："你这是去哪儿？"那人答道："日托米尔（Zhitomir）。"这人想："真是个老狐狸。""我知道他是想去日托米尔，但他亲口告诉我要去日托米尔时，我就认为他要去的是齐美林卡（Zhmerinka）。"这两个故事正是赫鲁晓夫对政治看法的总结。政治就是一种需要虚张声势和声东击西的游戏。

无论和斯大林还是和贝利亚比起来，对付肯尼迪这个对手简直就是小儿科。赫鲁晓夫在维也纳见过肯尼迪后，评价此人"不够强硬"，"太聪明，太软弱"。[11]赫鲁晓夫比肯尼迪大23岁，年龄相差悬殊。赫鲁晓夫曾说，美国总统"这年纪都可以做我儿子了"。[12]尽管赫鲁晓夫后来承认在维也纳对肯尼迪是"有些过分"，他也绝不会因此对这个对手有多少礼让。在他看来，政治要的就是"心狠手辣"。[13]

赫鲁晓夫在国际关系上的处理方法是基于他对苏联弱势的认识。尽管他在公共场合咄咄逼人，但1962年夏天的他却远远没到自满的地步。苏联被美军基地包围，西有土耳其，东有日本。美国瞄准苏联的核导弹比苏联瞄准美国的多得多。和中国在意识形态上的分歧也极大地威胁到苏联在世界范围内共产主义运动中的主导地位。这个国家表面上大肆鼓吹乌托邦即将实现，事实上却仍未从二战的废墟中恢复元气。

赫鲁晓夫通过种种不同寻常的公关策略掩盖苏联在美苏竞争中的劣势。他首次让人类进入太空，也试验了世界上最大的核弹。"美国人只认实力。"[14]他这样跟自己的同僚说道。赫鲁晓夫曾夸口，苏联能像生产"香肠"一样快速生产洲际导弹，他的儿子谢尔盖听了大为诧异，毕竟他是导弹工程师，知道这不现实。

"我们才只有两三枚，你怎么能这样吹嘘？"谢尔盖问道。

"重要的是要让美国人信以为真，"赫鲁晓夫回答，"这样的话，他们就不敢打我们了。"谢尔盖因此认为，苏联的政策是用"子虚乌有"的导弹威胁美国。

作为世界第二的超级大国，苏联不得不通过威逼利诱的方式得到认可。"声音听起来必须自信，"赫鲁晓夫在 1962 年 1 月对参加主席团会议的同僚们说道，"我们不应害怕陷入僵持，不然将毫无胜算。"[15]

不过，故意将对峙推至沸点和眼睁睁看着炸锅是两回事。赫鲁晓夫一直强调，部署导弹并不是为了"发动战争"，而是对美国人"以其人之道还治其人之身"。[16]

尽管赫鲁晓夫起初对民主党肯尼迪的好感多于对共和党艾森豪威尔的好感，他还是将这两人视为"一丘之貉"。[17]有一年夏天，他在黑海海边城市索契的别墅度假，想到对面土耳其的美国核导弹不用五分钟就可以打过来，不禁怒火中烧。他递给旁人一副望远镜，问他们能看到什么。当不明所以的宾客说前方是茫茫的海面时，赫鲁晓夫抓起望远镜，愤愤不平地说："我看到美国导弹瞄准我的别墅。"[18]但一想到自己也将还美国人一个惊喜，他便感到一阵喜悦。

9 月在索契的时候，赫鲁晓夫对美国内政部长斯图尔特·尤德尔（Stewart Udall）说："你们欺负我们够久了。现在轮到我们打你们屁股了。"[19]

38

10 月 22 日，星期一，下午 4：00

肯尼迪认为执行委员会是其任期内"最重大的机密"。[20]执行委员会正在热烈讨论最近 6 天里不断加剧的古巴危机，且丝毫没有向媒体放出任何风声。这个小组全名为国家安全委员会执行委员会，由总统和 12 名信得过的助手组成。白宫尽一切可能防止危机事态登报。为避免出现政府豪华轿车车队抵达白宫参加危机会议的景象，9 名执行委员会成员挤进了一部车子里。麦克纳马拉和麦科恩等人不得不坐在其他人的膝盖和大腿上。

不负责苏联或者古巴事务的国务院官员们则是乘坐他们能找到的最大轿车到达白宫。周日上午，远东事务助理国务卿埃夫里尔·哈里曼（Averell Harriman）坐镇白宫西厢办公室，以引开记者，他抱怨道："还得坐到什么时候？"[21]

到了周日晚上，《纽约时报》和《华盛顿邮报》的记者几乎拼凑了事件的绝大部分。总统像猪湾事件发生时那样，要求两家报纸不要将事件发布，负责人也勉强答应。但《华盛顿邮报》的头条却几乎含沙射影地透露记者们已经了解的事实：

美国正在酝酿

一项重大决策

行动仍在保密之中

———

最高国防助理

坦言

谣言四起

到周一下午，秘密几乎藏不住了。[22]中午，海军陆战队开始疏散关塔那摩海军基地的平民，2810 名妇女和儿童被带到军舰和飞机上。在那度假的国会议员们收到紧急通知，立即返回华盛顿。军事直升机找到了路易斯安那州的民主党党鞭哈勒·博格斯（Hale Boggs），并丢下一个瓶子，里面有消息："呼叫第 18 号行动员，华盛顿，总统有急事。"[23]当时，这名党鞭正在墨西哥湾钓鱼。不久，空军飞机将博格斯和其他国会议员带回了首都。

肯尼迪坚持原计划的行程，花了 45 分钟和乌干达总理探讨非洲经济发展问题。下午 4 点钟，他召开内阁会议，告诉内阁成员他将决定对古巴进行海上封锁，以应对苏联在当地的导弹部署。此时，离 P 时（即 President-hour，总统发表全国讲话的代号）还有 3 个小时。

与此同时，国务院下令发起一场大规模的后勤行动，以告知各国关于封锁的信息，而官方将用"检疫"一词代替"封锁"，以显得收敛些。包括苏联在内的大多数国家的政府都将在华盛顿时间下午 6 点得到消息，肯尼迪将于 7 点发表电视讲话。一些盟国，比如英国、德国、法国，则是通过特别总统密使提前收到通知。

前任国务卿迪安·艾奇逊（Dean Acheson）从华盛顿连夜赶到巴黎，他被带到法国总统夏尔·戴高乐的书房。戴高乐将军通常信不过美国人，所以当艾奇逊提出要出示苏联在古巴的导弹部署证据时，他摆手表示拒绝。"你们这样的大国如果对掌握的证据心存怀疑，是不会采取行动的。"[24]不过，法国还是支持盟国的。后来他才同意，拿起放大镜察看 U－2 侦察机拍摄的相片。

39

"真是令人震惊。"这位将军咕哝道。

10 月 22 日，星期一，下午 4：39

参加北美防卫指挥（NORAD）总部会议的空军指挥官们简直无法相信自己的耳朵。北美防卫指挥官约翰·格哈特（John Gerhart）将军希望在截击机上装载核武器，并且将它们派遣到各地机场。命令将立即执行。

不到几分钟，焦急的指挥官们匆忙地电话呼叫科泉（Colorado Springs）市的战斗中心。一定是哪里出差错了。核武器的运输具有严格的安全规定。格哈特要求的 F－106 战斗机为单座战斗机，任务是摧毁进犯的苏联轰炸机。如果装上核武器飞往全国各地，将会违反"多人同行制"，即空军要求核武器必须由至少两个军官同时控制的原则。一位核安全官员对此大为惊讶，用他的话来说，格哈特的命令意味着"一个疏忽将会造成全面的核武器爆炸"。[25]

只有在战争时期，也就是敌方即将发动侵袭的时候，"同行原则"才是可以违反的。尽管报纸上满是古巴或者柏林形势紧急的新闻消息，但尚无证据表明苏联即将发动袭击。

许多空军军官对装载到战斗截击机上的核武器的安全表示疑虑。被五角大楼形容为奇迹武器的 MB－1 "精灵"是空对空导弹，配有 1.5 千吨 TNT 当量的核弹头，威力是摧毁广岛的核弹的 1/10。一些飞行员认为这是"历史上最愚蠢的武器"。[26]原因在于，这种非制导导弹并不是直接攻击目标，而是被设计成在半空爆炸，这就足以通过冲击波的方式摧毁目标附近的所有飞机。

这个分散行动的目的是帮助美国空军战斗机和轰炸机免于

苏联轰炸机的攻击。为了有能力反击苏联，美国战斗机必须携带武器，即使这意味着要载着导弹飞过人口密集的区域，再到达缺少安全核储存设备的机场。

科泉市的军官向上级进行了确认，许久后才得到回复。这个分散行动命令真实有效。不久，装载核武器的 F–106 战斗机从全国多处空军基地"呼啸着离开跑道"，但当地的指挥官仍然不知道到底发生了什么。[27]

10 月 22 日，星期一，下午 5：00

在危机的第一周，肯尼迪和他的顾问们还能不用太在意民众压力地选择方案。他们牢牢封锁苏联在古巴部署核导弹的消息，并赢得了几天的思考时间，而这段时间恰恰是尤其宝贵的。他们也避免了惊动克里姆林宫，并且也不需要立刻向国会和媒体解释。如果肯尼迪发现导弹当天就对赫鲁晓夫采取措施，那事态发展就会完全不同。

当危机进入公众视野后，事态便进一步加剧了。特别是在总统要发表演讲的两个小时前，国会议员们走进内阁办公室，听取总统不对外公开的作战指示。这位曾经的马萨诸塞州初级议员现在正被他的国会同僚们盯着，任他们对自己的决策评头论足。很快这个国家的每个政治大腕都会加入这场讨论。

听到苏联在古巴的部分导弹已经"能够发射"的消息时，议员理查德·B. 拉塞尔（Richard B. Russell）惊呼道："我的天！"

这位参议院军事委员会主席听到肯尼迪计划对古巴进行海上封锁的消息，几乎无法让自己平静下来。他认为需要采取更加强硬的手段：空袭然后再发动入侵。给卡斯特罗政权

41

"停顿和思考的时间"是没有意义的，因为这会让他们"准备得更加充分"。拉塞尔同意李梅将军的意见。和苏联擦枪走火是迟早的事，无法避免。趁美国还强大，现在出手时机正好。

"我们似乎到了一个十字路口，"这位参议员说道，"要么我们就是超级大国，要么我们将一无是处。"

肯尼迪尝试着劝说拉塞尔。他希望这位国会领袖了解自己决策的初衷。封锁的风险已经十分可怕了，它可能导致柏林或者其他热点地区在"24 小时内"发生战争。但如果对导弹发射场进行突袭的话，风险则远远要大得多。"如果我们入侵古巴，就必须冒一个险，必须赌定部署在古巴的导弹不会走火……这可是个天大的赌博啊！"

参议院的情报专家、罗兹学者威廉·富布赖特（William Fulbright）也站在了其南方民主党同僚一边。他曾反对猪湾入侵计划，但现在却支持"尽快"对古巴进行"全面入侵"。

昔日同僚的批评让总统十分痛心。在他前往住处准备电视讲话的路上，肯尼迪眼里闪着怒色。他气冲冲地说道："他们如果想当总统，一群傻瓜，快来拿去，我没有任何兴趣。"[28]

10 月 22 日，星期一，下午 6：00

（莫斯科，星期二，凌晨 1：00）

下午 6 点，苏联驻美大使阿纳托利·多勃雷宁（Anatoly Dobrynin）收到通知前往国务院。他也被自己的政府蒙在鼓里，对古巴的导弹毫不知情。当国务卿交给他一份总统演讲稿和一份写给赫鲁晓夫的私人警告信，并告诉他不要低估美国的

"意愿和决心"时，多勃雷宁平日里常挂着笑容的脸一下子变得阴沉。迪安·腊斯克觉得，这个大使在跟他谈话的十几分钟里突然"苍老了十多岁"。对多勃雷宁来说，腊斯克也"显得尤其焦躁和紧张，尽管非常努力地去掩饰"。[29]

当多勃雷宁夹着一个麻质信封从国务院走出的时候，一个记者大声问道："这是否就是一场危机呢？"[30]

"那你觉得会是什么呢？"他冷冷地回答，拿着信封对记者挥了挥，然后钻进黑色的克莱斯勒轿车。

在七个时区外的莫斯科，美国大使馆政治顾问理查德·戴维斯（Richard Davies）向苏联外交部递交了类似的文件。过了 15 分钟，这些文件到了赫鲁晓夫的手里。这个消息对他来说没有想象的可怕。美国总统要求苏联从古巴撤离导弹，但没有提出一个最后期限。赫鲁晓夫的第一反应则是"这不是对古巴宣战，而是某种通牒"。

情绪化的他从绝望至极转变成欣慰无比，他喜悦地大声宣布："我们拯救了古巴。"[31]

肯尼迪进行的海上封锁有效地阻止了苏联军用装备进入古巴。得知三个 R – 12 中程导弹团和大部分装备均已到达古巴时，赫鲁晓夫喜出望外。18 艘运送兵团的舰艇中，现在只有 1 艘还在海上。1.1 万吨级的"尤里·加加林号"（Yuri Gagarin）船上装的是导弹的燃油补给装备。[32]这艘船正在接近巴哈马，离哈瓦那只有两天的海上行程。其中一个 R – 12 导弹团指挥部的大部分人员也还在船上。

两个 R – 14 导弹团的情形则不同。共有 14 艘船用来运输更大型的中远程导弹、人员以及相关的导弹配套设施，这些中远

程导弹能够打击美国境内的任何一个目标。然而，只有其中一

43 艘船已安全到达古巴。另有两艘将在一天内到达：一艘是"尼古拉耶夫斯克号"（Nikolaevsk）客轮，上面载有 2000 多名士兵；另一艘是波兰制造的"季夫诺戈斯克号"（Divnogorsk）邮轮。导弹则仍在大西洋中部。

赫鲁晓夫最担心的还是"亚历山德罗夫斯克号"（Aleksandrovsk）。这艘 5400 吨级的货轮里面塞满了核弹头，包括用于 R-14 导弹的 1 兆吨的核弹头，每一个弹头都有相当于 70 枚广岛原子弹的威力。[33] 船上载有的核弹威力比历史上所有战争使用的炸弹威力总和还大不止三倍。

"亚历山德罗夫斯克号"从北部的莫尔斯克港（Severomorsk）出发，历经 16 天的海上航程，正在靠近古巴的北海岸。轮船仍在国际海域，离最近的古巴港口还有半天的航程。[34] 这艘船也是最可能被美国海军盯上的一艘。"亚历山德罗夫斯克号"穿越大西洋的时候，部分航程由核潜艇护航，但是现在该船已经处于零防护状态，只有苏联货轮"阿尔梅季耶夫斯克号"（Almetyevsk）一同前行。如果美国人试图上船的话，船长将下令使用自动武器炸毁船只，让这等同于 2500 万吨 TNT 炸药的武器永沉海底。"亚历山德罗夫斯克号"是无论如何也不能落入敌方手里的。

除了海面上的船只，西大西洋还有 4 艘苏联潜艇出没。[35] 赫鲁晓夫原本计划在古巴建立现代化潜艇基地，但是在 9 月底的时候，他放弃了这个打算。他没有派遣一次性出航时间能达到 4 周的核动力潜艇，而是派遣了 4 艘"狐步级"柴油电动潜艇。"狐步级"潜艇是德国 U 型潜艇的升级和增大版，德国 U 型潜艇曾在二战中干扰过盟军的海上运输。两者的区别是

"狐步级"潜艇除了携带 21 枚常规鱼雷之外，还携带一枚具有核威力的小型鱼雷。

赫鲁晓夫走出最开始的震惊，开始做出一系列果断的决策。他下令提升苏联军队的警戒。他准备写信给肯尼迪和卡斯特罗。他草拟了一份声明，上面谴责封锁行为是"海盗作风"，指责美国将世界推入"热核战争"的边缘。但是他除了愤怒，也还保留些理智。为了降低和美国军舰对峙的风险，他下令让大部分未到达古巴水域的苏联舰艇返回。被叫回的舰艇包括载有 R - 14 导弹的"基莫夫斯克号"（Kimovsk）和"波尔塔瓦号"（Poltava）货轮，以及载有 R - 12 导弹团装备的"尤里·加加林号"。装载非军用物资的货船，比如"布加勒斯特号"（Bucharest），则继续前往古巴。包括携带核弹头的"亚历山德罗夫斯克号"在内的靠近古巴的船只，都接到命令开往最近的港口。[36]

在考虑了让驻古巴的苏联指挥官使用战术核武器对付美国人入侵这个主意后，赫鲁晓夫又打消了这个念头。他反对把苏联武器交给古巴人，并且不同意和古巴达成正式的防卫协议。他给苏军统帅伊萨·普利耶夫（Issa Pliyev）下达了如下命令：

> 针对美国人在加勒比海域演练时可能登陆古巴，可以通过联合古巴部队，加强防御措施，增强战备状态，不得使用斯塔岑科（Statsenko）的武器以及别洛博罗多夫（Beloborodov）的装备。[37]

斯塔岑科少将是古巴苏联导弹部队的指挥官，别洛博罗多夫上校则负责核导弹。把这些信息破译出来，意思就是苏联在古巴的军队奉命抵抗美军入侵，但无权自行使用任何核武器。赫鲁晓夫下定决心亲自控制核弹头的使用。

克里姆林宫的记录员十分努力地记录了这位第一书记滔滔不绝的想法和指示：

> 下令（未到达古巴的）船只返回。
>
> （全体人员认为这个决定正确。）
>
> 以抗议的形式发表苏联政府声明。
>
> 美国正在准备发动第三次世界大战。
>
> 美帝国主义正在将其意志强加给别国。
>
> 我们对此抗议。所有的国家都有权利保家卫国，结成同盟。
>
> 苏联也整装待发，我们抗议美国的海盗行径……
>
> 四艘潜艇继续前行。"亚力山德罗夫斯克号"在最近处的港口停靠。
>
> 向卡斯特罗发送一封电报。
>
> 收到肯尼迪的信件。
>
> 粗暴干涉古巴的内政。[38]

45

外交部官员连夜赶出初稿，把苏联书记漫无边际的谈话润色成优美的官方文章。与此同时，赫鲁晓夫要求同僚留宿克里姆林宫，防止给外国记者造成不必要的担忧或者惊动任何"潜伏在附近"的"情报特工"。赫鲁晓夫睡在办公室前厅的沙发上，身上还穿着衣服。他曾听到一个故事，说在1956年苏伊士运河危机期间，法国外长半夜"还没来得及提上裤子就被抓了"。[39]他可不想类似的耻辱发生在自己身上。

后来他回忆道："我对任何消息都做好了准备，也想能够及时应对。"

令肯尼迪和他的助手不解的是，赫鲁晓夫在古巴部署导弹到底出于何种动机？按照他们的标准解释，赫鲁晓夫想要改变核武器力量的平衡。在中远程导弹和飞机，也就是"战略性"武器上，苏联远远落后于美国。但是，苏联有足够多的中程弹道导弹瞄准欧洲。在这些中程弹道导弹部署到古巴之后，它们奇迹般地变成了足以打击敌方领土的战略性武器。

在战略上和美国平起平坐的确是赫鲁晓夫的重要动机之一，赫鲁晓夫向来不满美国核武器领先于苏联。他一直试图在政治和军事方面都能和美国平分秋色。但是，从解密的苏联档案中可以看出，他的情绪也对其决策发挥着关键性的作用。卡斯特罗和他的"胡子军"激起了克里姆林宫那些疲惫的老头儿的浪漫情怀，让他们想起曾经他们也是革命者。

"他是个不折不扣的革命家，和我们一样，我感到自己回到了童年。"[40]阿纳斯塔斯·米高扬（Anastas Mikoyan）在报告中这样说道。1960 年 2 月，米高扬成为第一位会见卡斯特罗的苏联领导人。

1960 年 9 月 20 日，在纽约哈莱姆区（Harlem）的特蕾莎酒店外面，赫鲁晓夫和卡斯特罗首次会面。当时，赫鲁晓夫形容此人是位"英雄"。两人都是去参加联合国大会的，但是卡斯特罗却半途离开了酒店，以示对酒店"难以接受的收费要求"的抗议。这个 6.4 英尺高的古巴人弯下腰，给了眼前这个 5.3 英尺的苏联人一个热情的拥抱。赫鲁晓夫后来回忆道："他令我印象深刻。"[41]最后，他对菲德尔产生了"如对儿子般"的爱。[42]

46

在卡斯特罗上台之前，苏联人从未对拉丁美洲表示过兴趣。在 1952 年到 1960 年之间，莫斯科还从未在哈瓦那设立大使馆。古巴革命后，这个曾四面受围、经济落后的小岛头一次发现，自己能够把军事力量投射到家门口不远的帝国主义敌人那里，这也是苏联理论家们完全没有预料到的。1960 年，克格勃开始将古巴形容为西半球的"桥头堡"（AVANPOST）[43]。在苏联看来，古巴革命不仅是能够烦扰山姆大叔的机会，也是全球各方势力正倒向莫斯科的佐证。

古巴人也非常明白他们对苏联的影响，并且开始利用这样的优势。40 年后，卡斯特罗曾这样回忆："尼基塔非常热爱古巴，你甚至可以说，他对古巴的魅力毫无抵抗力。"[44]每当卡斯特罗想要从苏联获得点利益的时候，往往就简单地问一句："你还是不是革命者了？"[45]这么一问，赫鲁晓夫想要拒绝都很难了。

和斯大林不同的是，赫鲁晓夫没有认识到，苏联不能无止境地扩大自己的力量和影响。[46]斯大林时期的外长维亚切斯拉夫·莫洛托夫（Vyacheslav Molotov）曾说过，超级大国"必须明白，万物皆有限度，不然只会噎着自己"。但赫鲁晓夫比他的前任更爱做白日梦。某种程度上，这种理想主义是肯尼迪观点的苏联版：苏联将"不惜一切代价，不遗余力"捍卫社会主义在世界各地的果实。对赫鲁晓夫来说，古巴和卡斯特罗有着等同于人造卫星和尤里·加加林的象征意义。

猪湾事件后，赫鲁晓夫坚信，美国会很快再次尝试推翻卡斯特罗。他推断"不能简单地认为美国的第二次反扑会像第一次那样毫无计划、执行乏力"。[47]莫斯科不断地收到美国密谋入侵古巴的消息，既有捏造的，也有真实的。有些信号直接来自白宫。1962 年 1 月，赫鲁晓夫的女婿阿列克谢·阿朱别伊

（Aleksei Adzhubei）会见肯尼迪。[48]当时，他听到总统说，美国将借鉴苏联在处理 1956 年匈牙利事件时的做法，几乎吓了一跳。对满腹狐疑的苏联人来说，这么说只有一个意思，那就是华盛顿正准备武力镇压古巴革命。

晚年的赫鲁晓夫回忆道：“我脑子里反复浮现一个问题，如果我们失去了古巴，后果会怎样？这将是对马列主义的沉重打击。”[49]

在赫鲁晓夫看来，把核导弹部署到古巴能一下子解决他的很多问题。他可以防止该岛受到美国攻击。他将实现美苏双方的力量平衡。他也可以给美国人好好上一课：美国人也得尝尝自己的领土和人民被威胁的滋味。他写道：“我们的国家近半个世纪经历了三次大战的残酷洗礼：一战、内战和二战。美国人从没在自己的领土上打过战争，至少近 50 年来没有。”

1962 年 4 月，赫鲁晓夫在黑海的居所遇见了马利诺夫斯基。他用十分正式的俄语称呼这位国防部长。“罗季翁·雅科夫列维奇（Rodion Yakovlevich），”他戏谑地问道，“要不要让山姆大叔尝尝在裤裆里放只刺猬的滋味？”[50]

10 月 22 日，星期一，下午 6 : 40

（哈瓦那，下午 5 : 40）

根据北美防空司令部疏散计划的要求，F - 106 编队从底特律外的塞尔弗里奇（Selfridge）空军基地部署到使用频率较低的威斯康星州的沃尔克机场（Volk Field）。飞行员们曾多次训练 30 分钟一次的迅速起飞，但装载核武器则是头一次。在起飞前不久，计划发生了变化。由于沃尔克被浓雾包绕，飞机只能飞向印第安纳州泰瑞豪特（Terre Haute）的哈尔曼机场（Hulman Field）。

找到正确航线的时间所剩无几。突然又有消息说，哈尔曼机场正在维修中，能够使用的只有7000英尺的沥青跑道。虽然难度不小，但可以一试。

对27岁的空军中尉丹·巴里（Dan Barry）来说，携带核武器飞行是一个信号，那就是"将要发生大事儿了"[51]。他和他的飞行员战友们知道，总统将在晚上7点发表讲话，但是他们不清楚总统会讲什么。当这支由6架飞机组成的编队朝西南飞过俄亥俄州和印第安纳州时，飞行员扫描了北部领空以确定是否有苏联的飞机和导弹入侵。

前面5架飞机顺利着陆，避开了跑道上的石块和杂物。[52]最后一架飞机是由队长达雷尔·基德森（Darrell Gydesen，飞行员们称呼他为"基德"）指挥的。在快要着陆的时候，他感到机尾有一股突来的大风，于是打开了机尾的减速伞，让飞机放缓速度。

减速伞开始打开但没有完全打开，伞布被卡在伞袋里迟迟不出来。基德森瞬间意识到，他的飞机正携带着核导弹高速飞向一条长度缩短的跑道。

对于这场正在发酵的危机，卡斯特罗了解的第一条消息来自关塔那摩海军基地的古巴间谍。在这个由海军陆战队把守的检查点，每天都有数百名古巴特工经过。对古巴的情报部门来说，让特工渗入这个45平方英里的基地只是小事一桩。起初的情报表明海军陆战队在这里不断增兵，而没过多久，就有消息说这里将疏散妇女和儿童。

卡斯特罗得知美国总统将发表电视讲话，而且话题很可能跟古巴有关，便觉得自己不能干等了。古巴的常规军有 10.5 万人。如果动员预备部队，卡斯特罗能在 72 小时内将兵力翻三倍。[53]他的部队装备简陋，敌不过美军的第 1 陆军师。但如果有苏联支持的话，美国佬的入侵也不可能轻易得逞。

早在哈瓦那时间下午 5 点 40 分之前，也就是卡斯特罗宣布战斗预警和肯尼迪发表电视讲话前 20 分钟，卡斯特罗的指挥官们已经开始执行 1 号作战指令了。[54]和猪湾事件那会儿一样，这个 800 英里长的岛国被分成三个防卫区。卡斯特罗将他的弟弟劳尔派到古巴的东边。切·格瓦拉坐镇比那尔德里奥省。切·格瓦拉是出生于阿根廷的游击队领袖，曾当过医生。黑人参谋长胡安·阿尔梅达（Juan Almeida）则指挥古巴中部，他的指挥部位于圣克拉拉（Santa Clara）。卡斯特罗本人留在首都哈瓦那。

很快，岛国上的民兵就开始登记报到。炮兵部队开始沿着南北方向的马雷贡海滨长廊进行部署。两艘炮舰进入海湾。在能俯瞰维达多区（Vedado）的山上的一所大学里，教授们开始给高唱"要古巴，不要美国佬"的学生们发放步枪了。20 岁的费尔南多·达瓦洛斯（Fernando Dávalos）慌忙赶回家中，收拾好军服、背包、毛巾和几罐炼乳，然后匆忙赶到大学兵营报到。他父亲问他去哪儿。他自己也不知道。

"美国人，"他上气不接下气地说，"打开广播台。我们要动员起来了。"[55]

1300 英里外的另一边，基德森队长努力尝试给正在接近跑道的飞机减速。当 F - 106 战斗机到达沥青路面的时候，他用无线电告诉控制塔，战斗机的减速伞已经失灵了，他正在"撞向障碍物"。控制塔人员按下按钮，跑道的尽头架起了网。　49

几个月前，F-106战斗机都安装了紧急制动系统。当发生着陆飞机偏离跑道的情况时，机身底部的钩子将会钩住障碍物。

F-106在跑道上快速滑行，冲到了沥青跑道的延长路段，飞机的起落架缠上了缆绳，猛地停了下来。能听到轮胎发出的爆破声音。F-106到了750英尺长的延长跑道末端了，却仍在继续前行。

飞机滑过延长段，头部机轮戳向草地，撞上了水泥地后被折断。在使用损坏的轮子直行了100英尺后，这架价值330万美元的喷气机才终于停了下来。

基德森爬出座舱，浑身发抖，但庆幸保住了性命。F-106有着瘦长的机身、向后倾斜的机翼，设计之美观是公认的。飞机的机头已经松动，轮子散落，起落架也满是凹痕，飞机前部凸出的压力测量设备已经被折断。除此之外，机身只受了轻微损坏。

第二天早上，救援人员开着起重机和重型拖拉机把飞机从泥土中拖了出来。而在事故中毫发无伤的核弹头却仍存留在飞机的导弹舱里。

10月22日，星期一，晚上7:00

"晚上好，我的同胞们。"

肯尼迪对着镜头，他的下巴凸出，脸部皱巴巴的，失去了平日的饱满。"本届政府"——停顿——"曾承诺过"——再次停顿——"对苏联在古巴岛上的军事力量进行最严密的监视。在过去一周里"——他用波士顿的鼻音发出"过去"这个词，并将元音拖得很长——"一些确凿的证据说明，在这座沦陷的岛国上，已有一些进攻性导弹基地。"

白宫的总统办公室已经成了电视演播室。用"坚毅号"

（HMS Resolute）船身的橡木木材打造的办公桌上铺了一块黑布。用帆布覆盖的地板上布满了黑色的电线。工作人员把家具移开，用来摆放录像设备、录音设备以及摄像灯。衣着整齐的　50声音技术人员屈膝在总统前方。总统身后是一块黑色的背景板，还有一面总统旗。

共有一亿多美国人收听或收看总统演讲，这也算当时最大的收听、收视量了。尽管总统一如既往地放慢语速、字斟句酌，却依然无法掩饰自己最近一周来的疑虑和焦灼。他演讲的目的是获得美国民众的支持，并且将他的政治意愿传达给克里姆林宫：只有苏联撤出导弹，才有可能结束危机。

总统将核威慑政策的范围扩大到除美国和北约盟国以外的20多个国家。"美国向来认为，来自古巴的指向任何西半球国家的核导弹，都将被视为苏联对美国的攻击，将引发美国对苏联全面的报复性反应。"

肯尼迪是美国第一位上电视的总统。许多人认为，他能在1960年险胜共和党竞选对手理查德·尼克松，电视辩论功不可没。他在荧屏上呈现的是一种泰然自若、英俊潇洒的形象。而相比之下，尼克松则是满头大汗，眼袋十分显眼。上任后，肯尼迪允许媒体拍摄每周的媒体会议。有些人认为，这样做的后果将不堪设想。《纽约时报》的赖斯顿曾评论道："这是自呼啦圈发明以来最糟糕的主意。"[56]但肯尼迪认为，直接和专栏作家们对话是向公众传达信息的最佳方法。多亏了"电星"（Telstar）这种革命性的通信卫星，总统的新闻会议也能同时向欧洲直播。

这一次，10 家佛罗里达州的私营电视台联合向古巴直播总统演讲，并且伴有西班牙语的同声传译。在这次长达 17 分钟的演讲的结尾，肯尼迪直接称古巴人为"受奴役的古巴人民"。并说道："你们的领袖早已忘记当初的古巴理想，他们现在已然成为国际阴谋下的棋子和傀儡，他们正在谋划将古巴……变成拉美第一个核打击的目标……"

肯尼迪发表演说时的脸色十分难看，这并不是古巴问题造成的。他本患有各种疾病，服用不同的药物，因此体重也一直不稳定。他患有阿狄森病、结肠炎以及年轻时染上的性病。在这个周末，他6.1英尺高的身材只剩167.5磅，整整减少了5磅。他总是遭受各种病痛的折磨。

10月22日的医疗说明上写着："病人太过劳累，不适合运动，左大腿疼痛，腿筋下半部僵硬。"[57]此外，由于年轻时过度使用类固醇疗法，他的下背部患有慢性疼痛。他的医生们总是喋喋不休地争论最佳的疗法。一派认为需要服用更多的药物，另一派则推荐锻炼和物理疗法。

肯尼迪出现在办公室的时候，门口站着一个小个子男人。这个人名叫汉斯·克劳斯（Hans Kraus），是来自纽约的整形外科医生，是主张锻炼疗法的那派医生请来的顾问。这位原奥地利奥运会滑雪队教练员从纽约赶来。他不知道自己将走进一场国际性危机。过去一年里，他每周见总统一两次，但是对白宫的钩心斗角越来越失望。他希望所有人知道，自己"如果不被待见，可以随时走人"。[58]

他感到沮丧的原因有多个。他给肯尼迪的治疗是免费的。他想说服总统设立一个全国性的健康锻炼基金会，但总统的反应却是轻描淡写。他从纽约来到华盛顿，再到肯尼迪在棕榈滩的住所，旅行开销总共2782.54美元，却未得到任何报偿。此外，他对总统身边医生们之间的明争暗斗感到失望。他认为当务之急是确定一个明确的医疗思路。总统如此沉浸在演讲里，都没能认出这个沮丧的奥地利人。最后他终于认出了医生，并表示歉意。

"抱歉，医生。今天我没有空。"[59]

总统发表全国讲话的同时，战略空军司令部（SAC）也进入了三级战备状态（DEFCON-3）。总统一声令下，三级战备便可在 15 分钟内发射这个国家所有的核导弹，离核战仅几步之遥。为了防止苏联先发制人，美国必须将轰炸机分散在全国各地。在肯尼迪演讲结束的时候，近 200 架载着核武器的飞机开始在美国上空盘旋，其中许多是飞往民用机场。

接到分散命令的空军单位包括第 509 轰炸机联队。这支声名显赫的轰炸机联队驻扎在新罕布什尔州的皮斯空军基地。二战期间，他们的飞机曾先后在广岛和长崎投下原子弹，这是核武器第一次也是唯一一次用于战争。核弹爆炸瞬间分别夺去了广岛 8 万人和长崎 4 万人的生命。在核爆点 2 英里范围，所有建筑瞬间毁灭。为了纪念那次行动，美国空军中只有这支联队的标识上有蘑菇云的形状。

第 509 轰炸机联队和其他战略空军一样，肩负着核战争状态下摧毁苏联军事和工业目标的任务。这支部队的主要武器是后掠翼的 B-47 同温层喷气式飞机，这种机型加燃油后能够越过地中海打击目标。飞机上载有两枚核弹头，其摧毁力是二战时在日本投下炸弹的数百倍。

从皮斯到波士顿的洛根（Logan）机场仅仅需要 20 分钟的短程飞行。[60]飞机在油箱充满时降落会十分危险，因此在起飞前必须对轰炸机进行卸油。同很多战友一样，鲁格·温切斯特（Ruger Winchester）队长此前也从未在繁忙的民用机场降落

B - 47 战斗机。起初，这座城市过亮的灯光导致无法辨认跑
道，所以他第一次仅仅依靠视觉而无法完成降落，第二次使用
了雷达以协助辨认。

地面控制台指挥 B - 47 战斗机降落到远处一条没有使用过的
出租车车道上。飞行员的脖子上挂着核导弹操作文件，腰间系着
点 38 左轮手枪，他们被领到空军国家卫队的办公室停留。同时，
一支从皮斯过来的车队带着维护人员和军警来保护核武器。

洛根这座城市丝毫没有准备好迎接"红鹰计划"这项极
其复杂的转移战略核部队的行动。[61] 由于设施不兼容，飞机的
燃料补给工作拖延了 15 个小时。在当地的美孚加油站，一名
空军中校不得不用自己的个人信用卡购买 B - 47 的燃油。其
他军官们只能涌到当地的杂货店购买食物。行军床和寝具到凌
晨 2 点才能到位。在警报设施附近，只有一条电话线可供使
用。保护地面飞机和核武器的安全人员严重不足。甚至连运送
负责保护飞机的警卫人员的厢型汽车也出现了短缺，以致后勤
长官不得不从赫兹公司和安飞士公司雇用车辆。

如果那天苏联先发制人的话，第 509 轰炸机联队就无法兑
现自己"先防御后报复"的格言了。[62]第二天上午，当飞行员
检查飞机的时候，这个六引擎轰炸机的轮子已经在柏油路面上
留下了深深的齿痕，不得不动用拖车来移动。

10 月 22 日，星期一，晚上 9：00

（哈瓦那，晚上 8：00）

肯尼迪讲话结束后不到两个小时，菲德尔·卡斯特罗走进
了《革命报》的办公室。在卡斯特罗用游击战对抗巴蒂斯塔的

时期，这家报社是偷偷运作的。在卡斯特罗的革命面临危机的时候，这里成了他的避难所。在这里，卡斯特罗不但可以获得消息，也能制造消息。由于这样的历史，《革命报》相比于古巴其他的宣传机构更独立一些，这也是令最高领袖身边的官僚们头痛的事。

那天，《革命报》的头版头条写着长长的标语性句子：

准备抗击美国佬入侵

————

佛罗里达飞机和军舰集结

在那时，这样的头条似乎有些危言耸听。古巴官员们认为，报社"不负责任"，但卡斯特罗则显得镇定自若。即将到来的战争让他充满了干劲和能量。他在房间里来回踱步，口述了第二天头版的内容：

这个国家已经从战争的轰鸣中醒来，准备好抗击任何侵略。所有武器均已到位，每个人均已准备献身保卫革命和祖国……革命领导人和古巴政府准备和古巴人民生死与共。数百万个充满热情和能量的声音，从这片热土的四面八方，汇聚成响彻云霄的一句话：誓死捍卫祖国！我们必将胜利！54

"我们不应该怕美国佬，"卡斯特罗对随从人员说，"应该是他们害怕我们。"63

古巴革命以前，这里曾属于亲巴蒂斯塔的新闻出版公司。

这个位于埃尔奇克（El Chico）的建筑群设有游泳池、网球场以及十多座连排平房。最显眼的莫过于一座两层楼高、盒子形状的五十年代美式建筑。这里位于哈瓦那西南 12 英里处，幽静而安全，现在被用作苏军总部是再合适不过的了。

苏联指挥官们整个夜晚都聚集在"二号楼"（Punto Dos）（Punto Uno，"一号楼"是留给卡斯特罗的）。[64]他们从古巴各地赶来参加苏联军事委员会之前安排好的会议，但具体议程却不断地被推迟。会议室门后的将军们在开着会，门外站着来自导弹团和防空炮兵团的中士和上校们，焦急地交流着各种传言。

最后，伊萨·普利耶夫将军出现了。他病怏怏的，一脸疲惫。普利耶夫来自高加索山区的奥赛梯（Ossetia），骑兵出身，今年 58 岁，曾在二战中立下显赫功劳。在中国东北，他曾指挥世界上最大的骑兵部队对抗日军。几个月前，他指挥部下镇压了俄罗斯南部新切尔卡斯克（Novocherkassk）发生的粮食暴动，向赫鲁晓夫表明了忠心。但他对导弹却是一窍不通，他的许多部下也不理解，为什么他会被拉去指挥"阿纳德尔行动"。他乱用军事术语，常被年轻的军官们私下取笑。在表达"炮兵连"的时候，他总是误用"中队"，好像指挥的还是一群骑兵似的。他也是公认的军队里的旧式学院派，喜欢引用俄罗斯经典名著。

普利耶夫接受古巴的差事不是出于情愿，而是出于责任。[65]得知出于安全考虑而使用"巴普洛夫"这个假名时，他表示极力反对。他身患胆囊和肾方面的疾病，在 1962 年 7 月乘坐苏联民航总局的图 - 114 航班飞往古巴的时候，已经是个药罐子。他无法适应热带气候。他的胆结石病情恶化，不得不长期躺在床上。到了 9 月底，他已经剧痛难忍，情况十分危急。一些将军建议将他送回莫斯科，但遭到他的回绝。后来，他的身体状况开始渐渐好转。到了 10 月中旬，苏联派去顶尖的泌尿科专家给他治疗，而那会儿美国也刚得知苏联在古巴设有基地。

将军很快说明了情况。[66]美国人已经开始海上封锁了，他这次是要宣布进入全面战斗戒备状态，全体人员必须马上回到各自的编队，以击退可能降临的美军伞兵。

晚上，在指挥官们离开埃尔奇克返回各自部队的途中，随处可见装载着古巴预备军的卡车和大巴。到处都是检查站。不过，这些苏联友人则是在"古巴万岁，苏联万岁"（Viva Cuba, Viva la Union Sovietica）的欢呼声中畅行无阻。

民兵们高唱："要古巴，不要美国佬。誓死保卫祖国。"

整个国家顿时陷入战备状态。看到古巴全国上下播放着肯尼迪总统的电视演说以及古巴的全民动员，这些困惑的苏联士兵才意识到，他们可能要为在祖国另一端的弹丸之地和美国人短兵相接了。

10 月 23 日，星期二，凌晨 3：00

（莫斯科，上午 10：00）

由于赫鲁晓夫不肯放行，苏联官员们在克里姆林宫办公室的沙发和椅子上艰难地熬过了一晚。第二天上午 10 点，他们召开会议，批复了外交部官员们彻夜赶出的文件，其中包括苏联政府的官方声明。从上午 6 点起，苏联下令 16 艘舰船返航。[67]剩下要做的事情就是商讨如何处理还在大洋中的 4 艘"狐步级"潜艇。

潜艇距离古巴还有 3 天的航程。[68]它们分散在茫茫无边的大海里，但主潜艇正在靠近加勒比湾入口处的特克斯和凯科斯群岛（Turks and Caicos Islands）。主席团中相对谨慎的是阿纳斯塔斯·米高扬。他认为必须下令让潜艇返回。他担心让这些潜艇出没古巴水域，只会增加苏联和美国海军冲突的风险。如果继续驶向古巴，很可能被美国军舰侦察到。马利诺夫斯基则认为这些潜艇应该继续开往古巴的马里埃尔港，然后建立潜艇基地。主席团中的一些人支持这位国防部长的看法。赫鲁晓夫则是不打断他们的争论，他还做不了决定。

最后，海军元帅谢尔盖·戈尔什科夫（Sergei Gorshkov）解决了关于潜艇的争论。他没有参加主席团的晚间会议，但是受邀参加了随后的一场会议。他的专业能力无可挑剔。戈尔什科夫由赫鲁晓夫亲自任命，他打造了一支能够将苏联力量投射至美国边境的现代海军，扭转了过去以近海防卫为主的形势。他 17 岁加入海军。二战期间，年仅 31 岁的他就被提拔为海军元帅。他现年 52 岁，精力充沛、专业精湛，对部下的严苛也是众所周知。

元帅在主席团的粗呢布桌面上铺开海军航海图。他指出，这 4 艘"狐步级"潜艇距离古巴 300～800 英里。然后，他指出通往加勒比海的海道上的检查站。从大西洋直接通向古巴的路线上，要经过一个长达 600 英里的群岛，该群岛从巴哈马往东南一直延伸到特克斯和凯科斯群岛。群岛中最宽的航道只有 40 英里。避开这些小岛的唯一办法就是绕过大特克岛（Grand Turk Island）的东边角，朝海地和多米尼加共和国进发，但这至少会增加两天的航程。

戈尔什科夫和米高扬的看法相同。他解释说，美国人控制了这些狭窄的海上通道，并且安装了潜艇定位系统。如果苏联通过这些航道，是无法躲过美国人的探测的。他也同意让苏联潜艇推迟两至三天抵达古巴。米高扬曾说，马利诺夫斯基对海军元帅的陈词"心服口服"。这位元帅"发挥了非常重要的作用"，他证明了这个国防部长"不够称职"。

米高扬舒了一口气。他庆幸能避开这个一触即发的超级大国间的对峙。然而，这也仅仅是暂时的。美国海军此时已经盯上苏联潜艇了。

对克格勃秘密警察来说，还有件要紧事要解决。过去一年里，一个名为奥列格·潘科夫斯基（Oleg Penkovsky）上校的苏联军事情报官不断地向美国和英国提供最高机密文件。中情局掌握的文件中，包括关于 R－12 导弹系统的技术说明书、导弹发射场的布局以及每个战斗预备等级的详细描述。克格勃对潘科夫斯基起疑心已经有好几周了，但是为能一举捣毁整个间谍集团，他们迟迟未出手。

随着冷战局势越来越紧张，潘科夫斯基无法继续向美国人提供消息。便衣警察闯入了其位于莫斯科河畔的公寓，毫不费力地逮捕了他。由于案件事关重大，克格勃主席弗拉基米尔·谢米恰斯内（Vladimir Semichastny）决定亲自审问潘科夫斯基。他命令手下把这个叛徒带到卢比扬卡（Lubyanka）三楼角落的办公室里，让他坐在会议桌的一边。

潘科夫斯基怕遭酷刑，很快就"出于祖国的利益"[69]向克格勃招供了。

谢米恰斯内鄙夷地看了他一眼。"你给祖国造成了多大的损失，统统如实交代，一个字也不许落下！"

第三章 古巴人

10 月 23 日，星期二，上午 6：45

（哈瓦那，上午 5：45）

在苏联导弹被发现的一周后，中情局分析人员仍然无法回答总统最迫切的问题：核弹头到底藏在哪里？中情局检查了所有 U－2 侦察机拍下的照片，寻找可能藏有核弹头的迹象，比如额外的安全防护栏或者防空保护设施。执行封锁任务的美军军舰上安装了辐射探测设备，以检查船只是否偷偷把核弹头带进了古巴。[1]

图像分析员识别到几处可能藏有核弹头的地点，包括一处废弃的但防卫却异常森严的糖浆厂。[2] 在一些导弹发射场中，工程正迅速地在由一些铝制拱形结构围成的掩体上进行，这些拱形结构和苏联的核武器储存设施相似。尽管有这些可疑迹象，却仍未有确切证据说明该岛藏有核弹头。

事实上，苏联在古巴的核武器数量远比华盛顿预计的最坏情况还要多。苏联不仅有瞄向美国的大型弹道导弹，还有足以摧毁入侵古巴的全部军队的一系列小型武器；不仅有短程巡航导弹的核弹头，还有伊尔－28 轰炸机的核弹头，以及被称为"月神"的战术导弹。

最早一批货物共有 90 枚苏联核弹头，它们通过一艘名为"因迪吉尔卡号"（Indigirka）的德国冻鱼运输船于 10 月 4 日到达马里埃尔港（Mariel）。[3] 船上载有 36 枚 1 兆吨级的 R－12

导弹专用核弹头，36 枚 14 千吨级的巡航导弹弹头，12 枚 2 千吨级的"月神"专用弹头，以及 6 枚伊尔 - 28 使用的 12 千吨级原子弹。"亚历山德罗夫斯克号"也运载有 68 枚弹头，包括 44 枚巡航导弹核弹头，24 枚 R - 14 中远程弹道导弹使用的 1 兆吨级核弹头。（1 兆吨的威力相当于 100 万吨 TNT 炸药。广岛投放的核弹大约是 15 千吨级。）

59

　　对负责这批巨大核物资的苏联士兵和技术人员来说，这样的任务是史无前例的。在他们的祖国，无论对核武器的运输还是存放都有严格的规定。核弹头是由特殊列车从一处安全场所运到另一处，对温度和湿度的要求也是十分具体。到了古巴，这些规定多数都无法执行。当地的运输系统十分简陋，也没有能准确控制温度的储存设施。人们不得不使用滑轮拖车将核武器从岩洞运进运出，再用厢型车和卡车将核武器拖上曲折蜿蜒的山路。一切都无法先计划而后行动，只能见一步走一步。

　　陆军中校瓦连京·阿纳斯塔西耶夫（Valentin Anastasiev）掌管伊尔 - 28 装载的 6 枚重力炸弹，这种钵型内爆式炸弹类似于 1945 年落在长崎的"胖子"核弹。当中校到达马里埃尔港的时候，才知道那里还没有适合存放这批小名叫"塔季扬娜"（Tatyanas）（这是以一位导弹工程师的妻子的名字命名的）的武器的地方。4"塔季扬娜"是赫鲁晓夫后来决定运到古巴的。5 9 月 7 日，赫鲁晓夫开始担心美国可能准备进攻古巴，所以决定向古巴运送这批武器。尽管伊尔 - 28 飞机能到达佛罗里达，但它们的首要目标是摧毁美军军舰和大部队。

　　阿纳斯塔西耶夫得到命令，要将"塔季扬娜"从"因迪吉尔卡号"卸下，向哈瓦那的反方向进发，运到沿着海岸向西 10 英里的一处废弃军营里。抵达军营时，他被眼前的景象吓到了。那里只有十分简单的围栏，安全措施几乎为零。在简陋的棚子里，他们把导弹放在巨大的金属箱中，箱子用挂锁锁住，只有一名苏联士兵在旁看守。

苏联的技术人员被分到一层楼高的军营房里，距巴蒂斯塔曾住过的海边小屋不远。为了通风换气，他们把一艘船的推进器连到引擎上，然后放在窗边。虽有阵风吹来，但发动机发出可怕的噪声，使得大家都无法安眠。

在克里斯托弗·哥伦布的描述里，古巴可谓"人类能看到的最美的岛屿"，是一个热带天堂。但对普通苏联士兵来说，这是个陌生甚至可怕的地方，到处是稀奇古怪的动物，致命的草和虫子，以及有毒的水源。阿纳斯塔西耶夫的一个战友就是在水里被黄貂鱼叮咬后溺亡的。

有一天，为了打发时间，苏联卫兵们抓到了一条巨型梭子鱼，他们把鱼投到巴蒂斯塔的游泳池里，拿绳子绑在鱼肚子上。每当无聊了，就猛地拉扯绳子，玩耍或折磨这条鱼，然后看着鱼无助地露出牙齿。阿纳斯塔西耶夫认为这只是十分"小儿科"的放松，但多少好过和90英里外更强的敌手针锋相对。

尽管手上有足以消灭数百万人口的进攻型武器，阿纳斯塔西耶夫却倍感危机四伏。如果美国人知道这些核武器的位置，他们会不惜一切代价夺走武器。由于手头的武器只有手枪，阿纳斯塔西耶夫总是担心美军突击队或者反卡斯特罗叛军会来个突然袭击。

讽刺的是，由于缺了安全防护栏和卫兵把守，反倒更好地隐藏了"塔季扬娜"。[6]美国人从未发现这些武器藏在那里。

就像"因迪吉尔卡号"那样，"亚力山德罗夫斯克号"也是在白令海峡的科拉半岛入口在潜艇补给站装载了核武器。[7] 这两艘船没有经过黑海或波罗的海，而是从北极穿过，避开了博斯普鲁斯海峡以及丹麦和瑞典之间的斯卡格拉克海峡（Skagerrak Strait）检查站，这些检查站都是被北约严密监视着。

10 月 7 日，在从北莫尔斯克出发前，"亚力山德罗夫斯克号"在上甲板装配了 37 毫米的防空炮。[8] 这是一艘载着农业设备前往友国古巴的商船，船上的武器也被层层绳索包绕着。苏军得到命令，如果美国人试图登船的话，他们可以解开绳子开火防卫。

这艘芬兰造的现代船只配备了足以进行短时但高强度交火的弹药。爆破专家们已经在船只周围安装了炸弹，必要的时候能迅速摧毁船只。[9] 船长室附近有个锁闭的房间，里面有启动炸药的开关，房间钥匙由高级军官随身携带。

在此之前，苏军从未有过海上运输核武器的经历，所以为这次航行也是做了极其充分的准备。"亚历山德罗夫斯克号"和"因迪吉尔卡号"两艘船上都有特别的保护装置，有双重绞盘系统和安全固定装置。核武器被放在强化钢基座的金属箱里，并有专门的钩子和把手将设备移至墙边。这些棺材形状的箱子长 15 英尺，宽 6 英尺，足足有 6 吨重。

尽管"亚历山德罗夫斯克号"准备充分，但当在大西洋中遇上大风暴的时候，众人也会感到措手不及。有次风暴发生在到达古巴的前一周，当时狂风拍打着船只，几乎要让核弹头撞到隔板。负责核安全的军官们奋力和暴风周旋了三天三夜，才避免了灾难。他们额外增加了带子和钩子，保证了舱内物品的完好无损。一名军事记者后来赞扬了阿纳托利·亚斯特列博夫（Anatoly Yastrebov）船长和两名士兵"拯救船只"[10] 和船员的英勇之举。亚斯特列博夫因为在这次事件中表现出的"自制、沉着和勇气",获得了苏联的二等最高军事奖章——红旗勋章。

为避免引起不必要的注意,在大西洋航行的多数时间里,"亚历山德罗夫斯克号"的无线电都是关闭的。[11] 和莫斯科的通信都是通过随行的"阿尔梅季耶夫斯克号"进行的。在 10 月 19 日,也就是船离到达古巴还有 4 天的时候,中情局确定了"亚历山德罗夫斯克号"的位置,但他们仅仅认为该船只是普通的"干货"轮船。[12]

和"因迪吉尔卡号"一样,"亚历山德罗夫斯克号"也原定停泊在马里埃尔港。但是离马里埃尔港 200 英里的时候,也就是 10 月 23 日黎明前几小时,这艘船收到赫鲁晓夫的命令:停靠到"最近的港口"。

最近的港口是拉伊莎贝拉(La Isabela),位于古巴最北边的、孤立的小镇,常受飓风的侵扰。

拉伊莎贝拉四面是盐沼地和红树林沼泽,十分适合隐藏核军工,哪怕只是暂时的。这个地方位于一个半岛突出的一角,距离最近的小镇也要 10 英里。在 20 世纪初,因为有铁路将其与古巴中部的甘蔗园相连接,所以曾经历过经济繁荣。外国船只在这里卸下机械和木材,然后载走大量蔗糖。但是古巴革命以后,对外贸易衰落,这个港口也失去了昔日的重要地位。走在街头,随处都能看到山羊,路旁则是单层瓦屋顶的棚子。

对反卡斯特罗游击队来说,由于地理位置偏僻,拉伊莎贝62拉成了在佛罗里达和波多黎各以外发动武装袭击的理想地点。肯尼迪在 10 月 16 日批准的破坏活动就包括"由古巴潜水员从水下炸毁拉伊莎贝拉的舰船和港口设施"。[13]先前一周里，一支名为"阿尔法66"的起义小组先是试图将磁性炸弹安装到苏联军舰船体上，计划失败后又袭击了这座小镇。这些突袭者后来吹嘘说他们"炸毁了一个铁路仓库并击毙了22人，包括5名苏联阵营的士兵"。[14]事实上，他们在和古巴民兵短暂交火后就撤退了。

"亚历山德罗夫斯克号"和"阿尔梅季耶夫斯克号"驶入了三面沙滩环绕的港湾，并且于清晨5点45分到达了拉伊莎贝拉。[15]得知船到达的消息，核存储专家和克格勃安全人员迅速赶到了现场。苏联驻哈瓦那大使亚历山大·阿列克谢耶夫（Aleksandr Alekseev）知道克里姆林宫那边十分担心这些舰船，他通过克格勃渠道汇报了"'亚历山德罗夫斯克号'安全抵达……热核武器调整完毕"的消息。[16]

苏军在哈瓦那的参谋长代表阿纳托利·格里布科夫（Anatoly Gribkov）将军也赶到拉伊莎贝拉迎接。他对船长调侃道："你给我们带了大把土豆和面粉吧。"[17]

船长不知道是否有其他人知道船上的机密，便回答道："我也不知道船上装了什么。"

"别担心，我清楚上面装了什么。"

卸下 R-14 核弹头在眼下是没有意义的，中远程导弹还在海上，且由于美军的封锁，暂时还无法抵达古巴。如果将核弹头放在"亚历山德罗夫斯克号"的空调储存舱里，可能会更加安全。然而，这44枚战术核弹头还是会从船上卸下，由武装护卫队送到岛另一端的两支巡航导弹团那里，它们分别位于奥连特省和比那尔德里奥省。

这个港口马上就变成了活动聚集地，港口附近有炮艇巡逻，潜水员时不时地检查"亚历山德罗夫斯克号"四周是否布有水雷。[18] 晚上，核弹头从船上运下。泛光灯下，船上的起重机把闪亮的铁箱子一个个搬出船舱，放到码头上。看着这些核裂变材料在船上方摇摇晃晃，核安全官员们不禁屏住呼吸，毕竟小小的事故就可能引发这座核炸药库的爆炸。

就像原子弹一样，这批核弹头最安全的处理方法就是放在设防不多的地点。马里埃尔港曾引起中情局图像分析员的注意，但华盛顿没人会想到拉伊莎贝拉也可以存放核武器。到了 10 月 23 日，白宫已经完全忘记了一周前由肯尼迪总统批准的"水下爆炸袭击"计划。

10 月 23 日，星期二，中午 12 : 05

（哈瓦那，上午 11 : 05）

如果肯尼迪总统想说明苏联在古巴的导弹对世界构成威胁的话，他就必须用更加清晰的图像才能说服众人。美国的情报分析人员过去一直凭借 U－2 侦察机拍下的模糊照片进行判断。这些图能够确切说明苏联在古巴部署中程导弹，却很难说服非专业出身的人。

U－2 侦察机第一次飞行任务由理查德·海泽（Richard Heyser）于 10 月 14 日星期日执行。他的行动目的是调查在古巴西部圣克里斯托巴尔（San Cristóbal）附近的梯形区域与导弹相关的活动，飞行路线是精心规划好的，照片从 70000 英尺的高空拍摄。过去几周里，古巴安全卫队封锁了乡村的大片土地，这让中情局研究那些穿过村庄和庄园的、由帆布覆盖的管状物体费尽了心思。

现在美国人再次行动，而且飞行高度仅仅比树顶高一点点。

来自第 62 照相侦察中队的 6 架 RF－8"十字军"喷气机从基维斯特的海军航空站起飞，朝南飞越佛罗里达海峡。[19]为了防止出现在古巴或苏联的雷达屏幕上，他们低空飞过海面，低得连波浪都能拍打到机身。这些飞机成对飞行，僚机跟随在长机后方偏右半英里处。飞机到达古巴海岸线时，爬升至 500英尺，分散飞往三个不同方向。

中队指挥官威廉·埃克尔（William Ecker）和他的僚机驾驶员布鲁斯·威廉米（Bruce Wilhelmy）直接飞过了马里埃尔港的萨姆地对空防空导弹基地，朝西南方向穿越罗萨里奥山（Sierra del Rosario），到达圣克里斯托巴尔一号中程弹道导弹基地。（中情局用圣克里斯托巴尔的名字给 4 个导弹基地命名，但这个基地距离向西 22 英里的圣迭戈－德洛斯巴诺斯村更近。）詹姆斯·考夫林（James Kauflin）和约翰·休伊特（John Hewitt）则飞向哈瓦那周边的萨姆防空导弹基地和军用机场。塔德·赖利（Tad Riley）和杰拉德·科菲（Gerald Coffee）往东飞向古巴中部以及大萨瓜周边的导弹基地。

就像其他导弹营地一样，圣迭戈营地隐藏在层层山峦之后。埃克尔从东边进入，贴近右边被松树林覆盖的山脊线。威廉米紧跟在他身后 100 英尺，稍微偏左，离平原更近。埃克尔发现目标后，驾机升高至 1000 英尺再水平飞行。1000 英尺的高度是最适合拍摄低空侦察图片的。[20]海拔太低会使负片重叠不足，导致图像模糊；海拔太高会使负片重叠部分太多，造成细节损失。

为了节省有限的胶片，飞行员直到最后一刻才开始打开照相机。飞机上总共有六架照相机：驾驶舱下面有一个前向照相机，其后装载三个不同角度的三镜头航空摄像机，机身后方有一架垂直照相机，以及尾部有进行侧面拍摄的照相机。

两架"十字军"战斗机以大约 500 节的速度飞过棕榈树林，飞行员有 10 秒的时间瞥一眼导弹基地。相机以每秒 4 帧的速度进行拍摄，每产生一帧图片飞机便向前移动 70 码的距离。前向镜头拍出的照片是最有用的 6 英寸 ×6 英寸方形负片，能拍下乡村的全景和导弹发射台、卡车甚至士兵这些细节。垂直方向的摄像头能拍下的细节最多，覆盖两架飞机下方 150 码范围内的一切物体。

海泽九天前拍摄的导弹起竖器被帆布遮盖，有缆线连接并直通树林的指挥台。导弹放在距离起竖器几百码处的帐篷里，附近停有燃料拖车。年轻人站在卡车附近，似乎对飞过头顶的喷气机毫无察觉。在拍完左手边的导弹营以后，埃克尔直接飞向由白色石板建成的一个巨大的、类似机库的建筑，在绿色背景下，这个建筑十分显眼。工人们在屋顶上爬动，敲打着石板。后来，图片分析员们发现这个在建的物体就是核弹头的掩体。

离开导弹基地后，"十字军"返回佛罗里达，降落在杰克逊维尔（Jacksonville）的海上空军站。技术人员取下炸弹舱里的胶片，匆忙送到照片冲印室。每次任务结束后，士兵们就会在机身上画一只鸡，这讽刺的是 1960 年卡斯特罗的联合国之行。当时，古巴代表团在下榻的酒店里煮鸡吃。"粉笔画一只鸡"便成了飞行员每次完成古巴低空侦察飞行任务后的惯例。[21]

指挥官埃克尔继续飞向华盛顿，他还未脱下飞行服，就被五角大楼会议室里的参谋长们召去汇报了。柯蒂斯·李梅对海军抢了空军风头表示不满，况且海军的摄像头更先进，且更擅长低空侦察。埃克尔对自己灰头土脸地出现致歉。而空军参谋长挪开嘴边的雪茄，对他大声骂道："妈的，你一个飞行员，就应该满头大汗。"[22]

在向西边的圣克里斯托巴尔进发的半路上，前一晚被动员的哈瓦那大学学生费尔南多·达瓦洛斯发现了从头上飞过的喷气机。[23]晨光明媚，太阳照在机翼上，反射的光刺痛了他的双眼。他认为这肯定是飞向附近基地的古巴飞机。

瓦连京·波尔科夫尼科夫（Valentin Polkovnikov）也是类似的反应。[24]这名苏联导弹中尉站在圣选戈的检查站，突然看到一架机身印有白色星的飞机闪过。他知道古巴空军的标志是白色星徽。当然，美国空军也是以星形为标志，但是难以想象美帝会如此毫无顾忌。

不久，电话纷纷响起，上级下达加强警戒的命令。惊讶马上就变成了耻辱。高空飞行和低空飞行对人的心理影响是不同的。对大多数古巴人来说，U－2 侦察机只是高空中的点点，遥远而不带有任何感情色彩。但低空飞行的"十字军"战斗机则是对古巴人的羞辱，好像美国人就是故意飞到古巴来嘲弄他们似的。有些古巴人看到了（或者说，他们以为自己看到了）美国飞行员用带着嘲弄的方式晃动着机翼。

在圣克拉拉的苏军空军基地，米格－21 战斗机的飞行员也对此表示愤慨。"凭什么我们不能反击？"一个飞行员抱怨道，"为什么我们非得像稻草人一样待着不动？"[25]将军们要求士兵要冷静，他们得到命令不许开火，至少当前必须如此。

毫无疑问，美军可以随时轰炸导弹。隐藏 67 英尺长的物体是不现实的。用帆布或棕榈叶可以盖住，但形状却无法掩藏。在部署导弹之前，助手们曾向赫鲁晓夫承诺过，可以把导

66 弹藏到棕榈树丛中。阿纳托利·格里布科夫则认为这是个天大的玩笑："只有军事知识为零、对导弹配套装备一窍不通的人才会下这种结论。"[26]

　　古巴的苏军士兵们能做的顶多是在紧急情况下迅速让所有导弹进入战备状态。苏军士兵已经习惯了斯达汉诺夫式的工作方式，即激发大众热情"圆满完成甚至超额完成目标"。幸运的是，R－12导弹团几乎达到满员状态。到了10月23日，原计划的45000名士兵中，已有42822人抵达古巴。[27]

　　一夜之间，导弹基地到处是劳工。[28] 一个团用了三个半小时竖起了核弹头掩体的1根半圆梁。后来节奏加快了，不到32小时，人们完成了掩体搭建，总共是40根半圆梁。这些掩体能够抵抗每平方英寸140磅强度的冲击波。

　　由于古巴当地土层的岩石成分太高，大部分挖掘工作只能靠手进行。巡视导弹基地的时候，格里布科夫惊讶地发现，士兵们正使用镐和铲来代替原本应由拖拉机和推土机完成的活。他无奈地感叹苏联把"这个时代最先进的军事科技"运到古巴，却"摆脱不了"俄国士兵俗话说的"一工兵一斧头，一天一个桩"的命。

　　下午，天气急转，开始刮起阴冷的北风。风把波浪吹向哈瓦那的海滨大道，海水打在前行的士兵身上。士兵们已经在古巴国家酒店（Hotel Nacional）外部布置好了防空炮。卢西亚诺（Lucky Luciano）和其他黑手党头子曾在此召集会议。丘吉尔、埃罗尔·弗林（Errol Flynn）等著名人物也曾在此饮酒，谈天说地。

　　整整一天里，哈瓦那海边的石墙都有小批人群聚集，他们观察南边是否有美国军舰的踪迹。风雨拍打着海岸，更显小岛的隔绝孤立。从肯尼迪发表演说到卡斯特罗动员古巴全民的这段时间，这个岛已经完全处于封闭状态。主路上只允许官车行驶，包括哈瓦那和迈阿密之间的泛美航空航班也被无限期暂停了。

过去几个月来，古巴中产阶级在哈瓦那机场前排起长队， 67 准备登上泛美航空的飞机，去美国开启一段新的生活。这些难民被称为 "90 英里长跑员"，他们愿意丢下一切来逃离革命——房屋、汽车、工作甚至家庭。现在，这条路也被堵死了，这些当局的反对者陷入令人窒息的幽闭恐惧之中。

"生活被别人左右，我无能为力。"[29]古巴知识分子埃德蒙多·德斯诺埃斯（Edmundo Desnoes）后来以古巴导弹危机为背景创作了小说《低度开发的回忆》。其中有句话这样写道："这座岛变成了一个陷阱。"

但大多数古巴人似乎对这个岛的孤立毫无察觉。一夜之间，数千幅海报出现在哈瓦那和古巴其他城市的大街小巷。海报上是一只手握着机关枪，标语是一串白色的大字写着——"A LAS ARMS"，意为 "全面武装"。

一位名叫阿道夫·吉利（Adolfo Gilly）的阿根廷人目睹了这一现象，他写道："这张海报——一种颜色、三个词和一个手势——概括了古巴人的态度。古巴就是一个扛着枪的人。"[30]

当天上午《革命报》的头条——"FIDEL HABLARÁ HOY AL PUEBLO"，意为 "卡斯特罗将发表讲话"。

10 月 23 日，星期二，晚上 7：06

白宫总统办公室里闪光灯不停地闪着，肯尼迪在两页的海军拦截授权书上签了字。授权书上要求，必要时候可 "接管" 苏联前往古巴的携带 "进攻性武器" 的舰船。肯尼迪大笔一挥，签下了全名"约翰·菲茨杰拉德·肯尼迪"。封锁将在华盛顿时间次日上午 10 点生效。为了使这次封锁决定看上去有国际上的法律效力,肯尼迪一直等到他的外交官们从美洲国家组织(OAS)获得了 19 票同意和 0 票否决后,才发布了这个指令。

坐在"坚毅"桌后面,背对星条旗,胸前的口袋露出白色手绢,肯尼迪似乎就是美国决心的象征。但是,他此刻却未必这么认为。他不停地质问顾问们,如果美国军舰正面碰上苏联舰艇,接下来会发生什么。他也为可能发生的任何差错感到头疼。如果美国海军要登上苏联舰艇,而苏联人反击的话,那结果很可能就是"一场屠杀"。

刚才,迪安·腊斯克提到了类似"婴儿食品"的假想状况:苏联船拒绝停下,美国人动用武力逼停苏联船,但是后来却发现船上装载的只是婴儿食品,进而导致一场公关危机。

"我们还可能射杀三名护士!"麦乔治·邦迪谨慎地说道。

总统理论道:"因为他们不肯停下,我们想要击毁船桨或者锅炉。然后我们试图登船,于是对方就开始开火,后来动用了机关枪。我们的登船行动受到顽强抵抗……既然没法进入,那就不得不击沉它。"

肯尼迪弟弟突然插话道:"那他们可能事先接到过发生上述情况就炸毁船只之类的命令。"

"这种婴儿食物的事情才最让我心烦。"麦克纳马拉不耐烦地说。

更棘手的是苏联潜艇,据说至少有两艘携带导弹的船只有潜艇随从。美国的"企业号"航母就在附近。肯尼迪担心这样做是否妥当。"我们可不想损失一艘航母。"

在签署声明之后,肯尼迪和博比在内阁办公室交谈。身边没了顾问，这两兄弟就更乐意袒露心声了。总统夫人当晚组织了一场晚宴，招待斋普尔的王公，总统对此感到不满。马上要和赫鲁晓夫摊牌了，这样的举动会分散注意力。总统突然似乎想到别的主意，但是马上又将之抛诸脑后了。

"似乎要动真格了，"他问弟弟，"但换个角度看，也没有别的选择。如果他们这次是玩真的，我的天！他们接下来会怎么做？"[31]

"从来就没有选择余地，"博比回答道，"我觉得你可能，你可能会被弹劾掉。"

"嗯，我也这么想，我可能会被弹劾掉。"

距离白宫 4 个街区，苏联外交官们正在自己的大使馆里举行鱼子酱和伏特加欢送会，欢送的是即将离开的海军专员。身穿军装的人身边都围满了宾客，他们想知道莫斯科准备如何应对美军封锁。"我参加过三次战争，现在随时准备参加第四次。"[32]这个名叫弗拉基米尔·杜博维克（Vladimir Dubovik）的中将义正词严地说着，并用手帕擦了擦手心里的汗。"谁也拦不了我们的船。"

被问及对杜博维克的话的看法时，苏联驻美大使多勃雷宁耸耸肩说："他是军人，我可不是。要问海军准备怎么做，他最清楚。" 69

其他苏联官员则没有表现得这么张扬。在前往纽约的联合国总部的路上，外交官们开起了核战争结束后墓志铭要怎么写的玩笑。

其中一人说道："苏联外交官葬身于自己的炸弹，并长眠于此。"[33]

10 月 23 日，星期二，晚上 8：15

　　罗伯特·麦克纳马拉走出五角大楼东翼三楼的办公室，他身后跟着军事和文职助手。这里是五角大楼的权力走廊，能俯瞰波多马克河。麦克纳马拉正前往这个封锁行动的"神经中枢"，即海军旗舰作战指挥室（Navy Flag Plot）。总统要求他密切关注海军封锁行动的执行情况。

　　现年 46 岁的麦克纳马拉是肯尼迪承诺当选后带入内阁的"最优秀和最智慧"的人员之一。金属镜框，头发向后梳，他看上去就像一台即将变革美国工业的人类版计算机。他的大脑似乎比谁转得都快。他喜欢对复杂的问题穷究到底，然后将其演算并简化为一个精细的数学公式。他也不乏灵动而敏锐的一面，引得不少女性青睐。博比·肯尼迪曾问道："我的姐妹们吃饭时都抢着想坐在他旁边，而大家还都叫他'计算机'。这是为什么？"[34]

　　虽然承认他聪明绝顶，但军队里的人都觉得他傲慢、爱管闲事。许多高级军官极其厌恶此人。他们对麦克纳马拉身边的年轻文职人员也非常疑虑，认为这些"优等生"是想要搅乱这个军队。他们私下抱怨麦克纳马拉是在干扰军队正常的指挥体系。他比先前任何一位国防部长更细究国防事务，他反对先前的武器系统，质疑传统的办事方式，因此招致军官们的不满。

　　对他本人来说，麦克纳马拉担心自己从海军那里得到的信息不够及时准确。无论是他还是他的副手罗斯韦尔·吉尔帕特里克（Roswell Gilpatric），都没法看到发送给位于弗吉尼亚州诺福克的大西洋总司令部（CINCLANT）的消息。他们担心，即使美军士兵和苏联船员争吵这类小事，都能加剧甚至演化成核战争。在核战争时代，让总统"指挥"军队是远远不够的。还得他亲自出马，每日每夜、每时每刻地"掌控"进程。

进入海军作战指挥室，国防部长和他的助手们看到墙上挂着一幅大西洋地图，上面标有美国和苏联舰艇的位置。作战室门口由海军陆战队士兵把守，军人们用长柄手把移动放在地图上的标记，以显示最新的情报。距离古巴东角 500 海里处，代表美军航空母舰和驱逐舰的旗标排成一个长长的弧形，从波多黎各一直延伸到佛罗里达海岸。大西洋上，20 多个表示苏联舰艇的箭头指向古巴。

就像他在白宫办公室难倒肯尼迪那样，麦克纳马拉用他一贯的直截了当的方式向执勤的海军上将发问。美国军舰如何示意苏联舰船停下？船上会有俄语翻译吗？万一对方拒绝回应怎么办？万一对方开火怎么办？为什么这些军舰不在原定的位置上？

这个海军上将要么是不愿意回答，要么是无法回答这些问题。这种盘问方式已经超出了海军传统的底线。一位目睹这个场面的海军军官后来回忆道："海军军队里的风气通常是'你告诉别人要做什么，而不是怎样去做'。"[35]而麦克纳马拉正是在教海军要如何去做。

由于不满意问题的答案，麦克纳马拉要求找到海军作战总指挥乔治·安德森（George Anderson）上将。此人高大英俊，在海军中有"作战部长""帅气的乔治"等美誉。他坚信，人要选对下属，并且要让下属尽职尽责。对任何来拜访他的人，他所表达的个人理念都是一些简单的信条："牢牢抓住基本点。把细节留给下属。保持士气，这至关重要。别抱怨也别惊慌。"[36]在签署完封锁规定后，他向麦克纳马拉发送了一份备忘录："除非另有情报，此后将不过问……上将们的事务。"[37]

71　　安德森是在较不太情愿的情形下接受了海上封锁古巴的命令。他告诉麦克纳马拉这等同于"亡羊补牢"。[38]这些核导弹已经到达古巴，封锁不仅无法让导弹撤出，而且可能会加剧与苏联的对峙而不是和古巴的对抗。他认为更好的办法是炸毁这些导弹基地。不过，他还是会执行封锁命令。

上将对麦克纳马拉干预行动策划颇有怨言，他决心守护海军最重要的秘密，就是海军能够通过无线电探测接收器网络定位苏联潜艇。[39]麦克纳马拉之前问到的美国军舰，此时正在追踪苏联"狐步级"潜艇。尽管国防部长和副部长被排除在获知这个秘密信息的人员名单之外，但随行的文职人员却不必如此。为了解释清楚潜艇的动向，安德森带领麦克纳马拉和吉尔帕特里克到达另一间名为"情报室"的房间。

比起舰艇的位置，麦克纳马拉更关心的是如何执行海上封锁。海军仅从字面上理解封锁：禁止携带禁运武器。而麦克纳马拉和肯尼迪则认为这是向苏联发出的政治信息，目的不是炸沉苏联舰艇，而是为了让赫鲁晓夫收手。针对如何阻止越过封锁线的苏联舰艇，国防部长向海军作战部长进行了问题轰炸。

"我们会喊停他们的。"

"用什么语？俄语还是英语？"

"我怎么知道？"

"要是他们听不懂怎么办？"

"那我们就用旗子。"

"那么，如果还不停下呢？"

"我们就朝船头开枪。"

"要是还不起作用呢？"

"那我们就向船舵开火。"

"没有我的许可，你一颗子弹都不能发，明白吗？"[40]

早些时候，安德森还向他的参谋们介绍了一本 1955 年出版的《海上战争法则》，此书描述了登上对方军舰和搜查的流程。他拿起这本硬皮书并向麦克纳马拉挥了挥，说道："答案全在这儿了，部长先生。"[41]这本书认可"在遭遇顽固抵抗搜查或抵抗扣押的情况下，可以强行击毁军舰"。

根据吉尔帕特里克后来对这次见面的回忆，安德森听着麦克纳马拉的发问，几乎无法按捺自己的怒火。最后，他爆发了："这他妈关你屁事？我们明白怎么做，从约翰·P. 琼斯（John Paul Jones）时代起就清楚得很了。你只管回你的办公室，部长先生，这里的事我们会自行处理。"[42]

吉尔帕特里克看到上司的脸红了。他担心两人会陷入喋喋不休的争吵中，但是麦克纳马拉只是简单地回了句："记住我的话，上将。没有我的许可，谁也不许开枪。"[43]说完便离开了房间。

在返回的路上，部长对吉尔帕特里克说："安德森就到此为止了，我不再信任他了。"

国防部长和海军作战部长的冲突也是文职官员和军方官员争夺影响力的一个缩影。[44]这个事件不断地被人复述，以至于最后带上了神话色彩。根据大多数关于导弹危机的记录，两人的对抗是发生在封锁生效后的星期三（10 月 24 日）晚上，而不是星期二（10 月 23 日）晚上。但是对五角大楼档案和其他记录的研究显示，这是不可能的。星期三那天，在被记录为和麦克纳马拉发生交恶的时段，安德森根本就没有在那座大楼里。

10 月 23 日，星期二，晚上 9：30

正当麦克纳马拉离开情报室时，在波多马克河的另一侧，焦躁的博比·肯尼迪出现在第十六大街的苏联大使馆门口会见多勃雷宁。多勃雷宁带他到大楼的第三层，这座气派十足的建筑建于世纪之交，是由火车大亨乔治·普尔曼（George Pullman）的遗孀出资建造的。多勃雷宁让博比坐在客厅里，递给他一杯咖啡。

博比告诉这位大使，总统感到自己被苏联背叛了，他听信赫鲁晓夫说古巴没有导弹，结果发现自己被骗了。这"对世

73 界和平将是毁灭性的影响"。他还补充说，他的哥哥正饱受共和党人的批评，说他相信苏联是"自毁政治前途"。多勃雷宁自己也被莫斯科蒙在鼓里，因此不知道怎么回答才好，他不停地辩解说美国的消息肯定有误。

在大使陪同博比回到车上的途中，博比询问莫斯科给苏方船长下达了什么命令。多勃雷宁回答，据他所知，这些船长得到的命令是无视任何"来自海上的停航或者搜查的非法要求"。

"我不知道这将如何收场，"两人道别时，博比说道，"但是我们的目的只是想让你们的舰船停下。"[45]

"这可是战争行为。"这位苏联大使反驳道。

10 月 23 日，星期二，晚上 9：35

（哈瓦那，晚上 8：35）

在 1100 英里外的哈瓦那，一行政府车队在维达多区的电视演播室前面停下。一身橄榄绿色迷彩服的菲德尔·卡斯特罗从一辆吉普车中走出，身后跟着身穿军装的部长们。卡斯特罗

肩上的红黑方块肩章表明了他作为总司令、总指挥以及古巴军事最高统帅的身份。就像肯尼迪一样，卡斯特罗也打算在电视上发表他一生中最为重要的讲话，并且告知国民要准备好迎接即将到来的艰难日子。

电视对卡斯特罗的重要性不亚于对肯尼迪的重要性。对他来说，电视是有特殊个人意义的媒介。因为电视，众人认识了"菲德尔"而不是"卡斯特罗"。他不仅是总司令，也是首席教师，向众人说教、劝导以及解释问题。古巴的人均电视拥有率低于美国，但高于其他拉美国家。如果邻里之间有一人有电视机，其他人都会凑到电视机前观看菲德尔。

在卡斯特罗成为革命领袖的过程中，大众媒体功不可没。[46]年轻的时候，卡斯特罗就开始收听埃迪·奇瓦斯（Eddy Chibás）的每周讲话，每次都听得入迷。奇瓦斯是位激进主义者，他利用广播抨击腐败和社会不公。在和巴蒂斯塔的对抗中，卡斯特罗在山区里安装了一台名为"叛军电台"的无线电发射机，用以争取民众对革命的支持。他利用和《纽约时报》赫伯特·马修斯（Herbert Matthews）的访谈粉碎了巴蒂斯塔政府关于他已身亡的谣言。在巴蒂斯塔仓皇而逃后，卡斯特罗让电视台全程直播了革命军挺进古巴的五天，其中的巅峰时刻就是 1959 年 1 月 8 日胜利进入哈瓦那。

和肯尼迪一样，卡斯特罗也不是天生的演说家。两人天生腼腆，因而不得不克服这种腼腆来发出自己的声音。1946 年，肯尼迪初次竞选国会议员时，曾私下多次练习演讲，直到能够收放自如为止。卡斯特罗起初对公开露面也是非常不适应，以至于时不时陷入自责之中。有些观察家发现，卡斯特罗的滔滔不绝——他经常连续演讲五六个小时——和他腼腆的性格是密切相关的。"讲话让他疲乏，所以他只能想办法让自己在讲话中得到休息，"哥伦比亚作家加西亚·马尔克斯曾这样评价卡斯特罗，"开始讲话时，他的声音总是含糊不清，语气也迟疑不决。但是他总会不断地利用周围环境来为自己增加底气，直到让听众为之倾倒。"[47]当卡斯特罗经历一番努力打开了话匣子，就会发现停下是如此之难。

在一段简短的介绍后，卡斯特罗对肯尼迪和美国开始了猛烈的抨击。他的讲话中充满了愤慨之词、激昂雄辩、冗长絮语、冷嘲热讽和未经考证的结论。他用在耶稣会接受的训练对肯尼迪的演讲进行逐点分析，常常从"第二点"跳跃到"第四点"而鲜有停顿，甚至直接忽略了"第三点"。

肯尼迪那句"被奴役的古巴人"成了卡斯特罗针锋相对的靶子。"他是说成千上万手持武器的人民，他说的是被奴役的已经武装起来的古巴人。"

"那不是政治家的声明，而是出自盗贼之口的一派胡言，"卡斯特罗愤怒地说，"古巴的主权不是美国佬给的，而是古巴人民与生俱来的……他们想要剥夺我们的主权，就只能将我们从地球上全部消灭掉。"

卡斯特罗演讲的力量大部分来自于他极具感染力的肢体语言，这些肢体语言好像就是为电视媒介而设计的。他的嗓音尖细，但是他却坚信丰富的辞藻和手势能感染听众。他双眼炯炯有神，浓密的胡须前后飘动，俨然是《旧约》里的先知。这个先知的形象在短短的时间里经历了从愤怒、轻蔑、幽默到坚决的一系列变化，但看不出一丝的自我怀疑。他比画着修长、瘦削的手，有时候他的手也会握住椅子的两边。当提出一个观点时，他竖起右手的食指，那盛气凌人的架势好像是在震慑任何一个准备挑战他观点的听众。

在古巴国旗前一个半小时的讲话中，除了反驳肯尼迪对古巴的指控，卡斯特罗没有提过苏联人，也未提及核导弹。他义正词严、慷慨昂扬地说要维护古巴主权，并且警告侵略者"将被消灭干净"。

"我们的国家绝不允许受他人检查，因为我们绝不会给任何人这样的权利，也不会放弃主权。在我们的领土上，只有我们是主人，只有我们才有资格检查自己。"

卡斯特罗的演讲打动了一些驻古巴的外交官，这些外交官平日里从不知道，此人竟有这样的一面。这样的演讲的确扣人心弦。在讲话结束之际，他握住椅子边缘，好像在用尽全力让自己稳坐在座位上。"在这个危急关头，所有古巴人，无论男女老少，都应团结一致；所有古巴人，无论是革命者还是爱国者，都将命运相连。胜利属于我们！"

最后，他高呼"誓死捍卫祖国！我们必将胜利！"然后立刻从椅子上站起来，迅速离开演播室。剩下的时间的确不多了。

卡斯特罗讲话的时候，哈瓦那的街头空空荡荡。[48]他讲完后，人们冲到经过雨水洗礼的街头，举着蜡烛和手电筒。夜空中星星闪烁，人群穿过哈瓦那的古巷，高唱国歌，庆祝如1868 年抗击西班牙般的胜利。

No temáis una muerte gloriosa,

Que morir por la patria es vivir.

（死的光荣，切勿惧怕。

誓死卫国，即为己生。）

　　莫里斯·哈尔珀林（Maurice Halperin）是逃难到古巴的美国前外交官，他曾被美国指控为苏联进行间谍活动。他发现人群中有许多民众自豪地在腰间插着菜刀或弯刀。"他们整装待发，与敌人决一死战。虽然他们绝对想不到，敌人能瞬间把他们炸成碎片。"[49]

　　在卡斯特罗看来，他通往权力的道路就是一场道德剧。他是里面的英雄，战胜了比他强大得多的敌人，先是国内的敌

76　手，再是外来的对手。无论是巴蒂斯塔还是肯尼迪，卡斯特罗的策略都是一样的：绝不妥协，顽强抵抗。即使他比对手弱小得多，也绝不能示弱。

　　为了赢得众人的追随，卡斯特罗必须表现得自信满满。另一位第三世界的领导人曾说过，卡斯特罗谈论未来时总是充满了确定性，好像谈论的是已知的过去，仿佛一切都取决于领袖的意志。卡斯特罗在这方面深受"古巴使者"何塞·马蒂（José Martí）的影响。马蒂本人死于1895年抗击西班牙人的战争。卡斯特罗上台后，将马蒂的一句名言视为其政权的口号，并且到处宣传。"No hay cosas imposibles, sino hombres incapaces——没有不可能的事，只有无能的人。"

　　就像他的偶像马蒂一样，卡斯特罗也愿意献身于自己信奉的事业，并且希望追随者也能如此。"誓死卫国"是他的个人哲学。革命，从字面上来讲，就是一次非生即死的高风险赌博。他的同志切·格瓦拉说："要么革命胜利，要么舍生取义。"虽然不必冒不必要的风险，但是也意味着要抓准时机，押上一切，放手一搏。卡斯特罗如果战死沙场，在古巴的历史上他就会像马蒂一样成为烈士；如果活下来，也可以成为民族英雄。

　　这种背水一战的决心是卡斯特罗区别于这场危机中另两位主人公的重要方面。肯尼迪和赫鲁晓夫都明白核武器时代的现实，了解这场战争对胜者和败者都会造成不可接受的毁灭性打击。而相反，卡斯特罗从来不受传统政治功利计算的左右。他是个反传统政治者，有极其强大的自我。对驻哈瓦那的英国大使赫伯特·马钱特（Herbert Marchant）来说，这位古巴领袖是"自我中心主义者中的极品"，"有偏执狂倾向的夸大狂患者"，拥有"可怕的人格"，是"充满激情的、复杂的天才"。在这三位国家元首中，只有卡斯特罗觉得自己是历史选择了他，是历史委任了他特殊的救世使命。

　　卡斯特罗于 1926 年出生在奥连特省的一家甘蔗种植园，他来自一个颇为富裕的西班牙移民家庭，是家里的第三个孩子。七岁时，他就表现出桀骜不驯的个性。他坚持要家人送他到寄宿学校。在古巴圣地亚哥的耶稣会学校学习后，他考取了古巴最负盛名的学府——哈瓦那大学。在大学生活的多数时间里，他都在组织各种抗议活动，包括一次长达 48 小时的大罢工，那次罢工的起因是一名高中生在反对政府的示威中被打死了。

77

　　卡斯特罗青年时代的转折点是一次攻占行动。在 1953 年 7 月 26 日，他和 123 名武装追随者试图夺取圣迭戈的蒙卡达（Moncada）军营。这次袭击事件由于寡不敌众而以惨败告终，大多数追随者都被逮捕。卡斯特罗却把这次败仗变成他 7 月 26 日政治运动的根源，并且让自己成为反巴蒂斯塔政权的焦点人物。他利用自己的受审批评政府，并且赢得了更多的追随者。他的名言就是："责罚我吧，这没关系。历史会宣布我无罪的。"他被判 15 年徒刑，却在服刑一年多后得到赦免，于 1955 年 7 月前往墨西哥。

1956 年 11 月，坐在前往墨西哥的"格兰玛号"（Granma）快艇上，卡斯特罗对他的 81 名追随者这样说道："要么得到自由，要么成为烈士。"当时他们正在向奥连特南边海岸的马埃斯特腊山区进发。对推翻巴蒂斯塔政权这个看上去几乎没有希望的任务，他表现出一如既往的乐观态度。他时不时回头看看，说道："如果我们离开，一定会回来；如果回来，一定会进军；如果进军，一定会胜利。"

"我们已经打了胜仗。"[50] 几周后他兴高采烈地宣布。那时，他的部队遭遇了亲巴蒂斯塔势力的埋伏，被打得只剩下 7 名追随者和少量武器，险些全军覆没。

卡斯特罗的一生仿佛在证明，无论马克思主义者怎样强调阶级斗争的重要性，个人总能够改变历史的轨迹。他的历史观里更多的是古巴民族主义而不是苏联式的共产主义，烈士英雄总是最中心的人物。

对这场与美国的对峙，菲德尔已有多年准备。即使在山林与巴蒂斯塔部队斗争的日子里，他就已经想到终有一日，他将对美国发动一场"更大规模的战争"。[51] 1958 年 6 月 5 日，在听闻巴蒂斯塔军队用美国提供的炸弹袭击了他的部队后，菲德尔写信给他的助理兼情人西莉亚·桑切斯（Celia Sánchez）说："我觉得那将是我的宿命。"

卡斯特罗坚信决定性战争将是和美国之间的战争，这反映了他的一个看法，即华盛顿不会允许古巴获得真正意义上的独立，因为古巴关系到美国太多的政治和经济利益。包括菲尔德在内的多数古巴人认为美国和古巴的关系史就是一部美国披着理想主义外衣的帝国主义历史。美国赶走了西班牙殖民者，只

是为了独占这个岛国。尽管海军陆战队最后撤离了古巴，但是
美国仍然对这个国家实施经济控制，其中最典型的代表就是像
联合水果公司那样的跨国公司。

当然，美国更倾向于认为自己是在帮助古巴进步。像西奥
多·罗斯福和古巴最后一任总督莱昂纳德·伍德（Leonard
Wood）这样的人物都觉得自己是利他主义者，并认为是在帮
助这个新生的共和国实现政治稳定和经济现代化。伍德将任期
的大部分时间用在修建公路、修造排水管道、打击腐败行为、
建立民主选举制度之上。这样的工作却总是吃力不讨好。他曾
抱怨道："我们尽力迅速追赶，但眼前的这个民族却像怎么也
摆脱不了过去 100 年以来的颓势似的。"[52]

卡斯特罗认为肯尼迪和帝国主义者西奥多·罗斯福是一丘
之貉。肯尼迪只不过是个"无知且没文化的有钱人而已"。[53]他
认为，猪湾事件后，美国会再次进攻古巴并且会来势更猛，现
在就只是时间问题。

反美是 1962 年秋天卡斯特罗最有力的一张政治牌。他将
这一年宣布为"经济计划年"。但这一年却见证了一场经济灾
难。古巴经济直线下滑，部分原因是美国实施贸易禁运以及本
国中产阶级逃离古巴。但主要原因在于经济政策的失误。古巴
效仿苏联计划经济的发展模式以及强制性工业化，造成了长期
的物质匮乏。

占古巴总出口收入 80% 以上的甘蔗，产量在前一年下降了
30%，出口量不到 500 万吨。[54]6 月古巴西部发生了粮食暴乱。农
民宁可让稻谷烂在田里也不愿上交国家。国营店里几乎没有东
西可买，黑市乘虚而入。与此同时，政府将大部分钱投到了用
来展示古巴经济独立的形象工程上了。最典型的例子就是铅笔

工厂，这个工厂是在苏联的协助下建成运作的。结果，从国外直接进口成品铅笔比进口木材和石墨等原料还要便宜。

卡斯特罗不仅面临棘手的经济问题，还饱受政治问题的困扰。他的军队正在古巴中部的埃斯坎布雷山区与叛乱分子进行游击战。今年早些时候，他击退了正统共产主义分子们，并迫使他们的领袖阿尼巴尔·埃斯卡兰蒂（Aníbal Escalante）离开古巴，逃至布拉格避难。卡斯特罗批评党内"宗派主义"，随后发动一系列党内政治运动，导致 6000 名党员中有 2000 名遭到清洗。[55]

卡斯特罗的浪漫主义中也有十分现实的一面。内外交困的他仍能正确地判断出，尽管有种种经济和政治上的埋怨，大多数古巴人在民族独立上还是拥护他的。他有信心应付古巴流亡者的小规模入侵或者由华盛顿暗中操纵的游击队起义。但是他也明白，仅靠自己是无法抵抗美国的全面入侵的。1962 年 7 月，在蒙卡达之战九周年纪念会上，卡斯特罗告诉支持者，"帝国主义的直接侵略"是对古巴革命的"致命威胁"。

面对这样的威胁，唯一有效的策略就是和超级大国结盟。赫鲁晓夫 1962 年曾建议把导弹部署到古巴。[56]当时，他的专家们就怀疑，此建议可能会遭到卡斯特罗的反对。他们认为卡斯特罗绝不会牺牲自己在拉美国家中的地位。事实上，卡斯特罗很快就同意了苏联的提议，并且强调他的这项举动不是为形势所迫，而是为了表明和社会主义阵营团结一致。国家尊严必须高于一切。

卡斯特罗本希望公开宣布这个导弹部署计划，但是在赫鲁晓夫的坚持下，他不得不答应秘密进行，直到导弹部署完毕。起初，只有卡斯特罗和他最信任的四位助手知道这个秘密，但后来知道秘密的人越来越多。包括卡斯特罗在内的这群不安分的古巴人巴不得马上向全世界宣布这个消息。9月9日，苏联的"鄂木斯克号"装载 6 枚 R－12 导弹挺进卡西尔达；中情局的线人无意中听到卡斯特罗的私人飞行员说，古巴现在有"许多中远程导弹的移动坡道……不知道未来会怎样"。[57]三天后，《革命报》头版用特大字体登出了这个颇有威胁语气的句子：

美国如果入侵古巴，

我们将用导弹回击。

在 10 月 8 日联合国大会上，古巴总统奥斯瓦尔多·多尔蒂科斯（Osvaldo Dorticós）差点泄露了秘密。他说古巴现在已经拥有"不必要也不想拿出来用的武器，如果美国佬入侵，那么将会引发'新的世界大战'"。他的话也得到了卡斯特罗的积极回应。卡斯特罗也暗示，古巴有能够对抗美国的报复性武器。美国人也许有能力入侵古巴，但是"他们一旦开始就别想停下了"。一名古巴官员曾在 10 月中旬私下告诉一名英国记者："古巴领土上拥有足够打击美国本土而不仅仅是佛罗里达的导弹。"[58]而且，导弹是"苏联人控制的"。

回顾这个过程，可以明显看到美国情报部门没有很好地理解这些暗示，没有意识到苏联很有可能在古巴部署了核导弹。此外，中情局的分析人士也认为那只不过是古巴人惯有的夸夸其谈而已。

在卡斯特罗向国民发表长篇大论的时候，切·格瓦拉正准备在罗萨里奥山脉度过第二个晚上。他的吉普车和卡车车队在前晚到达了这个山区的藏身处。他用了整整一天时间和当地的军事领袖组织防卫工作。如果美国攻击的话，他将会把这个古巴西部的山区变成一个血腥的死亡之谷，卡斯特罗形容为"温泉关口"。[59]

一支由200人组成的精英部队跟随切·格瓦拉进入山区，这些人大都是革命时期的老战友。这位传奇的革命领袖选择了一处迷宫般的洞穴作为指挥总部，隐藏在桉树和桃花心木的树丛里。湍急的河水流经波尔塔莱斯山洞（Cueva de los Portales）的石灰岩，山洞就像一座哥特式教堂，一个拱形的中殿，四周是房间和过道。[60]苏联的联络官正忙着安装包括无线和有线的通信系统。古巴士兵在尽力把这个潮湿的洞穴改造成宜居的场所。

这个山洞位于古巴南海岸和北海岸的正中间，靠近圣迭戈河的源头，占据一个极具战略地位的山口。沿着河往南走10英里，就可以到达一处苏联导弹基地，往北则是美国。切·格瓦拉知道，苏联已经在这个国家摆好了数十枚配上核弹头的巡航导弹，这些武器能够有力地帮助古巴抵抗美国人入侵。

在过去的十多年里，这名34岁的出生于阿根廷的医生曾游荡在拉丁美洲各地，到处参加革命斗争。（他的小名为"切"，这是阿根廷人用来形容"朋友"或"伙伴"的词语。）1955年，在一个寒冷的晚上，他生平第一次见到了卡斯特罗。他很快为卡斯特罗的魅力所倾倒。在日记里，他形容卡斯特罗是个"非凡的人……聪明、自信且敢想敢做"。[61]到了次日凌晨，卡斯特罗已经成功说服他追随自己去古巴发动革命。

除了自己的弟弟劳尔，切·格瓦拉是少数深得卡斯特罗信任的人物之一。卡斯特罗相信这个阿根廷人永远都不会谋权夺位，取代自己而成为古巴领导人。因此，菲德尔、劳尔和切·格瓦拉就形成了古巴的三人执政联盟。其他人则要么是值得怀疑的，要么是可有可无的。

革命胜利后，卡斯特罗把军队的日常管理交给劳尔，把经济交给了切·格瓦拉。作为工业部长，切·格瓦拉采纳了 19 世纪马克思主义思想，结果把这个国家的经济毁得面目全非。他游历拉美，了解了像联合水果那样的企业的罪恶，他曾在"我们敬爱的斯大林老前辈"的雕像前发誓：如有机会，定要斩除这样的"资本主义章鱼"。[62]在他的理想世界里，经济活动绝不可以有盈利的动机或者任何金钱关系。

他身上的一大优点就是无尽的理想主义，在所有的古巴领袖中，他集中体现了这场革命的矛盾：浪漫主义和刻板教条并存，既有疯狂也有博爱。他既有自律的一面，也有异想天开的一面。他对马克思主义意识形态的迷恋很大程度上是因为他的家长式作风：他坚信自己和其他知识分子知道什么是最有利于人民群众的。同时，他也擅长冷静到不近人情的自我分析。

对切·格瓦拉而言，游击队战略专家的角色比政府官僚更能投其所好。他是推翻巴蒂斯塔政权的主要功臣。在一场决定性的战役中，他在圣克拉拉拦截了政府运输弹药的火车。在猪湾事件中，卡斯特罗也曾像这次一样派他去组织古巴西边的防卫。

和卡斯特罗一样，切·格瓦拉也认为和美国的军事对抗迟早会来临。年轻的时候，他在危地马拉曾目睹 1954 年中情局　82

支持下的政变，这场政变推翻了雅各布·阿文斯·古斯曼
（Jacobo Arbenz Guzmán）领导的左翼政府。他从中汲取了一些
重要的教训。首先，华盛顿绝不会允许拉丁美洲存在社会主义
政权；其次，阿文斯政府犯了一个大忌，那就是给"帝国主
义"的代理人"太多自由"，尤其是媒体；第三，阿文斯应该
建立起一支民兵队伍，在农村进行斗争。[63]

　　切·格瓦拉在卡斯特罗的指导下，打算进行这样的实践。
如果美国人占领城市，古巴人将在苏联盟友的支持下，开展游
击战。他们将四处设立隐蔽的军事据点。卡斯特罗派遣自己的
半支军队和最精锐的师团去防卫导弹最多的古巴西部，那里很
可能是美国人大举进攻的登陆点。[64]整个国家将变成另一座斯
大林格勒，但是防御的最中心地带则是比那尔德里奥的核导弹
基地，那里将由切·格瓦拉重兵把守。

10 月 24 日，星期三，上午 6∶00

　　（哈瓦那，上午 5∶00）

　　铁木尔·盖达尔（Timur Gaidar）是《真理报》驻哈瓦那
的记者，住在曾是希尔顿酒店的哈瓦那自由酒店（Havana
Libre Hotel）。[65]在他准备向莫斯科汇报工作的时候，一个年轻
人突然破门而入。那人就是叶夫根尼·叶夫图申科（Yevgeny
Yevtushenko），苏联文坛的顽童，游离但又未完全脱离官方的
反叛者。这个诗人在哈瓦那过着养尊处优的流亡生活。为了回
到苏联的怀抱，他正在制作一部歌颂古巴革命的电影《我就
是古巴》。

　　"莫斯科那边打电话了吗？"

"我在等。他们很快就会打来了。"

"很好。我以为我来晚了。我整夜都在写作。"[66]

在卡斯特罗发表演说的时候，叶夫根尼就在电视演播室。过去几个小时里，他不断记录下自己对卡斯特罗的印象。他很理解赫鲁晓夫对卡斯特罗的兴趣，因为他对卡斯特罗也是极为欣赏的。听着演讲，他几乎要原谅卡斯特罗所做的一切。就算卡斯特罗关闭了妓院，宣布进行扫盲运动，搞得商店里只有醋和大白菜可以买，那又怎样？在小古巴和大美国的较量中，叶夫根尼知道自己应该站在哪一边。

83

他一边等着从莫斯科打来的电话，一边来回踱步，并读着自己的诗句。不久后，这些诗句将发表在《真理报》的头版上：

> 美国，我从古巴写给你
>
> 哨岗处处是英勇的面孔
>
> 狂风暴雨冲打
>
> 崖头闪耀怒光
>
>
> 烟草商拿起手枪，前往港口
>
> 鞋匠擦拭他的旧机关枪
>
> 歌舞女郎穿上士兵的靴子
>
> 和木匠一起走向卫岗
>
>
> 美国，我用平实的俄语问你
>
> 是你让他们拿起武器
>
> 而你却责怪他们
>
> 这样是否太过无耻和虚伪？

我听到菲德尔的声音
像一个医生，像一个审判员
讲述自己的故事，毫无怨恨
只有诉苦和责备

美国，你若再穷兵黩武
你将辉煌不再
而这个小而坚挺的岛国
明日将崛起！屹立！

第四章 "眼球对眼球"

10月24日，星期三，上午8：00

（莫斯科，下午3：00）

在这场国际危机的紧要关头，赫鲁晓夫不认为有必要和民众直接沟通。他是苏联领导人中相对通情达理的一位——他毫不介意自己走在玉米田里或者挥舞拳头的时候被别人拍摄，公众舆论在他看来不算要紧事。他既不像肯尼迪面临中期选举的压力，也不像卡斯特罗需要动员全国民众抵抗入侵。

他现在就是要表现得一如往常。他对在苏联的美国人十分友好。前天晚上，他曾和其他苏联领导人陪同美国男低音杰罗姆·海恩兹（Jerome Hines）到大彼得罗夫剧院（Bolshoi Theater）观看《鲍里斯·戈都诺夫》。[1]演出结束后，他还和歌唱家喝了杯香槟。美国西屋电气的董事长威廉·诺克斯（William Knox）也于近日拜访了赫鲁晓夫。

诺克斯此番来莫斯科是为了寻求生产合作的。他对苏联了解甚少，不知道克里姆林宫的墙上挂的大胡子是何许人也，不得不请教赫鲁晓夫。苏共书记听了颇为吃惊："这就是卡尔·马克思，他可是共产主义之父啊。"[2]两天前，在克里姆林宫对面的酒店里，这位西屋董事长半夜被轰隆隆的军用车和刺眼的探照灯弄醒。"真不敢相信自己的眼睛，"他后来写道，"红场上到处是士兵、水手、坦克、装甲车、不同长度的导弹、吉普车、炮兵等，多得数不清！"直到第二天早晨，他才知道昨晚是每年 11 月 7 日革命纪念日阅兵式的排演。

　　苏联选择这位电气公司董事长担任超级大国的使者，听着委实有点奇怪。对苏联来说，诺克斯之所以重要，是因为他代表了苏联对美国统治阶级的认识。熟谙马克思主义的赫鲁晓夫坚信，美国政府是由企业的执行官们掌控的，好比木偶剧幕后的操纵者。所以，在得知诺克斯来到莫斯科后不到一小时，赫鲁晓夫便匆匆要求与这位大资本家见面。

　　赫鲁晓夫想通过诺克斯向美国传达这样的信息：他的立场是不可动摇的。他首次承认，苏联在古巴部署了配有核弹头的弹道导弹，但是坚称这是出于"防御"目的。他解释说，武器的目的取决于拿武器的人的动机，"如果我为了攻击你而拿枪指着你，那么这把枪就是进攻性武器；如果我用来防止你袭击我，那么这把枪就是防卫性的"。[3] 他说，他知道古巴人性格"起伏不定"，这也是导弹只能由苏联人掌控的原因。

　　承认苏联在古巴部署中程导弹后，赫鲁晓夫又提及短程巡航导弹。如果肯尼迪想了解苏联到底在古巴放了哪些武器，那么只要他下令入侵古巴，就会很快知道了。关塔那摩海军基地在入侵的"第一天就会从地球上消失"。[4]

　　"我对毁灭世界没有兴趣，"赫鲁晓夫对诺克斯说道，"但如果你们想让大家地狱见，悉听尊便。"

　　然后，赫鲁晓夫讲了一则他最喜欢的故事，是关于有个人在生活陷入困境后，和一只山羊一起生活的故事。虽然他讨厌山羊的气味，却不得不努力习惯。赫鲁晓夫说，"像希腊、土耳其、西班牙这样的北约国家"就相当于山羊，苏联忍受得够久了，现在也该让美国人尝尝这样的滋味。

　　"纵使你多不情愿、多不喜欢，也不得不学着习惯。"

10 月 24 日，星期三，上午 10：00

在白宫，执行委员会晨会照常进行，开始通常是麦科恩进行情报简述。同僚们称之为饭前祷告，因为这位中情局局长是虔诚的天主教徒，且声音低沉，有种教会的风格。[5] 根据最新的情报，22 艘苏联舰艇正前往古巴，其中几艘疑似携带导弹。许多船只收到来自莫斯科的紧急广播信号，而且均无法破译。

麦克纳马拉报告，"基莫夫斯克号"和"尤里·加加林号"距离古巴东部 500 英里，正在逼近封锁线。在两艘船之间发现了一艘苏联潜艇。美国海军打算用驱逐舰拦截"基莫夫斯克号"，并从航母上派出两艘直升机引开尾随的潜艇。这艘芬兰造的"基莫夫斯克号"有长达 98 英尺的货舱，原本用于装木材，但也适合装导弹。安德森上将下令，如果苏联船只不遵从美军海军的指示，就将其摧毁。

"总统先生，我刚拿到一份通知，"麦科恩打断道，"我们刚接到消息，古巴海域发现 6 艘苏联舰艇，它们不是停下就是调头，我不理解这是什么信号。"

其他人开始一阵热烈的讨论，有人松了一口气，但是腊斯克马上又制止了大家放松的念头。

"古巴水域是什么意思？"

"迪安，我现在真不了解。"

肯尼迪问调头的舰艇是准备进入还是准备离开古巴水域。这个问题中情局局长也答不上来。

麦科恩离开会议室的时候，腊斯克低声说道："一定是有什么意图的。"

"这是肯定的。"邦迪说。

86

　　肯尼迪突然想到可能会与苏联潜艇发生危机以来的第一次正面冲突。如果苏联潜艇有意"击沉驱逐舰"的话，他想知道海军将如何应对。麦克纳马拉没有直接回答他的问题，而是告诉总统，海军将使用深水炸弹暗示苏联潜艇浮上水面，因为即使深水炸弹碰撞潜艇，也不会对潜艇造成损坏。

　　坐在另一边的博比看到哥哥用手捂住了嘴巴。"他张开又握紧了拳头。他形容枯槁，眼睛很痛，几乎是灰色的。我们互相看了对方。短短的几秒时间里，房间内似乎只有我们两个人，他也不再是总统。"[6]

　　博比想起了以前家族里发生的事情，当时杰克得了严重的结肠炎，生命垂危；他的弟弟小约瑟夫（Joe Junior）在一场飞机事故中不幸身亡；杰奎琳遭遇流产而失去了与杰克的第一个孩子。会议室越来越嘈杂，声音渐渐模糊。突然，博比听到杰克再次发问：是否能够推迟对潜艇的攻击。"我们不想打击的第一个目标是苏联潜艇，我宁可是一艘商船。"

　　麦克纳马拉不同意。他坚定地告诉总统，如果打乱海军上将的行动，很可能会造成美国军舰的损失。这个计划是给苏联潜艇"施压"，"将它赶出去"，然后"进行拦截"。

　　"行，"肯尼迪疑虑地回答，"那就这么办吧。"

　　沿着第十六大街走一英里，就能到达苏联大使馆。使馆里的外交官们围坐在电视机和广播前。他们和其他人一样，毫不了解克里姆林宫的真正意图。他们看着报道上说苏联船只正不断靠近海洋上的一条假想的封锁线，并以小时和分钟为单位计算与美国军舰面对面的时间，形势越来越紧张。多勃雷宁后来形容10月24日这天是其"作为驻美大使生涯中最难忘的一天"。[7]

在纽约证券交易所，交易正慌乱地进行着，价格如同过山车一般时上时下。周二的时候，股票价格骤降。到周三早晨，价格比夏季最高值下降了 10%。金价上涨。一位名叫艾伦·格林斯潘（Alan Greenspan）的年轻经济学家告诉《纽约时报》，如果危机长期持续的话，将会造成"巨大的不确定性"。[8]

美国流行文化中随处显现着人们对核末日的恐惧。一个晚上，在曼哈顿的格林尼治村，头发蓬松的游吟诗人鲍勃·迪伦在线圈笔记本上写下了《大雨即降》的歌词。后来他解释说，当时自己想要捕捉那种"虚无的感觉"。他脑子里翻动着末日的图像。他不确定自己是否能活着写出下一首歌，"他想要尽可能记录下一切"。

在另一首未发表的作品中，迪伦写道："这个令人惧怕的夜晚，我们担心世界将要灭亡。"他担心，明日天未破晓，第三次世界大战就已爆发。他告诉采访者："大家坐在一起，都在担心世界是否就这么完了。我也一样。"[9]

麦科恩回到内阁会议室的时候，肯尼迪不耐烦地问："约翰，你这边有什么消息？"

88

这个中情局局长说："这些船都是朝西航行，开往古巴的。它们不是停下，就是返航了。"

"你从哪里听来的？"

"来自海军情报办公室。现在他们正往这里来。"

苏联船只部分调头、部分停下的消息对执行委员会来说可谓天大的好消息。经过形势不断严峻的几个小时，人们终于看到了一丝希望。由"埃塞克斯号"（Essex）带领的航母编队收到命令，前去拦截"基莫夫斯克号"和护航潜艇。计划拦截时间是华盛顿时间上午 10 点 30 分到 11 点。肯尼迪认为时间十分紧迫，所以取消了拦截计划。

迪安·腊斯克突然想起了小时候在佐治亚州玩的一个游戏，男孩子们相距2英尺站立，互相盯着对方的眼睛，谁先眨眼，谁就输了游戏。

腊斯克对他的同僚说："我们现在就是眼球对眼球，对方先眨眼了。"[10]

后来，博比回忆道："会议嗡嗡地持续着，但是每个人都变得与之前不一样了。有一刻，我们觉得地球突然静止了，但是现在地球又开始转动了。"[11]

发给"埃塞克斯号"的命令上写着："来自最高层的机密。切勿拦截和登船。保持监视。"[12]

事实上，这样的命令无法执行。该命令下达的时候，"基莫夫斯克号"距离"埃塞克斯号"接近800英里。[13]"尤里·加加林号"也在500多英里之外。这两艘"重点船只"已经在前一天收到莫斯科的紧急命令后立即返航了。

人们有个错误的看法，那就是在肯尼迪和赫鲁晓夫的意志对抗中，苏联舰船选择了最后一刻调头。"眼球对眼球"的说法服务于肯尼迪兄弟的政治意图，能彰显两人在这个紧要历史关头的决心和勇气。起初，连中情局都对苏联的举动表示疑惑。麦科恩误认为，上午10点35分，"基莫夫斯克号"在"面对企图拦截的海军船只时选择了调头"。[14]新闻媒体对这个故事添油加醋，说苏联船只到达封锁线的时候就"静止在水面上"，无所作为，因而避免了冲突。后来，情报分析人士发现了事实真相，但是白宫未能及时纠正这个历史错误。博比·肯尼迪和小阿瑟·施莱辛格则认为，苏联和美国船只在相距"几英里之外"的"封锁线边缘"对峙。[15]这样的说法借助于

《十三天》等畅销书籍和电影以及类似《决策的本质》和《惊天赌局》的权威作品而不断深入人心。

即时定位苏联舰艇主要是以猜测为主，缺乏准确的技术。偶尔会有美国军舰和侦察机发现潜艇的行踪。然而，定位潜艇通常使用的是一种二战时期留下的被称为"测向"的技术。当船只发出无线电信息，就会被位于缅因州、佛罗里达州、苏格兰等广布于世界各地的美军海军天线拦截下来。然后，数据将被传输到华盛顿南部安德鲁斯（Andrews）空军基地附近的控制中心。通过地图上不同的方向定位以及线条的交叉位置，便可以找到无线电信号的来源。根据两个定位来确定来源是足够的，但是三个或更多则会更加准确。

到了周二凌晨 3 点，离肯尼迪总统电视宣布进行封锁还有 8 小时，"基莫夫斯克号"在位于封锁线以东 300 英里处被发现。周三上午 10 点，也就是 30 小时之后，这艘船已经向东航行了 450 英里，显然是驶向苏联的。拦截的无线电信息表明这艘携带 6 枚 R - 14 导弹的船正在"去往波罗的海的途中"。[16]

其他苏联船只的定位交叉点渐渐移动，情报部门很难确定赫鲁晓夫到底是什么时候"眨眼"的。海军怀疑，苏联船只是在传送虚假广播信号来掩盖真实动向。[17]美国人定位苏联船只有时候会因为虚假信息或者误算而差之千里。即使信息是准确的，定位也可能存在 90 英里的误差。

来自不同机构的情报人士花了整整一夜争论要如何分析。直到从多方面确认了船只转向的信息，他们才觉得有信心向白宫汇报。他们最后认为，至少 6 艘"重点船只"在周二的正午前调头了。

执行委员会的成员们为缺乏实时信息而感到头疼。麦克纳

马拉认为，即使部分信息尚不够准确，海军也应该在几个小时前就分享数据。在前往白宫参加执行委员会会议之前，他去了
91　海军旗舰作战室。[18]然而，情报官员们认为这些早期的关于变更航向的报告"不够确定"，因而没有向他汇报。

　　但是，海军了解的信息也仅仅比白宫多一点点而已。通信线路负载过重，"紧急"信息的传达发生了4个小时的延迟。[19]而更低一级的"紧急运营"信息则是延迟了5~7个小时。虽然海军对古巴水域发生的事情掌握较为全面的信息，但对大西洋中部苏联船只的信息却相对缺乏。安德森上将对助手抱怨道："真是不可思议，我们从侦察机那里获得的信息就仅此而已。"

　　电子情报是由位于马里兰米德堡（Fort Meade）的美国国家安全局（NSA）秘密解码部门掌管，这个部门的首字母组合经常被人笑称为"查无此局"。这天下午，国家安全局收到紧急通知，说要把数据直接送到白宫战情室。[20]白宫官员们不想再被蒙在鼓里了。

　　情报分析师们分析了数据后，发现"基莫夫斯克号"和其他携带导弹的船只已在星期二上午调头了，只有一部分民用邮轮和货轮继续前往古巴。这些关于未发生对峙的记录现在保存于国家档案馆和肯尼迪图书馆。由于研究导弹危机的历史学家们没有用这些历史记录去解释10月24日上午苏联船只的确切位置，这个"眼球对眼球"的神话则继续流传。

　　事实上，赫鲁晓夫的确在危机发生的第一晚先"眨眼"了。但是，当华盛顿的决策者看到这个"眨眼"的姿态时，也已是30个小时之后的事情了。真正的危险不是这些运输导弹的舰艇，它们已经返回苏联了；真正的危险是4艘仍在大西洋西部出没的"狐步级"潜艇。

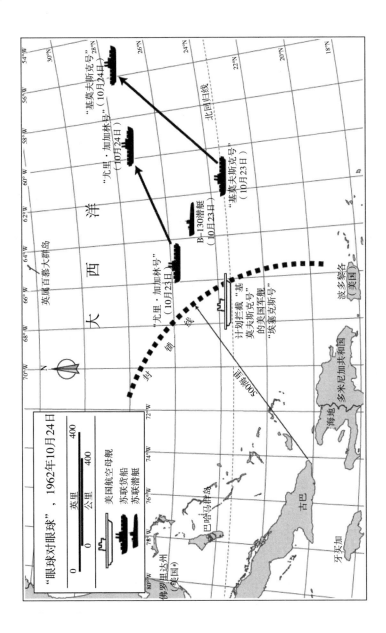

10 月 24 日，星期三，上午 11：04

让肯尼迪无奈地捂住嘴并茫然地看着博比的是苏联编号为
B－130 的"狐步级"潜艇。周二早晨，这艘潜艇在马尾藻海
域（Sargasso Sea）保护着"基莫夫斯克号"和"尤里·加加
林号"。在这两艘舰船接到莫斯科的命令调头前往欧洲后，
B－130潜艇就留在大洋之中了。

10 月 1 日晚，这艘 B－130 潜艇和另外 3 艘"狐步级"潜
艇离开科拉半岛北部的加吉耶沃（Gadzhievo）苏联潜艇基地，
此后美国海军便一直监视着它们的行踪。这支舰队从到达挪威
起，一直到进入冰岛和苏格兰西海岸之间的大西洋，都遭到了
窃听。一旦这些潜艇和莫斯科沟通，就有可能暴露自己的位
置，而在当时它们每天要与莫斯科至少取得一次联系。虽然这
些数据有时候仅仅持续几秒钟，但仍可能被从苏格兰到新英格
兰的某个窃听站点截获。通过对信号来源的多次定位，追踪人
员能够大致了解潜艇的位置。

随着导弹危机加剧，情报人员对定位苏联潜艇做了极大的
努力。在 10 月 22 日星期一，也就是肯尼迪发表全国演讲的那
天，麦科恩告诉总统，这些苏联"狐步级"潜艇"距离古巴
不到一周的航程"。[21]安德森上将警告他的舰队指挥们，"苏联
潜艇可能会发动突然袭击"，并且要求他们"使用所有情报、
伪装术和逃避策略"。他写道："乔治，好运。"[22]

对美军来说，在美国东海岸发现苏联潜艇是个惊天的消
息，这意味着超级大国之间的博弈已经发生了一次新的转折。
美国水下军事技术向来领先于苏联。美国驻苏格兰的"北极
星"核动力潜艇能够随意对苏联边境进行巡逻，而大多数苏

联潜艇的活动范围仅限于北冰洋区域，对美国本土不会造成大的威胁。

有传言说，苏联正计划以建造渔港之名在古巴马里埃尔港建造潜艇基地。但是，赫鲁晓夫则亲自向美国驻苏联大使否认了这个说法。10 月 16 日，苏联的 4 艘"狐步级"正在向西穿越大西洋，赫鲁晓夫告诉富瓦·科勒（Foy Kohler），"我向你保证"，渔港就是渔港，没有别的目的。[23]

对大西洋盟军司令官罗伯特·L. 丹尼森（Robert L. Dennison）上将来说，苏联潜艇出没在他负责的作战区域，不得不引起他的担忧。他认为这和"在古巴部署弹道导弹的意义其实是相同的，那就是苏联伺机对美国海岸发动大规模攻击"。[24]这也是"苏联潜艇第一次主动出现在东海岸"。很明显，这个部署肯定是早在美军开始海上封锁之前就已经策划好的。

周三早晨，从百慕大和波多黎各出发的巡逻机飞到最新掌握的"基莫夫斯克号"和"尤里·加加林号"的位置附近搜寻潜艇。首先到达的是来自百慕大海军航空站的 P5M "马林"水上飞机。华盛顿时间上午 11 点 4 分，这架 8 座飞机的观察员在百慕大南部 500 英里处发现了潜艇通气管产生的漩涡。反潜艇部队的指挥官向安德森报告："从船级缩写来看，不是美军潜艇，也不是盟友的。"[25]"埃塞克斯号"引领的、由美军战舰、飞机和直升机组成的舰队很快便聚集到了这片区域。

对 B－130 的指挥官尼古拉·舒姆科夫（Nikolai Shumkov）来说，这场异国他乡的探索已经变成了噩梦之旅。[26]先是电池出现问题，随后其他问题接二连三地出现。为了躲避美军舰艇的追踪，B－130 在海下悄悄地航行。"狐步级"潜艇的柴油引擎会产生噪音，容易被敌军侦察到，使用电池则噪音会降低很多，但速度也会打折扣。在任务开始前，舒姆科夫曾要求携带更多的蓄电池，不料遭到了拒绝。在海上航行了几天后，他发现电池已经无法达到他们需要的续航时间，因此不得不经常浮上水面重新充电。

另一个问题就是天气。从北冰洋到大西洋再到马尾藻海，温度越来越高。在穿越大西洋的半途中，舒姆科夫的潜艇曾遭遇"艾拉"飓风和时速 100 英里以上的海风。78 名船员中的大多数出现了晕船反应。B－130 到达热带水域时，潜艇内的温度达到 140℉，湿度达到 90%。由于缺乏淡水，船员饱受脱水之苦。高温、湍流、柴油和燃油的气味，使得舱内的状况十分恶劣。

苏联本土的指挥官们要求潜艇保持 9 节以上的平均速度，以保证月底抵达古巴。由于潜艇水下的速度只有 6～8 节，舒姆科夫在浮出水面后不得不将柴油引擎开至最大。当 B－130 抵达马尾藻海这片由百慕大进入大西洋的一条狭长水域时，三个柴油引擎中已有两个发生损坏。这艘 B 级潜艇（B 为"Bolshoi"的缩写，意为"大"）几乎只能蜗速前行。

舒姆科夫知道，美军正在追踪他的潜艇。他拦截了对方的通信信息。每一艘"狐步级"潜艇上都有信号情报队伍。将广播调至美军在百慕大和波多黎各的频率后，他们发现，美军的反潜部队正在追踪这艘潜艇。从广播中，舒姆科夫得知苏联在古巴部署了核武器，美军实行了海上封锁，并且将准备发动袭击。甚至有消息称"佛罗里达半岛已设有专门关押苏联士兵的战俘营"。[27]

舒姆科夫认为，美军可能还没有发现潜艇上最重要的机密：

B - 130 上装有 10 吨的核鱼雷。舒姆科夫比苏联海军任何一个人都更了解这种武器的威力。[28] 大约一年前，也就是 1961 年 10 月 23 日，他曾经在北冰洋进行 T - 5 鱼雷的首次试验。从潜望镜里，他看到了爆炸产生的刺眼闪光，感受到了来自 5 英里外的冲击波。这次试验让他获得了苏联最高荣誉——列宁勋章。

在出发前，潜艇指挥官们从苏联海军副统帅维塔利·福金（Vitaly Fokin）那里得到了一些拐弯抹角的指示。指示是关于如何应对美国袭击的："如果他们打了你的左脸，别让他们再打你的右脸。"[29]

舒姆科夫知道，只要按下按钮，就能瞬间炸飞前来逼他浮出海面的美军战舰。他控制的武器，足足有在广岛投下的核弹的一半的摧毁力。

10 月 24 日，星期三，上午 11：10

（奥马哈，上午 10：10）

对苏联 B - 130 的追踪继续进行着，而战略空军总司令也正准备向克里姆林宫发送一个信号：史上最强大的武器将用于即将到来的战争。在位于内布拉斯加州奥马哈的战略空军司令部的地下指挥室里，托马斯·鲍尔（Thomas Power）将军随时都可以看到其麾下遍布世界各地的武器。头顶上方显示屏的信息不断更新，显示最新进入警戒状态的战斗机和导弹的数量。[30]　95

轰炸机：921

导弹：134

加油机：402

看一眼屏幕便可知道，每隔 20 分钟就有一架 B－52 同温层堡垒轰炸机从美军空军基地起飞，机上携带足够摧毁 4 座苏联中等城市的核武器。其他显示屏则显示其下属部队的其他信息：导弹基地、B－47 派遣基地、燃油补给机部队、侦察机等。时钟显示的是莫斯科时间和鄂木斯克时间，而这两个苏联城市正是进行毁灭性打击的目标。

鲍尔用一台金色的电话机与总统和联席参谋长们保持联系。红色的电话则用于和下级指挥员们沟通，这些下级指挥官会将他的命令传达给分布在世界各地的 28 万名战略空军人员。无论身在总部、家里还是高尔夫场，这位掌控美国核兵工厂的将军必须在六声铃响内接起总统的电话。

为了进入指挥室，鲍尔沿着一个环状斜坡走到地下三层。他要经过好几道由厚厚的钢板组成的滚动门，每一道门都是"重兵把守"。控制室能够承受常规性炸弹的袭击，但是经受不了核武器的直接打击。如果这个控制室被摧毁了，那么将有一系列后备设施承担起这里的职能，包括 3 架 EC－135 "观察镜"飞机，其中有 1 架全天候飞在空中，机上有一名空军将军坐镇。所有人都明白，这个第 500 号建筑是苏联导弹的打击目标。

华盛顿时间上午 10 点，对古巴的海上封锁开始生效。鲍尔将军下令，部队进入二级战备状态，也就是离核战争爆发只有一步之遥。战略空军司令部进入了自成立 16 年来前所未有的高度戒备的状态。到 11 月 4 日，战略空军力量达到巅峰状态时，鲍尔将军将亲自指挥 2962 个核武器，既包括在空中飞的，也包括接到预警 15 分钟内就能发射的。[31]战略空军司令部的"瞬间执行能力"包括 1479 架轰炸机、1003 架加油机和 182 枚弹道导弹。

共有 220 个苏联本土的"一级优先攻击目标"被列入瞬

间毁灭的名单中，其中包括一些导弹设施和军事基地，以及类似莫斯科中心的克里姆林宫这样的"指挥控制中心"，还包括钢铁厂、电网和炼油设备等"城市工业目标"。[32]考虑到一次性打击无法彻底摧毁目标，计划还要求许多目标都要用飞机和导弹进行多次打击。

上午 11 点 10 分，鲍尔通过初级警报系统向他的部队发表了讲话。[33]这个初级警报系统是用于发动核攻击的通信网络。他的部下已经回到各自的指挥室等待消息。总指挥面前的控制台上，每个白色灯都代表一个战略空军司令部基地。当基地操作员接起电话的时候，灯就会熄灭。鲍尔刻意选择了信号清晰的、会受苏方监听的高频广播进行播报。

他的声音回荡在世界各地的几十个空间基地和导弹基地里："这里是鲍尔将军，现通知诸位，美国当前形势严峻。为应对紧急状况，我们现在已经提前进入战备状态。"[34]

与后来的一些说法相反，五角大楼的历史记录显示在下令部队进入二级战备的时候，鲍尔已获得总统的授权，但是他通过通信系统向部下讲话却是没有得到授权的、极其反常的做法。正如鲍尔所料，这个信息很快就被苏方的情报人员截获，莫斯科一字不差地听到了他的讲话。[35]

战略空军司令部可谓是李梅的发明，这是他从二战时指挥轰炸机的经历中总结出来的成果。当时他对日本的城市进行了夜间低空突袭。仅仅在 1945 年 3 月 9 日一个晚上，他的 B-29 轰炸机编队就炸毁了东京市中心 16 平方英里的区域，造成近 10 万人死亡。李梅后来曾承认，要是日本打赢了二战，他将会被当作"战犯"审判。[36]他认为这样的杀戮并无不妥，因为这加速瓦解了日本人的意志。

他解释道：“没有战争是道德的，如果被道德束缚，那就不是好士兵。”

他认为，战争的目的就是尽快摧毁敌方。就算仅仅从字面上来看，战略轰炸也是十分粗暴的手段，其思路就是进行毁灭性打击，绝不考虑打击是否会伤及无辜。在他看来，对付像纳粹德国、日本和苏俄这样的敌人，道德约束不仅多余，于己也是不厚道的。

李梅在 1948 年 10 月接管战略空军，当时那只是由几支涣散的轰炸机编队组成的队伍，毫无组织纪律，缺乏训练。第一次训练的时候，李梅命令飞行员对位于俄亥俄州代顿的目标进行模拟真实战斗情况下的轰炸。结果令人大失所望，没有一架飞机完成任务。

之后几年里，李梅努力把这支战略空军打造成当时最强大的部队。他对飞行员进行集中训练，提拔了表现较出色的，淘汰了表现不佳的。战略空军的飞行员会按照一个严苛的评分体系进行评估。在这种评分体系里，技术问题和不利天气都绝不可能作为表现不佳的借口。对李梅来说，世界上只有两件事值得他关心：战略空军司令部的基地和打击目标。[37]

李梅的种种轶事成了空军的传奇。此人性格暴躁、任性，即使在参谋部，他也会用打嗝来表现对同事的蔑视，甚至会在同事如厕时把门敞开。曾有人提醒他灭掉香烟以避免引起轰炸机爆炸，他怒吼道：“谅它也不敢！”人们问他要怎么解决古巴问题时，他则回答道：“烧了。”在导弹危机后，斯坦利·库布里克的电影《奇爱博士》里面那个不能自控的空军将军巴克·特吉德森（Buck Turgidson）就是以他为原型的。

尽管对李梅的能力崇拜有加，军队里的人对他这种建立帝国的倾向也是颇有怨言的。在李梅看来，空军的核武器绝不会嫌多，只有不断增加武器，才能保证打击不断增加的敌对目标。他的官场对手们则抱怨"武器过剩"。海军作战总指挥阿利·伯克（Arleigh Burke）上将指责空军妄图控制全军，好比苏联妄图统治全世界一样。在评价空军核战略官员的掌权之路时，他说："这帮人精明能干，但也冷酷无情。和苏联人很像，用同样的策略。"[38]

1957 年，在李梅成了空军副参谋长之后，长期跟随他的副手鲍尔接任了战略空军总指挥一职。在众人眼里，鲍尔比李梅更加强调纪律性，而且鲍尔喜欢在公众场合让自己的部下难堪，甚至以此为乐。他的一个副手贺拉斯·韦德（Horace Wade）曾形容鲍尔这个人"刻薄、无情、不饶人"，甚至怀疑他是否"心理健康"。[39]他担心，这个上司"控制如此多的武器和武器系统，万一哪一天不对劲了，就会发射武器"。在韦德看来，与鲍尔相比，李梅可以说是"好人"了。

同样驾驶飞机轰炸过日本的鲍尔有一点和李梅是相似的。他也相信，即使会招致对方的报复，预先发动致命打击仍是上策。麦克纳马拉的优等生曾建议使用一种被称为"反作用力"的不在城市进行的限制性战争措施。李梅对此答道："干吗这么在意人命？我们本来就是为了消灭这些混账的。"[40]对鲍尔来说，如果打到最后"只剩两个美国人和一个苏联人，那就算美国赢"。

那你得确定"两个美国人"是一男一女，麦克纳马拉的助手补充道。

这位和鲍尔一应一答的助手叫威廉·考夫曼（William

Kaufmann），是从耶鲁大学毕业的历史学家。他的博士论文是关于19世纪的均势政治。考夫曼身材不高，音调高，有股冷峻的幽默感。他此时正在五角大楼的办公室，回答肯尼迪提出的底线问题：苏联在古巴部署导弹会对核恐怖平衡有什么影响？参谋长们认为，影响是巨大的，而麦克纳马拉则认为那些导弹的效果甚微，不会改变总体力量格局。

考夫曼使用地图和表格分析了苏联在无警告的情况下首先攻击美国的后果。[41]他指出，76个战略空军指挥基地中，有34个位于古巴中程弹道导弹的射程之内，而其他基地也能用中远程导弹打击到。另一方面，大多数美军导弹发射场和"北极星"潜艇能够幸免于苏联的核袭击。按照考夫曼的预测，如果苏联先发制人但不使用古巴的导弹，美军至少还有841件核武器能进行报复性打击。如果苏联使用了在古巴的导弹，那就只剩下483件了。

换言之，参谋长们和麦克纳马拉都是对的。在古巴部署导弹使赫鲁晓夫更加强势，并且弥补了苏联没有洲际弹道导弹的缺陷。但是，赫鲁晓夫无法消灭全部美军，美军剩下的核武器足以使苏联遭受更严重的报复性打击。

即使苏联成功地在古巴部署了导弹，"相互确保摧毁"的原则（缩写为MAD）仍然适用。

一支军队正在紧锣密鼓地动员中。为了准备可能向古巴发动的袭击，总统下令进行自二战以来最大规模的军事动员。突然间，军队里所有人都带着大量的装备前往佛罗里达。但是，到处也都是阻碍。

调动由1.5万人和坦克、装甲车、炮弹组成的第1装甲师，需要 146 架商用飞机和 2500 辆有轨车。[42]后勤专家决定，坦克和其他履带车辆留在有轨车上，以便随时调动。很快，美国的东南部就都是有轨车。为了存放这些车辆，需要至少 30 英里的铁路侧线，但事实上，能马上投入使用的仅有 6.5 英里。铁路上的储物空间很快就变成了奢侈品，各军都开始划界分地盘。战略空军的指挥官们不同意把这些侧线让给军队，因为担心自己的任务"遭到干扰"。

佛罗里达聚集了如此多的士兵和空军兵，以至于无法为他们腾出足够的地方睡觉。有些飞机场实行了"共用床"方案，三名士兵 48 小时内轮流使用同一张床。佛罗里达州哈伦代尔（Hallandale）的湾流体育场（Gulfstream）成为第 1 装甲师的临时基地。一名观察者记录道："很快所有入口都有军警站岗，停车场成了车辆调配场，场馆内部用作储物间和食堂。士兵们的住宿被安排在看台的第一层和第二层。武器和露营包则放在窗口附近。教堂礼拜则在影片冲印室举行。"[43]

弹药又是个令人头疼的问题。许多武器厂执行一日三班、一周七天的工作制，这样才能生产足以对付古巴和苏联军队的弹药。在佛罗里达的机场，凝固汽油弹就像"积木"一样堆放着。

迈阿密的英国领事馆似乎又感受到了诺曼底登陆前夕英格兰南部的气氛。[44]每分钟都有军用飞机降落在迈阿密国际机场，载着士兵的列车前往南部的埃弗格雷斯港（Port Everglades），货车载着武器和炸药驶过街巷。600 架飞机组成的战队随时待命对古巴进行突袭，以及对从该国起飞的苏联伊尔－28 轰炸机进行拦截。佛罗里达集结了如此多的军事装备，以至于空军军官们都开玩笑说，这个州马上要不堪重负、沉入海底了。

　　越往南走，看到的军力规模就越为庞大。佛罗里达州的基维斯特突然变成了冷战的最前沿，就像柏林或者朝鲜与韩国之间的非军事区。每个政府机构都在等候行动命令。海军在海军航空站上执行侦察和破译密码行动；中情局在邻近的小岛上也设有藏身之所；整支大军入驻世纪初由铁路大亨亨利·弗拉格勒（Henry Flagler）建成的卡萨玛丽娜酒店（Casa Marina Hotel）。身穿军服的士兵们占领了当地的棒球场、公共海滩和大部分停车场。海军陆战队在海滩上布置了机关枪火力网，并用蛇腹型铁丝网环绕。

　　佛罗里达现在成了美国的弱点。1962 年 10 月以前，军事专家们认为，苏联应该会飞越北极，从北边对美国发动袭击。早期的雷达系统都是朝北针对苏联的。在加拿大所谓的"松林线"沿线，美军部署了战斗拦截中队，以防止北约称之为"熊式"和"野牛"的苏联重型轰炸机来袭。在诸如纽约和华盛顿的东海岸城市，美国部署了装有小型核弹头的防空导弹系统，作为防止苏联突然袭击的最后防线。一夜之间，美军的防卫突然从北面转向了南面。

　　军事货物运输并不是处处顺利的。[45] 在 10 月 24 日星期三的早上，3 辆卡车沿着美国一号高速公路从宾夕法尼亚州的空军基地向南行驶。美军租借这些商用拖车来装运"霍克"（HAWK）防空导弹到佛罗里达以应对苏联空袭。但是，美军忘记提醒弗吉尼亚州警署，这些车上装有导弹。于是，高速公路巡逻人员拦下这些车，让车从华盛顿穿过波多马克河，到达亚历山大市的一处称重站，称重时发现卡车超重了 2000 磅。这些司机解释说，这些货物是"机密"的，但是这并没有说服巡逻官。

　　巡逻官下令货车调头开回宾夕法尼亚州。

10 月 24 日，星期三，下午 1：00

（哈瓦那，中午）

在与哈瓦那动物园相对的阿尔门达雷斯河的另一边（Almendares River），卡斯特罗在他的地下指挥室过夜。[46]他的地堡远不及太平洋司令部（CINCSAC）的精雕细琢，但对一个小国之君来说，也算得上豪华。这个地堡由一条从山边挖下的隧道构成，隧道共有 200 码长，两侧各有 6 个不同的房间。主通道中有一道又一道修嵌在峭壁中的强化钢板门。这里有一架紧急升降机，可以直达哈瓦那的考利区（Kohly），而那个区正是很多政府高官的宅邸所在之处。

导弹危机爆发时，这个隧道仍在修建。但是足够担负指挥室的职能。为使地堡能够居住，士兵们在地面上铺洒了砂石。这里最大的问题是缺少通风系统。由于湿度大，空气不流通，士兵们无法安眠，甚至连呼吸都成问题，但是这里可以非常好地抵抗美军的空袭。除了卡斯特罗和他的高级将领外，地堡中还为苏联将军准备了一间办公室，方便两军联络。

地堡内部有发电机，粮食和水也足够支撑一个月，但是卡斯特罗并没有长时间留在地下。除了一晚三四个小时的睡眠时间外，他总是在不断地活动中。他拜访古巴各军，和苏联将军们会面，视察哈瓦那的防御工程。在肯尼迪和执行委员会成员开会的时候，卡斯特罗则在和他的高官们讨论。

卡斯特罗的得力助手——军事行动总司令弗拉维奥·布拉沃（Flavio Bravo）队长汇报说："我们最大的问题是通信。大多数本该收到的信息不是在海里就是在苏联那里。我们主要的通信方式还是电话。"[47]

其他军官抱怨卡车、坦克和防空武器数量不足。卡斯特罗则更担心美军侦察机像前几天那样低空飞过。这些美国飞行员竟然可以毫发无损地离开,真是令人愤慨。

卡斯特罗认为:"从政治上讲,我们没有任何理由不去击落一架进入我们领空内 300 英尺高的飞机。我们必须在四五个地点集中布置 30 毫米防空炮。下次他们飞过,Dejalos fritos。"

"Dejalos fritos" 意为"烧了",正好和李梅谈到古巴时的用词是同一个意思。

在早晨会议结束后,卡斯特罗决定视察哈瓦那以东的防御。他的吉普车卫队开过港口地下的隧道。这个港口位于埃尔莫罗堡(El Morro)边缘,是 16 世纪末西班牙人为抵抗在加勒比海域肆虐的海盗而修建的。卡斯特罗一行经过一个叫科希马尔(Cojímar)的渔村,那里也是海明威的小说《老人与海》故事的发生地。这里绵延的海岸线已经成为古巴新统治阶级最喜爱的消遣胜地。[48]菲德尔在这里也有一栋别墅。在古巴革命最初的几个月里,他曾躲藏在那,策划着如何把古巴变成一个共产主义国家。沿着海岸往南,就是达拉拉(Tarara)海边度假胜地。切·格瓦拉曾在那治好了疟疾和哮喘,并写下一系列关于革命的法案,包括没收外国人在古巴的甘蔗园。

行驶了 30 分钟左右,卡斯特罗和部下到达苏联的萨姆防空导弹发射场,站在发射场可以俯瞰达拉拉海滩,并且能够清楚看到美军可能采用的入侵路线。[49]卡斯特罗右边是一条 5 英里长的黄金沙缓坡,坡的边缘是棕榈树和沙丘,这里简直是热带的诺曼底。海滩上到处都是古巴民兵,他们在执行卡斯特罗的命令,挖战壕、加固沿海岸线修建的混凝土碉堡。这里还能依稀看见在佛罗里达海峡巡逻的美军军舰的影子。

18 个月前，美国人支持 1500 名古巴流亡者发动猪湾袭击，他们选择了古巴最偏僻的、遍地沼泽的萨帕塔半岛作为登陆点。入侵者被古巴陆军和空军包夹，最后被消灭。这一回，美国人不会再犯同样的错误。卡斯特罗认为这次他们会使用海军陆战队和其他精英部队发动一次正面攻击。

萨姆防空导弹发射场位于离海边 1.5 英里远的高地上，呈六角星状，每个角都有 1 个导弹发射器，星形的中心是雷达设备和车辆。细长的 V－75 导弹沿对角线摆放在战壕里。

早在赫鲁晓夫想到在古巴部署装有核弹头的 R－12 和 R－14 导弹之前，卡斯特罗就催促苏联在古巴部署萨姆防空导弹了。萨姆防空导弹是防御美军空袭的最佳武器，除此之外，苏联也没有别的武器能够打击到高空飞行的且能避开常规防空炮的美军 U－2 侦察机。1960 年 5 月 1 日，在斯维尔德洛夫斯克（Sverdlovsk）的上空，V－75 导弹曾击落一架由弗朗西斯·加里·鲍尔斯（Francis Gary Powers）驾驶的 U－2 侦察机。1962 年 9 月 8 日，在中国东部，这种导弹系统又击落了一架 U－2 侦察机。苏联给古巴提供了 144 枚 V－75 导弹，这些导弹部署在 24 个不同的发射场，几乎覆盖了整个岛国。

心情激动的苏联军队恨不得马上向这位古巴领袖展示他们的威力。卡斯特罗看到，他们用装在车上的雷达追踪模拟的美军战斗机，这个雷达能够发现 150 英里外的目标，导弹本身的射程达到 25 英里。卡斯特罗对此大为赞赏，但是他也很快发现了这个系统的主要弱点：对低空飞行的目标束手无策。前一天，美国人已经证明，低空飞行能躲过苏联雷达。

萨姆防空导弹基地是靠一支架置在四轮车上的双筒防空炮

守卫的，操控的人是些身穿休闲 T 恤衫的古巴人。他们也像苏联的同志们一样，对卡斯特罗的鼓励满怀热情，随时准备迎击敌人。然而，不得不承认，如果美军发动低空袭击，他们将不堪一击。

在坐车返回哈瓦那的路上，卡斯特罗发现，必须要重新部署防空力量。[50]大多数防空炮都是用来保护哈瓦那和古巴其他城市的，一旦美军入侵，它们将很快沦陷。这些武器的主要价值也只是象征意义上的。卡斯特罗越想就越坚信，这些武器应该移到内陆去保护让他引以为豪的战略资源，也就是核导弹发射场。为了打败入侵者，他必须为苏联盟友赢得时间来装载和发射导弹。

卡斯特罗丝毫没有担心这个国家将毁于核战争之火，相反却显得异常平静和专注。这样的场合，这种前路未卜的时期，他才会感到活得充实。他的助手知道他是个能够力挽狂澜的人。一个古巴新闻编辑对这个时期的"最高领袖"做出了以下评价："菲德尔在战争和紧张中才会大施拳脚，他无法忍受新闻头条里没有他。"[51]

卡斯特罗早已习惯面对逆境。在对双方实力进行了对比估计后，他发现，相比于革命战争时期，他现在的实力不但没有削弱，反而增强了。而早在革命时期，他的军队力量远不及巴蒂斯塔的政府军。现在，他直接指挥着 30 万人的军队，还有苏联为他撑腰。他手头有现代化军事装备，包括防空炮、T-54坦克、米格-21喷气战斗机等。如果这些都不管用，那还有苏联友军藏在达拉拉海滩后面山里的战术核武器，几分钟就可消灭滩头的美军。

这些武器彻底改变了古巴能够抵抗美军的时间估算。几个月前，苏联军事专家认为，美军只要三四天就可以控制这个岛

104

国，但是现在形势不同了。[52]美军如果来犯的话，等待他们的将是持久而惨烈的鏖战。

　　一个本打算从达拉拉海滩（在美军的入侵计划里名为"红海滩"）发动攻击的海军陆战队团正从古巴北海岸离开，他们刚刚结束了"罗特斯卡"行动。[53]在肯尼迪发表演讲后，国防部取消了在别克斯岛的演习。这支队伍不用去准备推翻一个假想的独裁者了，他们要去推翻一个真实的独裁者。

　　在美军"冲绳号"直升机航空母舰临时指挥部上，士兵们士气高昂。海军陆战队士兵们练习着登船技巧，磨尖刺刀，做俯卧撑，咒骂卡斯特罗。一名中士带着手下在这个足球场大小的甲板上跑步，一边哼唱着。

　　"我们要去哪？"

　　"要去古巴。"

　　"去那里做啥？"

　　"阉了卡斯特罗。"[54]

　　甲板下面，第 2 海军陆战师的军官们正在研究第 316 号作战计划，这个计划是针对全面进攻古巴的，共有 12 万美军士兵参与。按照计划，海军陆战队战士将对哈瓦那东边的达拉拉发起攻击，第 1 装甲师将在西边的马里埃尔港登陆。与此同时，第 101 和第 82 空降师将在敌后方进行空降袭击。在首轮攻势中，入侵军将会包围哈瓦那，并且直接向导弹发射场进发。

105

　　对古巴的入侵计划，"冲绳号"上的许多军官足足准备了一年之久。其中有些人参加过硫磺岛（Iwo Jima）和仁川（Inchon）的作战，想打仗想得都有些手痒了。他们研究着如何登陆海滩，他们画出各岛屿的路线图，并且仔细了解了古巴

"重点任务"清单。这个入侵计划经过了多次修改和增减。现在，计划中已经包括了安排（在发动攻击后 27 分钟）牧师到达海滩，以及部署救助平民的食物（共 2209 吨罐装鸡肉、7454 吨大米和 138 吨鸡蛋粉）。

进攻红海滩和邻近的蓝海滩，需要采用一种经典的两栖登陆方式，就像诺曼底登陆和冲绳岛战役那样。这次进攻首先要进行海军炮击和空袭，水下爆破队将清除海岸附近的水雷。水陆两用车将会运载部队抵达，后面将跟随更大的登陆艇，包括类似于诺曼底战役中使用的"希金斯"（Higgins）登陆艇。最后，海军陆战队将会和直升机队汇合，一同占领公路和高地。

这些指挥人员几乎没有想过，对方可能会使用战术核武器炸平滩头。"三防"（防核武器、防化学武器、防生物武器）装备包括面罩和化学药剂探测装置。按照要求，士兵们要标明"核污染区域"，并且向上级总部汇报"发生的每一起核火灾"。这种常规性的对核武器与化学武器的防卫计划交给了一个愚笨的少校，让他"有些无关紧要的事情可干"。[55]

无论如何，伤亡代价总会是惨重的。[56]海军陆战队预计第一天将死亡 500 人，多数是在达拉拉海滩。此外将有 4000 人负伤。前 10 天的战斗预计将会造成 8000 人伤亡，包括 4000 人死亡，而海军陆战队将占半数。

这还只是未考虑苏联部队干预或者使用核武器的情形。

10 月 24 日，星期三，下午 5∶15

（哈瓦那，下午 4∶15）

在五角大楼里，记者们相信美军将会马上拦截苏联舰艇。

这一天的气氛越发地剑拔弩张，而官方却丝毫没有透露苏联舰艇的动向。总统曾要求绝不"走漏风声"。

五角大楼的发言人阿瑟·西尔韦斯特（Arthur Sylvester）曾经是一名记者，在《纽瓦克晚报》供职长达 37 年。他尽量拖延各路记者，在他的助手看来，策略就是"把话题引向海潮、海面状况和天气"。[57]他不承认也不否认有五六艘苏联舰艇调头返航的传闻。他的托词越来越禁不住考验，而媒体想要得到更多的消息。

到了下午，麦克纳马拉终于放出一段措辞谨慎的声明："苏方的部分船只已经调转方向。其他船只正前往古巴。尚无拦截的必要。"

很快，沃尔特·克朗凯特（Walter Cronkite），这个被民意调查认为是"美国最可信的人"，用他悦耳的男中音在哥伦比亚广播公司做了一次专门报道。他也使用了拖延术。"今天，苏联船只和美军战舰看似将要在通往古巴的海上发生冲突。但迄今为止，我们尚未听到双方对峙的消息。"

驻外记者们聚集在联合国总部、白宫以及五角大楼，他们对这个事件所知甚少。白宫外的记者乔治·赫尔曼（George Herman）说："很多人都相信，今晚在加勒比海可能会发生冲突。"驻守五角大楼的记者查尔斯·冯·弗雷姆（Charles Von Fremd）说："每个人都像是被封口了。我们现在就像是处于战时的审查状态。"

克朗凯特认为："今天，似乎每个人都不太乐观。"他的眼睛下方布满了疲惫的细纹。

到达埃尔奇克苏联军事总部的时候，卡斯特罗显得平静而

106

镇定。他一身军装，头戴尖顶帽，并和这里的负责人握了手。他用了一个半小时来听取他们的汇报，在记事本上做记录，并通过翻译人员提问。一名苏联将军对他留下了深刻的印象。"目的性强、沉着冷静，对他来说战争好像还很遥远，他的毕生心血还很安全。"[58]

这位总指挥（comandante en jefe）想要协调两军的军事行动，并且保证双方沟通顺畅。他很快就同意苏联提出的重新部署防空武器的计划。[59]古巴军队最好的武器是两门 100 毫米大炮，炮筒长 19 英尺，足以打击 8 英里外的目标。卡斯特罗将把其中一门用于保卫拉伊莎贝拉港的"亚历山德罗夫斯克号"，另一门大炮用于防守在大萨瓜附近、由西多罗夫上校指挥的 R－12 导弹团，这些导弹团最接近作战状态。其他导弹发射场将由两门 57 毫米炮和一门 37 毫米炮防守。

苏联是否会动用手头严格把控的核弹头，卡斯特罗无从得知。如果这些弹头由他指挥，他就会知道该怎么做。对革命运动深入的研究和亲身经历告诉他，干等敌方进攻就是自寻死路。从法国大革命时攻占巴士底狱开始，好运总是垂青敢于冒险的一方。1948 年，卡斯特罗目睹了反政府起义失败，他曾断言："不主动出击的军队，必败。"[60]

卡斯特罗不仅不会干等美国人进犯，反而会伺机先发制人。

10 月 24 日，星期三，晚上 10：30

（哈瓦那，晚上 9：30）

晚上，肯尼迪总统和博比、埃塞尔·肯尼迪（Ethel Kennedy）以及记者查尔斯·巴特利特（Charles Bartlett）等亲友在白宫一同进餐。巴特利特提议举杯庆祝苏联舰艇调头，但肯尼迪并没有这个心情。他说："现在庆祝为时过早。"[61]

邦迪突然进来，他带来了关于封锁线的消息。肯尼迪嘟哝道："我们还有两成几率会和苏联发生交火。"

国务院的电报机打出了赫鲁晓夫发来的粗鄙而直白的消息，肯尼迪这种不祥的预感更加强烈了。这个苏联领袖指责美国总统"土匪做派"，指责他把"人类推入核战争的深渊"。苏联既不会撤走导弹，也不会理会美军的封锁。

赫鲁晓夫写道："如果他人也这样针对美国，你们肯定不会接受。因此，我们也拒不接受。我们不会容忍你们的海盗行径。为维护权利，我们将不得不采取必要措施。"

客人们离开后，肯尼迪把这段话所传达的信息又细细咀嚼了一番，然后拿起电话打给巴特利特。他告诉这名记者："说个你感兴趣的消息，我接到朋友的电报，这些船已经安全了。"[62]   108

如果肯尼迪知道当晚古巴发生的情况，那他肯定会更加警惕。[63]当晚的古巴到处都是奔波的特使，他们正把最高机密信息带给三支 R‑12 导弹团。为保证导弹能够做好发射准备，人们在夜幕下预演。R‑12 导弹的射程比美国情报分析人员预计的还要远。导弹不仅能打击华盛顿，而且苏联专家是以导弹能够打到纽约市为目标进行操作的。但是，根据中情局向肯尼迪汇报的说法，R‑12 还远远够不到纽约。

目标卡片上面写有发射导弹的说明。[64]最主要的参数包括海拔、方位、射程、导弹的动力时长、爆炸类型以及核电荷。这些卡片是经过几周的努力，研究和计算出来的结果。相比于巡航导弹在飞行全程都有动力提供，弹道导弹则只是在发射的最初几分钟才有动力提供，然后将进入一个根据不同精确度计算出来的轨迹线。机械陀螺仪则是保证 R - 12 导弹能够保持在设定路径以内。

为了准确发射导弹，苏联的专家们必须了解发射点的确切位置，包括海拔高度。古巴之前从未有人进行过勘测工作，所以苏联人员不得不从头做起，在全国范围内架起一座座塔，组成一个网络，用来收集地形数据。他们不得不把苏联的坐标系统换算成卡斯特罗从巴蒂斯塔那里继承过来的 1：50000 旧式美洲军用地图系统。为了进行准确的天文观测，他们需要准确度达到 1/1000 秒的钟表。莫斯科传来的信号太弱，因此他们使用了美国时间信号。

由于手头只有最简陋的电脑和计算器，大多数的计算工作不得不由人来完成。两个检验专家对这个计算过程进行相互独立的检查和复查。每个 R - 12 导弹团都有 12 个目标：第一轮有 8 枚导弹，第二轮有 4 枚。当这些专家认为工作已经完成时，他们才发现其中一个导弹基地的目标位于射程以外，于是
109　又花了一周多的时间，才重新部署好目标，并完成计算。

尼古拉·奥布利津（Nikolai Oblizin）少校负责把目标卡带到哈瓦那以东 150 英里的西多罗夫上校的兵团。作为弹道导弹部门的副总指挥，过去三个月的大多数时间，他都留在埃尔奇克的总部。安排给他的住宿地点配有游泳池和豪华床，那里曾是妓院。

在古巴的三个月里，奥布利津和古巴的主人们结下了深厚的友谊。古巴人呼喊着"苏联同志"（companero soviético）欢迎他，为他即兴表演《国际歌》或者《莫斯科之夜》。在带着目标卡片驾车前往大萨瓜的路上，奥布利津发现，并非每个古巴人都欢迎

苏联。从山的另一边，一群反革命分子正朝着这些随行专家的装甲车开火。不过，由于距离较远，丝毫不会造成损伤。

这些 R－12 导弹是由米哈伊尔·杨格尔（Mikhail Yangel）设计的，十分便携且便于发射，至少按照 60 年代的标准来说如此。这些导弹使用了可存放的液体推进剂，在燃料充满的状态下，可在发射台存放一个月，倒计时可达 30 分钟。这些发射位置是预先勘测好的，建在 5 吨重的混凝土板附近，混凝土板用链子和螺钉固定在地面上。混凝土板用作发射导弹的安放台，必须平坦而牢固，否则铅笔状细长的导弹可能会发生侧翻。一旦混凝土板就绪，只需几个小时就能把导弹从一个基地转移到另一个。杨格尔的"铅笔"可谓当时苏联最可靠的弹道导弹。

一旦手头拿到目标卡，西多罗夫手下的士兵便开始训练瞄准和发射导弹。导弹发射场的布局和苏联本土的布局十分相似。要成功地发射导弹，需要有精准掌控时间的能力，而且每个人都得完美配合。[65] 在导弹能够发射前，必须从四级预备状态（常规）升到一级预备状态（满）。为了保证能够准时进行每一个关键步骤，军官们时时不忘对照秒表。

为了防止被美军侦察机发现，导弹部队等到夜晚才开始排演。听到预警声，值班的工作人员需要在一分钟内准时到达各自的位置。

真正的核弹头存放在一个名叫贝胡卡尔（Bejucal）小镇附近的地堡里，从大萨瓜乘车过去，需要 14 个小时。导弹部队排演使用的是锥状模型。士兵们把这些弹头模型从特制车上卸下，然后移到存放车上，最后他们把存放车推进长长的帐篷里。

帐篷里的技术人员们扑到导弹周围，检查电子设备。每个帐篷都有电线连接到外面的发电机和水车。对接核弹头需要

110

30 分钟。工程师将电线和金属栓连接起来。这些金属栓会在预定时间断开，使核弹头和导弹其余部分分离。导弹现在处于就绪状态，距离发射还有 3140 分钟。

一辆导弹牵引拖车把导弹拉出帐篷，前进了几百码后到达导弹发射台。在导弹还是平放的时候，士兵把金属链的滑轮装在导弹起竖器的顶端。然后，牵引车把起竖器和导弹放到偏离垂直方向几度的发射位置。发射台朝向美国。

接下来的一步是对准目标。根据目标卡片上的说明，工程师们将导弹对准目标。为了尽可能准确，他们采用一种叫经纬仪的设备，这些设备围着发射台上的导弹旋转，测量高度和方位。因为导弹加满燃料后就很难移动了，所以在燃料加满之前必须瞄准目标。

导弹朝向夜空，在月色下闪闪发亮，像是放大了的棕榈树。不过，这些导弹头不是毛茸茸的树叶，而是像铅笔头一样尖尖的锥体。士兵们刚完成最后的发射准备工作，就下起了雨。载有燃料和氧化剂的卡车驶向发射位置，并且将软管与导弹连接起来。

负责军官按着秒表，下令演习中止。一晚上这个演练量足矣。除非真弹头到达，不然没有必要给导弹加燃料。导弹人员已经证明能够成功进入二级预备状态，即离发射只有 60 分钟。

导弹被拉回帐篷。疲惫的士兵拖着步子回到帐篷睡觉。唯一证明这次高强度夜间演习的就只是燃油车和导弹拖车在泥泞路面上留下的深深车辙。

导弹部队指挥官伊戈尔·斯塔岑科少将到达贝胡卡尔的地下指挥室。他仍然没有与大萨瓜的西多罗夫导弹团建立安全的

陆上通信联系。如果他接收到莫斯科的发射命令，他将不得不 111
将其转换成加密信息，以无线电形式传输。

10 月 24 日晚上，斯塔岑科既有理由开心，也有理由担
心。他手下已有 8000 名士兵。一旦装备了核弹头，西多罗夫
的导弹可以摧毁纽约、华盛顿和美国其他几座城市。尼古拉·
班迪洛夫斯基（Nikolai Bandilovsky）的军团驻守在古巴西部
的圣迭戈—德洛斯巴诺斯村，他们将于 10 月 25 进入战争预备
状态。[66]第三支 R－12 军团驻守在圣克里斯托巴尔，由尤里·
索洛维耶夫（Yuri Solovyev）上校指挥，他们面临的形势更为
严峻。他们的一艘补给船"尤里·加加林号"因为封锁而无
法进入古巴。索洛维耶夫的参谋长正在返回苏联的途中，他带
走了该团所需的大部分燃料和氧化剂卡车。

这样的情境下，可行的办法只有一个。为了让索洛维耶夫
的军团尽快达到战备状态，斯塔岑科不得不打乱原有的设备使
用计划。他命令西多罗夫和班迪洛夫斯基把部分燃料设备转给
索洛维耶夫。[67]

但是，有些问题仍然无法解决。美国海军飞机曾直接飞过
三支 R－12 导弹团。斯塔岑科相信美军已经发现了所有的发射
场。他早已为应对这样的局面制订了计划。于是，他下了另一
道命令。

"转移到预备位置。"

第五章 "直到地狱结冰"

10 月 25 日，星期四，凌晨 3∶00

（莫斯科，上午 10∶00；哈瓦那，凌晨 2∶00）

赫鲁晓夫咯咯笑着说："美国人吓破胆了。肯尼迪八成是要带把木刀子睡觉了。"[1]

赫鲁晓夫的讲话里常常引用一些乌克兰农民日常的粗俗用语或者格言警句，比如"用鼻孔是捉不到苍蝇的"、"只要是自己的地盘，都是好的"或者"我们加起来都不如斯大林的一坨屎"。主席团的其他人都已经习惯了这位苏联总书记生动而丰富的表达方式，但是这一回，大家却听得云山雾罩了。

"木是什么意思？"副主席米高扬问道，米高扬也是赫鲁晓夫在领导层中的密友。

就像戏剧表演时台词没达到想要的效果，赫鲁晓夫不得不再解释一遍自己的笑话。"人们说，第一次去捕猎狗熊的时候，会带一把木刀子，这样比较容易清理裤裆。"

在和美国摊牌后的第三天，一些苏联高官开始怀疑，到底谁更需要木刀子：肯尼迪还是赫鲁晓夫？一名苏联高级外长告诉同僚，赫鲁晓夫听到战略空军司令部进入二级战备状态后，"吓得裤裆都湿了"[2]。克格勃的主席后来说，赫鲁晓夫听到美国发现古巴导弹后"大惊"，并大呼道："完了。列宁的心血要毁于一旦了！"[3]

无论赫鲁晓夫怎么想，最近局势的发展委实令他头疼。他曾亲身经历过常规战争的血腥场面，因此更不乐意发动一场核战争。1942 年 5 月，在哈尔科夫（Kharkov）战役中，时任最高政委的赫鲁晓夫目睹了因高层的失误和固执而使苏联全军覆没。在卫国战争中，苏联总共牺牲了 3000 万军民，赫鲁晓夫的长子列昂尼德·赫鲁晓夫（Leonid Khrushchev）也在与德国空军的交战中丧生。如果爆发核战争，伤亡只会更加惨重。赫鲁晓夫决定尽他所能防止他的国家再次陷入战争。但他也了解，现在形势的危急程度也许是肯尼迪和他都难以掌控的。

113

部分问题在于他错误地预判了美国对苏联在古巴部署导弹的反应。赫鲁晓夫认为，既然他能接受美国在土耳其和意大利部署导弹，肯尼迪纵使有多不乐意，也能最终接受苏联在古巴的导弹部署。美国人也许会反感，甚至恼火，但不至于把世界拖入核战争的边缘。

早在 7 月，在第一次和切·格瓦拉谈到这个话题的时候，赫鲁晓夫就说："你不需要担心，美国那边不会有大动作。要是发生情况了，我们会出动波罗的海舰队。"4 听到赫鲁晓夫的话，切·格瓦拉半信半疑地扬起眉毛，但是没有表现出异议。他可能认为这又是赫鲁晓夫同志的一个玩笑。苏联的波罗的海舰队绝不是美国海军的对手。这支军队最近一次进入外国领海是在 1904 年，当时他们遭到日本帝国海军的重创，可谓俄国军事史上最惨重的一次溃败。

赫鲁晓夫也像白宫里的对手一样，下令部队提前进入战备状态。军队里所有的假期都被取消，军人退伍的时间也被无限期推迟。

从主席团台上往下望的时候，赫鲁晓夫明白，他和同僚们必须要做好撤离古巴的准备。他认为，必须"拆除这些导弹发射场"。但是，他希望自己在做出撤退决定的同时，也能够清楚地表明自己达成了主要目的，即捍卫古巴革命。按照赫鲁晓夫对形势的描述，正在退让的是华盛顿，而不是莫斯科。

赫鲁晓夫对主席团说："我们已经把古巴变成国际关注的热点，两种制度正迎面发生对抗。肯尼迪要我们将导弹撤出古巴，对此，我们应该回答：'除非美国坚决向我们承诺，绝不再入侵古巴。'这条件不算过分。"

和美国人谈判是有希望的。如果对方保证不攻击古巴，"我们就撤走 R - 12 导弹，留下其他导弹"。这不是"懦弱"，这是常识。"我们要增强古巴的实力，至少要撑住两三年。这样，经过几年的时间，（美国）就越来越不可能欺负它。"当务之急是防止危机"达到沸点"。

114

会议室里传出了"说得对"的咕噜声。谁也不敢反驳这个总书记。赫鲁晓夫觉得，如果这也能算挫折的话，那么也只是暂时的挫折。

"会挺过去的。时机一到，我们可以再把导弹放到古巴。"

在赫鲁晓夫宣布（至少原则上）撤出导弹的决定后，苏联官方宣传的语气也突然转了个大弯。当天早上，苏共《真理报》的论调还是"放开古巴！坚决挫败美帝国主义的邪恶阴谋"。到了晚间，头条就变成了"尽一切可能防止战争。必须保持理智"。

赫鲁晓夫的同僚们现在明白，他们这个脾气暴躁的领导人是绝不会为了导弹跟美国动手的。在 5000 英里和 7 个时区开外的华盛顿，执行委员会的参会人员也和肯尼迪达成了与赫鲁晓夫相似的结论。总统认为，核战争将是"最终的失败"，必须不惜一切代价避免。

两国最高领导人最初都想以武力解决危机。肯尼迪倾向空袭，赫鲁晓夫则考虑把核武器的指挥权转交给古巴当局。经过各种艰难抉择，双方都决定寻找一条避免武装冲突的出路。问题是，在当时两个人几乎不可能面对面地坦诚交流。各自对对方的动机毫无所知，并且总是以最坏的意图揣测对方。消息传达需要半天时间。送达后，这些消息又夹杂了超级大国外交特有的模糊辞令：既不想示弱，也不愿认错。

战争机器一旦启动，就会按自己的逻辑和势头前进。而且，冷战外交又有个不成文的规定：绝不妥协。这也使两个超级大国无法做到各让一步。

现在的问题不是两国领导人是否想要发生战争，而是他们是否有能力预防战争。这场危机最危险的时刻还在后头。

中情局派出的两名人员正身处浓密的古巴丛林中，准备捣毁马塔安布雷铜矿，行程缓慢而复杂。[5] 在到达森林之前，米格尔·奥罗斯科和佩德罗·贝拉身上背着沉重的包袱，步行穿过漫过膝盖的红树林沼泽。奥罗斯科身上带着无线电发射器、充电器和一把 M－3 半自动手枪。贝拉带着 3 袋 C－4 炸药和计时设备。为了识别方向，他们还带上了地图和指南针。

他们白天睡觉，晚上跋涉。路上唯一能看到的人类迹象是海岸边的一条简陋公路，他们顺利地从上面走过，一路上没有见到任何人。就连许多动物都不敢闯入这些充满荆棘的密林。暴风雨让这趟行程更加艰难。

到了第 3 天，他们发现一排架起空中车道的木塔台。他们的目标是找到其中一座"导通塔"，这座塔位于 430 英尺高的山顶，一边是铜矿，另一边是大海。这座塔和中情局位于弗吉尼亚州"农场"训练基地里的模型一模一样。贝拉是后来加入破坏行动小组的，之前从未见过这个模型。奥罗斯科曾多次训练攀爬该塔。这次是他第4次试图袭击马塔安布雷。

他们于第5天午夜时分到达塔基。夜间车道是停止使用的，周围静悄悄。奥罗斯科爬上50英尺高的塔，并把两包炸药附在缆线上不同的位置。等明天车道开启的时候，马塔安布雷的铜净化厂就会爆炸，圣卢西亚港的储存设施也会发生爆炸。这些炸弹都被设计成一接触就会爆炸的模式。

与此同时，贝拉在塔基放了一枚炸弹。他把炸弹连接到计时装置上。计时装置是铅笔状的金属条，里面是酸液，酸液会逐渐腐蚀金属，然后引发爆炸，导致塔架和通向铜矿的电缆坍塌。尽管炸弹的目的不是杀人，但此举能摧毁电缆线，进而困住矿井下的数百人；并且电缆损坏会造成电力不足，进而导致水泵关闭，使得矿井的水无法及时排出，淹没矿井。[6]

眼看任务即将完成，两人回头往海边走，因为能看清方向，回程的路相对容易。他们准备在10月28日、30日和中情局外部渗透小组碰头。

到了凌晨，他们已经在返回的路上。穿过松林覆盖的一排小山，远处的海面闪着金色粼光。奥罗斯科开始感到胃部一阵剧痛，走路时十分不适。他对同伴说没事。

10月25日，星期四，上午8:00

（哈瓦那，上午7:00）

在华盛顿的苏联大使馆里，外交官和特工们正承受着来自莫斯科的压力。莫斯科要求他们提供关于美国入侵古巴计划的情报。于是，特工们数着白宫、五角大楼以及国务院亮着的灯，凑着耳朵听公园和酒吧里记者们的对话，武官们则密切注视着美军的动向。

眼下，他们的努力成果寥寥。流向莫斯科的"情报"大多来自新闻报纸，有些还是有误的。根据多勃雷宁大使派出人员所汇报的信息，执行委员会里，国防部长麦克纳马拉是强硬派领袖，财长道格拉斯·狄龙反对初期使用武力。[7]但是，事实正好相反。

缺乏准确的消息，令克格勃驻华盛顿站站长亚历山大·费克利索夫（Aleksandr Feklisov）万分沮丧。他想起了二战时的风光岁月。那时候，克里姆林宫的特工们成功渗透到了美国政府的最高层。当时他还是个年轻的间谍，在纽约公开的职位头衔是苏联驻纽约领事馆副领事，他参与了历史上最成功的情报活动：渗入曼哈顿计划，窃取了美国的核机密。他手下的特工包括朱利叶斯·罗森伯格（Julius Rosenberg）。罗森伯格向费克利索夫提供了美国军用技术中最尖端的近炸引信。[8]

那时的苏联声望颇高，尤其是在 1941 年 6 月德国侵略苏联之后。许多美国左翼知识分子认为，必须尽一切可能帮助苏联抵抗纳粹德国。出于纯粹的理想主义，一些人走进苏联驻纽约领事馆，向苏联人提供情报。

冷战、赫鲁晓夫揭露斯大林罪行以及 1956 年的匈牙利事件，都使苏联间谍在美国开展活动更加困难。他们无法再用意识形态去说服美国人与之合作。克格勃更多的是用行贿甚至敲诈等手段来收买知情人，但不如过去那种博取政治同情的方式来得管用。

情报来源枯竭也导致苏联领导层对美国产生了各种误解。1959 年，赫鲁晓夫访问美国期间，艾森豪威尔总统邀请他到戴维营停歇几日，而他却觉得受到了侮辱。他手下的美国专家没有一人了解戴维营。赫鲁晓夫听到这个地名，第一反应就是"隔离不受信任人士"的集中营。后来，他们花了很大的功夫才发现戴维营就是"我们常说的别墅"，美国的邀请是表示尊重而非刻意侮辱。[9]赫鲁晓夫在回忆录中承认，这显示了当时的他们是"多么无知"。

1960 年，费克利索夫回到美国担任克格勃华盛顿站站长，他当时的情报来源主要是平民间的流言蜚语。他的特工在美国新闻俱乐部附近蹲点，收集记者和外交官们之间的传言。如果耳朵灵敏一些，费克利索夫的手下们有时还能听到一些还没写进新闻报道的消息。

周三晚上，一名克格勃特工化身为塔斯通讯社记者从这个俱乐部得到了一条重磅消息。里面一位名叫约翰尼·普罗科夫（Johnny Prokov）的酒保是来自立陶宛的流亡者。普罗科夫无意间听到了两名《纽约先驱论坛报》的记者沃伦·罗杰斯（Warren Rogers）和罗伯特·多诺万（Robert Donovan）的对话。如果海军陆战队对古巴发动袭击的话，罗杰斯将是随军记者团的 8 名成员之一。罗杰斯认为，战争很快就会爆发，并且告诉他的上司多诺万"我很可能马上就跟去了"。普罗科夫添油加醋地把这个消息告诉这名塔斯通讯社的记者，然后由记者转告费克利索夫，最后到达多勃雷宁。

这时候，消息已经是第三手甚至是第四手了，而苏联驻华盛顿的官员们却对任何类似的内部消息显得饥不择食。为了证实这个说法，费克利索夫让另一名克格勃特工到停车场"巧遇"罗杰斯。这个公开身份为苏联大使馆二秘的特工问记者，肯尼迪是否真的想要打击古巴。

罗杰斯用挑衅的口吻回答道："千真万确！"[10]

当晚，罗杰斯接到苏联大使馆的电话，邀请他去和高级外交官科尔尼延科（Georgi Kornienko）共餐。想到可能有大消息可挖，他便接受了邀请，但事实却是科尔尼延科想从他那里套消息。其实罗杰斯对执行委员会的内部信息一无所知，他把麦克纳马拉和博比说成是主战派。科尔尼延科把罗杰斯的话转达给上级，说肯尼迪政府原则上已经下定决心"搞定卡斯特罗"。[11]美国的入侵计划已经"落实到每个细节"并且"随时"都可能执行。现在阻碍侵略行动的主要障碍是赫鲁晓夫的"灵活政策"。总统要入侵古巴的话，需要一个既能说服美国民众也能说服国际社会的借口。

这正是克格勃想要得到的消息。[12]多勃雷宁和费克利索夫向莫斯科发送紧急电报告知此事，这些信息很快就被送到赫鲁晓夫和其他苏联领导人的办公桌上。于是，华盛顿国家新闻俱乐部里的仓促交谈就这样被转变为最高情报信息。

凌晨，马塔安布雷的采矿活动开始了。几百名矿工进入金属升降吊笼，穿过地下隧道，到达下面的岩石层。由于古巴革命后就没有引进新机器，所以需要时不时对旧机器进行维修。然而，这个铜矿仍能够保持每年 2 万吨的铜产量，其中多数都流向苏联阵营国家。

突然，圣卢西亚那段车道的一个监工人员发现状况异常。费利佩·伊格莱西亚斯（Felipe Iglesias）从美国人统治的时期就开始操作传送带系统了，至今已有 20 多年。他看着输送斗从马塔安布雷慢慢移动过来，突然发现缆线上有异物附着。如果再不停下，异物就会被卷进机器里。

他朝对讲机大吼道："停下传送带！输送斗上有异物！"[13]对讲机的另一边是圣卢西亚和马塔安布雷的净化厂。

对面的工人看了看，发现有炸药棒，便对着话筒大喊道："这看上去像炸弹！"

几分钟后，他们又发现了第二枚炸弹，这次是在马塔安布雷。安全组顺着车道走了 6 英里，到达导通塔。他们发现了这枚由奥罗斯科和贝拉安放的炸弹，此时离爆炸时间也不久了。

119

10 月 25 日，星期四，正午

（哈瓦那，上午 11：00）

杰拉德·科菲中尉正对古巴进行第二次低空飞行侦察。他已经拍摄了大萨瓜附近的中程导弹发射场。泥泞的地面上有深深的印迹，是前晚演习留下的。他的"十字军"喷气机正前往东边，飞向雷梅迪奥斯（Remedios），那里有几周后就能竣工的中远程导弹发射场。突然，他从机头的左边向下看到了什么东西。

距离导弹基地北边约 2 英里处，有个巨大的军营。那里能看到一排排的坦克和卡车，许多都经过迷彩伪装。[14]科菲必须马上做出决策。作为一个僚机驾驶员，必须紧紧跟随长机的航线。然而，目标太诱人，他无法视而不见。这个军营和他在古巴见过的其他军营不一样，他把驾驶杆往左推，拉平机翼，然后开始拍照。在飞机到达最佳位置后，摄像头能够拍下很多高锐度的照片，拍下天空、地平线和绿色的甘蔗地。

"十字军"战斗机以 500 节的速度飞过军营。速度太快，以至于科菲无法迅速判断拍摄的内容。他紧急右转，脱离了长机。飞行员们相互给了对方竖起大拇指的手势，然后打开后燃器，向北飞跃佛罗里达海峡。

几周之后，这位年轻的海军中尉才明白自己拍下的照片的意义。来自海军陆战队指挥部的一封信赞赏科菲"应急之下的警觉"。[15]这封表扬信还说，这是"两栖战队历史上最重要、最及时的信息"。

其实，科菲自己还不知道，他发现的是苏联部署在古巴的一系列新武器。

对第 146 摩化步兵团的指挥官格里戈里·科瓦连科（Grigori Kovalenko）上校来说，让"十字军"战斗机从头上毫发无损地飞过，是他最近的一大烦恼。[16]他的团拥有苏军最具摧毁力的武器，包括 T – 54 坦克、反坦克导弹、"喀秋莎"（Katyushas）多管火箭发射器以及装有核弹头的"月神"导弹。但是，科瓦连科的手下却都是一副筋疲力尽、病怏怏的样子。预计可能出现的问题竟然都发生了。 120

这支部队的一系列问题是从跨越大西洋的 18 天旅途开始的，一半士兵出现了严重的晕船症状。更糟糕的是，他们长期被困在闷热的甲板下面。他们一瘸一拐地走下船，坐上卡车到达指定位置。而那里却是个废弃的养鸡场，荒芜得只剩下一些棕榈树、竹屋和一座涌出红色微咸液体的水塔。不到几天，他又听到有士兵抱怨痢疾传染，起初只是 10 余起，后来到了 40起，再后来该团 1/3 的士兵都被感染了。

他们不但喝着有毒的饮用水，而且还面临缺水的状况。习惯了艰苦生活的古巴人以为一口井就能够养活 4000 名苏军士兵。但事实上，一个摩化步兵团每天要消耗 100 多吨水。除了士兵，军用设备也需要用水。然而，士兵们连挖井的时间也没有，不得不从别处调水。

全团花了整整一周时间往东迁移 50 英里，部署到另一片靠近雷梅迪奥斯的蛮荒地。在调动过程中，一辆载着科瓦连科手下一名高级军官的车子和迎面而来的古巴卡车相撞，差点造成乘客死亡。雷梅迪奥斯的状况不比第一个营地好多少。饮用水需要从 15 英里外的山泉运来，所幸水还是干净的。士兵们清理了草丛中的蛇和石块，然后支起了帐篷。不久，下起了雨，每个人都被淋湿了，这片红土地变成了泥沼。

在部署快要完成的时候，传来了肯尼迪宣布海上封锁的消息。科瓦连科知道他的部队将身处这场冷战危机的前线，但是他很难从上级那里获得可靠的消息。还好他手下有名英语熟练的军官，这名军官把电台调到迈阿密广播台和美国之音，便能告知他最新的进展。

这支部队最重要的任务是保护雷梅迪奥斯和大萨瓜的导弹基地。另外两个摩化步兵团部署在哈瓦那周边，他们保卫的是首都以及比那尔德里奥省的导弹发射场。第 4 个团驻扎在东边的奥连特省，防止敌军从关塔那摩突破。除了在奥连特省的军团，其他军团均备有战术核武器。

架在轻型坦克底盘上的"月神"导弹操作起来十分方便，只需要 30 分钟便可以做好发射准备，重新装载也仅需要 60 分钟。导弹可以发射 2000 吨的核弹头到 20 英里的射程，带来的冲击波能摧毁 1000 码范围内的一切，并辐射更广的地区。"月神"一旦击中美军目标，其产生的热量和压力能瞬间杀死所有无掩蔽的美军，而装甲车和坦克内的人员也会在受到核辐射后几日内死亡。

科瓦连科掌控着 2 座"月神"发射器和 4 枚核弹头。[17]停车场里，"月神"整齐地排成一排，靠在"喀秋莎"和 T – 54 坦克周围。这些都被拍进科菲的照片里。

向东 300 英里，在圣地亚哥的山丘上，一位名叫卡洛斯·帕斯夸尔（Carlos Pasqual）的中情局特工正在给最新获取的情报加密，他取出藏好的无线电和发电机，这些东西加起来有 50 镑重。他观察了周围是否有人，然后打开无线电，调到高频与总部联系。他敲打出了一连串哔哔的声音，期望一切顺利。

帕斯夸尔想要用无线电告诉上级，希望他们在今后几天不要希望从他那里得到太多消息。自从发现苏联在古巴的导弹之后，他便一直收到总部的要求和问题。不久前，古巴当局宣布，在战斗警戒状态下，私家车必须接受检查。对帕斯夸尔来说，现在没有官方许可就在这个国家内自由移动，几乎是不可能了。

帕斯夸尔是巴蒂斯塔手下一名空军将领的儿子，古巴革命后便离开了古巴，并志愿加入了中情局。1962 年 9 月初，他乘坐一艘小船潜入古巴。他找到了反卡斯特罗人士经营的一家咖啡农场，并在那家农场向华盛顿进行了几十次汇报，包括军队的动向、苏联船只在圣迭戈的装卸活动以及山区里导弹基地的建造活动。他最近的汇报是在一天前，介绍了苏联军备向关塔那摩转移的过程。[18]

122

这个过程危险重重。帕斯夸尔身材高大、皮肤白皙，寄住在一群混血黑人农民那里，十分容易认出。众人都诚惶诚恐，他也不知道应该相信谁。几周前，农场主的一个亲戚突然出现，打听这个帕斯夸尔的消息。帕斯夸尔躲进山里待了几天，担心民兵会过来抓他。事情过去后，他睡到了地窖里，蜷缩在咖啡豆麻袋旁边。为了不让别人发现，他赶在天亮前离开了。

帕斯夸尔为一个代号"安托里德"（AMTORRID）的间谍组织效力。这是中情局最近几个月打入古巴的两大间谍和情报组织之一。另外一个组织名为"科波拉"（COBRA），主要在古巴另一端的比那尔德里奥省活动。除了搜集情报外，这个"科波拉"组织还进行一系列小规模的破坏行动，中情局为他们提供了 2000 吨的武器和炸药。该组织的负责人手下有 20 名特工，以及几百名合作者和线人。

中情局在古巴遭遇的问题和克格勃在华盛顿遭遇的正好相反：不是情报太缺乏，而是太充足。除了"科波拉"和"安托里德"，中情局还从几十名乘坐泛美航空航班到达迈阿密的古巴居民和难民中搜集情报。早在几个月前，记者们已纷纷到华盛顿汇报穿行于古巴境内的卡车上的神秘长条状物体。许多记者对细节缺乏认识：外行往往将 30 英尺长的导弹和 60 英尺长的混为一谈。有些记者的报告是明显错误的，他们所描述的导弹系统在当时甚至尚未到达古巴。许多传言颇有小说《哈瓦那特派员》的色彩。这是格雷厄姆·格林四年前写的一本畅销小说，里面有位吸尘器推销员。为了获得奥连特山上的"火箭发射台"的情报，英国情报机构不惜付给这个人大笔酬金。结果，所谓的"最高机密"其实只是吸尘器的内部素描图而已。1959 年卡斯特罗夺取政权后的几个月，根据这部小说改编的电影就上映了。

中情局从特工或者难民的大批报告中筛选出几份有价值的（仅 8 月这样的报告就多达 882 份）来支持时下最受认可的假

设。[19]在这些报告中，很难看出来哪些是夸大的，哪些是准确 123
的，哪些又是错误的。在一名曾参与起草《总统情报清单》
的中情局官员看来，分析员们已经"认为所有的报告都极其
可疑"。[20]在 10 月 14 日 U－2 侦察机开展侦察活动前，最主流
的观点是，苏联不敢冒这么大的风险把导弹放到古巴。9 月 19
日的《国家情报估计》武断地认为："苏联不会将古巴领土上
的核打击设施用于针对美国，因为这不符合我们所理解的苏联
对美政策。"[21]

　　一旦中情局高级分析员正式宣称苏联不可能在古巴部署导
弹，下级分析员就不会反驳他们的观点，即使他们知道有目睹
从苏联舰船上卸下导弹的证人。9 月 19 日晚，也就是中情局
发布《国家情报估计》后的几小时里，一名中情局的情报员
正在马里埃尔的码头走动，他观察到从苏联船只上卸下了
"20 多米长（65 英尺）的巨型洲际导弹"。[22]他的汇报经由迈阿
密的特工一直送至华盛顿。最后中情局总部又在原先的结论中
增加了这条："极有可能确实发生了萨姆防空导弹从船上卸下
的情况。"现在看来，原先的汇报是准确的。事实上，船上有
一枚长达 67 英尺的不带鼻锥的 R－12 导弹，是 V－75 萨姆导
弹的两倍长。另外"波尔瓦塔号"装载的 8 枚 R－12 导弹已
经于三天前抵达马里埃尔港。

　　不只是中情局的分析员看到苏联导弹的照片后才相信报
告，一些资深的观察家以及在古巴的西方外交人士都曾对该报
告表示怀疑。后来，英国驻古巴大使赫伯特·马钱特这样描述
自己听到的传闻。他说，1962 年初秋，这些"比球场还大的
巨型导弹"从苏联运到古巴。[23]他曾认为，这些说法只是类似
格林小说那样的"个人臆想"。

　　与众人持不同看法的人极少，中情局局长麦科恩就是其中
之一，他是强硬派共和党人。麦科恩不理解为什么苏联要在古
124　巴这个岛国部署萨姆防空导弹，其中一定隐藏着重大的秘密。
他认为，部署萨姆防空导弹的目的就是为了防止美国 U－2 侦
察机侵犯古巴。在法国南边和新婚妻子度假的时候，他向华盛
顿发送了一些信息表达了自己的担忧，他质疑中情局的观点，
揣测苏联部署中程导弹的动机。后来，这些信息被称为"蜜
月电报"。

　　在给华盛顿敲写报告的时候，帕斯夸尔并不知道，中情局
里正在激烈辩论着人的情报（或者说"人情报"）的价值。这
阵子，他的"安托里德"情报网络已经在克里斯塔尔山脉
（Sierra del Cristal）中的马亚里阿里巴（Mayarí Arriba）镇周遭
发现与导弹有关的活动迹象了。两天前，也就是 10 月 23 日，
"安托里德"在一条新建的通向马亚里的公路上发现了"包括
7 辆导弹车在内的、由 42 辆车组成的车队"。还有报道说，这
个地区有在建的"地下工程"。

　　华盛顿的分析员们来不及去判断古巴西部的导弹基地是怎
么回事，也没有时间去关注奥连特这个隐蔽地点发生了什么。
他们不知道，关塔那摩海军基地正被核威胁笼罩着。

　　在圣地亚哥的西方外交官也注意到，那边有条通向山间的
公路正在快马加鞭地建设之中。英国领事开车前往关塔那摩时
经过此地，发现"这条宽阔而粗糙的北向公路，转到小山处
就隐没不见了"。[24]古巴的民兵们在山巅的树后面挖洞，并把守
着路口，而领事和其他外国人都不知道路的另一头到底有
什么。

美国情报部门后来才发现了苏联部署在古巴的部分强大武器，包括 R－12 中程导弹、伊尔－28 轰炸机，短程"月神"导弹以及地对空防空导弹系统。但是，美国人还远远没达到掌握全部武器信息的程度。他们怀疑，苏联在古巴有核弹头，但是不知道藏在何处。他们大大低估了苏联在古巴的军事力量，他们也不知道莫斯科用来对付美国进犯的武器体系的关键是什么。装有核弹头的巡航导弹的秘密隐藏了 40 年之久，本书将首次解开这个谜团。

如果西方外交官们能够越过马亚里阿里巴，到达层层山峦的后方，他们就能看到一个巡航导弹基地。导弹藏在山里的营房中。这些导弹看上去就像米格战斗机的模型，长约 20 英尺，宽约 3 英尺，头部粗短，侧翼折起。其中部分导弹仍然藏在板条箱里，另有一些则是藏在停车场附近的帆布下面。

导弹的弹头放在兵营几百码外的混凝土地下室里面，这些地下室原先是用来存放炮弹的。每个核弹头都有 700 磅重，并且有 1.4 万吨的核电荷，威力相当于摧毁广岛的原子弹。这些地下室里面又热又潮湿，完全不适合存放核弹头，但是聪明的古巴人却想出了对策。[25] 他们去圣地亚哥拆走了妓院的空调，那些妓院在古巴革命后就被关闭了。在把空调连接到苏联军用发动机前，苏联的技术人员把电路从美国标准的 60 赫兹改装成俄罗斯标准的 50 赫兹。

这些巡航导弹在俄语里简称 FKR（frontovaya krylataya raketa）或者前线巡航导弹，是德国推进式炸弹的进化版，二战时，德国人曾用这种炸弹对伦敦进行了恐怖轰炸。这种名为 V－1 的导弹是一种无人驾驶的飞行器，燃油烧尽时会从空中降落，英国人称之为"飞弹""飞机式导弹"。而苏联的版本

125

则可以打击到 110 英里外的目标，摧毁方圆 6000 英尺内的一切事物。[26]一枚前线巡航导弹足以毁灭一支美军航母编队或者一个美军基地。

苏联将两个前线巡航导弹团带到古巴，每个团都有 40 枚核弹头和 8 座巡航导弹发射器。其中一个团位于古巴西部，靠近一个名叫盖拉（Guerra）的小镇，距离马里埃尔港不远。它的任务是守卫哈瓦那西部和东部的海岸线，因为美军极有可能从那里登陆。另一个导弹团驻守于马亚里。按照命令，该团的任务是"打击关塔那摩湾的美国海军基地"。[27]这些作战计划是由劳尔·卡斯特罗亲自协调的。

劳尔性格沉静，过去 30 多年来他一直活在领袖哥哥的阴影下。他身材瘦小，脸上的胡子从来就只是寥寥几根，有别于典型的古巴革命者。他形容哥哥"爱惹麻烦"，并且嘲笑他话太多。他和哥哥一样疯狂，并且亲自监督了对反革命分子的处决。但是，他表现出的疯狂和哥哥所表现出的不同。如果菲德尔是空想者的话，那么劳尔就是组织者。

卡斯特罗在周一下午宣布进入战斗戒备状态（alarma de combate）后，立马把劳尔派到奥连特。卡斯特罗这样做是有道理的。劳尔对马亚里一带十分熟悉，在对抗巴蒂斯塔政权的时候，这个村曾是他的作战指挥部。卡斯特罗派劳尔和 65 名追随者从古巴东南海岸的马德雷山脉（Sierra Madre）到克里斯塔尔山脉，并在那里建立第二个前线阵地。当劳尔和 10 辆吉普车、卡车初到之时，马亚里只有 24 间简陋的小屋。他将其中一间小屋作为指挥室，并占用更多土地，划出了一条飞机跑道，建起了学校和医疗设施。很快，马亚里就成了"解放区"的首都。[28]这个解放区一直穿过山区，延伸至卡斯特罗在比朗（Biran）的大本营。

很快，劳尔就明白巡航导弹对防止美国从关塔那摩入侵具有重大作用。[29]到达后不久，他就邀请了苏联军事指挥官们到他在圣地亚哥的总部谈话。他们一起研究了摧毁美国海军基地的方案。当地前线巡航导弹团的总指挥德米特里·马尔采夫（Dmitri Maltsev）上校拿出一张地图，简要地向劳尔描述了部队所在方位。

苏联负责奥连特地面防卫的军官是德米特里·亚佐夫（Dmitri Yazov）上校（亚佐夫后来成为米哈伊尔·戈尔巴乔夫任期内的国防部长，也是 1991 年对戈尔巴乔夫发动政变的主谋，这场政变以失败告终）。[30]与驻军雷梅迪奥斯的科瓦连科一样，他也费了很大功夫才找到适合摩化步兵团驻扎的营地。第一个营地到处是有毒的树木。他们不知道这些树有毒，还砍下树枝做成临时的木屋和床。季风雨释放了树枝上的毒物，造成整支坦克部队都受到感染，士兵们的皮肤出现了严重的损伤。其他部队则是因为食物变质而染上了痢疾。后来，他们转移到奥尔金（Holguín）城外的飞机场，而那时全军的战备状态已经大打折扣。

到达奥连特后不久，劳尔命令该省的全部人员听从于古巴部队。[31]劳尔是防卫部长，这也意味着奥连特的每一名工人都必须听命于他。民用吉普车和货车变成了军车，未经允许不可擅自开动。根据与苏联的联合防卫计划，劳尔也能掌控亚佐夫的坦克和马尔采夫的巡航导弹的动向。

进攻关塔那摩的一切工作均已就绪。[32]劳尔和马尔采夫一起巡视了海军基地上方的山坡，也检查了前线巡航导弹的发射

127

位置。苏联部队花了整整几周的时间在森林里开辟空间来安放导弹发射器，并用战壕和铁丝网封锁了发射场。这些发射位置都是有迷彩掩饰的，从空中看，比中程导弹发射场更难以发现。有些设备是预先安放好的，例如天线和发电机，但是大多数设备都是最后一刻才被转移过来。

劳尔定期收到渗入基地工作人员中的古巴间谍的情报。[33]这些基地工作人员往返于美军和古巴的检查站之间。古巴人知道美国海军支援军的兵力以及所在位置，基地四面都被包围着。发生战争的话，苏联海军将会在关塔那摩湾的入口布雷，而亚佐夫的部队将会在地面上进行阻击。基地上方的山上停放了几十门大炮。

苏联指挥官们自信地认为，尽管美军的 U-2 飞机曾侦察过这个地区，但尚未发现苏联已在此部署了巡航导弹和核弹头。最早一批的核弹头在 10 月第一周由"因迪吉尔卡号"运来，并分配给了几个前线巡航导弹团。负责核武器的军官们也日夜兼程地赶到拉伊莎贝拉迎接"亚历山德罗夫斯克号"，卸下核弹头，并运到马亚里去。为了隐蔽车队行踪，他们采取了非常谨慎的措施，让充当诱饵的货车和厢型车队反向行驶，以尽可能地迷惑敌手。[34]

与此同时，载有巡航导弹的卡车正在这条刚修好的路上行驶，从马亚里一直驶向关塔那摩。

关塔那摩海军基地位于这个热带岛国的一角，就像是一片由重兵把守的美国郊区，海军陆战队称之为 GITMO。[35]一层楼高的连排房内，草坪修得整整齐齐，房外停靠着吉普车。卡车拖着榴弹炮和迫击炮穿过大街。街边是弯弯曲曲的小巷、杂货

店、波光粼粼的游泳池和溜冰场。27 洞的高尔夫球场的一边   128
停放着一辆辆坦克。路边的指示牌上写着：儿童游乐区，时速
不得超过 10 英里。

自从肯尼迪宣布在古巴发现核导弹后，这个小镇轻松愉快
的气氛就不复存在了。那天早上，海军陆战队士兵探访每家每
户，告诉妇女和儿童在一小时内收拾东西离开。到了晚上，共
有 2810 名家属撤离，而他们的住所则供 5000 名海军陆战队增
援部队使用。[36] 这些部队在与古巴 15 英里长的交界地带呈扇状
散开。海军的炮艇也离开海岸，准备随时打击山上的大炮。侦
察机在天空不停地盘旋，以识别苏联和古巴的军事目标。

周二上午，也就是美国总统发言后的几小时，一架载有弹
药的海军运输机前往关塔那摩海军基地，在降落的时候发生坠
毁。事故发生后，飞机上的弹药在高温下引发巨大的爆炸。人
们足足花了 4 天才清理完事故现场，并发现了 8 名机组人员烧
焦了的遗骸。

关塔那摩基地四面环山，这是美国海军在加勒比地区最好
的天然屏障，这也是历史的畸形产物。基地协议是在西奥多·
罗斯福任总统时签署的，那时候古巴仍在美国的保护之下。当
时羽翼未满的古巴政府被迫将这块 45 平方英里的土地永久租
给美国人，每年租金 2000 美元，用金币支付，后来换算成纸
币是 3385.25 美元。古巴革命后，卡斯特罗宣布这个基地协议
是殖民主义的"非法产物"，拒绝接受美国人的租金。但是，
他也不敢把关塔那摩的美国佬赶走，因为这意味着挑衅华
盛顿。

由于极度缺乏现金和情报，卡斯特罗准许让几千名古巴人
继续为这个基地服务。古巴工人在那里经营杂货店，维修和装

卸船只，甚至参与美国和古巴的联合巡逻。他们会分别通过古巴和美国在东北门各自设置的检查站，然后乘美国海军的巴士到达工作场所。古巴当局也向这个基地输送饮用水，每年从附近的亚特拉斯河（Yateras River）里抽取的水足足有 7 亿加仑。

129

　　随着海上封锁开始实施，关塔那摩基地的指挥官们也打起精神准备应对古巴人的报复。然而到了周二，2400 名古巴雇员中仍有半数继续过来工作，次日则来得更多。[37] 水供应没有中断，许多古巴人在海军基地工作了数年之久，并且对卡斯特罗颇有意见。他们向海军陆战队提供古巴和苏联的军队部署信息，并且支持美国入侵古巴。另有部分雇员则和古巴秘密警察合作，双方都能从中获得情报，可谓皆大欢喜。

　　关于关塔那摩附近军队和炮火动向的情报，海军陆战队已经充分掌握。他们列了一个目标清单，上面有战争状态下应首先打击的几十个地点，包括飞机场、桥梁、通信站、军营以及疑似的导弹发射场。但是，他们对马亚里阿里巴的前线巡航导弹基地却没有给予足够的重视，尽管其会对关塔那摩基地造成极大的威胁。在他们的作战计划里，马亚里地区属于"次要"军事目标。

　　一些从前线得来的情报仍有待商榷。关塔那摩基地的总指挥威廉·柯林斯（William Collins）将军看到了一份让他困惑不解的报告。报告上说，基地边界往北 1 英里处的凯马内拉（Caimanera）有神秘的古巴信号系统。而位于前线的海军陆战队也报告称在古巴那边发现了黄色、绿色和红色的闪光。[38]

　　黄、绿、红。红、黄、绿。思考了一会儿后，这个将军不禁哈哈大笑起来。这些灯其实就是平常的交通灯而已。

10 月 25 日，星期四，下午 5：00

　　起初，阿德莱·史蒂文森不想把苏联导弹的情报图像递交到联合国安理会。[39] 他向来不喜这种虚张声势的做法。在包括两次总统竞选的政治生涯中，他都不太乐意直击对方要害。作为美国驻联合国大使，他以坚持文明而理性的方式进行争论为豪。此外，中情局曾让他撒下弥天大谎，出尽了洋相，这些经历他从来没有忘记。

　　1961 年 4 月，也就是猪湾事件期间，国务院让他向联合国展示一张图像，上面是古巴空军轰炸哈瓦那附近的机场。但是，这个"证据"其实是伪造的。这场空袭并非肯尼迪政府声称的由古巴空军的变节者发动，而是由中情局雇佣的飞行员实施的。他们还在一架旧的 B－26 飞机上涂上了古巴徽章。为了让故事更可信，中情局还用点 45 口径手枪在其中一架飞机上射了几十个洞。史蒂文森为此倍感羞辱。[40]

　　对肯尼迪处理这场导弹危机的方式，史蒂文森仍然抱有疑虑。他认为在联合国的主持下，美国应当和苏联展开谈判。对他来说，华盛顿只有做出一些让步，才能让苏联撤出导弹，比如撤出部署在意大利、土耳其甚至关塔那摩的"木星"导弹。但是，他也承受着来自白宫的压力，因为白宫方面要求他对外采取强硬态度。肯尼迪担心史蒂文森缺乏胆量，特地派了约翰·麦克洛伊（John McCloy）坐在他的旁边。麦克洛伊曾任美国驻德国总督，是个通才。

　　由于拍不到古巴或封锁线现场的镜头，联合国安理会是电视媒体能得到的最接近超级大国间对峙场景的场合。安理会能够让双方进行辩论。会议室有巨大的壁毯，上面是凤凰涅槃的

130

图案，象征人类文明从二战的灰烬中重生。室内有一张圆桌，只容得下 20 把椅子，却能够带来比联合国大会更加亲密和戏剧化的交流效果。危急时刻，外交官和政府官员们都挤到门口，等候辩论开始。

史蒂文森准备提问的时候，正好是苏联大使瓦莱里安·佐林（Valerian Zorin）主持会议。佐林当时病痛和劳累交加，在之前几个月里出现了精神衰退的迹象。私下开会的时候，他有时会突然抬头，神志恍惚地问："今年是几几年？"[41] 莫斯科放任他自行处理一切。由于接不到上面的指示，他只能采用苏联外交的传统手段：混淆和否认。佐林不断否认苏联在古巴部署了导弹，即使那时候赫鲁晓夫已私下里和美国商人威廉·诺克斯直截了当地承认了。

佐林这种拒不承认的态度，让有良好教养和耐心的史蒂文森无法忍受了。史蒂文森和佐林的座位之间隔了四个人，他坚持要问一个"简单的问题"。

131

"请问，佐林大使，你是否否认苏联已在古巴部署了并正在部署中程和中远程导弹发射场？"

史蒂文森对这个问题不肯罢休，他问道："是还是不是？不要等翻译，请直接回答。"会议室里发出了紧张的笑声。

佐林用他尖细的声音回击道："这里不是美国法庭，先生。我不想回答一个以审判官姿态给我提出的问题。"他笑了笑，摇摇头，仿佛史蒂文森的冒犯让他感到惊讶。

"你现在是在一个世界性的法庭，你可以回答是或者不是，你否认有导弹，我只想确认自己是不是理解了你的意思。"

"你迟早会知道答案的，别担心。"

史蒂文森再次逼问的时候，会议室里紧张的笑声更加响亮了。

"如果你执意如此，我可以等到地狱结冰。"

这句"地狱结冰"成了回击这位口风严实的苏联大使的名言。事实上，史蒂文森并不想这样。他不想去等苏联答复，而是想要马上知道答案。为了迫使佐林尽快回复，史蒂文森在会议室后方架起了一个木架，他走了过去，拿出了照片证据。

在大家都屏住呼吸观察照片的时候，佐林则是佯装在笔记本上做记录。

在翻译人员把对方的话翻成法语后，他告诉安理会："对撒过一次谎的人，别人是不会相信第二次的。所以，史蒂文森先生，我们不会相信你的照片。"

在众多观看安理会辩论的美国人中，肯尼迪是其中之一。他坐在白宫总统办公室的摇椅上，在记事簿上做笔记，在关键词上圈圈画画。

在记事簿的顶端，他写下了"导弹"。[42] 然后在"导弹"四周画了个方形，嘴里念了一遍这个词，又画了一个圆。"否决，否决，否决，否决。"他用潦草的字迹写了"挑衅"，并重重地画了个圆圈。然后又写了遍"挑衅"，画了个淡淡的圆圈。他在"密切监视"和"苏联潜艇"两个词下面画了条线。在页面底部，他画了一串互相连接的方形，一直画到了最边缘。

史蒂文森说完，肯尼迪看了看记事簿。他对他的助手说"太棒了。从来不知道阿德莱有这本事。在 1956 年那会儿他要发挥出来就好了。"[43]

10 月 26 日，星期五，凌晨 1∶03

（中央标准时间，中午 12∶03）

　　守夜人[44]一如既往地巡逻，每个人都在担心苏联阿尔法特种部队（spetsnaz）搞突袭，在战争开始之前就渗入美国。战略规划者曾警告说，苏联在先发制人发动核打击之前，可能会对美国的军事控制和指挥设施进行破坏。德卢斯（Duluth）机场的南边有个指挥中心，很容易成为对方的打击目标。因为那里配有汇总五大湖地区的空中防卫信息的所有电脑和雷达系统。如果苏联人炸开了这些混凝土结构的堡垒式建筑，美国将很可能丧失追踪从北面飞来的苏联轰炸机的大部分能力。

　　卫兵在这个四层建筑后面巡逻，突然发现有人影，这个影子试图爬过发电站附近的栏杆。卫兵开了几枪，然后跑去拉警报。几秒钟后，警报声响起，把几百码外食堂里的飞行员吓着了。没人理解这个警报是什么意思，因为它不同于常规的紧急起飞警报。[45]飞行员们仍然在琢磨，如果是突袭破坏警报而不是紧急起飞警报，他们要怎么办。

　　在德卢斯的飞行员们等待通知的时候，这些警报已经扩散到整个地区，从加拿大一直到南达科他州。是不是苏联正在进行破坏行动呢？根据反破坏行动计划，这时候拦截飞机应该"冲出"，"冲出"在空军的术语体系里，是在尽可能短的时间内出动大量飞机。威斯康星州的沃尔克机场没能明白德卢斯中心发生的状况，控制员认为"谨慎至上"，因此决定启动反破坏计划。[46]

　　威斯康星州中部已经开始下雪了，温度维持在冰点附近。

沃尔克机场是个与世隔绝的地方，有着深邃的峡谷和形态多样的岩层。这里主要是用来训练国民空中警卫队的地方，没有飞机棚，没有雷达指示的着陆系统，也没有控制塔。这里飞行跑道不够长，并且缺少碎冰设施。这里的技术师们还在修理警报器，使用着不正规的电话系统来发布或辨识"冲出"命令。

　　其他一些停放着隶属于防空司令部的搭载核武器的 F - 101、F - 106 战斗机的飞机场则是更加简陋。加利福尼亚州的锡斯基尤县（Siskiyou）机场空空荡荡，"只有跑道和一辆经过改装用来当控制塔的厢车"。在亚利桑那州的威廉姆斯（Williams）空军基地，一名空军飞行员看到吓人的一幕：一个缺乏经验的承包商把 20 多加仑的燃料倒在跑道上。[47]结果原因是承包商按错了键，错把给飞机加油按成了从飞机里抽油。

　　从德卢斯和底特律的空军基地起飞的飞机已经被派到沃尔克机场，只要苏联发动袭击，这些飞机就会出动。底特律的飞行员是从泰瑞豪特地区的哈尔曼机场飞来的，几天前，他们的一名同事冲出了跑道。这些飞行员睡在防治站的病床上，坐吉普车穿过柏油路，只需要 30 秒钟就能到达各自的战斗机所在地。这些飞行员睡觉时还穿着飞行服。

　　这个"冲出"命令是在中央标准时间中午 12 点 14 分发出的，也就是德卢斯的警报响起 11 分钟之后。[48]这些飞行员被警报声惊醒，穿上靴子，冲到正下着暴雪的室外。丹·巴里中尉跳上吉普车，飞速赶往他的战斗机所在地，他想肯定是战争爆发了。如果平时起飞这些全面核武装的拦截机，肯定是很疯狂的举动。他沿着梯子爬上飞机，并且把引擎从关闭拨到空转。当引擎发热后，他戴上安全头盔和降落伞。F - 106 战斗机上面载有一枚 MB - 1 "精灵"核弹头导弹、两枚红外线追

133

热导弹和两枚雷达制导导弹。

　　这种"冲出"的飞机就像救护车或者消防车一样，在交通控制上有最高优先权。飞至2000英尺的高度后，飞机将联系德卢斯的区域总部。他们向北飞行，拦截从加拿大蜂拥而来的苏联"熊式"和"野牛"轰炸机。

　　巴里正要开进跑道的时候，迎面驶来一辆吉普车，这辆车疯狂地闪着车灯。领头的F-106即将起飞，但这时德卢斯发来了第二条信息，说反破坏警报已经解除了。由于机场没有控制台，要想阻止飞机起飞，唯一的办法就是用东西堵住跑道。

　　足足用了4分钟才让飞机停下来。再晚一分钟，第一架核武装F-106战斗机就升空了，而其他飞机也会紧跟其后。

　　在德卢斯，卫兵们仍然在搜寻这个入侵者。他们发现树上有几个子弹孔。最后，他们判定疑似的苏联阿尔法特种部队入侵很可能就只是一只狗熊。[49]

第六章 国际

10 月 26 日，星期五，上午 7：50

政治舞台正式揭幕了。距肯尼迪对古巴正式宣布海上封锁已过了 4 天，然而，美国海军却还没有登上一艘舰船进行搜查。记者们不断地质问封锁的效果。苏联"布加勒斯特号"船长宣布这艘船上面没有任何"违禁品"，于是便毫无障碍地前往哈瓦那，这使得海军将领们怨声一片。

没有人比总统更明白这次封锁行动的公关影响。肯尼迪是个老道的、善于控制媒体的人，他就是自己的公关专家。他邀请出版商到办公室，挑选合适的编辑，电话联系影响力较大的专栏作家或记者，批评口径不一致的内阁成员。肯尼迪勤读报纸，并且也要求他的助理思考如何给媒体"洗脑"。[1]"洗脑"是危机之初他的军事助理提出来的一个说法。对肯尼迪来说，封锁与其说是军事工具，不如说是政治工具，公众意见尤为关键。

为了显示决心，海军选择了对重达 7268 吨的"马鲁科拉号"（Marucla）进行检查。"马鲁科拉号"是一艘受苏联管辖的黎巴嫩运输船。这艘船正从拉脱维亚的里加（Riga）港前往古巴，声称船上的货物是纸张、硫黄和货车零部件。要从这艘在黎巴嫩注册的、船员由希腊人组成的船上发现苏联违禁武器，概率可谓微乎其微。不过这并非重点，海军想借登船搜查来向公众展示执行封锁的决心。10 月 25 日，肯尼迪对执行委员会说："我们要向公众证明，封锁是有效果的。"

最接近"马鲁科拉号"的驱逐舰是"约翰·R. 皮尔斯号"（John R. Pierce），这艘驱逐舰在周四晚上就开始紧追"马鲁科拉号"了。但是海军认为，如果是由"约瑟夫·P. 肯尼迪号"（Joseph P. Kennedy）来执行拦截的话，效果会"更理想"。[2]这艘驱逐舰是以肯尼迪的哥哥的名字命名的，它离"马鲁科拉号"更远，为尽快缩短距离，不得不启动 3 个锅炉，达到 30 节的速度。船上的搜查组由 6 名来自"肯尼迪号"的军官和 1 名"皮尔斯号"的执行官组成。

在"肯尼迪号"开足马力驶向"马鲁科拉号"的同时，船长在军官室召开了关于登船过程的会议。经过讨论，搜查组最后决定穿白色军服，不配枪。白色军服比卡其色军服显得更加正式，并且给人较好的印象。队长强调，要表现得"友好"和"礼貌"，而不是盛气凌人。[3]10 月 25 日星期四，海军下令要求用更加温和的方式执行封锁。如有必要，登船的搜查队可以给对方发放"糖、杂志和打火机"。每艘船都有 200 万美元的预算用来发放"人性化物品"。

电报的命令中说："不得威胁对方。不得将枪口对准商人。"

天刚破晓，"肯尼迪号"便用旗和闪光灯指示"马鲁科拉号"停下并接受检查。最大的问题就是如何登船。海上波涛汹涌，"肯尼迪号"的救生艇在海面上下晃动，几乎够不到"马鲁科拉号"船员放下的绳梯。肯尼思·雷诺兹（Kenneth Reynolds）中尉是登船组组长，他担心自己会落到水里，显得十分尴尬，最后他成功跳上了梯子。到了上午 7 点 50 分，登船人员都登上了甲板。

热心的希腊水手给他们提供了咖啡，并且拉起舱口的遮布，主动邀请美国人搜查。美国人没有找到导弹。一个写着"科学工具"的板条箱引起了雷诺兹的兴趣，结果发现里面是一堆在"学校的旧实验室才能找到的破旧设备"。[4]

搜查员没有时间进行正规的搜查。每一级官员都要求能够立刻通过边带广播汇报情况。五角大楼越来越紧张。白宫想要听到一些好消息。两小时之后，雷诺兹决定，可以停止检查了。他准许"马鲁科拉号"前往哈瓦那。

137

在华盛顿市区斯图尔特汽车公司大楼附近的街区，到处可见碎瓶子、废弃汽车和成堆的垃圾。[5]这些七层楼建筑后面的小巷里住着流浪汉和酒鬼。因为这里的停车场和公交设施不够完善，中情局的分析师们不得不拼车上班。而且在停车前，他们还不得不清理路面上的碎玻璃。

这座位于华盛顿西北部的第五大街和 K 街交汇处的斯图尔特大楼也是中情局的图像分析处（这个机构占了最上面的三层楼，下面是汽车展示厅和房产办公室）。每一天，军事邮递员都会带来数百盒胶卷，胶卷是侦察机或卫星从苏联、中国和古巴拍摄的图片。在危机时期，这里可以经常看到黑色大轿车在门口停下，从车里走出内阁官员和将军，匆匆忙忙摆脱推销员和流浪汉的纠缠，参加机密情报汇报会议。

危机期间，亚瑟·伦达尔每天都要通过这座大楼的十字转门，到达能够俯瞰第五大街的办公室。这名国家照相判读中心的主管整天都游走于华盛顿，向政界和军界官员们汇报最新情报。但是，现在他必须亲自埋头研究最新图片的细节。这些图片是海军"十字军"战斗机在古巴中西部拍下的，已经过专门的图片分析人员彻夜不休的分析。

对 U－2 侦察机在高海拔地区拍下的照片研究了几周之后，终于轮到检查在低海拔地区拍摄的照片了，这些照片更加清晰、具体。即使是门外汉，也能很快发现那些属于苏联导弹营的特征：长长的导弹存储帐篷、混凝土发射架、燃油卡车、存放核弹头的掩体以及支路网络。海军"十字军"飞机飞过的时候，可以清楚地看到棕榈树下有人走动，还有人到处寻找地方隐蔽。

这次连夜整理的情报也包括一些此前从未见过的关于古巴军事设备和武器系统的信息。[6] 在雷梅迪奥斯低空拍摄的照片上，能够看到一排排的 T－54 坦克、电车、装甲车、储油站和至少 100 顶帐篷。从营地布局以及帐篷和车辆的分布来看，这明显是苏联的军营而不是古巴的。这些是作战部队，而不是美国情报部门先前认为的"技术人员"，而且人数上还远远高于他们估算的数量。

图像分析员让负责人注意带有类似鲨鱼鳍状的方形物体，这些物体约 35 英尺长，放置在雷达车旁边。伦达尔知道，这就是克劳夫野战火箭（美国称之为"FROG"，而苏联方则称之为"月神"）。虽然无法确定这种火箭是常规性武器还是核武器，但军事专家们必须做最坏的打算。苏联在古巴除了瞄准美国的导弹以外，也极有可能配备短程核弹头导弹用于摧毁入侵古巴的美军。

低空拍摄的中程弹道导弹发射场图像则包含了更糟糕的消息：已有足够的证据表明，苏联军事活动频繁。路面上留下的车辙说明，苏方连夜进行了导弹演练。大多数发射场都是经过军事伪装的，有些地方伪装得比其他地方更不易被识别。一些导弹发射器上面有塑料挡板遮盖，但分析师们也能通过先前拍

138

摄的图片确认下面隐藏的东西。从卡拉瓦萨尔（Calabazar de Sagua）拍摄的图像细节清晰，足以辨认出伪装网的杆子。在圣克里斯托巴尔，能够清楚看到用来固定导弹帐篷的绳子。

尽管苏联人使用了迷彩伪装，图像分析员们仍能看到将导弹帐篷和隐藏在树林里的发电机、控制台连接起来的电缆。在大部分的发射场，他们都发现了经纬仪，这是一种用来调整导弹在发射台上的位置的精密仪器，附近停着燃油车和氧化剂拖车。尽管没有一枚导弹呈竖直状态，但中情局认为，大多数导弹能在 6～8 小时内发射。

将图像与由奥列格·潘科夫斯基提供的 R－12 导弹相关数据进行对比，分析员们认为，这 6 枚中程导弹中，有 4 枚处于"完全作战状态"，而剩下的 2 枚则能在几天内进入作战状态。[7]

伦达尔一边查看图片，一边考虑着如何把最新消息汇报给总统。他源源不断地提供坏消息，尽可能避免造成"戏剧性的转折"。他对任何能够造成"巨大恐慌"的事件保持警惕。[8] 但他也知道，必须简明扼要地陈述事实，"这样决策者才能像照片分析员一样，确信危机已经到达了新的阶段"。

空中侦察始于拿破仑战争时期。早在 1794 年的莫伯日（Maubeuge）战役中，法国军队就使用了一种军事观察气球来监视荷兰和奥地利的军队。美国内战期间，一位名叫撒迪厄斯·洛（Thaddeus Lowe）的科学家发明了一种远程汇报系统，他们将一只热气球放到波多马克河上方，借助气球汇报驻守在弗吉尼亚州的联盟军队的动向。利用从气球上获得的信息，联邦军队的炮兵无须看到对方的位置，就可瞄准联盟军。第一次世界大战时，英国和德国都使用两架空中侦察机来拍摄敌方的位置。照相侦察技术在二战期间得到了极大发展，既能够辨识目标，也能够检查对德国和日本进行的大轰炸所造成的破坏。

就像大多数高级分析师一样，伦达尔也在二战中担任过图像分析师，专门分析来自日本的轰炸信息。他总是鼓吹空中照相的作用。[9]他鼓吹这类技术在二战期间贡献了 80%～90% 的有效军事情报，在冷战中也能发挥相似的作用。在艾森豪威尔总统批准建造 U-2 侦察机后，军事情报就增加了很多。具有革命性意义的照相机也发明出来了，这种照相机能够从 7 万英尺的高空拍摄 1 英尺长的物体。后来，对图像技术的需求经历了爆炸式的增长。仅仅在 1962 年 10 月，伦达尔的手下就参与了 600 次不同的图像分析项目，从克拉斯诺亚尔斯克（Krasnoyarsk）的导弹测试场到上海的发电厂，再到塔什干（Tashkent）的飞机制造厂。[10]

到了 60 年代早期，高空侦察技术衍生了一系列分支学科，诸如"帐篷学""掩体学""板条箱学"。图像分析师们会花几天时间分析前往埃及或印度尼西亚等地的苏联舰船甲板上的板条箱，测量箱子的尺寸，并且猜测里面可能隐藏的物品。1961 年，中情局出版了关于不同板条箱的辨识说明，并且指导特工了解米格-15 战斗机板条箱和米格-21 战斗机板条箱的区别。在 9 月下旬，分析师们准确地判断出前往古巴的苏联船只携带的是伊尔-28 轰炸机，"板条箱学"获得了极大赞誉。[11]由于伊尔-28 轰炸机有能力进行核打击，这个发现促使肯尼迪同意在 10 月 14 日派出 U-2 侦察机飞往古巴侦察苏联的军事部署。

仅仅看着船体照片以及研究船在水中的停留位置，分析师们就能推断出一系列信息。有些苏联前往古巴的船是在芬兰制造的，这类船有长长的舱口，原本是用来运输木材的。然而图像显示，这些船吃水不深，令人生疑。合理的解释就是导弹比实木要轻得多。

一名经验丰富的照片分析师能从一些看似不重要的细节中发现非常有价值的情报信息。分析师们能由棒球场联想到古巴军队，由足球场联想到苏联军队；花圃能够提供关于苏联战斗序列的线索，因为有些军队会使用多种颜色的花来展示自己的团徽；大量的混凝土则说明此处可能有核设备。尽管这些分析师没有身处古巴，但是他们似乎能够感受到那里的节奏，那里的情绪，仿佛已身临其境。

伦达尔的高级助理迪诺·布鲁焦尼（Dino Brugioni）后来曾这样描述使古巴诡异而迷人的众多元素：

> 早晨炽热的太阳；午后的云朵和雨点；棕榈、松柏和落叶植物；长得高高的沼泽禾草；平原上的甘蔗地；人群聚集的小镇；俯瞰海滩的大房子；农房上的稻草屋顶；豪华的疗养胜地；辽阔而富足的庄园和农庄；无处不在的棒球内场；哈瓦那的国际情调，圣地亚哥被遗忘的面貌；海岸线后突然升起的马埃斯特腊山；连接中部蔗糖加工厂和甘蔗地的狭窄铁路；派恩斯岛（Pines）与世隔绝的大型监狱；盐场；船只和渔港码头；古巴境内纵横交错的公路。[12]

这个热带天堂的中心就是苏联的导弹发射场，犹如一块外来的赘物。

10 月 26 日，星期五，上午 8：19

到了周五早上，马尾藻海的 4 艘苏联潜艇均收到莫斯科的命令：停止前进。它们现在的任务十分模糊，已经不需要为运载导弹的轮船护航了，而那些还没抵达古巴的舰船也调头返回苏联了。主席团激辩结束后，赫鲁晓夫决定，禁止"狐步级"潜艇通过特克斯和凯科斯群岛的狭窄航道，因为那里很容易被美军发现。但是，苏联军方却命令一艘 B－36 潜艇去探索更宽阔的、位于大特克岛和伊斯帕尼奥拉岛（Hispaniola）之间的银岸通道（Silver Bank Passage）。事实上，这是极大的失策之举。

上午 8 点 19 分，美国海军的侦察机在大特克岛东边 80 英里处发现了苏联的 B－36 潜艇。[13]这艘亮晶晶的黑色潜艇足足有 300 英尺长，25 英尺宽，体积是德国 U 型潜艇的两倍。在潜艇的指挥塔上，能清晰地看到白色"911"字样。5 分钟后，潜艇下沉，向南前往伊斯帕尼奥拉岛，速度约为 7 节。这艘潜艇的被追踪说明了当时反潜艇作战技术已经实现了新突破。这种技术叫声音监测系统，简称"SOSUS"。

追踪潜艇是军事技术竞争和升级的一个典型标志。一方不断研发出更加安静、快速和隐形的潜艇，而另一方则相应地开发出新技术进行反击。潜在水下的潜艇很难用雷达侦察到，但是可以用声音探测到。高噪音柴油引擎发出的声音能在水下被放大，并且传播到几百公里外，有时候甚至达到几千公里，声波能够像无线电波一样被绘制和测量出来。

到了 50 年代末，美国在整个东部海岸设置了一种叫作水诊器的系统，或称为水下麦克风。一旦通过声音监测系统确定了敌方潜艇的大致位置，美军的海军战斗机便可使用雷达和声呐浮标找到潜艇的确切位置。但声音监测系统也有问题，这个系统会同时监测到其他物体，譬如鲸鱼。48 小时内，这个系统已经发生了 800 多次不同的反应，但没有哪一次能确认是潜艇。[14]

在英属大特克岛的海军设施"大特克海军设备工程司令部"是最早的潜艇监听站之一。这个系统建于 1954 年，占据了这个 6 英里长岛屿北部的一个半岛。水下缆线将这个系统连接到海床上的水诊器。水诊器将声波转换成电荷，这些电荷记号能在热敏纸上显示出来。如果出现的是明显而清晰的线条，则说明有引擎噪音。

142

周四晚上，大特克海军设备工程司令部的技术人员留意到，热敏纸上有明显线条，潜艇追踪器汇报在 10 点 25 分发现了"一次可靠的反应"，并呼叫了巡逻飞机。他们将这次反应称为"C‑20"或者"查理‑20"。[15]

站在 B‑36 潜艇舰桥的瞭望员喊道："有飞机！下潜！"

这位水手在几秒内顺着梯子爬下指挥塔。海水涌进浮力箱，产生响亮的汩汩声，空气排出箱体，使潜艇保持水下位置。潜艇进入紧急潜水的过程中，厨房的盘子和水壶被甩向四处。

船员们在潜艇舱内四处奔跑，扭动阀门，关闭舱口。大多数人穿着短裤，只有瞭望的军官出于礼节需要，才穿着蓝色海军服。大多数人身上涂着浅绿色的消毒药用来减轻痱子带来的痒感。沉闷的空气和高达 134°F 的温度让大多数身强力壮的水手感到不适应。每个人都显得疲惫和虚弱，脑子昏昏沉沉，满头大汗。

阿纳托利·安德烈耶夫（Anatoly Andreev）中尉一直保持用宽体字给妻子写信的习惯，这个习惯坚持了 25 个月。[16]但现在即使是写字，也要费很大的劲。他的汗水滴到纸张上，模糊了字迹。不值班的时候，他躺在床上，看着妻子索菲亚（Sofia）和 1 岁的女儿莉莉（Lili）的照片。她们是他通向人间的生命线，通向一个能够呼吸新鲜空气，尽情喝饮用水，不会因为莫须有的错误被人斥责的世界。

　　每个人都很渴。大家都在谈论同一个话题，那就是渴。我很渴，连写作都很费劲，我的汗湿透了纸面。我们都看上去像是从蒸汽房出来的。我的指尖都已经白了，仿佛回到莉莉一个月大时我刚给她洗了尿布的时候……最糟糕的是，指挥官的神经如此脆弱，他对每个人都是大声呵斥，也从不放过自己。他不理解自己应该省省力气，也给他的手下省省力气。不然我们都撑不了多久。他变得焦躁多疑，连自己的影子都怕了。他很难相处。我为他感到难过，但又非常恼火。

143

　　他们在海上已有 4 周了。B-36 潜艇是在黑漆漆的深夜里从加吉耶沃出发的 4 艘潜艇的第 1 艘。它带领其他几艘潜艇穿过大西洋。船长阿列克谢·杜比夫卡（Aleksei Dubivko）收到苏联海军的命令，要在 10 月的第 4 周到达加勒比海的入口——凯科斯岛。他必须使船保持 12 节的速度。这个速度已经是极快的了，因为柴油电力潜艇通常在水下只能达到 7~8 节。航程的大多数时间，潜艇需要在海面上航行，启动柴油引擎而不是电池，迎击足足有 4 层楼高的海浪。

　　除了船上令人担忧的状况以外，整个航程并没有遇到多少问题。柴油发动机运行良好，不像舒姆科夫的 B-130，早已落后了 400 英里。据他们所知，直到到达了马尾藻海，他们的潜艇才成功地逃脱了美军侦察。途中一名船员患了阑尾炎，船上的医生在作战室的餐桌上为他做了手术，这算是比较大的事情了。由于船浮在水面上摇摇晃晃，医生无法准确地使用手术刀，因此他们把潜艇完全潜入水下，将速度降到 3 节，比原计划多耗了一天。手术最后成功了。

在写给爱妻索菲亚的信中，安德烈耶夫漫漫而谈，对自己的思想状态和船上的状况做了细致的说明。他为海洋的力量和美丽所倾倒，并努力克服身体上的不适。潜艇在大西洋中穿行，历经暴雨狂风，他对索菲亚倾诉道："大海发怒的时候是如此的凶猛，一切看上去都是白的，我见过更猛烈的暴风，但都不如这个美妙。海浪！这些海浪就像山脉一样起伏、漫长、无边无际，我们好比茫茫沧海上的一只小虫。"黄昏时分，海洋突然变得"凶悍而危险，美丽不再，只剩下茫茫的黑暗，让人以为厄运似乎会随时降临"。

到达马尾藻海的时候，大海变得"突然平静"，水的颜色"介于海蓝和紫色之间"，而潜艇上的状况进一步恶化了，舱内温度最低的部分也有 100°F 以上。"热气把我们逼疯了，湿度急剧增加，呼吸越来越困难。我们都宁愿忍受冰霜和暴风雪。"安德烈耶夫感到他的头马上要在这"沉闷的空气里爆炸"。有的水手因为太热而晕倒。空气中二氧化碳的含量高得吓人。人们不值班的时候就聚集在潜艇温度最低的部位，"一动不动地坐着，眼睛只盯着一个点"。 144

饮用水供应不足，因此每个人一天分到的水量被减至半品脱。所幸的是，烩水果供应量充足，可供船员早中晚三餐食用。冰箱的温度升至 46°F。安德烈耶夫是厨房的主管，他要求增加每个人的食肉量，不然肉将迅速变质。但是大家都吃不下，许多船员的体重下降了1/3。船长责怪安德烈耶夫故意让食物变质。安德烈耶夫在信中写道："我成了众矢之的，大家闹得不欢，我觉得很愧疚。燥热传染了每一个人。"

他不停地想着自己的妻子和女儿。"每天醒来第一件事就是向你们说早安。"站着双目凝视的时候，他会想象自己和妻子索菲亚站在豪华游轮的甲板上。"你穿着夏日的简装，十分凉爽。我们站在一起，拥抱对方，欣赏着夜晚的海景。"他借助同时出现在俄罗斯和大西洋上空的猎户星座向妻子表达自己的祝福。他记得，莉莉"坐在沙子里，举起双手……然后，我看到了你，我的美人鱼，从水里冒出，露出快乐的笑容……你板着脸，从她手里拿走她的球"。想起女儿的"小手"，"她的微笑，从桌子的另一边向我点头，我的女儿，我的爱抚"，这一切都让他得以熬过航程中最艰难的岁月。

危机也在这时达到紧要关头，B-36按时抵达了凯科斯岛海上通道。[17]杜比夫卡船长接到莫斯科的紧急电报，要求停止前行。潜艇不再需要通过这个40英里宽的海峡，根据命令，需要重新转移到150英里外的特克斯和凯科斯群岛的东边。[18]相当于绕了远路去古巴，但是那里的海峡是这里的两倍宽。很明显，海军将军们认为，避开狭小的海上通道，被美军发现的概率就会降低很多。

B-36刚靠近藏有秘密声音监测系统的大特克岛，美军海军巡逻机就从上方飞来了。苏联水手们听到了沉闷的爆炸声，是巡逻机投下深水炸弹和声呐浮标来搜索潜艇的声音。潜艇内的气氛愈加紧张了。安德烈耶夫写道："我们进入敌方的地盘，需要尽可能避免被发现。但是他们发现我们正在靠近，并且开始了搜寻。"

杜比夫卡一直听着美国广播台，他知道美国和苏联正处在战争爆发的边缘。每隔 24 小时，他必须要在莫斯科时间的午夜将潜艇浮出水面，收听预先安排好的通信会议。海军总部里没有人注意到，莫斯科时间的午夜正是西大西洋下午三点左右，而潜艇在白天被敌方发现的概率大大高于夜晚。即便如此，杜比夫卡也非常害怕错过任何一次会议。如果战争爆发而他还潜在深水里面，B－36 自然而然就会成为美军战舰的主要打击目标。他唯一保命的办法就是在敌方打击前率先发射核鱼雷。

杜比夫卡正等候莫斯科的编码信号通知他"随时随地"进入战斗。

10 月 26 日，星期五，中午

约翰·肯尼迪对情报有着极大的胃口。他非常享受打探别人的生活、掌握秘密信息的权力。他喜欢阅读原始数据并且做出自己的判断。10 月 18 日，也就是发现古巴导弹后的第 4 天，安德烈·葛罗米柯访问了白宫，当时总统的办公桌抽屉上方就摆放着 U－2 飞机拍摄的照片。听着苏联外长不断否认导弹基地的存在，肯尼迪越来越按捺不住自己的愤怒。他后来告诉助手，他差点就拿起这些照片甩在这个俄国人的小丑面孔上。提起葛罗米柯，他总是说"扯谎的混账"。[19]

周五早上的执行委员会会议之后，伦达尔在总统办公室里架起了画框。他带来了一些近期在低空拍摄的图片，很想给总统看看苏联在古巴的军事部署。他说，近日的暴雨造成地面凹凸不平，所以苏联人已经在导弹发射场附近支起了天桥通道，并且架设了电缆线。

麦科恩打断了他，他指着疑似克劳夫野战火箭发射器的图片说："看这个，有意思。"[20] 这位中情局局长解释说，虽然分析师们"尚未确定"，但苏联很可能已经部署了"战术核武器，用来对抗地面上的美军"。

146　　　但肯尼迪没有专心听，他比这些汇报者想得超前了几步。在他看来，苏联在古巴的力量越庞大越复杂，用外交手段解决危机的可能性就越低。他需要其他的解决方法。早上，中情局向他建议，用潜艇将古巴流亡分子偷运到古巴，对导弹基地实施破坏行动。但他想知道，仅靠"几发子弹"是否就能摧毁燃油车。

伦达尔说："可能会释放出红色硝酸的浓烟，如果这些硝酸流出，就会给敌方造成一定的障碍。"

肯尼迪发现，要摧毁克劳夫野战火箭的难度更大，因为这种武器使用的是固体燃料，更不易点着。

曾在原子能委员会担任主席的麦科恩同意肯尼迪的看法，他答道："靠开枪射击是不行的。"

图片分析员忙着收集资料，总统和中情局局长仍然在争论着如何摧毁导弹发射场。尽管肯尼迪对通过外交途径化解危机没多大信心，但入侵古巴很可能导致残酷的"血战"，并且促使苏联发射核弹。这两个方案都不可行。

麦科恩脸色严峻地承认："入侵古巴比众人想象的要困难得多。苏联人已经有那些邪门玩意儿了……发动侵袭会很艰难，绝不可能轻易搞定。"

肯尼迪总统想要"立即"发布"马鲁科拉号"的消息。[21] 他的顾问们认为，报道这次成功的登船搜查行动能"重建"

国防部这帮愤怒的将军们的信任。他选择了华府中一位极具争议的人物去发布"马鲁科拉号"的消息，此人就是阿瑟·西尔维斯特。

在危机的第一周，这位五角大楼发言人因为对消息守口如瓶而惹怒了记者们。他十分谨慎地传达来自肯尼迪或者肯尼迪助手的声明。无论对肯尼迪还是西尔维斯特，信息就是"武器"，政府可以通过刻意使用或者蓄意隐瞒信息来达到某种目的。[22]这次演练是为了消除苏联对西半球的军事威胁，所以使用任何手段都不为过。

周五，记者们埋怨西尔维斯特没有透露任何消息。这种两天一次或者三天一次的新闻发布总是那么不正规，以至于有名记者在国防部媒体室的角落放了一个锡罐，上面写着"自动回答机"。这个罐子里放满了纸条，上面写着西尔维斯特的口头禅，比如"未必如此""不置可否""无可奉告"。

这些新闻工作者的沮丧并不难理解（当时，还没有定期报道五角大楼新闻的女记者）。世界几乎要进入核末日了，而发现真相却无比困难。人们似乎正在和一个隐形敌人发生冲突，进行对峙。这是紧要关头，但记者们却无法从前线发回报道，不像珍珠港、冲绳岛或者诺曼底战役那会儿。记者们完全无法得知一些热点地区的事件，如关塔那摩海军基地或者正在执行封锁的舰船。在报道自二战以来最严重的国际危机的过程中，他们不得不完全依赖政府抛给他们的零碎消息。

这回终于可以放出消息了，西尔维斯特决定尽可能充分利用这次机会。他花了整整一天时间向记者们透露"马鲁科拉号"的最新状况。他把登船的全程经过，军事人员的姓名和地址，运载的货物、吨位以及这艘黎巴嫩船的大小，美军驱逐舰的火力，统统都汇报给记者。不过，记者们总是想要更多的消息，从不嫌多。

10 月 26 日，星期五，下午 1:00

（哈瓦那，正午）

在西尔维斯特讲述"马鲁科拉号"搜查工作的同时，另一个远离媒体视线的剧情正在佛罗里达海峡上演。一艘距离古巴海岸线 50 英里远的美军驱逐舰发现，一艘瑞典运输船悄悄地越过了封锁线。

"纽曼·K. 佩里号"（Newman K. Perry）驱逐舰用闪光灯信号示意："请汇报身份。"

"来自哥森堡（Gothenburg）的'库兰加塔号'（Coolangatta）"。

"目的地？"

"哈瓦那。"

"始发地？"

"列宁格勒。"

148　　"装了什么货物？"

"土豆。"[23]

"库兰加塔号"的船长叫尼尔斯·卡尔森（Nils Carlson），是个瑞典人。在同行眼里，他是出了名的"喜怒无常、任性骄横"。[24]由于处理和包装不当，船上的土豆已经开始腐烂。他对俄罗斯人的低能十分恼火，但也非常不满美国人干涉他航行自由的行径。后来他告诉一个瑞典记者，他从没觉得美国人会对他的这艘破船有任何兴趣。

"佩里号"停在"库兰加塔号"右舷 50 码处。卡尔森在记录本上写着来自美国战舰的另一个信号："能否停下来进行检查。"但是他的无线电技师还很年轻，在破译摩斯密码方面缺乏经验。根据卡尔森的理解，这个信号更像是命令，而非提问。

无论如何，卡尔森都决定不予理会。在海上航行了 3 周之久，他已经迫不及待地想要到达哈瓦那了。他下令"全速前行"。

"佩里号"上的船长不知该如何是好，于是通告了上级，得到以下回复：

1. 跟随瑞典船
2. 莫侵犯古巴海域[25]

当天下午，麦克纳马拉下令"放行"。美国驻斯德哥尔摩大使得到命令，将和瑞典政府进行交涉，而瑞典政府也惊讶"为何船上未发生摩擦"。美国大使担心，这种"举棋不定的做法"很可能给中立国发出一个不好的信号。五角大楼里肯尼迪的反对者们则私下嫌弃肯尼迪政府执行封锁不力。

不过，即使有意见，这些人也不会在公开场合谈论。除了一些不快的将军和一些感到不解的外交官们，华盛顿没人知道发生过"库兰加塔号"事件。这件事就像从未发生过一样。

第二天的新闻头条仍然全是关于"马鲁科拉号"。

菲德尔·卡斯特罗在他位于古巴的指挥室里会见了苏联驻古巴大使亚历山大·阿列克谢耶夫。他想要分享从古巴驻纽约的国家新闻社得到的一些值得警惕的消息。[26]这家新闻社叫拉美通讯社（Prensa Latina），和古巴情报部门保持着密切的联

系。这家新闻社听到传闻说，肯尼迪已经给联合国下达截止日 149
期，要求苏联"清理"部署在古巴的导弹。如果截止日期到
了仍未得到回应，美国很可能会以轰炸或伞兵突袭的方式对这
些导弹基地发动打击。

卡斯特罗欣赏阿列克谢耶夫，也信得过他。古巴革命几个
月后，他们就认识了。那时候，身材高大、戴着眼镜的阿列克
谢耶夫其实是名克格勃间谍，他以塔斯通讯社记者的身份来到
古巴。当时苏联还未在古巴设立大使馆。阿列克谢耶夫是第一
个获得古巴签证的苏联公民，是克里姆林宫派往这个政权的非
正式使者。他给卡斯特罗带去了伏特加、鱼子酱和苏联香烟。
见面当天，两人一拍即合。苏联和古巴确立外交关系后，卡斯
特罗曾明确表示，他更乐意和这个无正式头衔的间谍打交道，
而不是那个挂着第一任苏联驻古巴特使头衔的苏联官员。最
后，赫鲁晓夫召回了大使，并且让阿列克谢耶夫取代了那个人
的位置。

身为克格勃特工以及后来的苏联驻哈瓦那大使，阿列克谢
耶夫能比别人更清楚地看到古巴和美国之间不断加深的分歧，
以及卡斯特罗从民族主义者到共产主义者的转变。1961 年 5
月 1 日，也就是猪湾事件结束后几天，他站在革命广场的讲台
上，听到卡斯特罗宣布古巴革命就是"社会主义革命"。卡斯
特罗笑着对阿列克谢耶夫说："今天，你们将听到一些有意思
的音乐。"[27]古巴爵士乐队奏起了国际共产主义运动的《国际
歌》。几个月后，卡斯特罗宣布自己是个马列主义者，并将
"直到生命的最后一天"。

起初，苏联领导人不知道怎样和这位加勒比地区的朋友打
交道。卡斯特罗既大胆又冲动，让苏联人难以捉摸。赫鲁晓夫

赞赏卡斯特罗的"胆量"，但是又担心他激愤的言辞在战略上稍欠得体。[28]他的言辞会激怒古巴的中产阶级，并且"进一步缩小支持他的圈子"，使得古巴更难抵抗可能发生的美国侵袭。然而，当卡斯特罗宣布自己是忠实的马列主义者时，赫鲁晓夫则觉得自己有义务给他支持。自 1962 年 4 月起，《真理报》便开始用"tovarishch"一词形容卡斯特罗，意为"同志"。[29]

对于这个能够用"巨型火箭"第一次把人类送上太空的超级大国，卡斯特罗具有"无穷的信心"。[30]他相信赫鲁晓夫吹嘘的"苏联像生产香肠一样生产火箭，且能发射到太空"。他不知道"苏联到底有多少枚导弹，美国又有多少枚"，但是他为赫鲁晓夫表现出的"自信、从容和力量"所折服。

苏联对肯尼迪周一演讲的最初反应正是卡斯特罗想要看到的。赫鲁晓夫私下给他写了封信，谴责美国的"海盗、背信弃义和侵略"行为，并且宣布苏联在古巴的部队进入完全战备状态。对卡斯特罗来说，莫斯科看似绝无让步之意。卡斯特罗曾对助手们说："看来仗要打起来了。"[31]他很早以前就得出一个结论：和美国佬打交道，迟疑和软弱是致命的；要避免美国侵略，坚持不妥协才是唯一出路。

尽管卡斯特罗对赫鲁晓夫仍有信任，但他开始怀疑赫鲁晓夫的决心了。对赫鲁晓夫下令让大西洋的苏联舰艇调头的做法，他不认同。他认为苏联应该更加强硬地阻止美国 U－2 侦察机闯入古巴。他不能理解，为什么苏联的联合国代表佐林仍然矢口否认在古巴部署导弹的事实。在卡斯特罗看来，这样的否认似乎说明，莫斯科仍然在遮遮掩掩。他认为，苏联和古巴公开宣布两国已经结成军事联盟，才是更好的做法。

卡斯特罗和阿列克谢耶夫有相同的顾虑，阿列克谢耶夫也

150

把这种顾虑转达给莫斯科。美国对古巴军事设备进行低空飞行侦察越来越明目张胆，难保哪天不会以这种侦察为名，发动突然袭击。而到现在，为了防止破坏在联合国的外交谈判，古巴的防空部队仍然保持了克制，没有对飞机进行射击。卡斯特罗想要苏联人知道，他的耐心也是有限的。

对卡斯特罗来说，最头疼的问题在于美国人正试图区别对待他和他的苏联盟友。美国媒体暗示华盛顿官员极大地低估了在古巴的苏联部队规模，并且还接受了莫斯科说这些人是"顾问"和"技术人员"的解释，这令卡斯特罗十分吃惊。很难想象，中情局对苏联军力的了解竟然还不如他们对这些导弹发射场的了解。在多疑的卡斯特罗来看，美国人故意不宣布苏联的军事实力，一定是别有用心。这种只报道古巴部队而不谈论苏联部队的做法，是希望苏联不要帮助古巴对抗美国的攻击。

弟弟劳尔和切·格瓦拉都不在哈瓦那，卡斯特罗这个时期151　最亲密的顾问就是古巴总统奥斯瓦尔多·多铁戈斯了。多铁戈斯也参加了卡斯特罗和阿列克谢耶夫的会面。这两个古巴领导人越想就越觉得时间所剩无几了。

那天下午晚些时候，情绪多变的多铁戈斯告诉南斯拉夫大使，和美国的战争是"免不了了。要是今晚不发生，肯定就是奇迹发生了。再强调一遍，是今晚"。[32]

10 月 26 日，星期五，下午 2∶30

博比·肯尼迪是个经过多次历练的人。在危机初期，他要求对古巴实施猛烈的破坏行动。他劝说哥哥批准一个袭击目标清单，上面包括中国驻哈瓦那大使馆、炼油厂以及一座重要的铁路桥。他甚至想到要炸毁在关塔那摩湾的美国船只，然后嫁祸给卡斯特罗，并以此为借口发动对古巴的军事行动。但是，核毁灭的威胁使他不得不开始重新思考。

世界面临核毁灭的危机，美国不得不调整这个效果不佳的猫鼬计划。有时候，众人都不是很清楚，到底是谁在主导这个秘密推翻卡斯特罗的计划。名义上的"作战总指挥"是爱德华·兰斯代尔，但他是纸上谈兵之辈，中情局和他在五角大楼的同僚均对他表示不信任甚至加以嘲弄。猫鼬计划在中情局方面由比尔·哈维领导。早在 50 年代初的柏林，哈维曾监督通往苏联控制区通信电缆的建造工作，并因此声名大噪。后来，人们才发现，这个"哈维之洞"早早地就被一个苏联特工炸毁了，但这也没有阻碍哈维在间谍界的步步高升。肯尼迪第一次见到哈维时，曾经挖苦这个秃顶、大腹便便的人说："你就是我们的詹姆斯·邦德了。"[33]

到导弹危机爆发的时候，哈维的名声曾因嗜酒而大打折扣。他和兰斯代尔很少说得上话，并且也不掩饰对肯尼迪兄弟的蔑视，他说这两兄弟就是"软蛋"，没有胆量直接拿下卡斯特罗。他认为博比是个光会指手画脚的门外汉，背地里还说他是个"蠢货"，即使是当着他的面也没有多少尊重。[34]博比曾提出，把反卡斯特罗的古巴难民带到他位于希科里山（Hickory Hill）的房子去，以"训练这些人"。结果哈维反问道："教他们什么？带小孩不成？"

博比也背着哈维私下和迈阿密的古巴流亡人群保持联系。他知道，中情局计划用潜艇派 60 名古巴流亡分子到古巴去，负责人是一个古巴流亡团体的领袖，叫罗伯托·圣·罗曼（Roberto San Román）。

圣·罗曼告诉他："我们不介意去，但是我们要确信你认为这样做是有用的。"[35]博比从兰斯代尔那里得知，3支6人一组的队伍已经被派遣出去，并且还有7个小组整装待发。此外，还有10个小组作为预备力量。对哈维不经过他的同意就"做出这个半吊子决定"的做法，博比十分恼火。

为了理清问题，罗伯特在五角大楼的无窗作战室（众所周知的"坦克"密室）召开了猫鼬计划高层会议。这次会议后来演变成官员们的唇枪舌剑，而哈维成了众矢之的。这名中情局官员无法解释，到底是谁授权他派遣流亡组。博比则是质疑这种策略："在古巴进行高度警戒的时期，使用稀缺的古巴难民资源去组团渗入古巴……效果值得怀疑，而损失也不会小。"[36]因此，高层会上发布命令，召回3个正在路上的小组。

博比撤回了最初的决定，他认为，只要局势接近沸点，便取消针对古巴的"重大破坏行动"，但是他不反对制造那种小规模的而且不会被追究到美国头上的事件。他同意袭击古巴船只。兰斯代尔的回忆录上写着："在古巴或者（苏联）阵营国家的港口或者公海击沉船只。破坏货船，阻碍船只航行。"[37]这些对古巴舰船的袭击将动用"中情局资源"执行。

哈维的问题也带来了泰勒将军的问题。马克斯维尔·泰勒将军提到了马塔安布雷铜矿的事情，这件事几乎被人遗忘了。大家对哈维的回答并不满意。中情局两个特工从10月19日进入古巴之后就失去了联系。哈维含糊其辞，大意是说这些人"默认已失踪"。[38]

这次会议在午饭后进行，哈维还习惯性地喝了几杯马丁尼酒，基本上已经口齿不清了。他尽力不让特别小组的人知道他的状态，但一个中情局老同事发现他已经"明显醉醺醺的"。[39]喝高了的哈维通常是把下巴抵在胸口，胃里发出低沉的声音，

绝不注意房间内别人的举动。博比说给他两分钟的时间解释，
153 而他却完全没有理会博比的警告。

两分钟后，哈维仍在唠唠叨叨。博比拿起文件，走出房间。

返回兰利（Langley，中情局总部所在地）的路上，中情
局局长麦科恩对助手说：“哈维今天是自毁前程了。他已经没
有用处了。”[40]

麦科恩的话是有先见之明的。然而，其实还有件他没有注
意到的事情尚未结束。这件事涉及的人包括哈维、肯尼迪兄
弟、卡斯特罗和黑手党。

联邦调查局正在通缉黑社会头目约翰·罗塞利（John
Roselli），他因涉嫌敲诈而被调查。[41]这位衣冠楚楚的“教父”
被认为是黑手党在拉斯维加斯的代表，以保证这个拥有巨额利
润的赌场顺利经营。联邦调查局窃听了他在洛杉矶的公寓，并
且雇用情报员追踪他的行程，但是罗塞利在 10 月 19 日却成功
地摆脱了跟踪。10 月 26 日星期五，他用假名从迈阿密乘坐美
国航空公司的飞机飞往洛杉矶，联邦调查局失去了他的消息。

联邦调查局的一般调查员当时不知道，这名 57 岁的黑帮
头子是在为中情局效力。中情局替他买了机票，把他安顿在安
全的住处，并且让他匿名前往古巴。他们也不知道，罗塞利是
中情局对卡斯特罗进行一系列暗杀行动的中心人物，他们曾动
用了狙击手、炸弹和毒药片。[联邦调查局局长 J. 埃德加·胡
佛（J. Edgar Hoover）知道罗塞利和中情局的关系，但是出于
个人目的，他没有透露这个信息。]

中情局在 1960 年 9 月招进了罗塞利，当时的艾森豪威尔
政府打算推翻卡斯特罗。在古巴革命之前，黑手党控制了哈瓦

那的赌博业，但是后来卡斯特罗政府没收了他们的财产。中情局高官们认为，黑手党既有报复的动机，也有人际关系网，而且还能推动美国的海外利益。1962 年 4 月，哈维将罗塞利升为负责人以及主要联系人，给了他四片毒药，并且向他承诺，"将在任何时间提供一切必要场所和资源"。[42]黑手党计划使用药片毒杀卡斯特罗、劳尔和切·格瓦拉。哈维甚至还在迈阿密的停车场留下了 U－Haul 货车租车公司的一辆货车，满车都是武器和炸药，并且把钥匙交给了罗塞利。这名中情局官员和这名黑手党头子曾在华盛顿、迈阿密和佛罗里达群岛会面，在桌子下喝酒，偷偷地谈话，防止他人听见。

10 月 18 日，在和博比的猫鼬计划会议中，哈维得知，美国即将对古巴开展军事行动。但是，博比的命令总是含糊不清。哈维决定应该"充分利用每支队伍和全部资源来支持这次军事行动"。[43]除了那些通过潜艇抵达古巴的特工以外，他还组织了潜水员准备摧毁哈瓦那港的船只，准备了伞兵在导弹发射场开路。他的"资源"也包括约翰·罗塞利。

根据罗塞利的说法，哈维"立马"召唤了他，并且将他安顿在华盛顿的一个安全住所，等候进一步消息。几天后，哈维认为派这个被保护人到迈阿密可能更有利于"搜集情报"。[44]罗塞利到了迈阿密，和反卡斯特罗流亡人士交换了关于侵略战的传闻。在哈瓦那，他们已经准备好了被称为"药物"的毒药片，但黑手党还没有找到一个机会把它们投到卡斯特罗的食物里。

虽然没有确凿的证据说明肯尼迪和暗杀卡斯特罗计划之间的联系，但间接证据还是有的。[45]1961 年 11 月，肯尼迪曾和一位名叫塔德·舒尔茨（Tad Szulc）的记者谈到暗杀卡斯特罗的可能性，而他们最后认为暗杀既"不道德"，也"不切实际"。次月，兰斯代尔交给博比一份备忘录，上面建议"在古巴境内和赌博以及其他企业合作……动用一切犯罪手段"推翻卡斯特罗政权，博比对此也没有异议。1962 年，中情局官员向博比介绍了暗杀卡斯特罗计划的前期阶段，博比表示愤慨，但也没有表示要阻止。他本人也通过中情局的一个名叫查尔斯·D. 福特（Charles D. Ford）的特工和黑手党保持联系，这个特工化名为"洛基·费斯卡里尼"（Rocky Fiscalini），直接效力于司法部长。博比常常谈论"除掉"卡斯特罗，但从来没有具体说明自己的想法。[46]

哈维向中情局秘密行动负责人汇报，这位负责人叫理查德·赫姆斯（Richard Helms），是个谨慎而事业心极强的人，后来被提拔为中情局局长。这两个人都尽力避免他们的头儿麦科恩知道计划。有一次，在 1962 年 8 月，特别小组里有人提到了"清洗领头人物"，而麦科恩对这个主意表示惧怕。[47]作为一名虔诚的天主教徒，麦科恩告诉他的同僚，纵容谋杀的话，他就会被逐出教会。诡计多端的哈维在那几分钟里匆匆抹去了暗杀的字眼。

为什么哈维和赫姆斯会不经上级同意去请求黑手党除掉卡斯特罗呢？这很难解释。此外，肯尼迪兄弟也有可能下达了明确的命令使自己"有效地摆脱干系"。赫姆斯会矢口否认自己曾和肯尼迪兄弟探讨过政治暗杀。但是，哈维知道，这个计划是"没有阻力"的，而且获得了"白宫的完全授权"。[48]

哈维后来发现，利用黑手党除掉卡斯特罗是个"蠢得不行的法子"。他对兰斯代尔不使用直接军事干涉而是"帮助古巴人解决自己的问题"的做法表示极大怀疑。后来，他绘声

155

绘色地向朋友讲述导弹危机高潮时白宫战情室的几次重要会议。其中有一回，他曾告诉总统和博比："要不是你们这些蠢货搅乱了猪湾，我们才不会跑去搅这坨屎。"[49]

　　然而，尚无文件或者个人独立证词去证明这位中情局官员所形容的激烈冲突。但是，即使这些没有发生，也表明了哈维的想法。肯尼迪兄弟形容猫鼬计划是"蠢事一桩"，对此比尔·哈维从来没有释怀过。[50]

　　中情局对卡斯特罗秘密作战的总部是个占地1500英亩的校园，位于迈阿密南部边缘地带。二战期间，这里曾经做过海军飞艇基地，但后来遭到飓风袭击，遭到严重破坏，于是卖给了迈阿密大学。迈阿密大学把这块地租给了中情局全资子公司中天科技公司（Zenith Technical Enterprises）。中情局在迈阿密的行动代号是"JM/WAVE"。

　　1962年一年里，"JM/WAVE"发展迅猛，成为华盛顿之外最大的中情局站点，这里汇集了300多名情报官员和雇工，他们监管着数千名特工和情报员的情报网络，而在情报员中，大多数人都是猪湾事件的古巴老兵。[51]这个工作站的资产包括100多辆专供情报官员使用的汽车，一支用来向古巴渗透间谍的小型海军部队，一个存有机关枪、军服和棺材的仓库，天然气站，几架小型飞机，几百个分布于迈阿密地区的安全处所，一个位于埃弗格雷斯港地区的预备军训练营，还有数个海上基地和船库。这个行动的年预算超过5000万美元。

　　为了不走漏消息，一名中情局官员担任中天科技公司的总经理，该公司设有专门迎接来宾的办公室。墙上贴着虚假的销售数据和伪造的员工慈善捐献数据。迈阿密分布着数十个中情局前线公司。中情局在这个城市的行动网络早已是众所周知的秘密了。包括《迈阿密先驱报》记者在内的许多人，都知道中天其实是中情局的机构，但是他们出于维护国家利益而保持缄默。中情局的人要是遇上警察或者海岸巡逻队带来的麻烦，通常一个电话就能脱身。

这位"JM/WAVE"站的站长泰德·沙克利身材高大、肌肉发达、盛气凌人，他的同事称他是个"金发鬼"。年仅 35 岁的沙克利已经是中情局的一大新锐人物，他记忆力超常，冷酷而高效。50 年代初在柏林时，他在哈维手下做事。哈维亲自挑选他去执行迈阿密的任务。沙克利努力不让兰利总部了解"JM/WAVE"的事，但是他必须要忍受哈维的突然来访，而且哈维每次过来，总会发生一些让人难忘的事。有一次，哈维想要晚上进入大楼，结果门被死死地钉上了一块木板。其实，在 100 尺以外有另一个入口，但哈维就是不能忍受眼前的障碍。他横冲直撞，怒吼道："老子没时间耗在这破门上！"[52]

沙克利这支秘密军团的军官们大多是美国人，步兵几乎都是古巴人。他们是从古巴革命后四年里逃离古巴的 25 万人中挑选出来的。尽管他们都反对卡斯特罗，但是很难找到一位能够取代卡斯特罗的领袖。中情局编了一本《反革命手册》，上面记录了 415 个推翻卡斯特罗的古巴流亡团体和行动，里面包括从巴蒂斯塔的支持者到理想幻灭的革命派。[53]这本手册还提到，其中有些反革命组织是"由（古巴）情报部门赞助的"，目的是为了在反对人士中挑拨离间。许多组织只是名存实亡，而另外一些则是把相当多的时间耗在争取"会员以及美国财政援助"上。这本册子也对流亡人士群龙无首的局面表示感慨。

157　　　　一个流亡者首领告诉《华盛顿邮报》记者："我们古巴人的一大问题就是，每个人都想当总统。我们太把个人抱负放在民族利益之上了。"[54]

　　　　许多古巴流亡者派别都是自己行动的，但也有几百个团体和中情局合作，并且接受中情局的指导。中情局也为他们支付士兵的工资。导弹危机爆发时，沙克利和哈维面临的最大问题是如何利用好手头资源。他们的破坏活动屡屡受挫。他们相信，古巴人能够搜集到苏联在古巴的军事信息，可以辅助侦察飞机拍下的照相。如果美军入侵古巴，这些情报员就可以马上变成带路人。

　　　　周五，"JM/WAVE"已经拥有 20 支渗透小组，他们都"安全藏身"于迈阿密地区。一支小组一般有 5 ~ 6 名古巴人，其中包括一名无线电操作员。历经数个月的准备，在一次次的失望和虚惊后，古巴人都跃跃欲试。不同于猪湾事件，这回很少有人怀疑肯尼迪除掉卡斯特罗的决心。沙克利向兰利总部汇报，自己的手下已经"达到最佳精神状态和战斗预备状态"。[55]在这个迈阿密的小哈瓦那地区，猪湾事件的老兵们唱着他们的战争颂歌：

> 什么也阻挡不了，
> 我们战争的脚步。
> 我们带着十字，
> 为圣战前进。

　　　　这些准备潜入古巴的战士中有一名 21 岁的大学生。[56]他叫卡洛斯·奥布雷贡（Carlos Obregon），属于一支自称为"学生革命指导"（Directorio Revolucionario Estudiantil，简称"DRE"）的组织。这个组织由一群反对卡斯特罗的哈瓦那大学校友组成。这群人在意识形态和宗教上与卡斯特罗产生了分歧。就像大多数同志一样，奥布雷贡来自一个中上层家庭，父亲是名律师，他自己则在耶稣会高中接受教育。他父母不喜欢巴蒂斯塔，但更讨厌共产分子，认为他们就是邪恶的化身。猪湾事件后，他们举家离开了古巴。

1961 年 10 月，奥布雷贡和十几名其他"学生革命指导"成员开始接受中情局教员的培训。他被带到一个位于基拉戈的灰色水泥墙的房子里，学会了最基本的潜入和逃出技巧。他还学习了如何管理手下、阅读地图以及使用武器和炸药。几个月后，这个机构又挑选他进行更加紧张的操作员训练。他被派往弗吉尼亚州的"农场"，参加为期 6 个星期的游击战训练。在通过测谎测试后，中情局给他月薪 200 美元的工作，并且将他引荐给一位名叫"杰里"（Jerry）的情报官员。

10 月 22 日星期一，杰里让奥布雷贡和他的小组在迈阿密南部乡下的一座农家木屋里等待命令。晚上，这 5 名古巴人听着广播里肯尼迪向苏联发出类似撤出导弹的最后通牒。他们喜出望外，这场秘密战争不再是秘密了。美国将公开支持他们的斗争。

接下来的四天里，这些组员收到了进入古巴所需的衣服、背包和无线电设备。奥布雷贡收到了最后的任务通知。杰里把他们介绍给一个刚从古巴回来的古巴人，此人将是他们的指导员。现在只剩下发放武器了。他们将在周末前往古巴。

周五下午，杰里来到他们的藏身所。他宣布，潜入计划出乎意料地"搁浅"了。

第七章　核弹

10 月 26 日，星期五，下午 6∶00

（哈瓦那，下午 5∶00）

尽管掌权接近四年，菲德尔·卡斯特罗仍然保持着革命时期留下的旧习惯。他从没有固定的时间表，一刻都不消停地参加活动。他视察军队、走近学生、和工人交谈，连睡觉和用餐的时间也是不规律的。在苏联领导人中，对他了解最深的就是米高扬了。米高扬对卡斯特罗"宗教般"坚定的信仰大为赞赏，但是也会抱怨他常常"忘记自己应该像个主人"。[1] 像大多数苏联政客一样，米高扬也习惯一日三餐，有酒有肉。但这个被古巴人称为"骏马"（el caballo）的人却常常不吃午餐，且滴酒不沾。"骏马"似乎就是睡在一辆移动的车里，一刻不停地奔波。

周五下午，卡斯特罗决定不能继续容忍美国飞机闯入古巴了。看到喷气机飞过哈瓦那的郊外，他和部队官兵一样既愤慨又无力。在和参谋长开完会后，他草拟了一份公报呈交给联合国秘书长，写道："古巴不能容忍任何侵犯本国领空的海盗和流氓行径，这是对古巴安全的威胁，也是侵犯他国领土的前奏。古巴有权进行自卫而免受他国谴责。任何入侵古巴领空的战斗机，都有可能遭遇到古巴防空部队的打击。"[2]

卡斯特罗来到哈瓦那西南方向 12 英里处的埃尔奇克苏联战地指挥所，告诉盟友自己的这个决定。苏联统帅普利耶夫正在听下属汇报各部队的战备状况。卡斯特罗听着各位军官的汇报。

"摩化步兵团，进入战备状态。"

"空军团，进入战备状态。"

"防空部队，准备完毕。"

最后轮到导弹部队总指挥伊戈尔·斯塔岑科发言。6 个
R－12导弹团中已有 5 个进入全面战备状态，并且有能力对美
国境内的军事基地和城市发射 20 枚导弹，余下 1 个已具备
"紧急作战能力"，也就是说可以发射部分导弹，但未必能精
确打击目标。[3]

"导弹已做好战斗准备。"[4]

卡斯特罗抱怨说，低空飞行闯入古巴的美军飞机会打击古
巴和苏联的士气，美国人实际上已经在每天操练如何摧毁古巴
的军事防御了。

他告诉普利耶夫："我们不能容忍美军低空飞过，他们随
时可能一次性全部摧毁这些部队。"

卡斯特罗希望苏联能够开启防空雷达，以便侦察闯入的美
军飞机。为避免泄露苏联在古巴军事网络的秘密，雷达系统大
多时候都是关闭的。卡斯特罗认为，美国很快就会发动空袭。
他请求"打开雷达，不要闭眼"。[5]

他还给苏联军官们提了另外两条建议。他要求苏联把一部
分导弹转移到安全地带，防止美国人一次性全部摧毁。他还要
求岛上 43000 多名苏联士兵脱下格子运动衫，换上军服。[6]

如果美国佬敢来进犯古巴的话，就要给他们当头痛击。

这一天，老哈瓦那城的码头上聚集了一大波人，他们正在
欢呼庆祝第一艘越过美军封锁线的苏联船。"文尼察号"
（Vinnitsa）的船长向众人绘声绘色地讲述着自己的小船如何突

160

破美军战舰、直升机和侦察机大部队的封锁。佩德罗·罗曼诺夫（Pedro Romanov）船长手里举着古巴国旗和卡斯特罗肖像，说着自己如何战胜飓风，突破美帝的阻挠，给"热爱自由的古巴"运来石油。[7]

示威者用古巴人特有的吞音高唱着："菲德尔，赫鲁晓夫，我们与你们同在。"

他们还唱了另一首歌，庆祝古巴和苏联在意识形态上的联合，顺带讥讽美国人的束手无策。这首歌的歌词用西班牙语能表现出一种傲慢的语气，唱起来也更容易。

> 我们是社会主义者，前进，再前进，
> 你要不喜欢，就去吃药。[8]

这是古巴和苏联的蜜月期。古巴的家长都给孩子取尤里·加加林这样的名字，观看苏联电影，阅读叶夫图申科的诗歌，排队买票观看莫斯科大马戏团的表演。然而，这种对遥远的超级大国的敬仰也不是毫无代价的。在庆贺苏联船的到来、拥抱苏联士兵的同时，古巴人也无法忽视苏联人带来的气味：有毒的汽油、廉价的香烟、皮靴和体味的混杂。他们甚至给这种怪气味取了"狗熊油"的绰号。

苏联人常常喝得醉醺醺的。连卡斯特罗也不能忍受苏联士兵酒醉后的疯癫，他也认为要"加强纪律"。[9]对酒的巨大需求催生了以物易物市场。待遇微薄的苏联士兵愿意把食物、衣服甚至军车拿去交换啤酒和朗姆酒。而军警则使足了劲去维持秩序。他们会把喝醉酒的士兵围起来，揍个半死。

许多古巴人注意到精良的苏联武器和贫穷落后的平民之间

形成的反差。作家埃德蒙多·德斯诺埃斯曾和一群古巴知识分子采访过哈瓦那郊外的一个苏联军用机场。他对那里"落后"的生活状况感到惊讶。[10] 士兵们等候登上米格 - 21 战斗机的命令，他们的妻子却在木盆子里洗衣服。知识分子们睡在病床上过夜，而标有尸体专用的轮床却早已准备就绪。

《革命报》编辑卡洛斯·弗朗基（Carlos Franqui）也为苏联平民的简陋衣着感到惊讶。

> 他们落后潮流好几年，衣服非常丑陋，裁剪极差，鞋子也是如此！街上的行人会疑惑为什么说社会主义比资本主义优越，而苏联的东西都是这等粗制滥造，妇女甚至不会穿高跟鞋。苏联人之间也分出了很多不同的群体：领导、技师和军官有一套风格；士兵和普通工人又是另一种风格，更糟糕的风格。人们开始疑虑社会主义制度下的平等问题。[11]

162

在弗朗基看来，俄罗斯人没有美国人那么"傲慢"，喝酒后还是非常"友好"的，但是他们也给他留下了"极度贫困"的印象。

和莫斯科结盟时期，正值古巴社会的苏维埃化阶段。对革命狂热的激情已经渐渐消退，取而代之的是官僚主义。虽然大多数古巴人仍然支持革命的目标，但是他们的革命热情已经大打折扣。古巴共产党人占据着政府要职。古巴已经成为一个秘密警察无处不在的国家，到处都是告密者和邻里监督委员会。《革命之月》（*Lunes de Revolución*）文学周刊是少数享有探讨学术自由的力量，却也在去年关闭了。曾经活跃的新闻报纸都成了政府的喇叭，甚至连古巴革命的语言也变成了僵化的、死气沉沉的马列主义口号。

这种社会主义极度僵化的思维对经济的影响也很明显。许多经济决策都要看卡斯特罗的心情。当这位总统帅（comandante en jefe）心血来潮地宣布哈瓦那周围的乡下适宜种植咖啡时，即便土壤完全不具备种咖啡的条件，也没有人敢提出异议。禁止私人企业经营造成了物资短缺，黑市猖獗。一个英国外交官曾形容这里是"疯狂的怪土"，"鞋店只卖中国的手提袋，大多数'超市'只卖保加利亚的番茄酱"。[12]克格勃的秘密报告说，古巴农民不愿意将他们生产的产品上交给国家，而且"许多匪徒故意夸大产量不足的情况"。[13]

然而，在外国侵略面前大众对政权的不满就被暂时搁置一旁了。几乎没有古巴人愿意为这种失败的经济制度牺牲自己的利益，但他们愿意为国捐躯。在爱国主义面前，人们忘了意识形态的分歧和幻灭。人们兴许会抱怨官僚主义或者不满商店里食物短缺，但大多数人都支持卡斯特罗对抗"美国佬的帝国主义"。

正如菲德尔的一位助手向莫里斯·哈尔珀林解释的那样，安全和物质对古巴百姓来说"没有那么重要"。[14]最重要的是古巴人的传统价值：尊严、荣誉、信任和独立。缺了这些，无论是经济增长还是社会主义，都只会成为空谈。这个政权会充分利用国民的"尊严"（dignidad）情结，无论是个人尊严还是民族尊严。英国大使在他的年度报告中提到，街上能看到写着"有尊严的和平"（pas con dignidad）的横幅，甚至连圣诞节贺卡上也写着"尊严"（con dignidad）。

马钱特在报告中写道："虽然西班牙的血统早已经淡化，

但古巴人身上仍然留有堂吉诃德的性格。古巴革命人的眼里总是闪烁着民族自豪感，这是理解当下发生之事时不可忽视的因素。"[15]

卡斯特罗和追随者相信民众对他们的支持，他们此刻正忙着准备游击战。民兵们在海滨大道的国家大酒店附近挖战壕。哈瓦那到处藏有武器。从工厂到公寓、政府机构，都能保证随时可以拿起武器。如果美国佬打来了，他们将遭遇全民皆兵的古巴。即使首都沦陷，战争也会继续转入乡下和山区。

这里最大的讽刺就是美国人正好选择去挑战古巴革命最不可能让步的问题，也就是古巴的主权问题。

刚过下午 6 点，华盛顿国务院的电报机慢慢地吐出来自美国驻莫斯科大使馆的一段长信息。这是赫鲁晓夫最近一次的信件。这位苏联领袖用他漫无边际的、几乎是恳求的语气设想核毁灭的后果。他还批评了肯尼迪，说他太在意国内政治压力。

> 你们用战争威胁我们。但是，你们应该了解，这样一来很可能是两败俱伤……无论双方是否面临选举，万不可自我陶醉，也不应被热情冲昏了头。这些都是一时的，但要是爆发战争，局面就不是双方能控制的了，这就是战争的逻辑。我经历过两次战争，知道战争横扫城市和乡村的后果。战争所到之处，只会播下死亡和毁灭之种。

164

这封信于当地时间下午 4 点 42 分人工送达美国驻莫斯科大使馆，也就是华盛顿时间上午 9 点 42 分。为了加快递送速度，美国外交官们把这封信分成四部分，每一部分都翻译成英文，加密，再解密，然后打字输入。信的第一部分花了整整8 小时才到达国务院，最后一部分则是华盛顿时间晚上 9 点才送达。世界和平岌岌可危，可是一位超级大国领袖要将信息传达给另一位超级大国总统却需要将近 12 个小时的时间。

当时的信息技术革命还尚未完成。人造卫星能够实时向世界播放肯尼迪的演讲，但肯尼迪却无法和赫鲁晓夫进行实时交流。肯尼迪总统可以随时拿起电话，直接与英国首相通话，但是要打通巴西首脑的电话却需要数个小时。海军通信船能够向月球中转信息，但是五角大楼和战舰官员执行海上封锁的信息交流却会发生 6 ~ 8 个小时的延迟。星期三，也就是和前往古巴的苏联船只对峙的那天，肯尼迪总统抽出宝贵的一个小时来探讨如何改善美国和拉美以及加勒比地区之间的通信状况。

通信延迟甚至会影响到紧急作战指挥室。一旦总统死亡，或者炸弹投至内布拉斯加州奥马哈的战略空军司令部基地，紧急作战指挥室会启动核战争。一架波音 EC - 135 飞机全天候在空中飞行，随时等候命令以摧毁莫斯科或者基辅。导弹危机爆发的时候，参谋们失望地发现，"窥镜"飞机缺少鉴定地面紧急信息的设备。星期四，他们曾发出长段最高机密信息，说如何在飞机指挥室安装鉴定设备，但很多人接到信息后都表示出怀疑。

一个海军作战指挥官在建议书上随便画了画，说道："这简直是开玩笑，紧急信息有 4 ~ 9 小时的滞后。"[16]等到执行命令被鉴定完毕，华盛顿早从地球上消失了。

苏联那边的问题就更糟糕了，有些通信方式甚至是 19 世纪留下来的。[17]如果苏联驻华盛顿大使要向莫斯科送一封信，必须先以每五个字母为一组的形式加密，然后大使馆会电话通知当地的西联公司（West Union）。接下来，西联公司将派一名邮递员骑自行车来领取电报，苏联外交官们会看着这名信使慢悠悠地骑着车，还担心他会不会半路停下和女友闲聊。如果一切顺利，这封电报会通过一条 100 多年前架设在大西洋底下的电缆送达克里姆林宫。 165

国务院里，官员们一段一段地分析来自赫鲁晓夫的最新消息。这个部门的首席苏联专家叫卢埃林·汤普森，曾担任驻莫斯科大使，他相信赫鲁晓夫是口述这封信的，因为上面缺少外交辞令的讲究和润色。赫鲁晓夫可能是"承受着巨大的压力"。[18]副国务卿乔治·波尔（George Ball）想象着"这名心情阴郁的主席面对着一堵白墙蹲下，从一段段话里发泄着自己的怒火"。

最关键的一段消息最后才送达。在坚称导弹的唯一目的是保卫古巴后，赫鲁晓夫提出了走出危机的方案。如果美国召回舰队，并且承诺不攻击古巴，"古巴就不再需要我方军事专家了"。他将国际形势比作一个绳结，双方越拉扯，这个结就越紧。

这个结总会紧到连打结的人都无法解开的一天，那时候唯一的办法就只有剪开了，这意味着怎样的后果，无须我在此赘述，我们双方手头拥有多么可怕的力量，大家心知肚明。

鉴于此，若双方都不想继续扯紧绳结，不想让这个世界陷入热核战争的深渊，那双方应该放松拉绳的手，应该一起想办法解开绳结。

对波尔来说，这个信息是"发自内心的呼声"（cri de coeur）。国防部里，李梅显得相对不近人情。他告诉手下，这封信就是"一坨屎。要是我们当真了，赫鲁晓夫肯定觉得我们是群乌合之众"。[19]

10 月 26 日，星期五，晚上 7：35

在得到赫鲁晓夫电报的周五晚上，迪安·腊斯克把自己关在国务院 7 楼的办公室里，听着电视记者约翰·斯卡利（John Scali）的报道。这名美国广播公司的记者正在报道一则有趣的新闻。今天早些时候，他应克格勃华盛顿站站长费克利索夫之邀共进午餐。费克利索夫的公开身份是苏联大使馆参赞。两人约在宾夕法尼亚大道的一家东方餐厅见面。在摆着猪肉块和蟹饼的餐桌上，费克利索夫拟出了一个解决古巴危机的计划，正好呼应了赫鲁晓夫在最近电报中表达的和解态度。据斯卡利的转述[20]，这个计划包括 3 点：

- 苏联将在联合国的监督下拆除古巴导弹基地；
- 卡斯特罗承诺将不再接受任何进攻性武器；
- 美国将正式承诺不再入侵古巴。

这个倡议吸引了国务卿。如果属实，如果苏联主动提出美国人能够接受的条件以解决危机，这将是一个巨大的突破。但是这个消息的传出方式却有些奇怪，无论是费克利索夫还是斯卡利此前都没有做过华盛顿和莫斯科之间的非官方外交渠道。不过，苏联也许知道斯卡利和国务院有往来，而且和腊斯克的情报官罗杰·希尔斯曼（Roger Hilsman）关系甚好。如果通过克格勃人员和记者提出倡议的话，即使肯尼迪拒绝谈判，赫鲁晓夫也可以否认自己曾做出妥协了。

在斯卡利看来，费克利索夫想要尽快得到回复。他提供了自己的住址号码，以便可以随时联系。腊斯克在一个黄色本子上草拟了回复。他在稿子上注明了"白宫"，然后把纸交给了这个记者。上面写着需要斯卡利尽快转达给费克利索夫，信息由两句话组成：

> 我有理由相信，美国政府相信有这个可能，可以建议苏联代表和美国代表在纽约通过联合国秘书长吴丹（U Thant）解决问题。我深深地体会到，时间很短暂也很紧迫。[21]

斯卡利电话打回来的时候，费克利索夫仍在大使馆，他们同意在第十六大街斯塔特勒－希尔顿（Statler－Hilton）的咖啡馆见面。这家酒店距离白宫 3 个街区，与苏联大使馆相隔 1 个街区。到达之时，斯卡利的手表显示时间为晚上 7 点 35 分。他们在里面找了个位置坐下，点了两杯咖啡。斯卡利凭着记忆把腊斯克的消息复述了一遍，但未明确说明消息来源。

费克利索夫一边在笔记本上记录，一边问："这是来自高层的消息吗？"[22]

"来自美国政府的最高层。"

这位克格勃特工想了一会，然后提出另一个问题。他认为应该准许联合国的核查人员进入美国在佛罗里达和加勒比国家的军事基地，确保美国不会对古巴发动侵袭。斯卡利回答说对此没有"官方消息"[23]，但是他"印象"里认为，这样的要求对总统来说，可能会带来政治上的困难。国会的右派和军方都在要求发动入侵。

斯卡利强调"时间最为关键"。

费克利索夫答应会把消息传达给莫斯科的"最高层"。斯卡利后来写道,费克利索夫拿出 10 美元付了咖啡费,没有等待服务人员找零,便匆匆忙忙赶回大使馆。这在苏联外交官身上是极为反常的。

在这个"一招不慎,满盘皆输"的时期,克格勃特工和记者的见面也是说明莫斯科和华盛顿之间缺乏合理沟通渠道的有力证据。斯卡利也许认为,他就是解决危机的一个中间人,为此他也说服了白宫和国务院,但是苏联却完全不是这么想的。

自危机发生之初,费克利索夫便不停探索如何深入了解美国政府的决策。这个曾经的罗斯伯格间谍网的长官非常痛苦地发现,苏联在美国的情报能力如此糟糕。莫斯科给他极大的压力,叫他从肯尼迪的心腹那里获取"秘密信息"。他缺乏美国政府里的消息来源,不得不从政府圈外寻找人脉。因此,交际广泛的记者斯卡利就成为他能利用的接近华府的最佳资源。

过去一年多,他和这名美国广播公司记者在咖啡馆约见,有时共进午餐。即使没有有用的消息,这种会面也能提高英语水平。斯卡利是意大利裔美国人,十分健谈,他这种"精力充沛"的外表看上去就比较容易套到消息。[24]

费克利索夫常用的伎俩就是提出一个对方感兴趣的话题,然后在一个节点上坚持自己的态度,比如他会说"不对,这是绝不可能的"。斯卡利会为了显示出自己灵通的内部消息而回答说:"什么?不可能?这个会议是上周二下午 4 点召开的，我都还记得会议就是在 11 楼举行的呢。"费克利索夫不断地从这个美国人嘴里套消息，但自己却极少抛出消息。他有时候会抛出自己的观点来试探对方。

在咖啡店告别斯卡利后，费克利索夫赶回大使馆。这回他总算有真消息要反映给莫斯科了。他草拟了一份电报，上面简述了解决危机的三点意见，并且强调那是记者代表"最高权力部门"说的。但是，两个版本的倡议在一个关键方面大有出入。在斯卡利看来，这个是苏联的提议；但到了费克利索夫的嘴里，就变成了美国的提议。在斯卡利和美国人看来这是苏联人的试探行为，但实际上是克格勃那边想要确认华盛顿为解决危机提出的条件。

费克利索夫的权限让他只能将消息送到他的直属上级。要到达赫鲁晓夫或主席团委员那里，他须征得阿纳托利·多勃雷宁大使的同意。在对这份来自驻外特工（rezident）的报告反复思索几个小时后，多勃雷宁拒绝在上面签字。[25] 他解释说，外交部"尚未允许大使馆进行此类谈判"。因为和博比·肯尼迪也有非官方渠道，所以多勃雷宁对克格勃的提议表示怀疑。

费克利索夫最后也只能把报告发给对外情报组组长。[26] 等这份电报到达莫斯科时，已经是当地时间星期六下午了。这个电报对莫斯科制订解决危机的方案发挥了怎样的作用，赫鲁晓夫是否读过这份电报，目前尚无证据证明。斯卡利和费克利索夫的这次见面也成了古巴导弹危机的谜团之一。

费克利索夫和斯卡利在希尔顿见面的时候，大街另一边的白宫里，总统却在发泄怒火，原因是他听到有新闻社报道美国官方正暗示将"采取进一步行动"。肯尼迪认为，他竭尽全力控制公众对这次危机的期待，却被国务院发言人的一句不妥评论搅局了。他拿起电话，对这名官员进行了批评。

他的确明白，这个发言人并非故意为之。林肯·怀特（Lincoln White）迫于记者的压力，不得不抛出点消息给他们。他着重强调了总统星期一对全国人民演说时的一句话，这引起了各位记者的注意。肯尼迪曾在谈话中说道，对古巴实行封锁是迫使赫鲁晓夫撤出导弹的第一步。林肯又单独挑出如果苏联继续"攻击性的军事准备"，美国也可能"采取进一步措施"这些短语，给记者们提供了一个全新的报道角度。

还有件事也让这一切变得更加复杂。执行委员会要求白宫新闻发言人皮埃尔·塞林杰做出最近古巴情报搜集的情况汇总声明。声明上说，苏联不但没有停止导弹发射场的建设工作，反而"迅速建造导弹起竖和发射设施"。肯尼迪凭借自己的媒体直觉，担心记者们可能会把白宫和国务院的声明联想到一起，并且得出战争将要爆发的结论。如果到处都是即将采取军事行动的头条，那么，想要找到和平解决方法就会难上加难。每一次事件升级，都需要双方深思熟虑。

"林肯，我们必须要控制事态，"肯尼迪的声音里透着沮丧，"你说会有进一步行动，他们就会问'什么行动'，这样的话，事件会加快升级，而我们都还没准备好。"

"我错了，总统先生。"

道歉是没用的。

"你他妈的下次小心点！你不要提到以前的讲话，这样会给他们新的话题。你看，他们这不就得到了一个吗！"

"总统先生，真是万分抱歉。"

10 月 26 日，星期五，晚上 10：50

（哈瓦那，晚上 9：50）

肯尼迪并不是唯一一个能听懂国务院所说的"进一步行动"的言外之意的人。在 1000 英里外的哈瓦那，林肯的言论同样引起了苏联和古巴军官们的担忧。对卡斯特罗来说，这是华盛顿又一次对撤出导弹下达通牒。如果像卡斯特罗坚信的那样，苏联拒绝了这个通牒，那么在"不到 48 小时"内，美国就会发动侵袭。[27]

除了拉美通讯社从纽约发回的报道以外，还有其他类似迹象。最典型的是，巴西总统通过巴西驻哈瓦那大使路易斯·巴斯蒂安·平托（Luís Bastian Pinto）传达给卡斯特罗的消息。巴西那边得知，如果"48 小时内不暂停导弹基地的建造工作"，美国将计划摧毁导弹发射场。[28]卡斯特罗对这个消息十分重视。他和巴斯蒂安关系甚好，而巴斯蒂安在华盛顿也比较混得开。苏联在古巴的指挥官们也听到有消息说战略空军已经转入"全面军事战备状态"。[29]

分析了这些信息后，古巴和苏联官方认为，美国很可能会发动空袭，然后发动侵略。这种突袭随时可能发生。他们越想就越认为美国人第二天就会发动第一阶段的空袭进攻。

苏联驻古巴军队的总指挥伊萨·普利耶夫是个十分谨慎的人。他骑兵出身，灰色的头发整齐地从中间分开，胡子修理得整整齐齐。对自己的决策，他也是再三斟酌。他在卫国战争中饱经战争之残酷，美国入侵古巴将是何种结局，他自然也不抱有任何幻想。他挥了挥手，撵走了向他汇报目前形势的手下，因为他现在还处于胆结石病的康复阶段，必须避免情绪波动。几天前，他的副官给他带了份报告，上面说反卡斯特罗游击队可能会登陆，其他几名苏联将军急着想要和他谈话。他答道："别慌，配合古巴同志们去调查，也许只是几个渔民而已。"[30]普利耶夫告诉副官："等他们彻底调查清楚了，再告诉我。"后来，他们发现这个报告确实是假消息。

现在，连普利耶夫也开始担心了。[31]和卡斯特罗见面后，他也认为战争是无法避免了。他命令手下转移到靠近埃尔奇克总部附近的地下指挥室。和卡斯特罗的地堡一样，苏联的指挥室也备有复杂的通信设备、大量的粮食以及供总参谋部人员使用的床铺。听到有传言说美国会在周五发起进攻，普利耶夫下令部队进入全面战备状态。他已经为应对可能要历时数月的游击战做好了准备。

他告诉指挥官们："我们无路可退。我们远离祖国，但是我们的装备足以支撑 5~6 个星期。我们将打到最后一兵一卒，大不了转战到山区里去。"[32]

普利耶夫拒绝了卡斯特罗让苏军穿上军服的要求，但是他同意打开防御雷达，并且允许防御指挥官打击前来空袭的美军战斗机。[33]他下令在通往美军关塔那摩海军基地的路上埋设地雷，下令两支分别位于古巴东边和西边的苏联空军核武巡航导弹部队转移到提前开火位置。他下令拿出一部分核弹头装配在用于瞄准美国的 R-12 导弹上。

对于普利耶夫是否有权使用战术核武器抵抗美国入侵，人们尚有疑惑。[34]苏联的军事理念认为，发生战争时，作战指挥官应当负责战场的核武器。苏联的国防部长也草拟过授予普利

耶夫这类权力的命令，但他并没有在上面签字。最新的命令于
10 月 23 日下达，上面表明莫斯科仍然全权控制所有核武器。
然而，普利耶夫想要确认的是，如果发生战争，这些武器是否
能够随时发射。

哈瓦那时间下午 9 点 50 分，普利耶夫向苏联国防部长发
送了一份电报，总结了他想要采取的行动。

> 致局长（马利诺夫斯基的假名）
>
> 　　根据我方情报，美国已经发现了斯塔岑科（苏联在
> 古巴导弹部队的总指挥）同志的几个导弹发射场。美国
> 战略空军司令部已经下令，其空中打击力量已进入全面军
> 事预警状态。
>
> 　　古巴同志认为，我方必须准备应对美国于 10 月 26～
> 27 日或 10 月 27 日凌晨对我军在古巴的发射场的空袭。
>
> 　　菲德尔·卡斯特罗已经决定，如美军袭击古巴，将使
> 用防空炮击落入侵古巴的美军战斗机。
>
> 　　我已采取措施，在作战区内分配"tekhniki"（核弹头
> 的委婉语），并且加强迷彩伪装。
>
> 　　若美国对导弹场进行空袭，我方将动用一切可行防空
> 手段。[35]

他在电报上签上了自己的官方假名"巴甫洛夫"。

众所周知，谢尔盖·罗曼诺夫上校于人于己都极为严
苛。[36]他依靠运送和保存核武器开启了自己的军事生涯。而现
在，他的军事生涯可能遭到危机。他指挥的一支车队在到达古

172

巴后不久就发生了一起重大事故。在一条弯道上，一辆苏联货车试图超过一辆慢速行驶的汽车，不料和一辆古巴人驾驶的车相撞了。古巴人在这次事故中丧生。罗曼诺夫也受到党内较为严重的警告处分。等返回莫斯科，他必须承担这个后果。一想到这个，他便惶惶不安。

尽管恐惧笼罩着他，罗曼诺夫也受命掌管核心的核储存基地。基地有抗冲击的地堡，里面存放着 R－12 导弹所需的核弹头。这个储存基地位于贝胡卡尔北部的山林边上，距离哈瓦那 20 英里，街上满是泥泞，破旧不堪的平房随处可见，跳蚤成灾。那里挖好了穿山的地堡，用钢筋混凝土覆盖，再在上面重新埋上泥土。[37]这个地堡两边都有个"L"形的结构，50～75英尺长，直通地下的停车场。这种环形的道路，使运输核弹头的车辆可以从北边进入，再从南边出来。这座建筑占地大概30 英亩，四周有围栏，从空中望去十分显眼。

这个地方原来是古巴军队用来隐藏常规武器弹药的，现在为了存放核弹头特地进行了改造。总参谋部制定了用来存放和维护核弹头的高标准规程。[38]这些导弹存放时必须相隔 20 英寸，所在位置至少要高出地面 10 英尺。需要至少 100 平方英尺的空间安装核弹头和检查出库。存放温度不得高过 68°F，湿度必须保持在 45%～70%。保持温度和湿度准确总是非常困难的。这个地堡的温度从来没有低于 80°F。为了将温度降到极限允许值，罗曼诺夫不得不从他的古巴主人那里拆走了空调和冰柜。

对每个人来说，要处理好这等同于 2000 枚广岛原子弹的核弹仓库，压力不言而喻。[39]罗曼诺夫每天只有 3～4 小时的睡眠时间，他返回家乡后不久就患心脏病去世了。他的副手鲍里斯·博尔坚科（Boris Boltenko）少校几个月后也患脑癌去世了。[40]博尔坚科的战友认为，少校是一年前为准备 R – 12 导弹现场试验安装核弹头时患上的癌症。当到达古巴时，他已经遭受核辐射的侵害，但未诊断出来。许多跟"设备"（他们对核弹头的叫法）打交道的技术人员和工程师后来都患了癌症。[41]

173

相比苏联境内层层包围的安全措施，贝胡卡尔的地堡就只有单薄的一层防护和几门防空炮。罗曼诺夫的总部位于约0.75 英里远的小镇外部的山上，那里曾是一座天主教孤儿院，以前被人们称为"儿童之城"（La Ciudad de los Niños）。美军飞机每天从这儿飞过，搜集情报。到了晚上，苏联的卫兵们会听到附近山区里的枪声，一般都是古巴民兵在追捕叛军。有时候，神经紧张的苏联士兵会在黑暗中朝影子开枪。等第二天他们过去检查的时候，偶尔会发现丛林里躺着的死猪。于是，他们当晚就烤来吃了。[42]

开车 4 ~ 5 小时，便可从圣克里斯托巴尔的导弹发射场到达贝胡卡尔。然而，因为路况糟糕，所以要去古巴中部的西多罗夫指挥团则需要 14 小时。普利耶夫知道，如果美国发动空袭，苏联基本不会有时间把弹头运送到大萨瓜。西多罗夫团是 3 个导弹团里位置最偏远的，却也是作战准备最充分的。由于西多罗夫最有机会对美军进行核打击，所以他能最先得到核弹头供应。

R – 12 导弹所需的 13 英尺长的鼻锥被装进特别制作的核存储车里，车上有向外延伸的导轨。夜幕降临，方形、有弧度的厢型车从地下驶出，前面是一排货车和吉普车。这支车队总共有 44 辆车，但只有六七辆是载有核弹头的。为掩人耳目，装载核弹头的厢型车辆中间往往会夹着载有工业设备的货车。在通往大萨瓜的 250 英里路途沿线驻扎着导弹部队，他们拦截其他来往车辆以保证车队的安全。大家都害怕又会发生什么事故。

苏联动用了所有可行的手段避免侦察机发现车队。[43]行动在黑暗中进行。车头灯是禁止打开的，只有侧灯可以打开，而且每 4 辆车只能打开 1 辆车的侧灯。车队的最大时速被限制在 20 英里。

搞定了几枚核弹头后，罗曼诺夫和他的战友们总算松了口气。他们时刻担心美国会进行空中打击。他们知道自己的处境有多危险，但也很难相信，美国人竟然没有发现他们的秘密。

从发现导弹开始，中情局就一刻没停地搜寻核弹头。事实上，这些弹头都暴露在外。美国的情报分析师对 U‑2 侦察机拍摄的贝胡卡尔地下图像研究了一年多，他们也仔细研究了地堡的建造、环形路以及篱墙。1962 年秋，他们认为贝胡卡尔有一对地堡可能"藏有核武器"。10 月 16 日，中情局告诉肯尼迪，这块位于贝胡卡尔的区域"不同寻常"，有"自动的防空武器保护"。[44]中情局报告说，这和苏联境内发现的核掩体"有共性，但也有很多差异"。

中情局副局长卡特中将说："这里是最有可能的，我们已经对此进行标记，以便进一步分析。"

三天后，中情局一份更加详细的分析报告显示，贝胡卡尔的地堡是在 1960～1961 年建成的，用于"存放常规弹药"。[45]1962 年 5 月拍摄的照片显示，这些地堡"能抵御冲击波，并且只有一层防护"。这里来往车辆较多，但是在 5～10 月，这里没有发生多少作业。分析认为，这里缺乏额外的安全防护措施，所以不像被改造成"存放核武器的场所"。

10 月下旬，侦察机多次从贝胡卡尔的地堡上方飞过。[46]每

一次任务，飞机都会搜集到更多的信息，以便提醒分析员了解
这些设施的作用。10 月 23 日星期二，美军的一架"十字军"
低空飞行，途中拍到了在"泥土覆盖的穿透构造"外面的 12
辆用于运输核弹头的厢型车，以及其他 7 辆货车和 2 辆吉普
车。10 月 25 日星期四，美军在另一次侦察行动中发现了几台
用于运输从厢型车转移核弹头的小型起重设备。这些厢型车
都是相似的，车厢后部是巨大的回转门，前部是通风口。这
些起重设备和厢型车都整齐地摆在混凝土地堡入口外 200 码
处，十分显眼。白色的水泥杆上架着铁丝网，将这个地方围
在里面。

　　事后想来，这些起重设备和厢型车是解开苏联核弹头之谜
的关键，但是美国的情报部门还是过了好几周才开始想到这种　　175
联系。[47]直到 1963 年 1 月，分析师才开始研究一些"亚历山德
罗夫斯克号"从科拉半岛的潜艇基地到古巴的航程图片。美
方认为，这个基地很可能是核弹头的转移和服务中心。在此之
前，该基地从未发现任何民用船只。这个地点出现商船显然不
合情理，这引起了分析师的注意。于是，分析师们重新开始研
究"亚历山德罗夫斯克号"的照片。11 月初，在这艘船从古
巴返回科拉半岛的途中，飞机在船上发现了鼻锥。

　　尽管分析师们后知后觉地把"亚历山德罗夫斯克号"
和核弹头厢型车联系到一起，但是他们从来没有联想到贝胡
卡尔。[48]伦达尔的高级助理迪诺·布鲁焦尼在 1990 年的著作
中提到，马里埃尔港是古巴最主要的核弹头处理地。事实
上，那里只是 10 月 4 日"因迪吉尔卡号"运来的核弹头的
转移站。直到 1991 年苏联解体后，包括核工厂的长官别洛
博罗多夫上校在内的苏联军官才开始公开谈论贝胡卡尔地堡

的重要性。[49]

根据解密的美国侦察图像，本书首次解释了贝胡卡尔核存放地堡的位置和另一处相似地堡的位置。这些建在山里的地堡能俯瞰马那瓜（Managua）。在第三插页的第二页和第三页，有先前未发布过的、拍摄于 10 月 25 日和 26 日的贝胡卡尔和马那瓜的地堡的照片。贝胡卡尔地堡是 36 枚 1 兆吨核弹头的隐藏地点，马那瓜是 12 枚 2 兆吨"月神"核弹头的存放处。

在标记贝胡卡尔为"最可能是核仓库"之后，中情局又排除了其可能性，这也印证了思维定式对人的束缚。布鲁焦尼曾回忆道："专家们反复说，克格勃肯定是严格把手这些核弹头的秘密。他们提醒我们，要多留意多重安全围栏、路障以及额外的防护措施。"[50]分析师们观察到，贝胡卡尔仓库的围栏十分脆弱，连门都是半敞着，因此认定那里不可能藏有核弹头。图像分析报告只提到这里是个"弹药储存仓库"。

图像分析员更关心杰拉多角（Punta Gerardo）的一家糖浆厂旧址，那里距离哈瓦那西部海岸线 50 英里远。工厂靠近高速公路网，防守重重，附近不断出现新的建筑。最引人注意的是，这个设施附近有"双重安全屏障"，这是典型的苏联风格，而且四周都设有哨岗。[51]在肯尼迪发表电视演讲前，中情局告诉他，这些迹象都表明那里存放有核武器。

事实上，这座糖浆厂和核弹头毫无关系，这里只是导弹燃料的转移和储存点。[52]这就像"亚历山德罗夫斯克号"和"塔季扬娜"核弹一样，看似毫不设防却成了最佳的防卫。

与他的苏联对手伊萨·普利耶夫一样，汉密尔顿·豪兹（Hamilton Howze）中将也是天生的骑兵。他的军事生涯经历了从战马到直升机的变迁过程。他现在指挥的是美军空降部队。由于父亲罗伯特·李·豪兹（Robert Lee Howze）的关系，他对古巴也有一定的了解。他的父亲曾和西奥多·罗斯福一起指挥过圣胡安山战役，罗斯福形容这个人"英姿飒爽、人中龙凤"。如果美国再次入侵古巴，这位老骑兵的儿子将会成为指挥地面部队的高级将领。

豪兹的手下对古巴早已蠢蠢欲动。入侵计划要求第82和第101空降师的23000名士兵占领哈瓦那地区的4个空港，包括主要的国际机场。在伞兵占领敌军后方的同时，海军陆战队和第1装甲师将夹击哈瓦那，切断首都和导弹基地的联系。星期五，豪兹告知五角大楼，他手头的两只空降旅已经"沸腾得盖不上锅盖了"。对这些士气高昂的部队，不下达任何命令而让他们保持长期的警戒状态，是十分可怕的。[53]这次作战规模堪比1944年6月的诺曼底登陆。大约12万人的部队，共8个旅，将会在从马里埃尔港到达拉拉海滩的长达40英里的海岸登陆。而诺曼底登陆那天的部队有15万人，海岸线足足有50英里。

这次作战代号为"出鞘行动"。[54]登陆之前，先进行一天三次的高强度空袭，直至摧毁所有的导弹发射场、防空武器以及敌军机场。低空侦察已确认岛上共有1397个独立目标，仅仅是第一天，从佛罗里达的机场、加勒比海的航母以及关塔那摩的海军基地就要发起1190次空袭。

作战规模如此宏大，免不了产生了一连串问题。[55]如此仓促地把海军陆战队送到海上，以至于无法带足通信设备。许多作战单元都面临人员不足的问题。一些单元被派遣到南方腹地（Deep South）执行联邦法庭的反种族隔离政策去了，军警人员

178

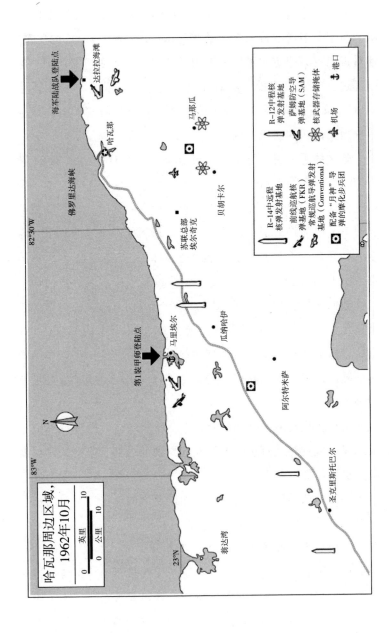

哈瓦那周边区域，1962年10月

非常不足。参谋们低估了两栖登陆所需的船只数量，并且算错了部分海滩的坡度。部队发现马里埃尔的一些海滩并不如设想的浅，深水登陆装备又成了紧缺品。海军抱怨关于达拉海滩的沙堤和珊瑚礁的情报信息"严重不足"，这会严重威胁"古巴西边的作战"。

美军负责包围古巴的先头部队并不是很清楚登陆后需要做什么。他们以为自己的对手主要是古巴人，以为只有少数的"苏联阵营技术人员"。[56] 即使在莫斯科和北京的关系出现裂痕的后两年，美国情报部门仍认为在古巴的是"中苏"军队和顾问。10 月 25 日，美军侦察机拍下了雷梅迪奥斯的苏联作战部队的图像以及克劳夫野战火箭。但到了 10 月 26 日星期五，这些拍下的信息却仍没有送至准备进军古巴的海军陆战队和空降部队。

古巴有苏联控制的核武器的消息传到了美国高层，美军的指挥官们也呼吁给自己配备战略性核武器。[57]

进攻美军关塔那摩基地的命令是在周五晚上下达的。距离基地 15 英里的维罗里奥（Vilorio）村是美军军校的旧址，装备了 3 座巡航导弹发射器，每座发射器都具备广岛核弹的威力，几百名苏联士兵在"预发射位置"等候命令。他们两天前从克里斯塔尔山脉中的马亚里阿里巴供给中心来到维罗里奥。为了尽可能保密，所以只有在预期战争将要爆发时他们才会重新部署到发射位置上。

由于无线电信号容易被美军截获，部署命令是通过密封邮件下达的。新的部署位置位于菲利布纳（Filipinas）的一个废弃的咖啡种植园附近，那里距离关塔那摩基地 15 英里，但离海更近。从预发射点到发射点的距离为 10 英里。[58] 一旦在发射

179

点收到莫斯科参谋部的命令，便可以准备"摧毁目标"。

50 多年来，苏联摧毁关塔那摩的计划一直都是秘密。奥连特和比那尔德里奥的前线巡航导弹团的活动很少引起历史学家的注意，尽管这些军团控制了苏联在古巴的导弹的半数以上。前线巡航导弹的爆炸威力达 1.4 万吨 TNT 当量，相当于摧毁广岛的核弹的威力，比部署在古巴中部的短程"月神"导弹威力大几倍。部署在古巴的前线巡航导弹弹头共 80 枚，而"月神"仅为 12 枚。

本书首次公开 10 月 26 日星期五晚上巡航导弹护卫队的动向，也就是危机即将达到高潮的时候。为讲述该事件，本书参考了俄罗斯的文件、当事人的回忆以及解密的美国情报报告。尽管苏军对这次行动严加保密，美国人仍能通过无线电拦截和空中侦察跟踪这个导弹护卫队。然而，这些原始情报的意义就像贝胡卡尔核掩体的照片一样，从未得到人们的重视和进一步研究。

在调遣到菲利布纳的苏联士兵中，有 21 岁的维克托·米赫耶夫（Viktor Mikheev）。[59]他在工程公司工作才一年，运用木工技术帮助搭建巡航导弹发射点。他在古巴去世的时候年仅 21 岁。从他寄给母亲的照片上，能看到一个壮实的小伙儿，目光锐利，头发向后梳。他穿着大兵制服、高帮皮靴，腰间系着一条宽宽的带有红星的皮带。

米赫耶夫是名参加过"安纳德尔行动"的士兵。他来自 180 莫斯科附近的乡村，父母都在集体农场工作。尽管他在 1962 年 9 月中旬就到达古巴，但直到 10 月中旬他才被允许写信回家。信的内容十分简要。军中的审查员禁止他多说话，甚至不允许暴露所在位置。他的信中充斥着各种拼写错误或语法错误，写着"来自他乡之土的问候。安好勿念"。他解释"上面禁止"写信，并将莫斯科的一个邮筒地址作为回信地址。

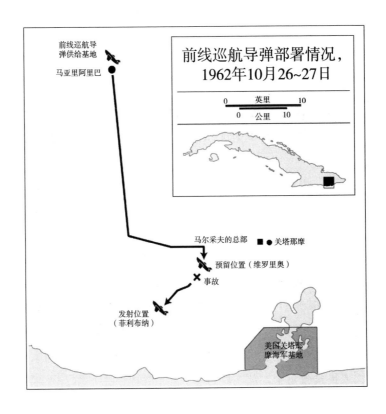

前线巡航导
弹供给基地

马亚里阿里巴

前线巡航导弹部署情况，
1962年10月26~27日

0   英里   10
0   公里   10

马尔采夫的总部   ■ ● 关塔那摩

预留位置（维罗里奥）

× 事故

发射位置
（菲利布纳）

美国关塔那
摩海军基地

当护卫队从维罗里奥出发朝着大海进发的时候，米赫耶夫和20名来自场地工程组的士兵正坐在一种叫作克拉斯的方头卡车上。

181　　紧跟在这种克拉斯卡车后面的是拖着前线巡航导弹的卡车。前线巡航导弹是米格－15战斗机的简化版，机翼向后，机身的中间是1.4万吨级的核弹头。这些导弹都藏在帆布下面。其他车辆紧跟其后，包括用于帮助导弹寻找目标的无线电车。护卫队在漆黑一片中向前摸索，严格遵守灯火管制。这支部队的指挥官杰尼申科（Denischenko）少校坐在护卫队前面的苏联军用吉普车里，在他身边的是政委。

突然，黑暗中传来巨大的坠落声和刺耳的惨叫声。前线巡航导弹卡车里的士兵们以为是叛军袭击，甚至是美国人发动突袭了。他们跳出卡车，藏到石头或仙人掌后面的防御位置，现场极为混乱。

几分钟后，他们才查明状况。载着工程组的克拉斯卡车翻到沟里去了。士兵们发现卡车已经掉到了深渊里，米赫耶夫、亚历山大·索科洛夫（Aleksandr Sokolov）和一名古巴人已经摔死了，坐在卡车右边的几名士兵则受了重伤。他们的同志把伤亡人员拉救出来，放在路边。

杰尼申科不得不通过无线电寻求救援，即使这意味着可能向美军泄露方位。事故消息传到了关塔那摩附近的马尔采夫上校那里。在这次事故中共有3人丧生，包括2名苏联士兵和1名古巴人，另有15人受伤，部分重伤。马尔采夫呼叫了军医，并且派遣卡车和救护车赶到事故地点。[60]

就像其他类似事故一样，关心重点不是人员伤亡，而是要成功完成任务。救援车队到达现场后，这支运送前线巡航导弹和核弹头的卡车大部队又开始踏上漫漫黑夜的征程。

10 月 26 日，星期五，午夜

（哈瓦那，晚上 11：00）

根据限令，外国记者现在已经不能自由地进行采访报道了。抗议限令的记者会被逮捕并加以"美国间谍"的罪名。周四晚上，古巴警察闯进一位来自瑞典的名叫比约恩·阿兰德（Björn Ahlander）的电台记者的下榻酒店。他问警察："我应该穿晚宴礼服还是囚服？"[61]

182

没有人回答他的问题。他穿上晚宴礼服，在警察局的牢房里度过了一夜。周五的时候，在以瑞典预备军官的身份"承诺"自己不会出逃后，警方允许他回到酒店。

当然，外国人加入反对美国的宣传阵营是很受欢迎的。古巴政府向一名美国民权活动家罗伯特·F. 威廉斯（Robert F. Williams）提供无线电设备。这位活动家谴责肯尼迪是"甚于拿破仑的独裁者"。在自由南方广播台上，他对"受压迫的北美同胞"发表演说，号召入侵古巴的美军黑人士兵背叛他们的长官。

对南方腹地进行晚间广播的时候，威廉斯说："当你们拿起武器的时候，记住，这也是唯一能争取自由的机会，这也是唯一一次摆脱猪狗不如的待遇的机会。我们会管好前线，那后方呢？你们将不知道谁会在后方捅刀子。你愿意加入吗？"[62]

在哈瓦那郊外，卡洛斯·阿尔苏加赖（Carlos Alzugaray）和其他古巴外交官们用了整整一天时间挖战壕。回到外交部后，他们谈话的内容大多是关于美国对古巴的进攻的，他们预计进攻会发生在晚上。古巴政府急需关于哈瓦那地区或附近遭受核打击后的情况汇报。

对这位年轻的美国专家来说，比较幸运的是，古巴仍是国际图书馆协会会员，仍能收到来自国会图书馆的美国政府出版物。古巴国防部对核战争的影响做了详尽的研究，归纳了核毁灭的各种情形。报告中根据武器规模、爆炸高度、风力等变量对哈瓦那这样拥有两百万人口的中型城市遭受核打击之后的情形做了细致描述。越读着这份材料，阿尔苏加赖就越觉得结局不妙。

如果在靠近地面处爆炸，一枚 1 兆吨的导弹也就是等同于苏联的 R－12 弹头，会留下 1000 英尺宽、200 英尺深的弹坑。爆炸会摧毁冲击波所及的 1.7 英里范围内的一切，包括办公楼、公寓、工厂、桥梁，甚至高速公路。在外围 5 英里的范围内，冲击波也将损坏墙和窗，建筑不会倒塌，但街上将遍地残垣。冲击波和坠落的碎片将造成数十万哈瓦那市中心的民众瞬间死亡。热辐射也会在接下来的几小时内造成数万人丧生。整座城市将被熊熊大火包围，一路烧到郊区和距离市中心 12 英里的埃尔奇克苏军总部。

阿尔苏加赖向同僚描述核袭击后将面临的情形。刺眼的闪光，然后是蘑菇云，接下来是炽热、死亡。然后，他写下他外交生涯中最简短的报告："如果在哈瓦那市或者附近使用核武器，城市和我们都将毁灭。"[63]他觉得任务完成了，不需要任何进一步的说明。

在外交部附近的街区鲜有人防设施。古巴人生活中的那种淡定自若，外国人是难以理解的。美国流亡者莫里斯·哈尔珀林在广播里听着美国城市里的人们如何囤积食物，准备撤离。他认为哈瓦那人反而"难以理解"：这些人对海滨大道的防空武器毫不在意，对街上的机关枪网以及海岸上的铁丝网也不觉得奇怪。[64]似乎"没有谁注意到，如果发生核战争，他们将无处可藏；到处都将缺医药，缺救护员、消防员以及填埋尸体的人"。

在外交部大楼的第五层，阿尔苏加赖和其他外交官们正准备在办公室过夜。他们挖壕沟挖得累了，就直接睡在办公桌上，"即便发生死人的事，也不会打扰我们睡觉了"。

这似乎呼应了后来西奥多·索伦森所说的古巴导弹危机以来的"最恶劣的一天"，也就是白宫所称的"黑色星期六"。[65]在 10 月 22 日星期一的总统全国演讲之后，事件又一次戏剧化地加速上演。危机已经产生了自有逻辑和势头。军队开始集结，飞机和导弹进入战备状态，将军们请求采取军事行动。局面每一分钟都在发生变化。战争机器已经启动，世界正飞速迎向一场核武器冲突。

第八章 先发制人

10月27日，"黑色星期六"，凌晨0:38

在美国军舰"牛津号"的一个阴暗的房间里，排列着录音设备，几位电子战军官坐在控制台前。这个乌云密布的夜晚吹着温和的东风。夜班刚刚换过。一根高大的桅杆在他们头顶的两层甲板之上矗立，接收着方圆数百英里内的雷达信号。这些情报搜集人员把耳机紧紧地戴在头上，紧张地听着与苏联防空系统挂钩的雷达信号，仿佛那些嘶嘶声在诉说着什么不可告人的秘密。到目前为止，除了一些简短的测试音，敌方雷达基本上都悄无声息。如果雷达系统开启达到一定时长，那就意味着飞过古巴上空的美国飞机将面临被击落的巨大危险。

这些"牛津号"上的情报搜集人员是一部巨大信息处理机器的组成部件。他们搜集的数据片段，无论是截取的雷达信号、窃听到的通话，还是敌方头顶的照片，都会被送到华盛顿带有像CIA（中央情报局）、DIA（国防情报局）、NSA（美国国家安全局）和NPIC（国家照相判读中心）等缩写的秘密政府机构。这些数据在经过筛选、解读、分析和处理后会变成绝密报告，然后取个诸如"诗篇""精英""铁皮木"或是"漏斗"之类的名字。

冷战是一场情报战。当然有时它也发生在光天化日之下，比如在朝鲜半岛和之后的越南，但多数情况下，它都在阴暗中进行。要想完全摧毁敌人，必然要进行核战争，所以冷战战略

专家转而寻找对方的弱点。军事优势可以转换为政治和外交优
势，而情报就是力量。

有时，一个事件的发生能够照亮这场情报战争中的一片阴
影，比如苏联曾于 1960 年在西伯利亚击落了弗朗西斯·加里·
鲍尔斯驾驶的 U－2 侦察机。这次击落以及随后苏联对鲍尔斯的
审讯暴露了美国名为"照相情报"（Photint）的情报搜集实
力。但诸如"电子情报"（Elint）、"通信情报"（Comint）以
及"信号情报"（Sigint）等词仍然在苏联咬牙切齿的嫉妒中
被当作国家机密保存完好。Elint 是"电子情报"（electronics
intelligence）的缩写，主要研究雷达信号。Comint 是"通信情报"
（communication intelligence）的简称。而 Sigint 则意指更为广泛的
信号情报。除了"牛津号"外，搜集通信情报和电子情报的
情报站还包括关塔那摩和基维斯特的海军基地，以及在古巴周
边巡逻并记录雷达信号、摩斯密码、飞行员碎语和微波传输的
空军 RB－47 飞机。

在这艘由二战期间的一艘商船改造而成的"牛津号"上，
近百位专业窃听人员在过去几个礼拜中徘徊于兴奋和沮丧之
间。通过对近哈瓦那常规操作区域的监听，他们帮助定位了沿
海岸线分布的萨姆防空导弹发射基地，并监听到苏联战斗机飞
行员用夹杂着浓厚俄罗斯口音的西班牙语通报消息。但就在上
个礼拜，由于接到命令不得不把船只后撤到佛罗里达海峡中
部——距古巴至少有 40 英里，他们的窃听能力被大大削弱了。
这一决定是出于安全考虑。[1] 因为除了几把汤普森冲锋枪和半
打 M1 加兰德步枪以外，"牛津号"几乎毫无防御能力。美国
可承担不起它被俘获的后果。由此，一扇开向古巴决策的窗被
关上了，而危机却仍然在持续升温。

185

这种阴郁的氛围在船的前部尤为沉重，这里是 R 分部的工作室，该分部专攻高频率的微波传输和摩斯密码信号。古巴的微波网络由一家美国公司——美国无线电公司——在巴蒂斯塔时代安装而成。因为配备了完整的微波网络地图以及传输设备的技术细节，"牛津号"上的窃听者们能够记录并分析这撩人耳朵的通信流中的一部分信息。他们成功破译的信息涉及古巴秘密警察、古巴海军、警察、防空和民航。而想要完成这一工作，船只必须停靠在哈瓦那区域的微波传输信号塔之间。每当"牛津号"远离古巴海岸后撤十几英里，拦截的信号质量就会急剧下降。

10 月 22 日之前，"牛津号"距离古巴海岸时近时远，但通常都能看到莫罗城堡——从海上看哈瓦那最明显的地标建筑。"牛津号"以 5 节的航行速度在东西方向 60～70 英里的范围内来来回回。官方声称"牛津号"是一艘"技术研究船只"，除了收集"海洋学数据"外，还进行着"无线电传播"研究。但是，古巴人可没有上当。他们看到了船尾部甲板上高耸的天线，并得出了"牛津号"是一艘"间谍船"的结论，认为它的主要任务是截取通信信号。古巴军方也曾对内发布消息，警告己方人员在电话上"闲言碎语"的危险。

古巴海军也一直和"牛津号"玩着猫捉老鼠的游戏。[2] 有一次，他们派出了巡逻船去拍摄这艘间谍船。还有一次，一艘古巴炮艇靠近至数百码处。"电子情报"操作员们甚至能听到炮艇上的火控雷达搜寻目标时发出的一系列哔哔声。雷达一锁定目标——"牛津号"——哔哔声就变得平稳。甲板上的船员甚至看到古巴水手把重炮对准他们。在做一番佯攻的姿态后，炮艇调头开走了。

卸去了二战时期的装备，"牛津号"现在执行着一只巨大电子耳的使命。通信桅杆对捕获的信息进行分解，并传输到甲板下面，电子工程师和语言学家则在那里对信息进行分析。每一种专门的信号都有其传统和行话。比如说，摩斯密码专家就被唤作"点线猎人"，因为他们在工作中总是誊写着圆点和横线。[3] 而正是这些"点线猎人"证明了苏联当时正在接管古巴的防空系统。10 月 9 日，他们捕捉到能够证明上述论断的证据，即古巴用于定位飞机的网格定位系统基本上照搬了之前苏联人用过的系统。

即便在"牛津号"后撤之后，它仍然能够捕捉到哈瓦那区域的苏联雷达信号。分析这些信号是 T 分部的职责，这个由 18 名成员组成的小分部占据着船的尾部。接收室中通常有 4 个人执勤，他们浏览着已知的雷达频率，并在听到可疑信号时打开录音设备。他们接收过的最有价值的信息来自萨姆防空导弹发射基地，它们呈一个环状保卫着整个古巴。由于 V－75 萨姆防空导弹曾击落加里·鲍尔斯，所以美国飞行员对这一武器充满畏惧。它与两套雷达系统协同运作：一套是定位雷达系统，北约称之为"匙架"（Spoon Rest）；另一套是火控雷达系统，常被称作"果盘"（Fruit Set）。"匙架"雷达会被首先激活，而"果盘"雷达只有在目标可见或系统测试时才会被开启。

"牛津号"在 9 月 15 日先侦测到了古巴境内的"匙架"雷达。这显然只是一次测试，因为这套位于马里埃尔以西的雷达系统很快就被关闭了。10 月 20 日，T 分部成员捕捉到了"果盘"雷达的信号，这表明萨姆防空导弹已经测试完毕，可以随时发射。[4] 这一发现事关重大，以至于海军密码局的领导坚持要亲眼看到证据。那一夜，"牛津号"在基维斯特停靠了30分钟，以便海军上将托马斯·库尔茨（Thomas Kurtz）能够取回录音带。

而下一个重大突破则在刚过"黑色星期六"午夜后不久便到来了。"牛津号"刚刚开始向东缓慢地绕圈航行。间谍船此时距离古巴海岸70英里，这个距离对捕捉微波信号来说过于遥远，但对于侦测雷达信号则完全够用。在凌晨0点38分，T分部成员捕捉到了一段来自紧邻马里埃尔的萨姆防空导弹发射基地的防空雷达信号。他们打开录音设备并取出了秒表，计算着嗡嗡声之间的时间间隔，并参考一本厚厚的手册。这本手册包含了所有已知苏联雷达系统的识别特征，包括频率、脉宽和脉冲重复率。手册上的信息确证了他们已有的怀疑，这段信号来自一套"匙架"雷达。

这次，苏联人并没有像之前他们测试完雷达后那样把雷达关掉。"牛津号"很快捕捉到了来自哈瓦那东部（卡斯特罗曾于10月24日视察过这个基地）、马坦萨斯以及马里埃尔萨姆防空导弹发射基地的"匙架"信号。在给美国国家安全局发出第一份快报之后，这三处发射基地的雷达系统还持续运作了近2个小时。[5]由于这艘间谍船沿着海岸线缓缓航行，T分部成员能够从多个方位测定雷达信号的源头，由此确定了这些发射基地的准确位置。

美方发现古巴防空体系发生了重大的组织变更，而雷达系统正好也在同一时间激活。[6]安全局的分析专家注意到古巴通信呼号、代码和程序在星期六早晨的最初几个小时里都被替换成了苏联模式，命令语言由西班牙语变成俄语。这一切看起来苏联人已经接管并激活了古巴的整个防空网络。只有低级别的防空炮还在古巴的控制之中。

而这唯一可能得出结论就是，对峙的规则已然突变。从现在开始，飞越古巴上空的美国飞机将被跟踪并被定位及瞄准。

10 月 27 日，星期六，凌晨 2：00　188

（哈萨克斯坦，拜科努尔，上午 11：00）

向东 9 个时区是哈萨克斯坦南部干旱的平原，而苏联的导弹试验区正坐落于此处的拜科努尔。鲍里斯·切尔托克（Boris Chertok）这一天起得很迟。这位火箭设计师在过去的几个礼拜中都忙于为苏联最新的太空项目——火星探测器——做准备。他几乎每个夜晚都不休不眠，为项目殚精竭虑。第一次发射因为火箭发动机失火而失败了。第二次试射被安排在 10 月 29 日。

当他到达火箭装配大厅时，他简直不能相信自己的眼睛。全副武装的士兵已经接管了整栋建筑，谨慎地查验每位进出人员的身份。没人再关心火星项目。取而代之的是，工程师们正聚集在一台配备了五台发动机的笨重怪物四周，它之前一直被防水布覆盖着。这枚绰号"小七"（Semyorka）的 R－7 弹道导弹因为把斯普特尼克系列卫星和尤里·加加林送至人造卫星轨道而名震天下，但是它很快就被淘汰了。现在还能把它派上用场的，无非就是搭载核弹头，把纽约、芝加哥或是华盛顿彻底毁灭。苏联人手上能用的弹道导弹是如此之少，以至于他们不得不把库存中的每一枚火箭都派上用场，无论它们是不是已经被淘汰了。

等切尔托克回过神来的时候，拜科努尔发射基地的指挥官阿纳托利·基里洛夫（Anatoly Kirillov）解释说，火星探测项目叫停了。[7]莫斯科命令他们为库存中的"小七"弹道导弹做好发射准备。一枚导弹已经检查完毕，装填上燃料并配备了弹头。它正矗立在发射基地另一端的发射台上。而第二枚"小七"一旦弹头运到，也将做好发射准备。一旦两枚导弹都准备完毕，所有非军事人员都将"被遣散"，以防火箭在发射过程中发生爆炸。

切尔托克迅速地在心里算了一遍。一个 280 万吨级的武器可以摧毁爆炸中心方圆 7 英里内的一切事物，并把核辐射扩散到一个更大的范围，而这将使整个拜科努尔没有安全区域。他和基里洛夫已经相识多年且关系融洽，但他对正在发生的一切甚是恼怒。他想给莫斯科打个电话，和负责人谈一谈，甚至直接跟赫鲁晓夫谈。发射基地的主事并没有搭理他，因为想联系上莫斯科，靠常规电话可不行。所有的通信线路都为军队预留，以防突发战事他们好接收命令上战场。

189 火箭设计师想知道，要是命令真的从莫斯科传来，他的朋友是否已经做好按下那个按钮的准备。尽管双方都参加了上一次战争，但是核战争与其完全不同。

"我们谈论的可不只是因为某一枚核弹头而牺牲的数十万民众。使用核武器可能意味着整个人类的灭绝。这可不是一场普通的战争，这可与你平时负责的炮台不一样，要是有人命令'开火'，这个世界就完了。"

基里洛夫想了一会儿。

"我是一名军人，我将完成我的使命，就和我在前线执行命令一样，"他最终答道，"在另一个地方，也有一位导弹军官，他不叫基里洛夫，大概会叫史密斯吧，他也在等待着轰炸莫斯科或者我们这个发射基地的命令。所以，不需要你来拷问我的灵魂。"

拜科努尔发射基地不过是苏联众多核列岛中的一座小岛。17 年前，美国投下了第一颗原子弹；在这 17 年里，苏联疯狂地追赶。在核武器和导弹方面与美国势均力敌成了国家的当务之急。核弹和核武器投放能力成为苏联超级大国地位的象征和保障。其他任何事务，无论是经济福祉、政治自由，还是承诺的共产主义未来，都在超级大国间的核竞赛中退居次席。

在核竞赛中，斯大林和他的继任者把这个国家的大部分土地变成了军事工业的废土。苏联遍布着秘密核设施，从西伯利亚的铀矿到俄罗斯和哈萨克斯坦的核试验基地，再到乌克兰和乌拉尔山脉的火箭工厂。尽管这一共产主义超级大国取得了些许成就，但在可投放的核武器数量和质量方面，它都远远落后于其资本主义对手。

根据五角大楼的计算，苏联到 1962 年 10 月拥有 86 ~ 110 枚远程弹道导弹，而美国拥有 240 枚。[8] 但事实上，苏联当时仅仅有 42 枚。其中 6 枚还是过时的"小七"，而这些"小七"过于庞大和笨重，几乎不具备实际的军事用途。高达 110 英尺的 R - 7 导弹以不稳定的液体推进剂作为燃料。它的发射准备时间需要 20 个小时，而它的待命时间却不得超过一天。由于体型过于庞大，无法放置在导弹发射井中，所以"小七"很容易成为美国的攻击目标。

190

苏联最有效用的远程导弹是 R - 16 洲际弹道导弹，它以可贮存推进剂为燃料。这一修长的二级导弹由米哈伊尔·杨格尔设计，他同时还是中程 R - 12 "德维纳河"导弹的发明者，这一导弹也部署在古巴。从来没有哪个导弹有过比 R – 16 更凶险的开局。1960 年 10 月，第一枚接受试验的 R – 16 在发射台上爆炸了，炸死了 126 名工程师、科学家和军队领导人。这些人都是前来见证杨格尔超越其对手谢尔盖·科罗廖夫（Sergei Korolev）的胜利时刻。牺牲者还包括战略火箭军主帅米特罗凡·涅杰林（Mitrofan Nedelin）。这场灾难被迅速掩盖了，火箭的问题后来也得以解决。苏联在两年后开始大量生产 R – 16 导弹。到古巴导弹危机的时候，苏联已经部署了 36 枚 R – 16 导弹，并随时待命，15 分钟内便能发射。这其中有 10 枚是在发射井中待命。

肯尼迪在 1960 年总统选举中呼吁要跨越的"导弹差距"确实存在。但差距的优势方实际上是美国，而不是苏联——这一差距，比美方专家认为的还要大得多。

10 月 27 日，星期六，凌晨 3:00

（哈瓦那，凌晨 2:00）

哈瓦那此刻仍是午夜。[9] 苏联将军们和古巴指挥官们在指挥所等待着美军登陆的消息，他们认为这随时都有可能发生。在埃尔奇克的苏联军事总部，军官们围坐着闲聊、抽烟、偶尔互相开开玩笑。午夜过后，传来一份报告说美国海军船只在哈瓦那东部进入了视线范围。机关枪被发放给士兵，但后来证实这是一个错误的警报。在秋季浓厚的雾气中，瞭望员把一些古巴渔船错认为美国的入侵舰队。

菲德尔·卡斯特罗此时也像往常一样保持着清醒的状态。随着时间分秒流逝，他变得越来越悲观，觉得避免美国入侵已

然希望渺茫。他想到了希特勒于 1941 年 6 月 22 日对苏联的进
攻，这一历史类比让他愈加心烦。尽管当时斯大林接到了很多
情报说纳粹将要入侵，但他统统无视了。斯大林害怕由此陷入
一场自己不想打的战争，所以拒绝动员苏联的武装力量，直到
一切都为时太晚。这种短视使苏联付出了惨重的代价。“损失
了数百万人，几乎是全部的空军和他们的机械化部队，并不得
不大举撤退。”[10]纳粹军一直打到了莫斯科和列宁格勒。这个社 191
会主义的发源地几乎被扫平。在这个星期六的早晨，卡斯特罗
一边分析着世界格局，一边担心着“历史即将重演”。他决心
要赫鲁晓夫保证不犯跟斯大林一样的错误。他准备私下里给赫
鲁晓夫发个消息来警告他当前面临的危机，并鼓励他做出强硬
的姿态。凌晨 2 点，他让多尔蒂科斯总统给阿列克谢耶夫大使
打电话，告诉大使他要前来进行“一次重要的会面”。[11]

苏联大使馆坐落于哈瓦那植被茂盛的维达多区。这里的建筑可以追溯到 19 世纪，兼有新艺术派风格的别墅，以及从古巴上流社会没收的具有装饰艺术风格的公寓。其中第十三大街和 B 大街交叉口有一座新古典主义风格的两层小楼，现在被用作大使馆。小楼原先的主人是一位糖业大亨，在革命不久后就逃离了古巴。除了办公室外，大使和他的助理们在这栋复式建筑里还有各自的公寓。维达多的夜晚具有特殊的魔力，昏暗的街灯透过布满葡萄藤的柱廊投下长长的阴影，空气中飘散着扁桃木的香味。

古巴领导人的吉普车开进了大使馆布满紫藤的锻铁大门，停在了私家车道上。卡斯特罗让大使带他躲进大使馆的地下防空洞里，说担心美国的空袭甚至入侵即将来临。他来回走动，甩动着修长干瘦的手臂。他坚称美国佬的进攻已经“无法避

免"。"这一战不会爆发的概率只有百分之五。"他算着概率，就像肯尼迪一样。

他对伊萨·普利耶夫将军及其下属满口抱怨。[12]他告诉阿列克谢耶夫说这些苏联的指挥官对美国的军事实力缺乏基本认知。直到美国海军封锁生效一天后，他们才了解到相关细节。他们所适应的是类似二战的古典战争法则，并不明白这次战争将和过去截然不同。古巴和美国之间的距离是如此之近，这意味着古巴可能还没收到足够的预警，美国飞机就已经把苏联导弹发射基地给摧毁了，可能连核武器都派不上用场。想要防止美国对古巴进行毁灭性空袭，苏联和古巴的防空体系几乎无能为力。

在卡斯特罗看来，一场传统战争将很有可能快速升级为一场核战争。根据其后来回忆，他"理所应当地认为这最终会变成一场核战争，而我们行将灭亡"。[13]与其被美国占领，他和他的同志们"已经准备好为保卫自己的国家慷慨赴死"。卡斯特罗对于批准使用战略核武器来抵抗美国入侵者毫无顾虑，即便这意味着会在古巴产生持续几个世代的核污染。核战争"将会毁灭我们"，他和其他古巴领导人对此心知肚明。他们会"怀着最崇高的尊严"战死沙场。[14]

和往常一样，一切对卡斯特罗来说又回到了"尊严"之上。但在他对死亡和牺牲的痴狂中也含有对政治的一番计算。他的整个地缘政治战略基于如下考虑：把入侵古巴的成本提高到美国无法接受的地步。接受无法接受的事物和考虑无法考虑的事物是其生存战略的关键所在。核战争是最高级别的懦夫游戏（game of chicken，即游戏双方都不愿认输，而两方均不认输的结果就是达到最坏的结局。——译者注）。如果卡斯特罗能让肯尼迪和赫鲁晓夫相信，他愿意为了自己的信念而死，那这就会给他带来一定的优势。三人之中显然他的力量最弱，那么，顽固、挑衅和尊严是他唯一拥有的真正武器。

我们大概永远也弄不清卡斯特罗的尊严和政治计算的分界点在哪里。保证其政权的存续是他高于一切的目标，这也是他接受苏联导弹的首要原因。长久以来他都认为，为古巴所设想的一切，美国会坚决反对，并毫无妥协的可能。猪湾事件只是一个引子，美国还将采取一系列更为恶劣的手段把他除掉。为了保护古巴不受美国的侵略，他最大的指望就是将古巴置于苏联的核保护伞下。一旦古巴拥有并能够运行核武器，那美国佬就再也不敢入侵了。

另一方面，卡斯特罗也不想亏欠苏联太多，给世界留下古巴无力自我防御的印象。所以，在接受赫鲁晓夫提供的核弹的同时，他也为这一决定包装上一个冠冕堂皇的理由。他告诉苏联使节，他之所以接受赫鲁晓夫提供的核弹，不是因为古巴绝望的处境必须依赖核弹的保护，而是因为要"加强社会主义阵营的力量"。[15] 换句话说，他是帮了莫斯科的忙，而不是要莫斯科帮忙。

在所有的苏联官员和外交官中，阿列克谢耶夫最了解卡斯特罗。古巴人戏称他是"亚历杭德罗先生"，从最开始的克格勃特工到后来的苏联大使，他始终都能受到菲德尔的特别接见。但即便是他，也觉得这位古巴领导人简直是个谜团。

就个人方面而言，阿列克谢耶夫中了菲德尔的魔咒。他把卡斯特罗看作自己孩童时期的那些政治英雄们的化身，而正是这些英雄赢得了俄国革命的胜利。他很欣赏卡斯特罗的直率、不拘礼节和随和。但是，他的个人经验也告诉他，这位古巴领

193

导人很容易受到冒犯。他会抓住一些细节而小题大做一番。共产党的纪律对像阿列克谢耶夫这样的共产党官员来说意味着一切，但对卡斯特罗这样的独裁者来说什么都不是。在给莫斯科的信件中，大使把卡斯特罗"非常复杂和过度敏感"的性格归咎于他"在思想上还没有做好充分的准备"。[16]古巴领导人就好比是一个任性的孩子，容易受自己情绪的摆布。古巴这些革命家还会把耶稣受难像挂在他们的墙上来祈求圣母玛利亚的保佑，阿列克谢耶夫对这种做法完全不能理解。

就像他在莫斯科的政治上司那样，阿列克谢耶夫愿意忽视卡斯特罗在意识形态上的癖性。就像菲德尔需要苏联一样，苏联也同样需要菲德尔。早些时候，卡斯特罗清洗了一个由阿尼巴尔·埃斯卡兰蒂领导的亲莫斯科共产主义团体，而莫斯科对此没有表示任何抗议。意识形态的纯洁性相较于实际的政治权力来说是次要的。在阿列克谢耶夫看来，卡斯特罗是古巴"最主要的政治力量"，是古巴革命的人格化身。"因此我们要帮他打仗，教育他，并有时原谅他的错误。"

阿列克谢耶夫的西班牙语水平不错，但尚达不到通晓。在这个星期六黎明之前，他努力想跟上卡斯特罗的节奏，弄懂他话语里想表露的想法。一位助手迅速记下一些西班牙语词句，然后转交给另一位助理翻译成俄语。但在卡斯特罗对这份手写稿表示不满意之后，他们又不得不重写一份。

菲德尔到底想要赫鲁晓夫做些什么，连他自己都有点语焉不详。有时候，他听起来想让他的苏联盟友先发制人地对美国实行核打击。而有时候，他似乎又暗示只有在古巴遭受入侵时才能使用核武器进行自卫。一张张的手稿都被烧成灰扔进了垃圾桶，阿列克谢耶夫进入密室后口述了如下电报[17]：

绝密

最高优先级

F. 卡斯特罗正在我方大使馆

准备给 N. S. 赫鲁晓夫写一封

私函并直接寄给他。

在 F. 卡斯特罗看来，苏联的介入　　194

几乎不可避免，且必须在

24 ~ 72 小时内执行。

阿列克谢耶夫

10 月 27 日，星期六，凌晨 3：35

（莫斯科，上午 10：35）

　　按照苏联标准，定于 10 月 27 日早晨的核试验规模还算是比较小的，只有相当于广岛原子弹 20 倍的爆炸威力。和苏联大多数的空运试验一样，这次试验也将在新地岛上进行，它的纬度远高于北极圈。新地岛是一对状如阑尾的双子岛，面积约等于美国缅因州，它对于核武器的大气层试验来说十分理想。岛上 536 名爱斯基摩原住民已于 1955 年迁至大陆。他们原先的居所现在供军事人员、科学家和建筑工人使用。

　　在第一枚原子弹于 1945 年 7 月 16 日爆炸后，无论是苏联还是美国，都进行过数百次的核试验。伴随着新墨西哥州荒漠上一片耀眼的光芒和不断膨胀的蘑菇云，核时代的黎明宣告来临。一位目击者描述说，那是"我见过的最耀眼的光芒，那恐怕对任何人来说都是他们生平见过的最耀眼的光芒。它先是

爆炸，然后扩散开来，它穿透空间向你袭来"。[18]这枚原子弹的
发明者——罗伯特·奥本海默——想起了印度教主神毗瑟挐的
一句经文："现在我成了死神，世界的毁灭者。"每个人都意
识到，"有个新事物诞生了"。

　　奥本海默把第一次试验叫作"三位一体"。第一次试验
之后的 17 年间，这哈米吉多顿［语出《圣经·启示录》
（16:16），末日之战军队的聚集地，这里意指毁灭世界的力
量。——译者注］的秘密从美国传到了苏联，然后再传到了
英国与法国。越来越多的国家吵嚷着要加入核俱乐部。在
1960 年 10 月与理查德·尼克松的总统竞选辩论中，肯尼迪
担心到 1964 年年底将有"10 个、15 个，乃至 20 个国家……
包括红色中国"拥有核武器。但这一担心并没有阻拦他，他
依然积极地加入到与苏联的竞争中，不断地研制出更具毁灭
性的核武器。

　　这两个超级大国在 1958 年曾达成协议以终止核试验。但
赫鲁晓夫于 1961 年 9 月下令重新开始试验，他不顾科学家们
的反对，尽管其中一位科学家安德烈·萨哈罗夫（Andrei
Sakharov）开始认为大气层试验"是对人类的一项罪行"。苏
联或美国每引爆一枚核弹，就会造成连续几代人的空气污染。
萨哈罗夫指出一个千万吨级的大型爆炸所释放的辐射将会导致
数十万人的死亡。赫鲁晓夫根本不理睬这种担忧，他认为苏联
已经在核军备竞赛中落后了，需要依靠试验来奋起直追。他愤
然说道："要是我听从萨哈罗夫这等人的话，我就是个软耳根
子，哪还有资格担任部长会议的主席！"[19]

　　"他妈的又来了！"[20]肯尼迪听到消息后爆了粗口。他的应
对方式是于 1962 年 4 月重新开始美方核试验。到了 10 月，这

两个超级大国又进入了新一轮的疯狂较量中。在古巴导弹危机备战期间，他们每个星期都要引爆两三枚核弹。美苏之间进行的已远不止是武力威胁。他们每周——有时每天——都在用实际行动证明自己拥有毁灭性的力量，践行着使用这种武器的威胁。

进入 10 月之后，美国已经在南太平洋进行了 5 次核试验。同一时期内，苏联在大气层中爆炸了 9 枚核弹，其中大部分都在新地岛。新地岛上的天气在 10 月初变得很糟糕。[21]基本上天天都是暴风雪和雪暴，而适于空投导弹的白昼时间，只有 2 ~ 3 个小时。技师们不得不在厚厚的雪地中跋涉，安装摄像头和其他记录仪器。他们把仪器留在离新地岛爆炸中心数英里的一座坚固的厚壁金属桶中。当试验完成后，这片冻土已变成一个"烟灰缸"，黑化的岩石上冒着烟，他们则会返回来回收他们的"茶缸"。

在"黑色星期六"的早晨，一架图 - 95 熊式轰炸机携带着苏联最新的试验设备，从科拉半岛的阿列尼亚机场起飞。它向东北飞去，穿越巴伦支海，飞入了这位于北方高纬度、已是黄昏的地区。一架侦察机尾随飞行，记录着任务执行的情况。为了迷惑美方情报人员，在去往投掷地点的 600 英里飞行中，两架飞机都发射出错误的无线电信号。[22]数架战斗截击机则在新地岛领空巡逻，试图吓退美方间谍机。

"货物已经去了。"[23]熊式轰炸机的飞行员报告说，他正飞越投放区域并侧身向上疾攀。

这枚 26 万吨级的核弹挂着降落伞正优雅地飘落到地面上。两架飞机上的飞行员都带上了他们的染色护目镜，等待着亮光的到来。

196　**10 月 27 日，星期六，凌晨 4：00**

（阿拉斯加州，午夜）

查尔斯·W. 莫尔茨比（Charles W. Maultsby）上尉希望自己别待在这个鬼地方。他本可以像他的一些 U-2 侦察机飞行员战友那样去古巴积累战斗经验；或者他至少能去个暖和点的地方，像是澳大利亚或者夏威夷，他们联队在这些地方也有作业地点。可他现在却不得不在阿拉斯加州过冬。他的妻子和两个幼子则生活在得克萨斯州的空军基地。

在执行去北极的长途任务之前，他试着休息了一会儿，但只是断断续续地睡了几个小时。整个晚上，一直都有飞行员穿着厚重的雪地靴进出军官休息区，时而大笑，时而大声地关门。他越是想睡觉，就越觉得清醒。到最后，他放弃了，起身去了作业大楼，在那里找到了一间没人的小屋。他把闹钟定在晚上 8 点，即起飞前 4 个小时。

他的任务是到苏联在新地岛的核试验区域收集放射性样本。与驾驶 U-2 侦察机驶过敌方领土上空并拍摄导弹发射基地的照片相比，这样的任务实在是没有什么光荣可言。"星尘项目"的参与成员通常都不会飞到靠近苏联的区域。他们一般飞到一些固定的地点，比如说北极，去观测从一千多英里之外的核试验区域飘过来的云。他们把样本采集到特殊的滤纸上，这些滤纸会被寄送到实验室并进行分析。通常不会有什么结果，但如果苏联进行了一项大型测试，盖革计数器（一种可用于探测 γ 射线及 X 射线的探测器。——译者注）的指针就会发生大幅度偏转。这座位于阿拉斯加州中部费尔班克斯外的艾尔森空军基地在 10 月里已经执行了 42 次任务，其中有 6 次带回了放射性物质。

莫尔茨比对此轻车熟路。作为这架单座飞机的飞行员，他得独自执行任务近 8 个小时。他已经预先用导航器设定了飞行路线。但在飞行过程中，他基本上依靠天体、指南针和六分仪导航，就像个老水手一样。一个名叫"鸭屁股"的搜救小队会在他身后跟飞一段时间，但要是真出了什么问题，他们基本上是无能为力的。他们不可能降落到冰冠上。莫尔茨比要是在北极附近跳伞的话，陪伴他的也就只有北极熊了。"反正我是不会拉开伞索的"[24]，这已经是他们能给他的最好建议了。

飞行前的仪式总是如出一辙。从小睡中醒来之后，他去军官餐厅吃了一顿富含高蛋白的牛排鸡蛋早餐。这种早餐大多都是固态物，它们需要很长的时间消化，这样就可以避免去厕所。他换上了长内衣，带上头盔，开始做起了"飞前呼吸练习"，即吸一个半小时的纯氧。把呼吸系统里的氮气尽量排除干净是一项非常重要的飞前准备。否则，当驾驶舱的气压在 7000 英尺的高空下降时，氮气就会溶进血液，使他患上减压症，就好像一个深海潜水员过快地升到海面一般。

然后，他穿上了增压飞行服，这件飞行服专门参照他 150 磅的体格剪裁。衣服会在驾驶舱气压急剧降低时自动膨胀，在飞行员周围形成一个收缩气压场，避免他的血管因为空气稀薄而爆裂。

起飞前半个小时，他戴上了轻便氧气瓶，并坐进了厢车向飞机所在位置驶去。他坐进狭窄的驾驶舱后把自己绑在了弹射座椅上。一位技术人员帮他连上机内的供氧系统，绑上各种条带，并接上了各种线缆。救生背包被缝在坐垫里面，包括一些照明弹、刀子、钓鱼用具、野营用炉、可充气救生艇、驱蚊剂，以及一面用十几种文字写着"我是美国人"的丝绸旗子。还有一本小册子，里面承诺任何帮助飞行员的人都将得到奖赏。

莫尔茨比矮小的身材——他只有 5.7 英尺高——对于U－2侦察机飞行员来说是一个优点。因为驾驶舱实在是太拥挤了。设计师凯里·约翰逊为了让飞机能迅速攀升到 14 英里的高空，不得不在机身的重量和尺寸上都进行了无情的裁减。有一次，为了腾出 6 英寸的宝贵空间来放置一枚超长的摄像头，他甚至赌咒要"出卖自己的祖母"。他省掉了很多现代飞机的标配，如传统的起落架、液压系统和支撑结构。机翼和尾翼都不是用金属片焊接的，而是用螺钉固定在机身上。如果飞机承受了过大的冲击，机翼就会直接脱落。

除了纤巧的架构外，U－2侦察机还有些其他的独特设计。为了能够在高空得到升力，飞机需要配备狭窄、修长的机翼。莫尔茨比的飞机两翼尖间距宽达 80 英尺，而机头到机尾的距离更是两翼尖间距的两倍左右。即便它的单引擎停止工作，U－2修长的机翼和轻巧的机身依然能让它滑翔近 250 英里。

在这个载人航天飞机仍在襁褓之中的年代，只有真正的精英飞行员才能驾驶这架非凡的侦察机；他必须在身体和心理两个方面都足够强大，才能够执行在地球大气层上缘漫游的任务。U－2侦察机飞行员介于普通飞行员和宇航员之间。为了能够入选这个项目，他必须证明自己集运动能力、智力和自信于一身。训练在"农场"进行，这是内华达州沙漠中的一条偏远的飞机跑道。"农场"也叫"51 区"，因常常有人声称在此目击了 UFO 而声名鹊起，但实际上大部分所谓的 UFO 都是U－2侦察机。当阳光透过机翼边缘时，从下方仰望，这架高空间谍机确实像一艘来自火星的宇宙飞船。

在阿拉斯加州午夜时分——东部夏令时凌晨 4 点——莫尔茨比收到了起飞的指令。他呼啸着冲过跑道，拉下操纵杆让飞机腾空。机翼临时辅助轮——U-2 侦察机长机翼下用杆连接的辅助轮，用于防止机翼刮擦地面——随后脱落。这架纤巧的飞机以极陡的坡度冲入夜空，像一只异国的黑鸟一般。

一位 U-2 侦察机飞行员需要同时具备两个互相矛盾的品质。为了在不舒服的弹射座椅上枯坐 10 个小时，他必须把自己变成"植物人"，关闭身体的正常功能。但同时，他的大脑又必须全速运转。正如那位在古巴发现导弹的飞行员理查德·海泽说的那样："你的大脑永远不会休息，除非你死了。"[25]

当莫尔茨比飞过他去往北极路上的最后一个无线电信标时，已经离开艾尔森空军基地一个小时了。这座信标位于阿拉斯加州北岸的巴特岛。从这里开始，他的飞行必须依赖天体导航。"鸭屁股"的领航员们祝他好运，说 6 个小时后，他们会"在窗内打开一盏灯"来指引他回家。

10 月 27 日，星期六，凌晨 5：00

（莫斯科，正午）

在比阿拉斯加州早 11 个小时的莫斯科，尼基塔·赫鲁晓夫刚刚又召集了一次苏联领导人会议。赫鲁晓夫告诉中央委员会："他们现在还不会入侵。"当然，万事没有"一定"。可是美国人正在和联合国协商解决这个危机，他们"不像"会在这种时候入侵古巴。肯尼迪对吴丹——时任联合国秘书长——的提议做出回应的事实，也表明他暂时不打算入侵古巴。赫鲁晓夫开始怀疑这位总统是不是真的有"勇气"。

199 "他们本已经决定要和古巴解决好这个问题,然后把责任推到我们身上。但现在,他们似乎在重新考虑这个决定。"[26]

赫鲁晓夫的心情在这一个星期中已经来回变换了许多次。在他办公室门前走廊尽头的木质嵌板会议室里,他已经和中央委员会进行过多次会面,似乎每次就美国入侵古巴的可能性都会提出不同的观点。美方已经发现导弹的事实令他警觉不已。肯尼迪放弃空袭而采取封锁的决定让他排解了最糟糕的担忧。战略空军司令部宣布战备状态上升至二级——离核战只有一步之遥——的报告又令他产生了新一轮的焦虑。但什么事都没有发生,他现在觉得稍微放松一些了。最直接的压力已然缓解。

他对危机的反应也体现了他的情绪变化,而这些情绪变化又受到来自华盛顿官方和非官方消息的影响。星期五早上的情报文件夹里有一份令人沮丧的消息,这个消息说肯尼迪决定与卡斯特罗"做个了断"。[27]这个报告所依据的证据并不确凿,不过是在华盛顿全国新闻俱乐部窃听到的片段,以及一位苏联外交官与美国记者午餐时的对谈。但这个报告说服了赫鲁晓夫向肯尼迪发出听起来像是和解的信息,表示要解开"战争的结"。

对自己的决策思考了一整夜后,他相信还有协商的余地。星期五的那条消息措辞很模糊,仅仅是暗示美方的一项非入侵行动将确保"我们的军事专家出现在古巴"变得不再必要。他明白自己最后很可能会撤回导弹,但他想在撤回中捞上一笔,而最明显的交换条件就是让美方撤回部署在土耳其的导弹。

赫鲁晓夫相信肯尼迪可能会认真考虑这个让步条件,他显然是有道理的。在危机早期,苏联军事情报人员就报告说"罗伯特·肯尼迪和他的圈子"愿意用美国在土耳其和意大利的基地交换苏联在古巴的基地。[28]他们认为这条情报信息真实可靠，因为它来自一位名叫格奥尔基·波尔夏科夫（Georgi Bolshakov）的特工，他曾担任博比·肯尼迪在克里姆林宫的眼线。而最近，赫鲁晓夫则对一篇由沃尔特·李普曼（Walter Lippmann）撰写并在多家媒体发表的专栏文章产生了兴趣，这篇文章呼吁美苏双方各退一步，撤回各自在土耳其和古巴的导弹部署。苏联人知道这位专栏作家对肯尼迪政府的消息很是灵通，他的口吻听起来不像是在仅仅表达自己的观点。赫鲁晓夫认为，李普曼的专栏文章实际上是华盛顿未署名的探针。[29]

　　"除非我们满足美国人，告诉他们我们的 R-12 火箭确实　200
都部署在古巴，不然我们可没法解决这场冲突，"他这样告诉与会的中央委员会成员，"如果我们成功地让他们撤回在土耳其和巴基斯坦的导弹基地，那么我们就胜利了。"

　　赫鲁晓夫口述了另外一条将要发给肯尼迪的消息，其他中央委员会成员表示同意。像往常一样，他用强硬的性格控制了会议。如果其他人对于他处理危机的方式有意见，他们会把自己的反对意见藏在心里。和他前一天的闲聊不同，赫鲁晓夫的这条最新消息清晰地表明了做交易的口吻。

　　　您很担心古巴。您说您的担心是因为它和美国隔海相望，只有 90 英里的距离。然而，土耳其离我们也很近。我们的哨岗来回巡逻，夜以继日地监视对方。您认为自己是否有权利，一边要求自己国度的安全，并移除任何您觉得能给美国带来威胁的武器，而一边又忽视我们同样的权利？……

　　　这便是我做出这一提议的原因：我们同意把那些您认

为会威胁到美国安全的武器从古巴撤走。我们同意在联合国陈述这一承诺。作为交换，您的代表也将做出陈述，承诺美国也会顾及苏联的焦虑和担忧，并由此撤回部署在土耳其的类似武器。[30]

根据赫鲁晓夫的提议，联合国将负责监督现场情况来确保交易的实施。美国将承诺不入侵古巴，而苏联也会对土耳其做出类似的承诺。

这一次，赫鲁晓夫不愿再将这条消息的传递交付给耗费时间的外交渠道。他想尽快把它传到华盛顿。他的计算还包括：把这样一份听起来很合理的提议交付给媒体，能够为他争取一些额外的时间，因为这样做可以把肯尼迪置于这一场国际公共关系争论的辩方位置。这条消息将于当地时间下午 5 点（华盛顿时间，星期六早晨 10 点）通过莫斯科广播电台对外发布。

同时，赫鲁晓夫也想要确保战争不会因为意外而发生。对于普利耶夫将军昨天晚上采取的、并连夜报告给莫斯科的措施（其中包括激活防空系统），他只能同意。但是，赫鲁晓夫还是强化了克里姆林宫对核弹头的控制。他下达命令要求把 R – 14 弹头通过"亚历山德罗夫斯克号"运回苏联。他还让国防部长给普利耶夫发了一份紧急电报，明确了任何关于核武器指挥系统的含糊之处：

　　　　此处明确确认，除非得到莫斯科的许可，否则任何通过导弹、前线巡航导弹、"月神"导弹使用核武器的行为都被严格禁止。请确认接收。[31]

但还剩下一个重大问题：怎么把古巴－土耳其的交易卖给卡斯特罗。任何在他背后做出的关于从古巴撤回苏联导弹的协商，都会让骄傲又极度敏感的菲德尔暴跳如雷，而最糟糕的就是让他从广播上获取这条消息，仿佛他是世界上最后一个知道这项交易的人。赫鲁晓夫把安抚卡斯特罗的工作交付给阿列克谢耶夫。这位大使被告知要对赫鲁晓夫的决定进行包装，让它听上去仿佛是一项狡猾的举措，试图先发制人地排除美国人侵古巴的威胁。美国人"清楚地明白，在当前的情况下如果他们强硬干涉，他们就为自己打上侵略者的烙印。他们将在整个世界面前为自己的行为感到羞耻，因为他们是世界和平的敌人，竟然毫不犹豫地以希特勒的野蛮行径为榜样"。[32]

一边是赫鲁晓夫正在口述要发给肯尼迪的消息，另一边则是数以千计、群情激昂的莫斯科居民在美国大使馆外的大街上抗议。他们挥舞的旗帜上书写着官方认可的口号，比如"无耻的美国佬侵略者！""带着你们的封锁滚开吧！"以及"古巴正义，美国佬邪恶！"等等。一些抗议者甚至爬到了停在萨德沃耶环形公路边的无轨电车上，他们对着大使馆挥动着拳头，甚至投掷石块和墨水瓶，砸坏了几扇窗户。

"是谁给你们权力在公海上拦截船只？"[33]一位穿梭于人群中的美国记者被一位游行示威者这样质问道。"你们就不能不插手古巴的事务吗？"一位二战老兵建议双方干脆放弃他们所有的军事基地，"那我们就能够成为朋友了，就像在二战时那样。"一位愁眉苦脸的女士抱怨美国人不理解战争的真正内涵，因为他们的国家从未遭受过侵略。"如果你们像我们一样经历过战争，你就不会一直用战争威胁我们了。"她这样认为。

像莫斯科所有这样"自发"的游行示威一样,这次抗议
是一场有组织的活动。一位美国外交官注意到,一辆辆卡车运
来了学生,并把他们卸在了邻近的一条街道上,还给他们分发
了谴责殖民主义和帝国主义的标语。数百名军人潜入大使馆周
围的小巷,确保游行示威不会失控。4 个小时后,抗议人群收
到了来自警方的命令,他们很快就解散了,随后有洒水车来清
扫大使馆前的街道。

在卡斯特罗掌权之前,恐怕大部分俄国人在地图上都找不到
古巴。而在不到 5 年的时间里,这个遥远的加勒比海岛国就在苏
联公众的脑海中变成了冷战的前线。苏联的宣传喉舌把古巴称作
"自由之岛"。报纸上刊登着激昂的文章,谈论着正在古巴进行的
社会革命,和那些试图复辟腐败的巴蒂斯塔政权的邪恶帝国主义
力量。千家万户都挂着卡斯特罗和切·格瓦拉的肖像。即便是对
西班牙语一窍不通的俄国人,也知道"Patria o muerte"(誓死保
卫祖国)的意思,拥有着与他们的父辈在西班牙内战期间对"No
pasarán"(别让法西斯通过)这句话一样的情怀。

卡斯特罗的革命抓住了许多俄国人的想象力,因为这使他
们回想起自己国家的革命。在苏联知识分子眼中,古巴是
"一个训练场,我们可以在那里重演我们的过去"。[34]卡斯特罗
和他的"胡子党"显然比那些在红场俯视苏联民众的年长官
僚要更有吸引力。但是,官方对于像切·格瓦拉这样的长发革
命分子的赞颂里有一层美妙的嘲讽,因为当时苏联官员对留长
发的年轻人是不屑的。在古巴,一切都反其道而行之。官越
高,胡子就越长。卡斯特罗不用任何稿子就能演讲 6 个小时的
习惯也令苏联人印象深刻。在苏联,最高级别官员的公开露面
都要按照严格的剧本进行。

苏联政府的"喉舌们"试图挖掘古巴革命的浪漫主义色彩，并把它引向具有建设性的方向。官方媒体赞颂了卡斯特罗的功绩，以及他对美国佬的奋起反抗。大部分苏联人都知道《古巴，我的爱》（*Kuba，lyubov' moya*）的歌词，这是一首赞美"胡子党"的歌，军乐演奏，并配以加勒比风格的鼓点。

> 古巴，我的爱
>
> 拥有紫色黎明的岛屿
>
> 歌声响亮，飞越寰球
>
> 古巴，我的爱
>
> 你听到那坚定的脚步声了吗？
>
> 胡子党们正在行军
>
> 天空是火一般的旗帜
>
> 你听到那坚定的脚步声了吗？

203

然而，大众对古巴的赞赏中也不乏警觉和怀疑的声音。数十年的政治宣传令俄国大众对任何印在报纸上的内容都心存疑虑。莫斯科国立大学的俄国学生对核战争的威胁漠不关心，这令他们的美国留学生朋友觉得"非常可笑、令人不安、目瞪口呆"。[35]莫斯科官员对帝国主义的罪孽总是大呼小叫，而习惯这种口吻并对其置之不理的俄国学生则认为导弹危机并没有那么严重。如果古巴学生领袖在大学集会中用俄语发表慷慨激昂的演讲，他们可能会予以热烈的掌声。但对他们自己教授空泛、陈腐的评论，他们几乎充耳不闻。

一群数量不多但有增长态势的俄国人私下里质疑，为那些遥远的地方提供"兄弟援助"是否值当。而在那个星期六的早晨，苏联国防部向赫鲁晓夫报告说，底层民众的抱怨甚至扩散到军队里去了。北冰洋一艘鱼雷艇上的水手就曾表达过他们的疑虑，他们怀疑在古巴的冒险是否能为苏联赢来任何"国家利益"。[36]一位新入伍的空军士兵也曾问道："我们和古巴有什么共同点，为什么我们会被卷入到这场冲突中去？"而防空部队的一名士兵则抱怨，古巴危机中断了正常的退伍程序。

而此时遭到军队残酷镇压的新切尔卡斯克粮食暴乱（1962年6月，新切尔卡斯克民众因面包价格上涨上街游行，后来遭到镇压，26人丧生，87人受伤。——译者注）才过去四个月，这就带来了更多的不安定因素，一些民众质疑为什么他们的俄国母亲要"给别人饭吃"。商店里堆满了来自古巴的蔗糖，而俄国的面包却出现了短缺。在苏联贫瘠的餐桌上，人们又唱起了令人振奋的《古巴，我的爱》，但他们重写了歌词：

> 古巴，把面包还给我们！
> 古巴，把蔗糖拿回去！
> 我们讨厌毛茸茸的菲德尔。
> 古巴，去死吧！[37]

10 月 27 日，星期六，上午 6：00

（哈瓦那，凌晨 5：00）

卡斯特罗在哈瓦那的苏联大使馆已经待了将近 3 个小时，但还没顺利完成他给赫鲁晓夫的公函。"亚历杭德罗先生"实在是弄不懂菲德尔"复杂的用语"。[38]最后，他脱口问出了那个显而易见的问题：

"您是想说我们应该先发制人，对敌人率先使用核武器吗？"

显然这个问题对受耶稣会熏陶长大的卡斯特罗来说太过鲁莽了。

"不，我不想说得这么明显。但在特定条件下，如果他们想要入侵古巴，我们与其等待帝国主义的背叛和他们的先发制人，不如抢先采取行动，把他们从地球上抹除掉。"

然后公函的起草又继续进行。当第一缕阳光普照哈瓦那时，卡斯特罗终于口述完成了一个令他满意的版本。

亲爱的赫鲁晓夫同志：

分析我们手头所掌握的情况和情报。

我认为美方将不可避免地在未来 24～72 小时内入侵古巴。

这一入侵将采取两种可能的形式：

1. 最有可能的形式是针对特定目标的空袭，仅以摧毁它们为目标；

2. 尽管可能性较低，但仍然存在这种可能性，他们将对我们的国家进行直接入侵。我认为这种形式的入侵需要我们配备大量的部队，才可能抵御住入侵者。此外，世界范围内的舆论都会对这种入侵表示愤慨。

我们坚信我们将坚定决然地反抗任何形式的入侵。古巴人民的士气极度高涨，他们会以英雄的姿态迎击入侵者。

如果入侵采取第二种形式，而帝国主义美国带着占领古巴的目的入侵古巴，那么全人类都将面临……极大的危险，而苏联绝不能允许这种状况发生，它将使得帝国主义美国可以先发制人地对苏联使用核武器。

我之所以写下这些，是因为我认为帝国主义美国的侵略本性已经发展到了最危险的境地。

如果他们入侵古巴，这真是一种野蛮、非法且不道德的行径，那么，我觉得是时候考虑通过合法的自卫来永久消除这种危险了。无论这一决议将是多么困难和令人生厌，在我看来，并没有其他出路可言。[39]

205

这封公函接下来又漫谈了三段。最后的署名是"来自兄弟的问候，菲德尔·卡斯特罗"。

对于被派遣到关塔那摩海军基地发射位置的前线巡航导弹护卫队而言，这个夜晚正变得混乱不堪、灾难不断。尽管导弹发射人员和他们的后勤车只需行驶十几英里，但这条沿着深深的峡谷的路并没有铺好，所以一路颠簸曲折。由于已经有两位同志丧命，司机们都变得极其警觉，以免意外再次发生。等到护卫队到达菲利布纳的小村庄时，时间又过去了一个小时。

发射位置在村后森林中的一片空地上，旁边有一条小溪。这片空地已经事先由施工工程师准备妥当，他们花了一个星期的时间砍掉树桩，并为重型车辆铺设沙砾。防空炮守卫着入口，整片区域被铁丝网和苏联部队环绕戒备着，古巴部队则负责防守外围。

随着卡车驶近一个古巴警戒站，此处离发射位置只有几百码远，一个紧张的声音从黑暗中响起。

"口令！"

护卫队前方的俄国士兵喊出了口令。但显然出了什么问题，古巴警卫们并没有给卡车放行，他们给出的回复是步枪齐射。

等到巡航导弹部队弄清口令混乱的原因时，已经又过去了一个小时，其间双方不断用俄语和西班牙语互相咒骂。一位会几句西班牙语的苏联军官和那些乱开枪的古巴人搭上了话。护卫队的卡车、吉普车和电子厢车总算是轰隆隆地驶入了溪边的空地。

"部署！"[40] 杰尼申科少校命令道。

卡车驶入了发射点周边的位置。配备有核弹头的巡航导弹静静地躺在拖车的金属轨上。它们看起来像飞机模型，长约25 英尺，翼展约 20 英尺。电子厢车停靠在一旁。如果收到发射命令，一枚装有固体燃料的火箭将推动着这枚导弹从轨道冲入空中。25 秒后，导弹将由喷射发动机推进。电子厢车里的无线电操作员将把导弹引至打击目标。导弹将在 2000 英尺的高空呼啸着飞过遍布岩石的土地，用不到 2 分钟的时间飞越15 英里的距离到达美国海军基地。当它到达目标上空时，操作员将给出另一个信号，关闭发动机令导弹落地。核弹头的程序将使它在离地数百英尺的空中爆炸，以达到最大的毁灭效果。

一个发射小组由一位军官和五位士兵组成：一位飞行机械师、两位电气技师、一位无线电操作员和一位司机。一旦导弹被部署到启动位置，剩下的操作还需用去大约一个小时。理论上讲，只有接到军团指挥官的命令才能发射导弹。马尔采夫上校只有得到莫斯科的指令后才会行动。但是在现实中，由于核弹头并没有配备任何代码或锁，这意味着任何一个中尉只要喊上几个士兵就能发射导弹。

"挖战壕！"少校叫道。

这条命令并没有什么意义。地面实在是太坚硬了，挖开表层土后就再也挖不下去了。军官们最后撤回了这条命令。他们允许部队在岩石上搭起帐篷休息几个小时。与此同时，一切为了用核武器摧毁关塔那摩海军基地的准备都已经就绪。

而在关塔那摩海军基地，美方的电子窃听人员正跟踪着前往菲利布纳的苏联护卫队。窃听过程中设备发生了严重故障，但多亏应急无线电传输，他们依然能够确认两处军事营地和马尔采夫的战地总部。[41] 这三个地点都被标注了出来，以便在"剑鞘行动"中对其进行空袭。情报军官报告说大量的"苏联和古巴部队"把"不明炮火装备"运送到菲利布纳。他们注意到这一不明军备"可以移动且需要频繁的监视"。

至于苏联人到底把什么样的"装备"部署在了菲利布纳，美国情报分析人员一头雾水。他们怎么也想不到关塔那摩海军基地已经被苏联设为核武器打击目标了。当圣地亚哥的英国领事向上级报告，说有关于菲利布纳苏联火箭发射台的传言时，他的上级就此情报向他表示感谢，并告诉他无须多虑。"关塔那摩的美方当局对（菲利布纳）基地了如指掌，但不感兴趣，因为那里只有些小型的制导导弹，并未携带核弹头。"[42]

第九章　搜寻"格罗兹尼号"

10 月 27 日，星期六，上午 6：00

送至白宫作战室的消息令人惊恐。根据中情局的情报，古巴 6 处中程导弹基地中有 5 处可以"全面运作"，而第 6 处到星期天"很有可能达到全面运作的状态"。[1] 这意味着美国东南部的长条地区已然进入 20 枚百万吨级核弹头的攻击范围。华盛顿，甚至纽约，都将在导弹升空后 10 分钟内毁灭殆尽。如果苏联发动突袭，大概将总统从白宫中疏散的时间都没有。

作战室是肯尼迪的创新之举，位于白宫西厢办公室的地下室。猪湾事件中肯尼迪手头的情报严重不足，这令他深感受挫。东海岸的业余无线电操作员通过捕捉无线电传输信号获知了海滩上发生的灾难，比这位总指挥得知消息足足早了好几个小时。[2] 他不得不使用没有保密措施的电话线来询问中情局和五角大楼究竟都在做些什么。他再也不能让这种事发生了。他需要在白宫设立一个情报"神经中枢"，用作"冷战的作战室"。[3]

地下室在用作作战室之前曾被用来打保龄球。总统的海军副官让海军工程营人员把这个区域打造成一个拥有四个房间的空间结构，其中包括一个会议室、一个档案室，以及一个为执勤军官准备的监视中心。白宫西厢办公室有自己的通信回路，不必用人力传递信息。没有窗户的会议室外，电传打字机的声音不绝于耳。[4] 作战室墙壁上挂着巨幅古巴地图及其近海图。武装警卫站在门外。

忽略地图的话，这间会议室看起来就像华盛顿郊外的一间普通民居。它配备有斯堪的纳维亚式家具，包括一张看起来并不结实的餐桌、不舒适的低背椅、嵌壁式的照明设备以及顶部的几盏大灯。肯尼迪把这个拥挤的地下办公室称为"猪窝"。[5] 但不管怎样，作战室发挥了它的功用，为他提供了源源不断的情报，而之前情报都被半自治的政府官僚守护得严严实实。那些监视军官都来自中情局，他们每 24 小时轮一班，然后休息 48 个小时。

导弹危机期间，大量情报涌入了作战室。总统可以由此监听海军旗舰作战指挥室和封锁区巡逻船只之间的通过单边带电台的通话。白宫可以收到国务院和五角大楼最重要的电报的副本。除了电传打字机外，还为外国广播信息服务配备了自动收报机，凡是苏联政府在莫斯科广播电台上发布的声明，收报机都能迅速地转换成文字稿。在肯尼迪和麦克纳马拉抱怨有关苏联船只打道回府的报告存在延迟后，国家安全局开始将截取的通信内容直接发往白宫。[6]

和上述的情报系统相反，肯尼迪并没有直接给执行封锁任务的船只下达命令。[7] 他反而使用了传统的指挥系统，通过国防部长和海军作战负责人来下达命令。然而，白宫现在能够时刻监控军事通信，这对五角大楼来说有着特别的意义。军队将领们担心作战室会限制他们的行动自由——显然这样的判断是正确的。二战后的 20 年间，官僚政治和军事之间的关系已经发生了重大的改变。到了核时代，政治首脑已经不能任由将军们全权决策，一切都在严密的监管之中。

　　作战室中，执勤军官记录着封锁线上的最新消息。对古巴进行大规模空袭的准备工作已经就绪，7 天后将大举入侵。执行战略空袭任务的 576 架战斗机已经部署在 5 个不同的空军基地，时刻等待着总司令的命令。[8] 5 架喷气式战斗机在佛罗里达上空飞行，随时准备截获从古巴起飞的苏联战斗机，而其他183 架则在地面待命。关塔那摩是一个铜墙铁壁的要塞，由5868 名海军士兵守卫。而另一队海军也正取道巴拿马运河，从西海岸赶来。美军为了发动地面入侵，动员了超过 15 万名士兵。海军围绕古巴部署了 3 艘航母、2 艘重型巡洋舰和 26 艘驱逐舰，此外还有后勤船只。

　　但美国人明白，古巴也同样做好了准备。中情局报告说，古巴军队正在以"非常快的速度"进行动员。[9] 美国人认为，24 处苏联萨姆防空导弹发射基地都已处于运作状态，并能够击落高空飞行的 U－2 侦察机。[10] 低空拍下的照片第一次明确证明，能够携带核武器的克劳夫野战火箭已然部署在岛屿上。还有 6 艘苏联物资船正在驶向岛屿——尽管赫鲁晓夫向联合国保证他们届时不会进入封锁区域。[11]

　　而苏联船只中最靠近封锁线的那艘叫作"格罗兹尼号"。

　　在允许"文尼察号"和"布加勒斯特号"通过封锁线后，执行委员会成员们想要展示出他们有决心拦下并登上一艘苏联船只。最佳的拦截候选对象就是排水量 8000 吨的"格罗兹尼号"。它的甲板货物看起来十分可疑，且在封锁执行后，它在大西洋中途停滞犹豫了一段时间，但最后还是继续航行。这一"奇怪"行为暗示着克里姆林宫对如何处理这艘船并不十分明确。

　　肯尼迪政府内部激烈地争论着"格罗兹尼号"甲板上巨

209

大的圆柱形货物到底是什么。麦克纳马拉在星期四告诉总统说这些货物"很有可能"是古巴境内苏联导弹的燃料。实际上，中情局内部一致认为，这艘船和导弹没有任何关系，而是为古巴东部的一个镍厂运输原料氨。[12]中情局专家对位于尼卡罗的镍厂做过细致的分析，而它也是猫鼬计划准备破坏的几处目标设施之一。他们曾密切地监视过"格罗兹尼号"，它曾多次航行至古巴，每次都把氨卸在尼卡罗。

　　"格罗兹尼号"甲板上的货物到底是什么，执行委员会对这个问题的兴趣远不如通过"拿下"它来赢取舆论上的优势。这周早些时候，显然搭载了核武器的"基莫夫斯克号"返回苏联的举措，使得美国在登上苏联船只方面没有太多选择。博比·肯尼迪半开玩笑地抱怨道："这条狭长的岛屿铁路上没他妈几辆火车了。"[13]而到了星期六，麦克纳马拉对"格罗兹尼号"改变了看法，他告诉执行委员会，他不再认为它运输的是"违禁物资"，但他依然认为得把这艘船拦下。要是允许"格罗兹尼号"不经过检查就航行到古巴，这简直像是美国在示弱一样。

　　星期四的时候，空军于封锁线1000英里外定位了"格罗兹尼号"。但海军却无法跟踪这艘船，只好再次求助于空军。到了星期五，隶属于战略空军司令部的5架RB-47侦察机分别在大西洋上空做有计划的盘旋，每3小时一换班。搜寻没有带来任何结果，于是到星期六时，又有5架飞机接受了名为"婴儿帽"的任务。它们隶属于第55战略侦察机联队，其座右铭是"我们目及一切"（Videmus Omnia）。

　　约瑟夫·卡尼（Joseph Carney）上尉于黎明时从百慕大群岛的金德利机场起飞，朝南飞向搜寻区域。

10 月 27 日，星期六，上午 6：37

还有三架飞机正准备从百慕大群岛起飞，加入到这次搜寻中。[14]跑道上的第一架 RB - 47 由威廉·布里顿（William Britton）少校驾驶，他在星期四也曾助力于搜寻"格罗兹尼号"的任务。他的机组人员包括一名副驾驶员、一位导航员和一位观察员。

布里顿的飞机在跑道上滑行，黑色的浓烟从引擎中冒了出来。飞机似乎在加速方面出了点问题，直到滑行至跑道末尾的屏障处才得以腾空。它的左翼突然下坠。布里顿尽力控制飞机，并成功地使得两翼回到同一水平线。飞机飞过了一道低矮的栅栏和一湾闪亮的绿松石潟湖。飞到湖对岸时，飞机右翼突然脱落并擦过了悬崖的边侧。飞机坠落至地面时产生了巨大的爆炸声，机身也被撞得七零八落。

后续的调查表明金德利机场负责这架飞机的维护人员为发动机注入的水和酒精有误。[15]侦察机通常从堪萨斯州的福布斯空军基地起飞，而这里的维护人员对这种飞机的维护要求并不熟悉。这些注入的液体是为发动机在起飞时提供更强劲的动力的，但他们的维护却减少了动力。飞机腾空时没能得到足够的动力支持。

布里顿和他的三名机组人员都殉职了。另外两架飞机的飞行员看到潟湖对面的火光后都中止了任务。事实上这三架飞机并没有必要去执行搜寻任务。因为此时在往南 600 英里的大西洋上，约瑟夫·卡尼已经发现了一艘疑似"格罗兹尼号"的船只。

211

10 月 27 日，星期六，上午 6：45

卡尼需要搜寻的区域长达 200 英里，宽达 50 英里。搜寻过程是先由雷达定位船只，再由他驾驶飞机低空查看并确认。导航员指引着目标，RB－47 侦察机则不断地在云中穿进穿出。卡尼找到的船只分别是一艘美国的驱逐舰和一艘美国军舰"麦克多诺号"，后者同样也在搜寻"格罗兹尼号"。

确认完"麦克多诺号"以后，卡尼又上升至 1500 英尺的高空。另一艘船只出现在海平线的尽头。他又降至 500 英尺的高度。那艘船的前端和后端甲板都载有银色的圆柱形货物。烟囱的一侧刻着锤子与镰刀。清晰的斯拉夫字母在船身上镌刻着船只的名字——"格罗兹尼号"。卡尼在船只附近反复盘旋，从不同的角度用手持相机进行拍照。

卡尼找到这艘苏联船只的时间是上午 6 点 45 分，并把它的位置传达给"麦克多诺号"。[16] 两个小时后，"麦克多诺号"船长把成功定位的消息报告给海军旗舰作战指挥室。

1. 本船正以 18 英里的距离跟踪目标船只。
2. 已为审问和登船做好所有准备。

"格罗兹尼号"现在距离封锁线约有 350 英里。以其当前的速度，它将于星期天黎明时分到达封锁线。

随着周六旭日的升起，安德鲁·圣乔治（Andrew St. George）觉得"疲惫又沮丧"。[17] 这位《生活》杂志的记者于 6 天前从迈阿密出发，跟随一支激进的反卡斯特罗武装团体"阿尔法 66"突袭并进入了古巴北部。这场冒险最终成了一场灾难。

这次行动的目标是炸毁一艘古巴蔗糖货船，但恶劣的天气、极低的能见度和探测仪的匮乏，使这些破坏分子遇到了麻烦。他们仅有两艘快艇，其中的一艘撞到了暗礁上。为了挽救第一艘快艇，他们又把第二艘弄沉了。靠饼干充饥，在红树林湿地中跋涉了三天后，圣乔治和他的同伴从一位古巴渔民那里偷了一艘破旧帆船和一些食物。在没有指南针的情况下，他们试图返回佛罗里达，一路上他们不得不与 15 英尺高的巨浪斗争，为了不让这艘漏水的船只沉没，他们又不停地往外排水。他们一个接一个地变得消极、听天由命。圣乔治在狂风和大海中感受到了"那响起的死亡哨声"。

圣乔治身上的政治宣传喉舌色彩多于记者的职业特征，他好比是当代的美西战争记者，那些为威廉·蓝道夫·赫斯特（William Randolph Hearst）在战争中卖命的记者。赫斯特于 1897 年对他的招牌漫画家说："你能为画布好景，我就能为战争布好景。"一年之内，两人都完成了各自的使命，这位名叫弗雷德里克·雷明顿（Frederic Remington）的画家完成了一幅惊世骇俗的画作，画中的西班牙警官对几位娴静的古巴女士施以裸身搜查。而赫斯特依此说服了摇摆不定的总统麦金莱（McKinley）。美国由此向西班牙宣战。

为赫斯特工作的记者们不单单只为他报道在古巴发生的战争，他们还为他摇旗呐喊，甚至亲身作战。"这是场辉煌的战斗。"一位出版人在亲临战场后慷慨激昂地说道，他皮带上系着左轮手枪，手中拿着铅笔和笔记本。

"这是场辉煌的小战争。"后来成为国务卿的海约翰（John Hay）在给他的朋友西奥多·罗斯福的信中这样写道。

60 多年后，美国媒体已然抛去了大部分"黄色新闻"（指用煽情主义手段描写犯罪、丑闻、流言蜚语、灾异、性等问题的报道，采取各种手段以迅速吸引读者注意，同时策动社会运动。——译者注）和极端爱国主义的报道特征。但还是有遵奉赫斯特传统的出版人和记者热忱地鼓吹着最后的摊牌，只是这一次的对象换成了苏联。而赫斯特曾经扮演的角色现在由亨利·卢斯和克莱尔·布斯·卢斯手下的"《时代》-《生活》帝国"接手，它控诉肯尼迪政府的"不作为"，对共产党染指古巴的不闻不问。克莱尔·卢斯在危机爆发之前的 10 月上旬为《生活》杂志撰写了一篇文章，谴责总统对古巴问题的处理手段，赫斯特的儿子为此给她写了一封短信，表达自己的钦佩之情。"真他妈是篇好文章，"小威廉·R. 赫斯特慷慨激昂地写道，"真希望我能写出这种文章。"[18]

就像老赫斯特一样，卢斯夫人并没有止步于撰写檄文抨击政府，指责他们对苏联在古巴建造军事工事毫无作为。据她自己的说法，她为来自国外的情报提供渠道，把苏联导弹基地的位置透露给总是为难肯尼迪的国会议员肯尼思·基廷；她为古巴的流亡团体提供经济援助，帮助他们寻找机会推翻卡斯特罗，并派遣记者跟随他们打游击战。[19]《生活》杂志答应给圣乔治 2500 美元的报酬，只要他能提供一个关于袭击古巴蔗糖货船的报道，而且故事必须完整且配有多幅照片。

自称是匈牙利皇室后裔的圣乔治，有过一段不光彩的过去，他通过自身的魅力和人脉从一个意识形态阵营跳转到另一个。中情局尽管怀疑他曾在战后将奥地利的情报出卖给苏联，但还是从他那里收买情报。[20]在反巴蒂斯塔独裁起义中，他艰苦跋涉至马埃斯特腊山脉采访了卡斯特罗和切·格瓦拉，但后

来与"胡子党"分道扬镳，转而支持"阿尔法 66"这样的流
亡团体，而后者把他推举为"荣誉会员"。[21]

当他俯身躺在偷来的渔船的潮湿木板上时，圣乔治突然开
始质疑自己，这一切是否值得。经过这刺激的一生，他突然想
起了安德烈·马尔罗（André Malraux）书中的一句话："当你
只有一生时，你不该为改变世界拼尽全力。"

但这绝望的瞬间并没有持续太久。几分钟后，这些筋疲力
尽的反叛者看到有岩石从海面尽头升起。随着"透水又咯吱响
的老人船"艰难地向海岸航行，他们可以看到一座孤立的建筑
上插着一面随风飘动的英国国旗。他们将抵达英国的萨尔岛。

"安德鲁，你是我们忠贞的一分子，"这位时运不济的远
征队队长对疲惫不堪但又激动不已的圣乔治说道，"帮我们找
些新船只，我们要重返古巴。"

这两位由中情局派遣去破坏马塔安布雷的古巴流亡分子，
已经在返程的群山间风餐露宿了三个夜晚。[22] 为了不引人注意，
他们选择在白天睡觉。目力所及，他们已经能够看到马拉斯阿
瓜斯的红树林湿地，那里藏着他们的双体船。但对队长米格
尔·奥罗斯科来说，每一步都变得愈发艰难。他发了烧，头晕
目眩，腹部的刺痛感也越来越难以忍受。

两位破坏者应该在第二天（星期天）一早便从古巴撤离。
按照计划他们需要先通过无线电与一艘在海上等候的中情局船
只取得联系，然后把双体船从藏匿处取出，再发动无声电子发
动机到达约定地点。如果哪个环节出了问题，他们将继续在周
一甚至周二尝试碰面。他们并不清楚马塔安布雷的事态如何。指
定区域遥控炸弹的爆炸声使得他们认为任务已经成功地完成了。

佩德罗·贝拉竭尽全力帮助了伙伴，他不仅携带了大部分设备，还在岩石和落木区域协助米格尔前行。他以为米格尔可能是因为食物中毒而患了胃肠型感冒或者其他肠道问题。但他们喝的水几乎都是自备的，而且就算从沿途采水，他们也会先用药片净化再饮用。在艰难的前行中米格尔觉得越来越痛，贝拉开始怀疑他是不是得了阑尾炎。

　　而两人都不清楚的是，中情局此时已经收到博比·肯尼迪的命令，终止了所有派遣和撤回古巴特工的作业。

10 月 27 日，星期六，上午 7：00

　　（伦敦，上午 11：00；柏林，正午）

　　在大西洋彼岸的伦敦，此时已将近正午，抗议者们正聚集在特拉法加广场，举行一场大型的反美游行。英国首相哈罗德·麦克米伦此时正在几百码外的海军部大楼与国防首脑们会谈。由于唐宁街十号正在翻修，所以此处是他暂时的居所。白厅外响彻着"放过古巴"和"菲德尔掌权，肯尼迪去死"的歌声，而英国的官员们正商议着该如何向他们的美国盟友伸出援手。[23]

　　麦克米伦一向为自己的处变不惊而自豪不已，然而这个星期所发生的一切都令他惊慌失措。在伊顿公学的学习经历教会了他不要表露太多感情。在坚毅的上唇、拱形的眉毛和慵懒的上层阶级口吻方面，他可是个大师。当赫鲁晓夫打断他于 1960 年 9 月在联合国大会上的演说时，他以贵族般的不屑回应。当时赫鲁晓夫不满于他对苏联外交政策的批评，一边用拳头敲桌子，一边挥舞着手臂用俄语叫嚣着。"我希望能有人帮他翻译一下，如果可以的话。"麦克米伦只做出这样的回应。

随着古巴危机愈演愈烈，首相感受到了前所未有的压力。他小心翼翼地踩着中线，步履维艰。一方面他想要遵循自己支持肯尼迪的意愿；另一方面他又要顾及英国政客和情报专家对于古巴是不是"威胁"的疑虑。欧洲人已经学会如何与后花园里苏联人的核武器相处了，他们不明白为什么美国人不乐意。在英国人眼里，就战略价值而言，西柏林要比古巴重要得多。一些英国分析师甚至怀疑那些用来"证明"古巴拥有苏联导弹的照片是伪造的。为了扫除疑虑，伦敦的美国大使馆在把一些照片传至华盛顿前，先披露给了英国媒体。[24] 独家新闻被别人抢去了，这令美国记者大为恼火。 **215**

在公众场合，麦克米伦依然上演着他标志性的沉着冷静，但私底下他实在是控制不住自己的情感流露了。美国驻英国大使戴维·布鲁斯（David Bruce）直言不讳地向华盛顿报告说，他认为这位处变不惊的首相"有一翼在轻微振荡"。[25] 他建议肯尼迪忽略此等"猫叫春般的行为"，当美国"生死攸关的利益"受到威胁时，不必过多地考虑其英国盟友的不安。"只有愚蠢的巨人才会被小人国的家伙们绑在地上。"他的电报如是写道。

但是，肯尼迪所表现出的姿态却在告诉英国人，他很看重他们。他几乎每天都要致电麦克米伦。而英国驻美大使戴维·奥姆斯比－戈尔（David Ormsby-Gore）在卡梅洛特（Camelot，亚瑟王国的首都，此处指肯尼迪政府。——译者注）王朝中占据着一个特殊位置。在老约瑟夫·肯尼迪（Joseph Kennedy, Sr.）任美国驻英大使时，他就已经认识了杰克。肯尼迪总统把奥姆斯比－戈尔当作私人顾问,这令其他盟友——尤其是法国——大为不爽。华盛顿甚至有传言说,时常与法国大使同行的那两位年轻貌美的女子,实际上是"美人计",试图"拉拢杰克",好扯平"不老实的英国佬"的诡计。[26]

前一天晚上,麦克米伦已经在海军部大楼和肯尼迪通过电话。他敦促肯尼迪对赫鲁晓夫做出让步。为了给这场与莫斯科的讨价还价打好基础,他提议"冻结"安置在英国的 60 枚"雷神"导弹。这些中程"雷神"导弹由英美两方联合控制:英国对这些导弹有正式的所有权,而美国人则负责那些 140 万吨级的核弹头。总统答应把麦克米伦的建议提交到官僚"机器"中去。他后来发消息说这个交易还为时尚早。他会保留这个建议,以防其他路子都行不通。

与此同时,麦克米伦也悄悄批准提高英国的戒备等级。[27]他给国防首脑们下达命令,让"雷神"导弹和英国自己的"火神"核轰炸机随时待命,保证 15 分钟内就能发射。

"柏林是西方的睾丸,"尼基塔·赫鲁晓夫喜欢这样说,"每次我想让西方人惨叫,我就去捏柏林这个蛋。"

想找个容易捏的点并不是很难。西柏林这座拥有 200 万人口的资本主义堡垒,位于共产主义东德境内,距东德边境 100多英里,基本没有防御能力。这座城市通过 13 条协商好的过境线路与西德连接起来,而苏联可以凭借其强硬的军事力量在几分钟内切断任何一条线路。这些过境线路包括 4 条干线道路、4 条铁路、易北河、1 条运河和 3 条各有 20 英里宽的航空线。1948 年斯大林切断陆上线路时,这些航空线变成了生命线。在那段封锁高峰期,几乎每分钟都会有一架盟军运输机在柏林滕佩尔霍夫机场降落。

　　无论是肯尼迪还是赫鲁晓夫，都把柏林当作"世上最危险的地区"。[28]自从肯尼迪当选总统后，他们就对这座城市争论不休。苏联人不能接受当时的状况：每天都有数百名东德难民跨过边境逃到西德去。在 1961 年 6 月维也纳峰会上，苏联领导人甚至威胁要和东德签订和平协议，将美国及其盟军挤出西柏林。两个月后，他改弦更张，建起了一道 104 英里长的"反法西斯防御屏障"，而西方人一般将其称为"柏林墙"。但是，紧张氛围仍在持续。到了 1961 年 10 月 26 日，美苏双方的坦克在查理检查岗对峙达两天之久。这是核时代以来美苏双方的第一次直接冲突，"两方的士兵和武器针锋相对"。[29]

　　自从总统和他的顾问们获知苏联在古巴部署导弹之后，他们就开始思考柏林的命运。"我开始怀疑赫鲁晓夫先生在柏林问题上是否还有理智可言，"迪安·腊斯克于 10 月 16 日在第一次执行委员会会议上对他的同侪说道，"他们要么觉得可以用古巴和我们在柏林问题上做交易，要么认为通过诱使我们对古巴采取特定行动，可以为他们针对柏林的行动提供保护伞。"

　　肯尼迪之所以决定封锁古巴而没有跟从直觉去轰炸它的导弹发射基地，就是因为害怕苏联会对柏林施以报复行动。他在参谋长联席会议上解释说，美国对导弹发射基地的攻击，只会给苏联送去"吞下"柏林的借口。当英法两国于 1956 年对埃及发动第二次中东战争时，苏联就以入侵匈牙利作为回应。在欧洲人民眼中，"他们会把我们当作因为乱开枪而丢掉柏林的美国佬"。如果苏联入侵柏林，总统就"别无选择，只能使用核武器"。肯尼迪认为这将是个"艰难的决定"。

　　在古巴导弹危机前的几个星期中，肯尼迪满脑子想的都是　217

如何避免苏联入侵西柏林。西方不可能在柏林打赢一场常规战争，但至少可以增加苏联入侵柏林的成本。他询问他的副官，如果发生紧急状况，把一个营的兵力通过干线道路输送到柏林需要多长时间。答案是 35 个小时。[30]在总统的要求下，军方通过改变兵力部署等方法把反应时间缩短到 7 个小时。中情局于10 月 23 日报告说，柏林储备有足够的食物、燃料和医药，至少可以撑过 6 个月的封锁。[31]

但事情的发展没有落入美国人的预期，苏联人并没有因为美国对古巴的封锁，而在柏林方面施加更大的压力。柏林和往常没什么不同，只有边境上的一般事故和对联军护卫队行踪的争议。东德的苏联部队只是接到了提高戒备等级的命令。苏联和美国军官还是会互相控诉对方的"挑衅行为"，但这些基本上都是"例行公事"。

东德人依然逃向西方，尽管人数有所减少。[32]在星期六的凌晨，有 4 名年轻男性和 1 名女性俯身爬过层层铁丝网，到达了法占区。东德的边防人员发射照明弹照亮夜空，并用武器零星地向周边区域散射。铁丝网把那位 23 岁女性的外套钩住了。她的男伴一边帮她脱身，一边在倾盆大雨中躲避着子弹。另外一组 3 名男子则在爬过边境附近的一个墓地，翻过一道覆有铁丝网的砖墙后终于进入了西柏林。

下午，一架沿着航空线飞出柏林的运输机与几架苏联战斗截击机擦身而过。[33]苏联飞机从飞行速度较慢的美国 T－29 教练机身边飞过三次，但并没有任何干扰举动。美国情报官员担心这一事件会成为一种新型航空线骚扰的前兆。

对在古巴部署导弹和柏林残局之间的关系，赫鲁晓夫应该是心知肚明的。在他的脑海里，任何事物都是相互联系的。如果古巴博弈成功，那么他在全球地缘政治中的谈判能力将会大大增强。11 月 6 日美国国会选举后，赫鲁晓夫不断地发出要在西柏林问题上做出新的重大举措的暗示，包括跟东德签订和平条约。"我们会给（肯尼迪）两个选项，要么打仗，要么签订和平条约，"苏联主席于 9 月告诉肯尼迪的内政部长斯图尔特·尤德尔，"你们需要柏林吗？你们根本丢不起。"[34]

无论他在古巴部署导弹的最初动机是什么，赫鲁晓夫现在并不想把和美国的冲突战线进一步拉长。当这个世界已然濒临核战的边缘时，他并没有盲目地把西柏林也押到赌盘上。当苏联外交部副部长瓦西里·库兹涅佐夫（Vasily Kuznetsov）建议对西柏林"进一步施压"来应对美国对古巴的施压时，赫鲁晓夫迅速地回应道："我们才刚刚开始从一场冒险中脱身，而你却暗示我们要马上进入另一场冒险。"[35]

赫鲁晓夫决定给西方的"睾丸"一点喘息之机。

10 月 27 日，星期六，上午 9：00

在佛罗里达州奥兰多市外的麦考伊空军基地，小鲁道夫·安德森（Rudolf Anderson, Jr.）少校正在完成他最后的飞行准备，这将是他第 6 次执行 U-2 侦察机飞行任务。他已从导航员那里拿到了最后一份任务说明，完成了呼吸练习，并把自己塞进了增压飞行服。他将驾驶侦察机在古巴岛的东半部飞行 1 小时 15 分钟。

35 岁的安德森身材修长健美，一头黑发，棕色的眼睛深邃迷人，他是典型的 A 型性格。飞行对他来说是生命也是激情所在。自儿时起，他便搭飞机模型玩，并梦想着有一天能成为一名飞行员。他在所有评估中都毫无意外地表现优异，在杰出的军旅生涯中也一路都是众人效仿的榜样。在个人生活中，他活力四射：有一次为了追一只从笼中逃脱的鸟儿，他直接从大学宿舍二楼跳了下来。他对待工作非常认真，他的朋友鲍勃·鲍威尔（Bob Powell）认为他是这样的飞行员："他会把你想得到的每一个任务都拿走。你只好去申请当备用飞行员。你不得不这样做。他简直无法抗衡。"[36]

安德森和另一位 U-2 飞行员理查德·海泽进行着友好的竞赛，看谁能够在古巴执行最多的飞行任务。[37]海泽的军衔比安德森的高，但安德森是空军中队的标准总长（Chief of Standardization），这是个在其他飞行员之上的名誉头衔。海泽于 10 月 14 日在古巴西部的圣克里斯托巴尔执行任务时发现了苏联导弹，而安德森于次日在古巴中部的大萨瓜附近发现了更多的导弹发射基地。到 10 月 27 日为止，两人已各在这个岛屿上空执行了 5 次飞行任务。

一开始，安德森的名字并不在星期六早晨飞行任务的名册上。[38]原本的计划只包含 3 项飞行任务，由经验相对不太丰富的飞行员执行。第一项任务是对古巴中部的导弹基地做 20 分钟的俯瞰。第二项任务是用 1 个小时飞过古巴所有的导弹基地。而第三项任务则是对岛屿周边仍属于国际空域的范围做 4 个小时的飞行。战略空军司令部于星期五晚上为飞行计划增加了第四项任务，即调查苏联和古巴在关塔那摩海军基地附近的军事部署，并探查苏联的防空系统。安德森急于增加自己的飞行时长，便游说获得了这个任务。[39]

前 3 个任务在星期六凌晨一个个地被取消了。海军的当前任务是对导弹基地进行低空侦查，所以当苏联激活了防空系统后，再派 U-2 侦察机侦查同一个区域就没有太多意义。其中一位飞行员，查尔斯·克恩（Charles Kern）上尉，在华盛顿发来取消任务的命令时，都已经坐进了驾驶舱。[40]结果，那天只剩下了 3128 号任务，即安德森的任务。

这一飞行计划要求安德森在 72000 英尺的高空飞入 8 处萨姆防空导弹基地的射程内。[41]他很清楚这些苏联 V-75 导弹可能给他带来的威胁。他的 U-2 侦察机配备了侦查设备，可以接收到与导弹系统相匹配的雷达信号。如果一部苏联雷达标注了他的飞机，他的驾驶舱就会闪烁黄灯。如果萨姆基地瞄准了这架飞机，黄灯就会变成红灯。他就得施展闪避动作，忽前忽后，就好像一位斗牛士躲闪公牛一样。这是为了让导弹在其上空爆炸而不至于给他带来任何伤害。

一辆厢车把安德森载到了起飞跑道，和他一起执行了前 5 次飞行任务的飞机正在那里等候。这是一架中情局的飞机，编号 56-6676，但机身喷上了空军的标记。[42]肯尼迪宁愿派身穿蓝制服的空军去执行古巴的飞行任务，因为相对于中情局的飞行员而言，他们被击落后受到的审讯要少一些。但中情局的 U-2 侦察机要比空军版的高级一些：它们的发动机更为强大，飞行高度能比后者高 5000 英尺。这使得它们更难以被苏联的萨姆防空导弹击中。尽管很不情愿，中情局还是把几架侦察机借给了空军，条件是他们对照片的判读程序仍保有控制权。

就这样被空军抢了风头，中情局很是不满。中情局的人员仍然在麦考伊负责维护这些间谍机和处理情报材料。空军飞行员把他们视作外来入侵者，"在我们做的所有事情中找茬"。[43]中情局官员抱怨说空军对萨姆防空导弹基地本身的威胁没有给予足够的重视。对苏联防空系统使用的雷达系统，或者对跟踪古巴上空 U-2 侦察机的雷达系统，美方并没有相应的电子战 220

技术来进行干扰。情报官员估计 U－2 飞行员在古巴上空被击落的概率是六分之一。

安德森借助梯子爬上了他的 U－2 侦察机，把自己绑在了驾驶舱里。他的钱包里放着妻子和两个年幼孩子的照片。[44]他曾在阿拉斯加州的一次临时任务中摔在了冰上，导致肩膀负伤，而此时他的肩膀正隐隐作痛，但他不会让疼痛干扰飞行。[45]指挥官曾经为了让他休息一天，把他从一份飞行计划中划去。他对此大声抗议："难道我做得还不够出色吗？"他想知道答案。[46]

机动员罗杰·赫尔曼（Roger Herman）上尉核对完最后的检查表。他确定安德森的供氧设备连接完好，而地图以及"绝密目标"文件都整齐地摆放在弹射座椅的一边。两位飞行员测试了应急系统，确保它运作正常。一股氧气流很快充满了安德森增压飞行服的橡皮管，并充满了整个驾驶舱。当他确定一切状况良好时，赫尔曼拍了拍安德森的肩膀。

"好了，鲁迪（鲁道夫的昵称。——译者注），开始吧，一路顺利。回头见。"[47]

在赫尔曼关上座舱罩时，安德森竖起了大拇指。不一会儿，他的 U－2 侦察机起飞前往古巴。时间是上午 9 点 09 分。

在安德森起飞的时候，另一架美国电子侦察机已经在空中飞行了 4 个小时。RB－47 侦察机由 B－47 轰炸机改造而成，此时它正在搜索苏联的雷达信号。斯坦·威尔森（Stan Willson）上尉在凌晨 5 点从堪萨斯州的福布斯空军基地起飞，在墨西哥湾加满了燃料，现在正绕着古巴小心谨慎地盘旋，确保自己处于国际水域上空。尽管他对各类雷达信号都很感兴

执行委员会（ExComm）会议。1962年10月29日，于白宫内阁会议室。从国旗位置开始顺时针人员名单：

罗伯特·麦克纳马拉、罗斯韦尔·吉尔帕特里克、马克斯维尔·泰勒将军、保罗·尼采、唐纳德·威尔逊、西奥多·索伦森、麦乔治·邦迪（被挡住）、道格拉斯·狄龙、副总统林登·约翰逊（被挡住）、罗伯特·F.肯尼迪、卢埃林·汤普森、威廉·C.福斯特、约翰·麦科恩（被挡住）、乔治·波尔、迪安·腊斯克、肯尼迪总统。

1962 年 10 月，肯尼迪总统和司法部长罗伯特·F. 肯尼迪在白宫西厢。
（肯尼迪总统图书馆，塞西尔·斯托顿摄）

1961 年 6 月，维也纳，尼基塔·赫鲁晓夫和肯尼迪唯一一次会面。
（USIA-NARA）

1960 年 9 月，纽约市，赫鲁晓夫拥抱菲德尔·卡斯特罗。
（USIA-NARA）

在飞往古巴执行侦察任务前，基维斯特的空军人员正在维修一架美国海军 RF-8"十字军"战斗机。主要的前向拍摄仓可见于飞机底部。

在埃尔奇克，导弹危机中的卡斯特罗和伊萨·普利耶夫（右）。
（MAVI）

1962 年 11 月，卡斯特罗和最了解他的苏联领导人阿纳斯塔斯·米高扬，身后是苏联大使亚历山大·阿列克谢耶夫。
（USIA-NARA）

海军指挥官威廉·埃克尔（左）和
海军陆战队队长约翰·哈德逊（John
Hudson）握手。埃克尔曾于 10 月 23 日
领导执行第一次低空飞过古巴的侦察任
务。机身上的卡斯特罗和小鸡的图案是
纪念飞行任务的成功完成。
（USNHC）

圣克里斯托巴尔中程弹道导弹一号基地
的核弹头掩体（在建），由埃克尔的前
向照相机拍摄。
（NARA）

10 月 23 日，星期二，埃克尔在"蓝月
任务 8003"中拍摄的圣克里斯托巴尔中
程弹道导弹一号基地。照片中有导弹设
备、燃料车以及核弹头厢车。图片由飞
机的左侧照相机拍摄。
（NARA）

10 月 25 日，星期四，美国海军 RF-
8"十字军"战斗机执行"蓝月任务
5010"飞过古巴中部。
（NARA）

11 月 1 日，美国空军 RF-101"巫毒"
战斗机进入古巴领空巡查导弹发射场拆
除情况的照片。先前从未公开。
（NARA）

阿德莱·史蒂文森在 10 月 25 日的联
合国安理会辩论上展示苏联导弹基地
的照片。
（UN）

位于古巴西部圣·胡安的苏联萨姆防空
导弹发射场，以及雷达和发射控制车。
美国空军先前从未公开。
（NARA）

大萨瓜的中程弹道导弹二号基地，摄于
10 月 23 日。
（NARA）

伊戈尔·斯塔岑科将军，古巴的苏联导
弹部队指挥官。
（MAVI）

7 MISSI

TENT AREA

VEHICLES

MISSILE TRAILER

RAILERS

ERECTORS

由理查德·海斯勒驾驶的 U-2 侦察机于
10 月 14 日拍摄的第一张图像，这张图
像说服肯尼迪总统苏联已经在古巴部署
了中程导弹。这也是圣克里斯托巴尔的
中程弹道导弹一号基地的图片。
（NARA）

MISSILE SHELTER TENTS

LAUNCH CONTROL

PROB THEODOLITE STATION

CABLING

2 VANS UNDER NETTING

MISSILE STAND & FLAME DEFLECTOR

MISSILE ERECTOR

CAMOUFLAGE NETTING

CHERRY PICKER

伊凡·西多罗夫上校，是一支驻守大萨瓜的 R-12 中程导弹团的指挥官。
（MAVI）

导弹发射位置大特写，大萨瓜。
（NARA）

圣克里斯托巴尔导弹基地上方山脉中的洞穴，它在导弹危机期间被切·格瓦拉用作他的总部。古巴士兵在山洞内为切·格瓦拉搭建了一个混凝土结构，以便他可以拥有一些私人空间。现在这里是纪念切·格瓦拉的圣祠。
（作者拍摄）

哈瓦那马雷贡国家宾馆外的一门防空炮。
（2002年哈瓦那研讨会上公布的古巴政府图片）

2006年，佩德罗·贝拉在他位于坦帕市的家中。贝拉手里拿着他于1962年10月试图破坏的马塔安布雷缆车的平面图。
（作者拍摄）

切·格瓦拉（左）和苏联驻古巴大使亚历山大·阿列克谢耶夫（右）。在被委任为大使之前，阿列克谢耶夫是一名克格勃特工，是第一位与古巴革命领导人进行正式接触的苏方官员。

IET SHIP POLTAVA ENROUTE TO CUBA

15 SEPTEMBER 1962

ПОЛТАВА

一张之前未出版过的美国海军侦察照片。11月2日"蓝月任务5035"中，海军侦察机拍摄的马塔安布雷区域，显示铜矿和缆车都完好无损。

10月24日，对"基莫夫斯克号"和"波尔塔瓦号"进行有计划拦截的美国海军机密地图。苏联运输导弹的船只已经在返回苏联的路上。美国海军许可"布加勒斯特号"继续航行至哈瓦那。

（USNHC）

运输8枚R-12导弹到古巴圣克里斯托巴尔导弹基地的"波尔塔瓦号"，摄于1962年9月。它于10月再次执行任务，装载了7枚R-14导弹，但在肯尼迪总统宣布执行海军封锁后，于10月23日返回苏联。

（NARA）

10月27日"黑色星期六"，瓦连京·萨维茨基指挥下的苏联B-59潜艇，在美国海军的胁迫下不得不浮出海面。潜艇上飘扬着红旗。舰桥上的船员正在观察头顶上方的美军侦察机。

（NARA）

美国海军"牛津号"停靠在哈瓦那周边海域，通过船身前端和后端的桅杆捕捉苏联和古巴的通信信息，包括雷达信号和微波信号。

（USNHC）

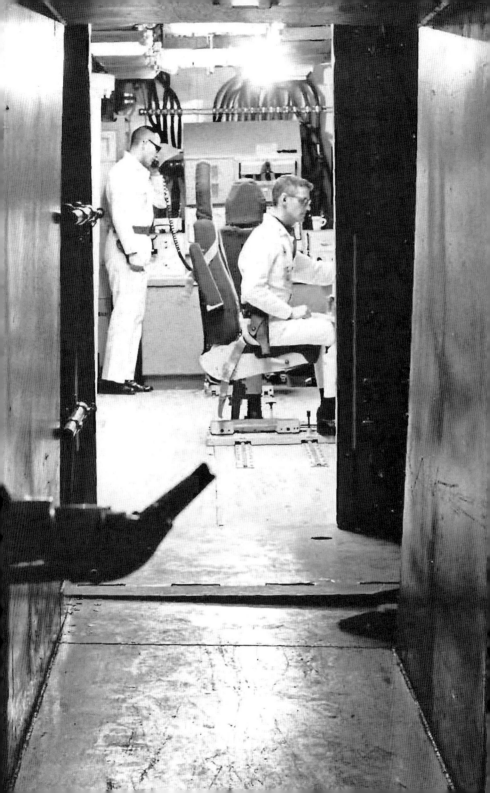

蒙大拿州大草原地下 50 英尺，负责民兵
导弹的两名战斗组员正处于战略战备状
态。技术员们临时攒出来一个发射系统，
使民兵导弹可以只经由一个指挥中心发
射，无须按照安全规则要求的那样必须
经由两个指挥中心。

（美国空军）

10 月 24 日，托马斯·鲍尔将军与他的参谋们在内布拉斯加州奥福特空军基地指挥所，向战略空军司令部传达进入二级战备状态的命令。

（美国空军）

统领部署在古巴的苏联 4.3 万人军队的指挥官伊萨·普利耶夫将军（右）和古巴国防部长劳尔·卡斯特罗（左）。普利耶夫曾是一名骑兵军官，他对导弹系统几乎一无所知，但得到了赫鲁晓夫的信任。赫鲁晓夫曾命令他镇压 1962 年 6 月苏联南部的粮食暴乱。

（MAVI）

一张之前未出版过的美国侦察照片，拍摄的是位于哈瓦那西南方的埃尔奇克苏联军事总部，由空军 RF-101 侦察机在 10 月 26 日执行"蓝月任务 2623"时拍摄。美方通过近旁的两个村庄托伦兹和卢尔德认出了这个基地。革命之前，这片区域曾是一座孤儿院。

（NARA）

杰拉德·科菲中尉（左）和阿瑟·戴中尉（右）在古巴执行任务返回后，向杰克逊维尔舰队航空联队指挥官约瑟夫·M.卡森汇报情况。科菲和戴于 10 月 27 日遭遇古巴防空炮灰的袭击。科菲于 10 月 25 日拍摄到可以搭载核武器的克劳夫野战火箭和"月神"导弹。

（USNHC）

TARARA BEACH TOP SECRET

可以搭载核武器的克劳夫野战火箭和"月神"导弹的照片，科菲中尉于 10 月 25 日执行"蓝月任务 5012"时在雷梅迪奥斯附近拍摄。这张照片使美国大大提高了对古巴境内苏联军队数量的预估值。肯尼迪总统于 10 月 26 日早晨听取了关于这张照片的汇报。

（NARA）

一张之前从未出版过的美国海军陆战队侦察照片。拍摄的是哈瓦那以东的达拉拉海滩，在入侵计划中被称为"红色海滩"。海军陆战队预计在第一天会有 500 人的伤亡。这个预计数值的前提是敌人不使用战略核武器。

（USNHC）

一个驻扎在雷梅迪奥斯附近的苏联摩化步兵团，正身着便服进行阅兵。"阿纳德尔行动"也被苏联士兵们唤作"格子衬衫行动"，因为他们发放了统一的便服，意图在于隐藏身份。

（MAVI）

达拉拉海滩的近期照片。请注意那个建于 1962 年的混凝土坑，原先用于抵抗可能来袭的美国军队，现在被用作外国游客的救生站。

（作者拍摄）

核弹头运载卡车俯视照片，于"蓝月任务 5008"任务中拍摄。

（NARA）

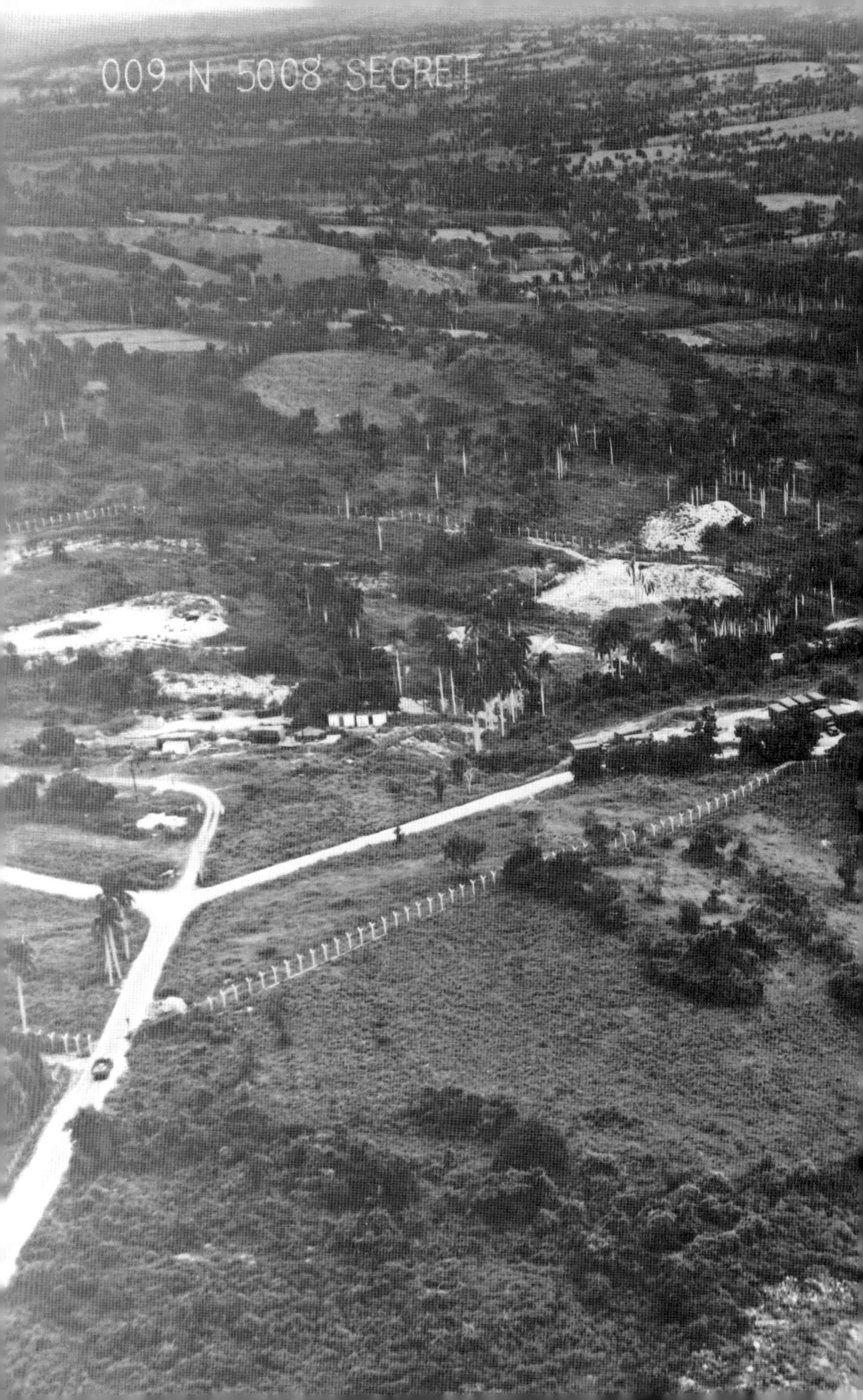
009 N 5008 SECRET

一张之前从未出版过的贝胡卡尔核弹头
存储基地照片，来自美国海军 F-8 侦察
机于 10 月 25 日执行"蓝月任务 5008"
时拍摄的原始情报底片。请注意那条环
形公路、核弹头运载卡车、单排防护栏
以及大门处松懈的安全护卫。

古巴的苏联核军火库指挥官尼古拉·别洛博罗多夫上校，掌舵"因迪吉尔卡号"，这是第一艘运载着核弹头抵达古巴的苏联船只。

（MAVI）

一张之前从未出版过的哈瓦那南部马那瓜核弹头存储基地的照片，此处存放的核弹头用于克劳夫野战火箭和"月神"导弹。图中有单排护栏、掩体入口以及位于山顶上的一处防空导弹基地。照片由美国空军 RF-101 侦察机于 10 月 26 日执行"蓝月任务 2623"时拍摄。

（NARA）

苏联前线巡航导弹，在古巴导弹危机期间瞄准着关塔那摩海军基地。前线巡航导弹是无驾驶员版的米格-15 战斗机，可以发射一枚 14 千吨级的核弹头。

（2002 年哈瓦那研讨会公布的古巴政府照片）

守卫关塔那摩海军基地的美国海军陆战队士兵，他们完全不知道，就在基地 15 英里的半径范围内部署着巡航导弹。

（五角大楼发布）

在"蓝月任务 2626"飞在右翼位置的这架 RF-101 侦察机，编号为 41511，用它的左侧摄像头拍摄了下方的照片。（NARA）

一张之前从未出版过的美国空军 RF-101 侦察机照片，它于 10 月 26 日飞过巴内斯苏联萨姆导弹基地上空。第二天，由美国空军鲁道夫·安德森少校驾驶的 U-2 侦察机被这个基地发射的两枚导弹击落。这张照片由作者在国家档案馆发现，两张连续的照片由中情局分析员剪切并用透明胶带粘合。（NARA）

5025 N 047

5025 N 048

925

几张之前未出版过的 10 月 27 日"蓝月
任务 5025"原始底片，分别展示了防空
炮火袭击之前和之后的图像。第 47 号图
像展示的是圣克里斯托巴尔二号中程弹
道导弹基地。几秒钟后，如第 48 号图像
所示，飞行员向左急转，并从山头处遁
走。底片中包含的时钟照片显示了事件
的准确时间，格林尼治时间 20 时 22 分
34 秒，即华盛顿时间 16 时 27 分 34 秒，
古巴时间 15 时 27 分 34 秒。

巴内斯萨姆导弹基地照片，由 RF-101
侦察机于 10 月 26 日拍摄。
（NARA）

古巴东部萨姆导弹团指挥官格奥尔基·
沃龙科夫上校，向击落安德森的 U-2 侦
察机的军官们表示祝贺。右边携带手枪
的军官是伊凡·格尔切诺夫少校，巴内
斯萨姆导弹基地的指挥官。
（MAVI）

之前未出版的 U-2 侦察机驾驶员查尔斯·
莫尔茨比上尉飞越苏联的地图，作者在
国务院档案中找到。
（NARA）

莫尔茨比上尉的照片。

（由莫尔茨比家人提供）

另一位 U-2 侦察机驾驶员鲁道夫·安德
森少校，当他在古巴被击落时，莫尔茨
比正在苏联领空。

（由安德森家人提供）

趣，但他的首要目标是弄清楚苏联的防空系统是否已经被激活。

除了两位飞行员和一位导航员外，这架 RB－47 侦察机的机组人员还包括三位电子战军官。在空军的官方行话中，他们被叫作"大乌鸦"（ravens），但他们更喜欢"乌鸦"（crows）这个更具幽默和自嘲意味的名字。飞机起飞后不久，大乌鸦们会在飞机升到最高高度前爬到经过改造的炸弹仓，此处现在已装满了电子窃听设备。这个"鸦巢"像一个受孕的子宫般从飞机的下腹部鼓胀出来，和飞行员舱分隔开，并独立使用一套增压系统。这些大乌鸦在接下来的 10 个小时中将监听空中电波的一系列嘟嘟哔哔声。

这种工作的绝大时间都很无聊，偶尔会有活动密集的时候。威尔森飞机上的机组人员有好几个都曾在苏联周边执行过飞行任务，试图找出其防空系统的弱点，好为一场可能的空袭做好准备。他们朝苏联前线笔直地飞去，仿佛就身处一场空袭中，然后在最后的瞬间调头飞走。这样的行为是为了挑衅苏联人，好让他们打开雷达系统，由此截获的数据可以帮助标注出苏联防空系统的位置。但他们始终面临着危险，可能会飞到苏联领土上空而被击落。威尔森的多位战友——都来自第 55 战略侦察机联队——最后都在苏联被俘获入狱，还有好几位直接被苏联的武器系统歼灭。

环绕古巴的飞行任务通常被称为"普通任务"，但一些喜欢找刺激的大乌鸦们却开始把它称作"迷失的任务"。[48]常常一整天过去了却没有发生任何事情。对于 RB－47 飞行员来说，古巴导弹危机的标志性声音是"无声"。[49]两边都避免发出任何空中电波，以防止把任何情报泄露给敌人。通常来说任何地区

（右侧页边标注）221

都会有"很多电波声",但如今似乎每个人都"屏住了呼吸"。

星期六早晨,苏联人打开了他们的防空追踪系统,空中电波再次活跃了起来。大乌鸦们一旦捕捉到一份雷达信号,他们就会马上打开录音机和扫描仪。分析雷达信号兼具监控心电图和学习鸟鸣的特点。正如经验丰富的捕鸟人能够识别几百种鸟类,大乌鸦们也能够区分不同的雷达系统,他们甚至能模仿它们。预警雷达发出的是低音,声音间距长。火控雷达尖锐刺耳的声音非常绵长,就好像是鸟儿的啁啾声。当大乌鸦们听到这样的声音时,他们就明白自己的飞机已处于被瞄准的危险。如果飞行员认为自己即将遭受攻击,他有权利"以消灭为目的的开火"。[50]

威尔森的 RB-47 飞机沿着古巴海岸线一路飞行,大乌鸦们开始捕捉到与各处苏联导弹基地相关联的雷达信号。他们识别出了"匙架"雷达的嗞嗞警报声,而它正是苏联萨姆防空导弹系统用于获取目标的雷达。间谍船"牛津号"也于今日凌晨在佛罗里达海峡中部捕捉到类似的信号,这是苏联最终决定激活防空系统的一个早期迹象。

躬身坐在监视器前的大乌鸦们,突然听到了火控雷达高音调的"吱吱吱"声。[51]利用放置在飞机下腹部的定位设备,他们能够追踪到这个信号的源头。信号来自一个之前确认过的萨姆防空导弹基地,它位于古巴东部,离巴内斯镇只有几英里远。这其中的含义非常令人担忧:苏联防空系统不仅在追踪古巴上空的美国飞机,而且也已瞄准。

一位大乌鸦长官打开了连接"鸦巢"和驾驶舱的对讲机开关:"老大,我们逮到一支'大雪茄'。"[52]

"大雪茄"(Big Cigar)是"果盘"火控雷达的官方代码。副驾驶员把情报传给了战略空军司令部,但他却没法跟安德森

222

直接取得联络，警告他危险已经来临。这位 U－2 飞行员观察到的无线电信号依然一片寂静。

在空军服役 11 年之久，查克·莫尔茨比（查克是查尔斯的昵称。——译者注）树立了他优秀飞行员的名望。他曾在空军雷鸟飞行表演队服役两年，驾驶他的 F－100 "超佩刀" 战斗机做出一系列惊险的转圈、翻滚、螺旋升降动作。在四架飞机的表演小组中他处于右翼位置。在此之前，他因在朝鲜战事中被击落而在中国战俘监狱中待了 600 天。他的胡须整齐、脸庞英俊、眼波含笑、肤色健康，简直就是英国演员戴维·尼文的迷你版。他浑身散发着自信。正如空军中大多数王牌飞行员一样，莫尔茨比深信自己可以 "在空战中击败任何人"。[53]

然而此时，他却百感交集，完全没有自信。根据飞行计划，他本该开始返回阿拉斯加州了。但是，星辰总是在令人预想不到的方位出现。他怀疑是不是出现了什么 "大问题"。[54]

莫尔茨比所使用的是由来已久的天体导航技巧——麦哲伦和哥伦布也使用这种方法——来为自己指引方向。导航员为他准备了很多天体图，沿着他的路线从各个角度绘制而成。但飞行员只是将它们放在座位旁。当他飞至北极和巴特岛的中点时，他取出了那张可以显示位置和这个特定时间星辰的准确位置的绿色硬纸板。如果他没有偏离航线，那么大角星——北半球最亮的星——柔和的光芒应该会出现在飞机鼻端右侧；织女星——另外一颗明亮的星——则应该会出现在西北方稍稍高一点的天空；北方的北极星应该在正头顶，这表明他正在向北极靠近。猎户座则在他身后的南方。

他试图用六分仪再确定几颗亮星的位置，但是 "天空中斑斓的光带"使区分它们变得尤为困难。他越向北飞，亮光就"越强"。他碰到北极光现象了。

如果不是身处这样的危险处境，他也许会好好享受这美丽的景色，这是他从未见过的奇观。驾驶舱外的夜空被这明亮、跳动的光芒点亮。天空上横亘着橙色、紫色和红色的闪光，像风中的彩带一般回旋扭动。天空时而像一座战场，舞动着光剑和突袭的标枪；时而又像一个芭蕾舞台，在昏暗的夜空背景中，发光的形体正舞出美妙的姿态。

莫尔茨比眩晕了，他无法区分不同的星辰。指南针也帮不上忙。在北极附近，指针只会自动被地球磁场往下吸，根本分不清南北。由于确定不了周围星辰的位置，他现在只是模糊地知道他面朝的方向。对在他自以为到达北极之前确定的那几颗星，现在也看起来"非常可疑"，但他还是固执地沿着既定路线前行，指望那些"他以为已经看到的星并没有看错"[55]。

即使是在最佳状况下，驾驶 U－2 侦察机也不是一件易事，因为需要考虑的变量和需要做出的计算都非常多。而莫尔茨比此时的飞行高度通常被 U－2 飞行员称作"死角"，这个高度的空气是如此稀薄，只能勉强撑起飞机的重量，而这个高度所允许的最高速度和最低速度之间只相差 6 节。U－2 侦察机就是为了高空飞行而设计的，所以它是有史以来最轻薄的飞机。如果飞得太快，这只脆弱的大鸟就会从尾部开始分解。如果飞得太慢，发动机就会燃烧中断，飞机就会朝下俯冲。莫尔茨比必须时常盯着圆形的空速表，没法分神盯着别的地方看太久。

莫尔茨比早就觉得，驾驶 U－2 侦察机有点像回到了飞行器的早期岁月，那个时候的飞行器只具备最基本的功能。他的飞机没有液压系统，所以只能依靠手臂力量来移动驾驶舱里的

风门片或是推拉前方的操纵杆。而操纵杆上方则是一面反光　224
镜，从下方看，飞行员可以观察地面；从上方看，则可以充当
六分仪。

一路向北，莫尔茨比激活了滤纸装置来采集放射性粉尘。
滤纸位于 U - 2 侦察机腹部，这个位置通常被用来安装摄像
头。此外，他还需要用瓶子采集空气样本，这些样本会在他返
回阿拉斯加州后被送往实验室。通过细致分析空气和粉尘样
本，美国科学家可以了解苏联在千里之外的新地岛上进行的核
试验。他们尤其看重在高纬度采集的样本，因为它们更纯净，
不像那些在大气中旅行过的粉尘会受到更多的污染。

到达他预想中的北极后，莫尔茨比决定要做一个 90 度紧
接 270 度的翻转动作，这是调头的标准程序——"先向左转
90 度，然后直接转 270 度，直到回到原来的路径上，区别只
是你已经调过头了。"

黑暗中，飞机下方厚实的冰雪漫无边际。陆地上一片漆
黑，然而天空却舞动着五彩斑斓的光芒，在这样的地方飞行真
是令人感到古怪且容易迷失方向。

10 月 27 日，星期六，上午 9:25

总统做完上午的例行锻炼后，于 9 点 25 分到达了办公室。
如往常那样，首先敲开办公室门的是他的行政秘书肯尼·奥唐
奈和国家安全顾问麦乔治·邦迪。肯尼迪有一些例行公事需要处
理，包括接收特立尼达和多巴哥共和国大使的国书。他打了几个
电话，其中一个打给了老同学莱姆·比林斯（Lem Billings）。差
不多 10 点的时候，他走过大厅来到了内阁会议室，这里聚集
了执行委员会的 12 名成员。

除了特别累的时候，肯尼迪每天都至少游泳一个小时，做些汉斯·克劳斯医生规定他做的伸展动作。这位骨科医师来自奥地利，而肯尼迪在星期一做完演讲后完全没有认出他。白宫在西厢地下室专门为他开辟出了一个小健身房，就在游泳池旁边。从健身房拐个弯就是作战室，这样他就能够在锻炼腹部肌肉的间隙随时查看苏联潜艇的动向。克劳斯提醒他说，在225　"精神压力巨大的时候"保持锻炼"尤其重要"。[56]

约翰·肯尼迪从记事起就一直跟疾病做斗争。在青少年时期，他因为一系列莫名其妙的疾病在医院进进出出。医生们从没能验明他的病因，以至于在如何施治方面争吵不休。等他当上总统的时候，他已经做过 6 次大型手术了。他每天都要注射十几种不同的药剂，有用于缓解背部疼痛的普鲁卡因，用于增加体重的睾丸素，用于控制结肠炎的类固醇，和用于控制性病感染不再复发的抗生素。

克劳斯相信，总统的许多健康问题是因为滥用药物。而与他持对立观点的医生曾给他开过普鲁卡因和其他止痛药，来帮助他勉强度日。尽管最近几个月肯尼迪成功地减少了每日服用的药量，但仍然是一个"行动的药箱"。他现在每天仍然至少服用 10 种药物，有的药物一天还需要服用两次。人们担心总统哪天会被人从白宫抬出去，他的海军医生做出指示要在总统办公室外永久设置一个装满药品的箱子。那个褐色皮箱子上面标着"总统的私人物品"，而且可以"跟随总统四处挪动"。[57]

肯尼迪的健康问题是一个严守的机密，它们对他的个性和生活方式有着深远的影响。糟糕的健康状况导致了他内省、多疑的本性。他从小就拿死亡开玩笑，也早早学会了如何"像过最后一天那样活好每一天"。[58]他的一位传记作者说，约翰·肯尼迪就像他的大敌菲德尔·卡斯特罗那样，"沉迷于刺激"。[59]他的一生是一场"与无聊的对抗赛"。

然而，肯尼迪与卡斯特罗以及赫鲁晓夫的不同之处在于他置身事外的反讽，这也与他经年的疾病有关。他永远都在质疑传统智慧。卡斯特罗自私又自恋，只有他的意愿和行动才是重要的。赫鲁晓夫则把世界局势粗略地简化成政治理论的博弈。肯尼迪善于从对手的视角看待问题，他"把自己置于他人立场的能力"既是诅咒也是福祉。[60]

将肯尼迪与集权威和财富于一身的典型望族子弟区别开来的有两大要素：长期的肉体折磨和第二次世界大战。作为一名曾在大西洋上指挥鱼雷快艇的中尉，他对现代战争的前线有着非常直观的认识，而这种认识与白宫和五角大楼的观点大相径庭。

"这是场卑鄙龌龊的战争。"他于 1943 年在给他的瑞典女友因加·阿瓦德（Inga Arvad）的信中写道。[61]他们明明是在"几座属于利华公司（一家英国肥皂商）的小岛"上作战，却要说服士兵们，他们是为一项伟大的事业做出牺牲。这实在太困难了。"……我们如果都是股东，可能还会更英勇些。"与愿意为了天皇肝脑涂地的日本兵不同，典型美国士兵的内心对忠诚充满了矛盾——"他一方面想要杀敌，另一方面又不想自己战死沙场"。杰克从中学到的是，政客如果把孩子派上战场，他们最好三思而后行。他对诸如"全球战争"和"全力以赴"等虚无缥缈的概念都嗤之以鼻。

有些人说击溃日本人只花了几年时间，付出了百万条性命，仿佛这一切易如反掌，说这种话的人最好慎思言论。我们所谈论的动辄就是数十亿美元，几百万条性命。如果只死了几千人，就仿佛水滴滴到了水桶里一般。如果这数千人的求生欲望强如我所见过的那十个人的求生欲望（这十个人在他的鱼雷快艇上，鱼雷快艇后来被日本驱逐舰撕成了两半），那么，那些决定我们出征意义和目标的人们，最好无比确定我们所付出的努力能够达成目标。而当目标达成之时，我们回头再看，将会认为这一切牺牲都是值得的；要是它并不值得，那所有的一切都将化为灰烬，而在那战争结束后的岁月里，我们还将面对无比巨大的麻烦。

成为总司令以后，肯尼迪对战争出乎意料的后果变得更为忧心。1962 年伊始，历史学家芭芭拉·塔奇曼（Barbara Tuchman）出版了一本论述一战起源的书，名叫《八月的枪声》，并荣登《纽约时报》畅销书排行榜长达 42 周。她认为失误、误解和错误的传达可以引发一系列预料不到的事件，致使政府在不明白后果的严重性的情况下发动战争。这本书令总统印象深刻，以至于他经常引用里面的词句，并坚持让他的副官们阅读。他还想让"军队里的每一位军官"都读读。[62]军队首长于是向全世界所有的美军军事基地都派发了这本书。

　　　　肯尼迪最喜欢的一段文字描述了这样一个场景，两位德国政治家正在分析导致当时最具破坏力的一场军事冲突的原因。

"这到底都是怎么发生的？"较为年轻的政治家问道。

"哎，有人知道就好了。"

而当肯尼迪想象着因为古巴导弹和苏联开战时，总有一个思绪不断地困扰着他。他想象着地球上肆虐着"火焰、毒气、混乱和灾难"。无论他在总统任期内做成了什么，他都决心要避免发生与书中类似的场景。一名核战幸存者问另外一名幸存者："这到底都是怎么发生的？"而他得到的答案依旧让人难以置信："哎，有人知道就好了。"[63]

核打击的代码被保存在一个叫作"橄榄球"的黑色乙烯基公文包里。通过这个"橄榄球"，总统可以下达命令，把苏联、中国和东欧境内数以千计的目标从地球上抹除掉。只需数秒钟来验证命令确实来自于总统，导弹将会从蒙大拿州和北达科他州平原的导弹发射井中发射，B-52 轰炸机将会飞过它们的安全区域向目标苏联飞去，北冰洋中的北极星潜艇将会发射它们的核弹头。

起初，总统只是把"橄榄球"当作是一份额外的随身用具。但在白宫主事一年后，他开始更确切地询问它的用途。他之所以突然提出一些这方面问题，是因为一本当时出版的小说——《五月中的七天》。小说作者是弗莱切·克内贝尔（Fletcher Knebel）和查尔斯·W. 贝利（Charles W. Bailey），讲述的是针对一位虚构的美国总统而策划的军事政变。他就一些细节问题询问军事副官切斯特·克利夫顿（Chester Clifton）将军。他尤其感兴趣的一个问题是，到底由哪位军官负责核代码。

"那本书说这些人中的一个人会通宵坐在我的寝室外面。这是真的吗？"[64]

克利夫顿回答说，负责"橄榄球"的执勤军官在楼下的办公区域，不在楼上的居住区域。"他可以很快上楼——我们排演过很多次了；就算不用电梯，从楼梯跑上来，他也能在 90 秒钟内到达。如果他哪天晚上敲你的门，进来并打开箱子，你可得留神了。"

228　在另一个场合，肯尼迪想要确切地知道，如果必要的话，他将如何具体地下达命令，"直接对共产主义阵营进行核打击"。他给参谋长联席会议写了一长串问题，询问要是他为了接通五角大楼的联合作战室而按下了"我桌上电话的红色按钮"，接下来会发生什么：[65]

> 如果我不事先告知就给联合作战室打电话，谁会接电话？
>
> 如果要直接进行核打击，我该对联合作战室说些什么？
>
> 那些收到我的指示的人将如何核实它们？

这些都是实实在在的问题。[66]总统和副官们探讨了在苏联入侵柏林的前提下，他们对苏联率先使用核打击可能带来的正面效果和负面效果。李梅、鲍尔等一些军队领导人是先发制人的衷心拥趸。这一想法令肯尼迪感到厌恶和恐惧——他同意麦克纳马拉的观点，他们无法保证摧毁苏联的全部核武器——但计划还是草拟好了。核战辩论的重心已经转移，原先人们希冀通过"相互确保摧毁"来威慑对方，但现在双方考虑的是如何能够打赢一场有限的核战争。

美国的核战计划叫作"统一作战行动计划"（Single Integrated Operational Plan），简称 SIOP。这一计划的第一个版本 SIOP-62 令肯尼迪大为惊恐，它呼吁调遣 2258 枚导弹和携带有 3423 枚核弹头的轰炸机打击散布于"中苏阵营"的 1077 处"军事和城市工业目标"。一位顾问将其形容为"瓦格纳式的狂欢"，另一位将其形容为"一场对一切红色……的大规模、全面、广泛、消灭式的战略袭击"。[67]该计划还将小小的巴尔干半岛国家阿尔巴尼亚列入消灭范围之内。尽管中国（和阿尔巴尼亚）违抗了莫斯科的指导，但这一计划并不对共产主义国家进行区分。每一个都是摧毁目标。

"而我们却把自己叫作人类。"肯尼迪在听完这一计划的摘要后，如此讽刺地评论道。

震惊于 SIOP - 62 极端的目标选择，肯尼迪政府起草了一个新计划，叫作 SIOP - 63。尽管它名字里带有"63"，但这个计划在 1962 年就已经生效了。这个计划赋予总统一些"保留"选项，其中包括中国和东欧，并且试图对城市和军事目标做出区分。然而，这一计划的核心观念并没有改变，即一次性对苏联造成毁灭性打击，使其完全丧失开战能力。

但是，肯尼迪在实际决策中对这些选项都不感冒。他曾问过五角大楼，如果一枚苏联导弹在美国城市附近爆炸，会导致多少人丧命？答案是 60 万。"内战总共才死了这些人，"总统愤怒地说，"距内战结束还没到 100 年呢。"他后来承认，部署在古巴的 24 枚苏联中程导弹"对他确实有很大的威慑作用"。[68]

他曾私下总结道，核武器"只有威慑功能"。他认为"站在世界两端的两个人，要是能下定决心毁灭整个文明，那简直是疯了"。[69]

第十章　击落

10 月 27 日，星期六，上午 10：12

（哈瓦那，上午 9：12）

从麦考伊空军基地起飞后，鲁道夫·安德森沿着佛罗里达州的东海岸线一路向南飞去。到达 72000 英尺——商业航线高度的两倍——的巡航高度后，他可以看到身下地球的曲线。尽管此时仍是上午时间，天空却随着他进入平流层上部而开始转暗。美国防空系统已经收到了有关苏联神秘雷达的警报，但没有与安德森取得联系。U－2 侦察机飞行员在起飞 47 分钟后离开了美国领空，并发出了一份加密信号。来自上级的指令要求他在重新返回美国领空之前，都必须保持无线电静默。

从 U－2 侦察机的驾驶舱向下望去，安德森可以看见科科岛和吉耶尔莫岛上白色的沙滩，这是海明威最爱的钓鱼场所。他将呈对角线斜飞过古巴，飞越卡马圭镇的上空。到达古巴的南岸曼萨尼略后，他会左转飞过此处的萨姆防空导弹基地。然后他将沿着马埃斯特腊山脉，途径关塔那摩，飞至岛屿东端。最后他将再度向左急转，返程飞回佛罗里达州。

安德森在科科岛进入古巴领空时，他的 U－2 侦察机就被苏联防空系统侦查到并跟踪。[1] 苏联官员记录了他的进入时间——当地时间上午 9 点 12 分——并向防空系统的其他同人发出了警报。

安德森一边飞向埃斯梅拉达小镇外的第一处萨姆防空导弹

基地，一边打开了他的摄像头。摄像头不停地从一边转向另一边，他可以感觉到它的剧烈动作。拍好一张照片就好像投准一枚炸弹一样。飞行员的主要任务在于，他飞过目标上空时必须尽量保持机身稳定。这枚摄像头可是个大家伙，它的焦距达36 英寸，胶片可达 1 英里长。为了保持飞机平衡，胶片被裁成两部分，每部分均 9 英寸宽，以相反的方向缠绕，任务完成后将重新拼接到一起。

当地时间上午 9 点 17 分，U－2 侦察机飞过埃斯梅拉达，摄像头繁忙地工作着。而此时的华盛顿，正是上午 10 点 17 分。

10 月 27 日，星期六，上午 10：18

安德森进入古巴领空的时候，在白宫内阁会议室中举行的执行委员会晨会才刚刚过去 7 分钟。像往常一样，它的第一项议程是麦科恩的情报汇报。与会人员简短地讨论了拦截"格罗兹尼号"事宜，然后麦克纳马拉简述了一份对苏联导弹基地实施 24 小时监控的计划。8 架隶属于美国海军的 F－8 侦察机将很快从基维斯特起飞，另外 8 架也将于下午被派遣出去。执行完这两次任务后，美国空军飞机将首次执行夜间侦查任务，并使用照明弹照亮导弹基地。

一位副官给总统递去了一份刚刚从美联社收报机上撕下来的新闻简报。他迅速浏览了一遍，然后大声地读了出来：

公告

莫斯科，10 月 27 日（美联社）——赫鲁晓夫总理
在今天的一条消息中告知肯尼迪总统
如果美国从土耳其

　　撤回火箭，那么他愿意
　　从古巴撤回攻击性武器。
　　10 月 27 日上午 10 点 18 分

　　"呃，"国家安全顾问邦迪吃惊地反驳道，"他不会说这种话的。"

　　"但目前公布这条消息的两家媒体都是这么写的。"泰德·索伦森说道。路透社的公告上显示的时间是上午 10 点 15 分，比美联社早了 3 分钟。措辞几乎一模一样。

　　"他不会说这种话的……"

　　"他没有真说出这些话，是吗？"

　　"是的，是的。"

　　如往常那样，肯尼迪要比他的副官看得更远。赫鲁晓夫在前一天通过美国驻苏联大使馆发来的私人消息里，并没有提及古巴－土耳其交易的可能性。但这完全有可能是一个全新的提议，苏联人可能想撤回他们的赌注。这将改变一切。

　　"他可能是以这样的方式公布了另一封公函。"肯尼迪这样猜测。他给新闻秘书长打了电话："皮埃尔？皮埃尔？"

　　皮埃尔·塞林杰把头探了进来。

　　"这不是我们收到的那封公函，是吗？"

　　"是的，我很仔细地读过了。我可没读出这层意思。"

　　"好吧，那我们只能耐心等待了。"执行委员会的成员们等待着从通讯社传来更多新闻，而肯尼迪则把注意力放回到飞机监控上。他对夜间侦查任务有所疑虑，毕竟这是第一次将它们用到古巴上。苏联人和古巴人对空军的烟火照明技术会做出什么样的反应，这很难预测。邦迪和麦克纳马拉认为"趁热打铁"非常重要。针对导弹基地的工作正在夜以继日地进行着。肯尼迪被副官说动了，临时批准了夜间飞行任务的提议。

"我没意见。"他最后说道。

但他又加了一项限制性条件。"不过，我觉得我们得在下午 6 点钟的时候再就这个问题聊一聊，以免我们白天得到些什么重要情报。"

"没问题，总统先生。"麦克纳马拉同意道。

10 月 27 日，星期六，上午 10：22

（哈瓦那，上午 9：22）

古巴东部苏联防空系统的总部位于卡马圭，这是一个拥有殖民地历史的小镇，因为它复杂的街道而获得了"迷宫"的称号。总部人员搬进了城镇中心一处被征用的教会建筑。他们的战斗指挥所离城镇有 1 英里远，那又是个两层宅邸，在革命之前被当地商业精英用作运动和狩猎俱乐部。

指挥所的底层被一个高 15 英尺、宽 30 英尺的巨大屏幕占据。[2] 这个屏幕一连几个星期都是空白的。防空部队收到指令把雷达全部关闭，以免把他们的位置和实力暴露给美国人。当雷达终于在星期五晚上打开时，指挥所的屏幕上亮起了可能的目标。防空军官们可以看到在关塔那摩港口起飞又降落的美国海军飞机和在岛屿周边巡逻的美国空军飞机。

夜越来越深，氛围也越来越紧张。从埃尔奇克的军事总部传来了些许闲言碎语，说美国人可能于夜间——最可能在黎明之前——发动进攻。所有的萨姆防空导弹基地随时待命，准备时间只有 6 分钟，这意味着从接到命令到发射导弹只有 6 分钟

233

时间。执勤军官配备了个人枪支、头盔、弹药、手雷和干粮。该师的高级军官晚上都在指挥所过夜，随时准备着第一时间采取行动。每个人都身着便装。大部分军官都身着白衬衫、黑裤子和靴子，普通士兵则穿格子衬衫。

该师的指挥官格奥尔基·沃龙科夫（Georgi Voronkov）上校在上午8点钟离开了指挥所，前往总部。没有任何迹象表明美国将发动入侵，而他需要吃点早餐，休息一会儿。不过他仍然通过无线电与一条加密的电话线和下属保持着联系。

刚过9点，从科科岛区域进入古巴领空的那架美国U–2侦察机就被防空雷达定位了。那架飞机正朝东南方向飞去。它于上午9点22分正好飞过卡马圭上空，但它的飞行高度实在太高了，难以从地面上观察到。

这架美国飞机在大屏幕上呈现为一个闪动的点。它没有回应"是敌是友"的身份确认。防空控制官把这架飞机标记为"目标33号"。[3]

10月27日，星期六，上午10∶30

肯尼迪猜对了。苏联总理撰写了第二封公函，为把他的导弹从古巴撤出提出了新的条件。但和早先消息不同的是，这封公函是通过莫斯科广播电台向全世界播送的。

公函中提到了土耳其的"木星"导弹，这令总统十分不快。他之所以生气，是因为当两个超级大国在试图为这场危机找到一个解决方案的时候，赫鲁晓夫仍要火上浇油地讽刺一把。他对他的副官心存不满，为了所谓北约团结的陈词滥调，从来没有为从土耳其撤走"木星"导弹做过任何准备。他还对自己生气，因为同意把这些过时的武器部署到土耳其的人，恰恰就是他自己。

　　所有人都同意麦克纳马拉的措辞，认为那些"木星"导弹不过是"一堆垃圾"。[4] 这些导弹十分矮小。它们坐落于土耳其西海岸的奇利空军基地，可以在 17 分钟内把 144 万吨 TNT 当量的核弹头——相当于广岛原子弹威力的 100 倍——发射到 234莫斯科。"木星"导弹的问题在于它们被部署在了未受保护的地面发射基地。而在发射它们之前，必须灌注液氧，这将花去至少 15 分钟。和古巴的苏联导弹不同的是，它们不能轻易地移动到新的发射位置。所以，一旦赫鲁晓夫怀疑美国将发动战争，这些导弹就很容易成为他们先发制人的打击目标。

　　给这些"木星"导弹安家花去了 4 年时间，牵涉了很多外交考虑。由于打击范围只有 1700 英里，所以把它们部署在美国是没有任何意义的。艾森豪威尔曾回忆道："与其把它们丢给我们的盟军，还不如当初直接把它们丢进大海。"最终，土耳其和意大利答应接受它们，并于 1962 年 3 月开始全面运作。

　　意大利人答应接受这些导弹，只是为了给华盛顿帮个忙。土耳其人则不然，他们把这些过时的导弹看作国家威望的象征。美国空军军官仍然保有对核弹头的控制权，但导弹本身已于 10 月 22 日移交给土耳其。这一天正是肯尼迪在电视上宣布封锁古巴的那一天。土耳其人员接受了发射训练。导弹闪闪发亮的白色正面印有土耳其国旗，以及一朵被箭贯穿的蘑菇云。基地里这些"木星"导弹被大型的金属板围在中间，看上去就像巨型尖塔一般。

　　肯尼迪是如此担心"木星"导弹的问题，以至于他给军官们下达了一条秘密指令，要求他们摧毁这些导弹或者使它们失效，以防承担在没有他的授权下使用这些导弹的风险。[5] "木星"导弹的作用在于组成一条核绊线,将土耳其及其他北约国家的安全和美国的安全联系起来,而无法相互摆脱。但是肯尼迪担心,要是苏联对这些导弹发起进攻,就会自动引发核战争,而无须美国总统做出任何指示。五角大楼的一位高级官员保罗·尼采向他保证事态绝不会发展到这个地步,但肯尼迪仍然表示怀疑。"保罗,在这个问题上,我不认为我们应该买参谋长的账。"他这样坚称。

　　执行委员会计划在危机之初,就考虑过土耳其—古巴导弹交易的可能性。肯尼迪和麦克纳马拉达成一致的判断,认为赫鲁晓夫答应撤回古巴导弹的"要价"将会是要求美国人从土耳其和意大利撤出相应的武器。他甚至要求索伦森起草一份公函,向赫鲁晓夫提议这样一项交易,但这封公函从来没有送出去。总统不想给人留下被迫谈判的印象,而且他的顾问也开始提出政治上的异议。赫鲁晓夫星期五的私函以及苏联传递给约翰·斯卡利的非官方消息,使得每个人都认为这一交易已不必要。

　　凭借他敏锐的政治嗅觉,肯尼迪马上就感觉到赫鲁晓夫对土耳其—古巴导弹交易的正式提议,会受到欧洲舆论的欢迎。他的顾问认为,抛弃土耳其人将会是一场政治上的灾难。总统发现自己在执行委员会中是一个少数派,只有博比不温不火地支持他。

　　"如果这成了他的提议,那么我们在这个问题上将孤立无援,"肯尼迪告诉副官们,"他现在可让我们难堪了。因为大部分人都觉得这个提议根本就不合理。"

　　"可是哪些人是大多数人呢,总统先生?"邦迪想要知道。

　　"现在赫鲁晓夫说:'如果你们把导弹从土耳其撤走,我们就把导弹从古巴撤走。'这样就很难再为我们武力进攻古巴找到一个合适的借口。我觉得碰上一个大难题了。"

"可他在过去 24 小时内刚给我们提供了另一条路，我不明白为什么我们要选这条路。"

肯尼迪不耐烦地打断了他的国家安全顾问："可他现在已经给我们提供了一条新路。"

泰勒开始支持邦迪，他说："赫鲁晓夫已经私下给您发过消息，您认为这条公开的消息会是真的吗？"

"是的！我们必须假定这是他们的最新立场，而且还是公开的。"

尼采猜测赫鲁晓夫可能正沿着两条路前进：私下的路"只和古巴有关"；公开的路则用来混淆舆论，"并给我们施加额外的压力以分裂我们的内部意见"。

"这也有可能。"约翰·肯尼迪让步了。

邦迪表现得愈发像是一个鹰派发言人。他警告说，"如果我们在这个阶段接受这一交易"，那么美国的立场将"很快分崩离析"。游说土耳其人撤回导弹，几乎等同于"为了自身利益而出卖盟友"。

"所有的北约国家都会这么看，"邦迪继续说道，"尽管在现阶段它看起来不那么理智，甚至有点疯狂，但这却是一个铁铮铮的事实。"此外，"古巴才是问题所在，土耳其人可不想平白无故地为和平埋单"。

肯尼迪迅速地结束了这场讨论。在决定如何回应赫鲁晓夫之前，白宫必须发布一条声明，提醒人们注意苏联自相矛盾的　236
立场。他仍然担心出现这样的情况，即"你会发现很多人都觉得这是个相当合理的立场"。

"这倒是真的。"邦迪也这样认为。

"我们可不能把自己绕晕了。"

在莫斯科，政府官方报纸《消息报》正在印刷机中滚动印出。编辑们在最后一刻重制了头版，把赫鲁晓夫发布的最新消息囊括了进去，即他向肯尼迪承认苏联在古巴部署了导弹，并提议只要美国从土耳其撤走导弹，他们也愿意撤走在古巴的导弹。

报纸宣称"保卫和平是苏联政府的主要目标"。

但是早在几个小时前就已经印刷出来的第二版评论，却让《消息报》的可靠性大大受损。评论作者指控美国捏造关于在古巴部署苏联导弹基地的故事。他讽刺了土耳其—古巴导弹交易这一观念，戏谑它是"五角大楼宣传机器"的公关创举。

10 月 27 日，星期六，上午 11：16

(哈瓦那，上午 10：16)

在埃尔奇克地下指挥所执勤的苏联将军们，正焦虑万分地跟进"目标 33 号"的跟踪报告。它在飞过卡马圭后，左转130 度向古巴东南海岸的曼萨尼略飞去。到达那里之后，它又沿着马埃斯特腊山脉背部的丘陵地带飞向关塔那摩港口。这座岛屿上最高的山脉，在反对巴蒂斯塔的革命战斗中，曾是卡斯特罗和"胡子党"的避难所。而现在，这条山脉已布满了秘密工事、炮火据点和军事营地。

他们几乎确定，这架间谍机已经拍到了部署在关塔那摩附近的前线巡航导弹，这里的导弹已经配备了战略核弹头，瞄准着美国海军基地。最新的跟踪数据显示，这架 U–2 侦察机在岛屿最东端向左急转，正沿着古巴北部的海岸线返回佛罗里达州。如果他们允许这个入侵者离开古巴领空，那么，美国很快就会得到古巴东部苏联军事部署的最新情报，其中包括除掉关塔那摩的计划。

普利耶夫将军为了休息一会儿已经离开了指挥所。他不在的时候，决策由他的两位副手定夺。斯捷潘·格列奇科（Stepan Grechko）中将全权负责古巴的苏联防空系统；列昂尼德·加尔布兹（Leonid Garbuz）少将则是军事计划的副总司令。普利耶夫对莫斯科表明过自己的意图，即如果美国入侵在即，他将击落美国飞机。这两人对此都心知肚明。他们还知道卡斯特罗已下达命令，让古巴防空炮对低空飞行的飞机开火。区分侦察机和美国空袭前兆变得越来越困难。美国的毁灭性入侵在任何时候都可能降临。交战规则似乎允许使用除核弹外的任何武器来保卫古巴国土上的苏联部队。

"我们的客人在天上飞了一个小时了，"格列奇科抱怨着，"他已经全面发现了我们的位置，我认为我们应该下达命令击落它。"[6]

"我们绝不能让我们的军事秘密落入五角大楼。"加尔布兹同意格列奇科的看法。

两位将军试图通过电话联络普利耶夫，但找不到他。同时，跟踪报告显示 U-2 侦察机已转向北方，将很快离开古巴领空。时间紧迫，连多余的一秒都没有。

"那很好，"格列奇科说道，"由我们来肩负起责任。"

他们给向东 300 英里的卡马圭防空师发出了一份加密命令。哈瓦那时间为上午 10 点 16 分，华盛顿时间为上午 11 点 16 分。

"消灭目标 33 号。"

在华盛顿白宫，总统为了打几个电话走出了内阁会议室。

他不在的时候，执行委员会的其他成员推测着，莫斯科突然转向的真正原因到底是什么。赫鲁晓夫在星期五那封慷慨激昂的信函中还在烦恼着"战争的结"，现在却突然要求美国将导弹从土耳其撤走，这实在是扑朔迷离。

"那封信函给我们提供了一种选项，现在却又来了一个完全不同的交易，"麦克纳马拉抱怨道，"我们还没来得及回复，他就改弦更张了，跟这样的人可怎么协商？"

"莫斯科那边肯定是推倒重来了。"邦迪猜测着。

238　　其他的执行委员会成员则推论说，冲动的赫鲁晓夫可能是自己起草了第一封公函，却没有让其他官员"过目"。说不定克里姆林宫发生了政变，相对保守的赫鲁晓夫被强硬路线分子夺权了，或是他被迫屈从于他们的提议。而中情局的官员则注意到，总理已经两天没在公众场合露面了。但是，谁都没有猜中真相，实际上是赫鲁晓夫自己察觉到美国立场的摇摆，进而决定对其加以利用。

"有一件事是确切无疑的，"执行委员会专属苏俄专家卢埃林·汤普森说道，"赫鲁晓夫的最新信函代表着苏联领导层的官方立场。"

"这才是共产党政治局的意图。"

10 月 27 日，星期六，上午 11：17

（哈瓦那，上午 10：17）

在将军们决定击落"目标 33 号"的时候，一架隶属于美国海军的 F-8 侦察机恰好飞过了埃尔奇克的苏联指挥所上空。不久后，它出现在马里埃尔港口和瓜纳哈伊的一处中程导弹发射基地上空，和另一架取道南方的侦察机擦身而过。防空炮对着这两架飞机开火，而它们则掠过棕榈树的顶端，向南折去，绕过了哈瓦那市区的高楼大厦。

低空监控飞行有两重目标：这些任务主要是为了搜集情报，但它们同时也在为轰炸空袭铺设道路。正如罗伯特·麦克纳马拉向执行委员会解释的那样，除非苏联人和古巴人真的遭遇轰炸，否则他们根本区分不了侦察机和轰炸机。这些任务的目标就在于"确定一种作业模式……使得敌人无法把它和入侵区分开来"。[7] 侦察任务的一个作用在于把真正入侵的预警时间降到最低。

随着 F-8 侦察机靠近古巴首府，两架喷气式飞机从马里埃尔进入了古巴领空，并向西部圣克里斯托巴尔附近聚集的导弹基地飞去。飞行员们清楚地看到了地面上的疯狂举动，并把大部分都拍到了胶片上。许多导弹发射台上的盖布都被揭开了。[8] 大多数导弹都被放置到发射台上，但仍然是水平放置。苏联士兵急于完成核弹头掩体的搭建工作。身着格子衬衫的人们正在挖掘散兵坑和战壕。推土机和自卸卡车则在帮忙修缮通往发射位置的道路。

距最后一个导弹发射基地越来越近，飞行员们可以看到古巴的防御士兵们正穿过一片泥泞的田地跑向他们的防空炮。为了给防空炮铺出一条通道，人们往泥土里填入了大块的铺路石。雷达试着锁定移动目标，但徒劳无功。等到古巴人调转炮头时，已经太晚了。美国海军的喷气式飞机早已消失，只留下一团尾气。

在大萨瓜附近的 R-12 导弹基地，苏联士兵们用手枪射击海军喷气机。更有经验的军官则不屑地摇了摇头。"首先，不能站着射击飞机，"一位名叫多斯基（Troitsky）的少校——他是化学防御部队的首长——教导这些新兵说，"其次，别用你的手枪射击飞机。"[9]

即便是在寻常时日，卡斯特罗治下的古巴也有一层魔幻的质感。而当古巴和它的七百万人民身受核武器灭绝的威胁时，这种仿佛活在梦境中的感觉则愈发强烈。这个岛屿在当时成了国际关注的焦点。同时，它又和整个世界切断了联系，只遵循着自身独特的节奏运转。

古巴人民面对这场核风暴时的平静，令仍然居留在哈瓦那的少数外国人惊叹不已。"普罗大众显得既不狂热也不恐惧，"英国大使赫伯特·马钱特报告说，"他们也会储备石蜡、石油和咖啡，但商店门前没有疯狂的人群，食物的供应似乎仍旧充足。街上的行人是比平日少了一些，但大概是因为近来的暴雨吧。"[10]除却海岸线上排开的防空炮，鲜有公共设施显示出战备的紧张气氛。对于意大利记者萨韦里奥·图蒂诺（Saverio Tutino）来说，哈瓦那"这座城市仿佛孩童拿着手枪戏耍一般"。[11]

"我们当然担惊受怕，但那种心理要远比这复杂得多，"后来移居美国的古巴作家埃德蒙多·德斯诺埃斯回忆道，"当你身处极大的危险中，却感到手握着正义，它们会达到某种平衡。此外，毁灭意味着什么，我们并不特别明了。我们没有经历过二战。我们只从电影中看到过毁灭的大型场景。"[12]

阿根廷记者阿道夫·吉利于周末早晨在哈瓦那的大街上闲逛时，察觉不到任何恐惧的迹象。他拜访了工业部，盼望着能够遇见切·格瓦拉，但切·格瓦拉当时在比那尔德里奥省。一位助手为吉利提供了最新情况。"我们预计入侵将于

今天下午 3 点至 4 点发生。"他这样说着，仿佛是在谈论天气　240
或接待来访使团。[13] 在电梯上，这位记者无意间听到了一段对话，一位民兵向他的战友抱怨自己早上没时间刮胡子。

"他们很快就要来了，"另一位民兵回应道，"你大概得等到战争结束才能把胡子给剃了。"

在返回维达多区的住所时，吉利注意到街上的皇家凤凰已经开花。在红如火焰的花朵下，一位美丽的女孩沿着人行道走来，吉利突然对这个处于毁灭边缘的世界生出了一份乡愁。"多么可惜啊，"他脑海里闪过这样的话语，"等到下午三四点钟，这里所有的美丽就将香消玉殒。"

此刻的哈瓦那变得前所未有的永恒、脆弱和迷人。它就像无奈沉入水底的威尼斯，或是即将被纳粹占领的巴黎，在末日图景中显示出摄人心魂的美丽。人们所能做的只有及时品味这动人的时刻。

古巴政府终于半心半意地做出一些民防举措，比如宣布成立邻里急救队。当地的防御委员会接到命令，用床单和粗麻袋制作临时担架。急救图书出现严重短缺，以至于当地官员要求所有者全部上交。每一位合格的专业医疗人员都带领一支急救队，"而不管他是不是革命组织的一员"。医院遣散了紧急病之外的所有病人，以便腾出病房接收战斗伤员。官员们则发布了一系列指示，教导人们如何为美国空袭做好准备：

> 在房屋里备两三桶沙，用于灭火。玻璃窗户贴好胶带。
>
> 备好小木片，空袭开始时将其咬于牙间。

不要群聚，以免爆炸造成过多伤亡。

不要储存食物。储存食物超过两三天，会引起人为短缺，反倒帮了敌人的忙。[14]

在马雷贡国家宾馆外，人们欢聚着迎接驶入哈瓦那港口的船只，它们刚刚穿越了美国的海军封锁线。海风和海浪时而把海水摔向海塘，裹着大量的飞沫打湿岸边的人群。南方自由电台的创始人罗伯特·威廉斯（Robert Williams）带领着人群走在海滨，迎接远道而来的东德游客，他们就坐在刚刚到达哈瓦那的那几艘船只上。他手持一块标语，上面写着"爱你的邻居，杰克？"[15]

在维达多区的一座山间，关于美国入侵的传闻正在王子城堡的石砌坚壁间传布，这座殖民地时期的堡垒早在西班牙人统治时代就开始被用作监狱。[16]囚犯包括去年在猪湾抓获的一些流犯，以及谋杀犯和普通罪犯。出于安全考虑，囚犯们不再允许会见亲属。狱卒发话说他们已在这座白色大城堡的底层放置了炸药。如果海军登陆，试图解救这些罪犯，那么每个人都会被炸上天。

10 月 27 日，星期六，上午 11：19

（哈瓦那，上午 10：19）

伊凡·格尔切诺夫（Ivan Gerchenov）少校指挥的萨姆防空导弹基地几乎整夜都在下雨。他的士兵们在泡透的战壕中做着力所能及的一切。每个人都坐立不安。自从前一天傍晚接到命令打开雷达，发射炮就进入了全面战备状态。有传闻说美国正计划派遣伞兵实施攻击，地点在巴内斯镇附近。

雷达屏幕上闪烁着光点。

"跟踪目标 33 号。"

格尔切诺夫命令进入一级战备状态，这个导弹部队已经就此演习过许多次。他们把导弹从运输设备转移到发射台，连接好线缆。"匙架"雷达已经追踪到目标。一位军官报出了高度、速度、距离、方位等数据。炮手们升高了发射台，直到导弹瞄准了目标。

萨姆导弹基地以六角大卫之星的形状排布，指挥所位于 6 座导弹发射台的保护圈中央。格尔切诺夫双眼注视着"果盘"火控雷达，它正源源不断地接收来自"匙架"雷达的最新目标信息。位于维多利亚—德拉斯图纳斯的团总部离这里只有 75 英里远，他现在只需要得到团总部的最后指令，就能按下发射按钮。指挥系统随着岛屿的地形层层递进。该团需要从离它 75 英里远的卡马圭师总部处接收命令，而该师又等待着来自埃尔奇克的命令。　　242

突然，一条新命令通过无线电吱吱地传来。尽管下着倾盆大雨，通信信号却十分清晰。

"消灭目标 33 号。使用两枚导弹。"[17]

一阵呼啸声后，第一枚导弹冲入天际，以三倍音速的速度追随着远方飞机的痕迹。几秒钟后第二枚导弹出发。它们通过雷达锁定了目标，以优美的弧线划过天际。注视着雷达屏幕的格尔切诺夫可以看到两个小点正朝着一个大点聚拢。几秒钟后，三点聚合然后就消失了。夜空中爆出一阵闪光。少校能看到些许残骸从天上掉落下来。

"目标 33 号已被消灭。"格尔切诺夫于当地时间上午 10 点 19 分向上级报告。

大多数残骸都掉到了巴内斯镇的萨姆防空导弹基地8英里外的一片空地。飞机的一翼落到了一个名为贝吉塔斯的小村落中央。一块烧焦的机身带着安德森少校的遗骸坠落到数百码外的甘蔗田里。U-2侦察机的尾部则向前继续滑行，最终沉入大海。

在后来对事件的重构中，美方调查人员得出如下结论，萨姆防空导弹在靠近侦察机的时候触发了近炸引信而发生爆炸，致使弹片四散爆开。数片弹片穿透了驾驶舱，切开了飞行员的增压飞行服和他的头盔后部。鲁道夫·安德森几乎当场死亡。就算他在爆炸时没死，他也必然会在几秒钟后，死于缺氧和低压。

10 月 27 日，星期六，中午 11：30

（哈瓦那，上午 10：30）

一队卡车正把核弹头从贝胡卡尔运往大萨瓜，它们已经在夜晚两次停步，好为驾驶员争取一些休息时间。一切都进展顺利。白天的时候，古巴村民遇见移动缓慢的军方护卫队会向他们高呼："苏联人万岁！""菲德尔—赫鲁晓夫！""誓死保卫祖国！"[18]但这些围观者中谁也不知道这背部高高凸起的卡车里到底藏着什么。

当美国海军飞机从低空飞过中央高速路时，护卫队离到达目的地还有60英里。美国人尽管已经在疯狂地寻找，但他们仍然没能成功定位苏联的核弹头。美军早上的一次侦察任务直接飞过了贝胡卡尔最主要的核弹头掩体上空，而中情局依然蒙在鼓里，把它描述成"弹药存储基地"。[19]"未见有燃料库，"照片判读员报告说，"体积没有发现可见的变化。"而前一天，

244

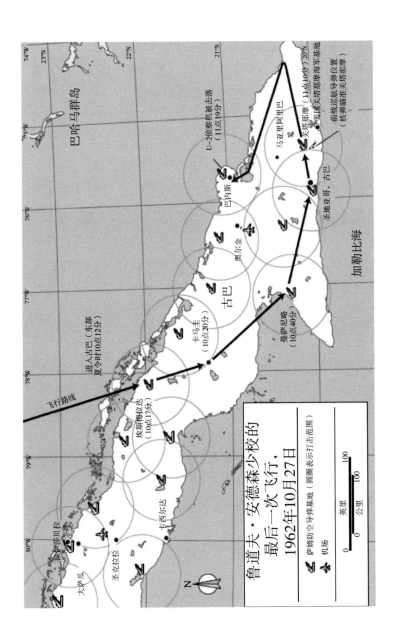

空军喷气式飞机拍到了贝胡卡尔以东6英里处的"月神"导弹存储基地,但几乎熟视无睹。"没有明显的变化,"马那瓜燃料库的照相判读报告这样写道,"Y形杆支撑起围绕基地的单层护栏。部分区域的护栏上长有葡萄藤。"

把核弹头运至大萨瓜意味着导弹已经做好发射准备。导弹部队的指挥官斯塔岑科少将对近几天的快速进展十分满意。[20]通过在补给上动了点手脚,又挪用了些燃料设备,全部24枚中程导弹的部署工作比原计划提前三天完成。而圣克里斯托巴尔附近最后一门发射炮也已在星期六早晨达到"战备状态"。

另一方面,计划也发生了一些差错,本来为了规避美国的监视,至少要把一部分导弹运至预留地点。[21]发射基地已经被事先调查过,并被列入了美国的空袭目标之中。R−12导弹本可以在几个小时内运到备用发射基地,但是预先建好的发射台出现了短缺。如果不配备坚固沉重的发射台,导弹在发射过程中将发生倾覆。斯塔岑科在星期三晚上下达了重新部署的命令,希望工程师们能够赶建出临时的发射台来解决这个问题。但临时发射台到星期六上午仍未建造完毕。在这场危机的关键时刻,苏联连一个备用发射点都没有。

同时,斯塔岑科也注意到,克里姆林宫的紧张气氛在迅速升温。苏联最高统帅部接到消息,重申"没有来自莫斯科的许可"禁止发射核武器。随之而来的指令要求中止导弹发射基地所有的白天作业。

"你的行动令联合国十分不快,"命令上这样写道,"在掩护下作业,只在夜间进行。"[22]

切·格瓦拉在罗萨里奥山脉中生活了五天,警卫尽了最大

努力确保他的私人空间。波尔塔莱斯山洞风声呼啸，他们在洞 245
穴的一角为他搭建了一间临时小屋。这间小屋由水泥砖块搭
成，包括切·格瓦拉的书房和副官们的房间。这位指挥官睡在
倾斜岩石屋顶下的一张简易金属床上，床边放着一个哮喘吸入
器，以应对他频繁发作的哮喘病。一条秘密通道通至山下，以
防美军的伞兵突袭。山洞外有一把椅子和一张石桌，切·格瓦
拉会在上面和他的副官们下国际象棋。

　　自从星期一晚上到达这里后，这位传奇的革命家并没有在
山洞中待多长时间。他遍访古巴西部，安排对入侵者的突袭，
视察军队，和苏联军官会面。在一次出访中，他拜访了比那尔
德里奥省的一处苏联防空部队。苏联士兵们看到这位"身着
跳伞服、头戴黑色贝雷帽、留着络腮胡、意气风发的男子"，
"简直像触了电一般"，他们为他举行了"一场精彩的演习"，
表演发射萨姆防空导弹前的准备工作。[23]一位苏联将军对此印
象深刻，说道："我们的士兵几乎立即和切·格拉瓦打成一
片，我们能看出他们对古巴的安危产生了很深的情感羁绊。"

　　撇开他的个人品性，切·格瓦拉还是卡斯特罗副官中最为
狂热的一位。相比于两种意识形态之间的斗争，多少人将丧命
于与美国的战争中，对他来说就显得不那么重要了。在一篇新
闻社论（虽然这篇文章在他死后才得以发表）中，他明确表示，
人类只有两种未来，"要么是社会主义的决定性胜利，要么在帝
国主义核侵略的胜利中倒退"。[24]切·格瓦拉已然做出了决定：
"我们只有自由之路可走，即便这意味着数百万人将死于核战争。"

　　一对美国海军喷气机掠过棕榈树顶，发出轰隆隆的声音，
打破了藏匿着切·格瓦拉的山峦的静谧。F－8侦察机们沿着
圣迭戈河从南方飞来，这条河流连接着波尔塔莱斯山洞和比那

尔德里奥省的导弹发射基地。它们飞得如此之低，以至于飞过头顶时，古巴的防御者们甚至可以看见驾驶舱里的飞行员。显然，他们已经被发现了。

这一情况后来被证实只是一场巧合，F-8 侦察机只不过是在侦察完圣克里斯托巴尔的导弹发射基地后按原定计划返回佛罗里达州。为了节省胶片，飞行员在飞过这兔子窝般的秘密洞穴之前就已经关闭了摄像头。尽管美国人知道切·格拉瓦已经离开了哈瓦那，他们到最后也没有发现他的藏匿地。而在这前一天，中情局报告说切·格瓦拉"在科拉尔德拉帕尔马（Corral de la Palma）镇建立了军事指挥所"，而这个小镇离他的真实位置还有 15 英里的距离。[25]

就在 2 架 F-8 侦察机飞过切·格瓦拉藏匿点的同时，另外 2 架喷气机飞了古巴西端的圣朱利安机场。美国飞行员从他们的驾驶舱中辨认出 1 架伊尔-28 轻型轰炸机已经处于组装的"最后阶段"，两台发动机都已经组装完毕。[26]另外 5 架飞机则各处于不同的组装阶段，还有 2 架仅仅只有机身。至少还有 21 架飞机存放在板条箱里，它们整齐地排列在停机坪上。起重机和雷达厢车散布在飞机场各处。

美国情报人员对伊尔-28 十分感兴趣，因为据说它们可以携带核武器。它的发动机直接仿照了劳斯莱斯涡轮喷气机技术，二战后英国批准将这项技术转移给苏联。它的三位机组人员包括一名飞行员、一名投弹手和一名机尾炮手。伊尔-28可以携带数枚小型炸弹、鱼雷、水雷或是一枚类似"塔季扬娜"——相当于被投在长崎的"胖子"核弹——的核弹。它的飞行距离达 700 英里，足以到达佛罗里达州南部。

到了 60 年代初，伊尔－28 已经几乎被人遗忘了，它完全无法应对美国的防空系统。即便如此，它搭载核武器的能力依然令美国将军们忧心忡忡。50 年代的时候，数以百计的伊尔－28被部署到波兰和东德，一旦战争爆发，它们可以充当先锋部队，对北约军队实施一轮战略核打击。战术核武器的使用一直以来都是苏联战争计划的主体部分。为了以美国为假想敌模拟核战，苏联人甚至在西伯利亚的一次军事演习中，对自己的部队投下了一枚真的"塔季扬娜"核弹。[27] 45000 名军官和士兵暴露在核辐射中，许多人在事后死于与辐射相关的疾病。

通过分析苏联货船上板条箱的形状，美国情报分析师已经追踪到了这些跨越大西洋的轰炸机的运输状况。同样的板条箱曾在数年前把伊尔－28 运送到埃及。当板条箱出现在圣朱利安时，他们向上级请求进行严密的低空监视，以跟踪整个组装过程。但当时的美国人并不知道，圣朱利安的这些飞机从未被打算用于投放战略核武器。它们归属于苏联海军的管辖，配备了鱼雷和水雷，用于阻击入侵的舰队。

247

这些可以搭载核武器的伊尔－28 被运到古巴，但它们却被卸在了岛屿的另一端，一个位于奥连特省奥尔金市外的飞机场。[28] 苏联人并不打算把它们从板条箱里面取出来，而美国人直到 11 月初在完成对这个机场的低空侦察后，才意识到它们的存在。奥尔金的这个空军中队包括隶属于苏联空军的 9 架轰炸机。其中，有 6 架为搭载"塔季扬娜"核弹而设计；其余 3 架飞在中队前列，用于诱骗敌方的雷达系统。

苏联指挥官将伊尔－28 和"塔季扬娜"核弹视为不必要的累赘。赫鲁晓夫之所以把它们派往古巴，只是为可能来临的入侵增添一道防线。理论上讲，如果美方兵力密集，伊尔－28

还是能派上用场的。但苏联在岛屿上已经部署了更有效的战略核武器，如前线巡航导弹和"月神"导弹。苏联负责 6 枚"塔季扬娜"核弹的军官在走下"因迪吉尔卡号"运输船时，才发现这些核弹纯属多余。当阿纳斯塔西耶夫中校问起这些导弹到底能派上什么用场时，对方的回答只是不屑地耸耸肩。而那些接待"因迪吉尔卡号"的军官则把"塔季扬娜"核弹叫作"没人想要的东西"。[29]

阿纳斯塔西耶夫一开始把"塔季扬娜"核弹放置在巴蒂斯塔的一座滨海住所，但最终他说服了上级，把它们运送到了更为安全的地方。新的储存地点有一条穿山隧道，周围设有铁丝网和围栏。尽管这里的安全措施仍然十分基础，但也比原先的海边住所改善了许多。此外，山洞在温度和湿度控制方面更有优势。阿纳斯塔西耶夫和他的士兵们用金属棍把装有 1200 吨级核弹的板条箱推进了山洞隧道。

在找到储存核弹的地点后，阿纳斯塔西耶夫便开始为伊尔-28 物色机场。根据原先的国防部计划，它们的基地设在古巴中心的圣克拉拉。[30]但是，他们后来发现圣克拉拉机场并不具备储存核武器的条件。阿纳斯塔西耶夫在古巴奔波了几天后，最终把伊尔-28 安置在了奥尔金飞机场。这个机场的一旁有土仓，可以用作掩护，使之与外界视线相隔绝。当对伊尔-28 进行组装时，他们可以把飞机和"塔季扬娜"核弹一同推进土仓里。

下一项挑战则是如何把"塔季扬娜"核弹从古巴西部的储存点运到奥尔金去，这一路足足有 500 英里。而在"黑色星期六"，阿纳斯塔西耶夫试图解决的正是这个问题。

苏联将军手里面握着战略核武器，而美国将军对它们的渴望不遑多让。随着美军获知了关于伊尔－28轻型轰炸机和能够携带核武器的克劳夫导弹的信息，新一轮的军备竞赛迅速展开。尽管美国指挥官们并没有确定性的证据，来证明核弹头已经被运到古巴，但他们仍然认为需要为所有的不测制订好应对计划。当国内其他人士都关注着 R－12 中程导弹时，将军们却已经开始为战略核战争做准备了，这场战争的战场将是古巴及其周边。

参谋长联席会议于星期六早上，从北美防空联合司令部的总指挥处收到了一份机密消息，其中描述了伊尔－28将要带来的威胁。约翰·格哈特将军的职责是阻止苏联轰炸机从古巴南方飞来轰炸佛罗里达州。他已经在佛罗里达礁岛群部署了"霍克"防空导弹，但收到的指令不允许他为这些导弹搭载核弹头。他多么希望政策可以改变。

"一旦来自古巴的伊尔－28空袭突破了美国领空边界，我认为使用具有最大杀伤力的武器将不可避免。"格哈特在给五角大楼的电报中如是写道。[31] 他要求五角大楼明确他在"宣布古巴/中苏战术飞机敌对级别"的权限，并允许他在面对苏联轰炸机来袭时"使用核武器"。参谋长联席会议让他放心，一旦防空系统的其他"行动机制"显示"古巴和中苏的入侵"已经来临，那么他们将会使用核武器来摧毁敌人的飞机。如果只是古巴人自己发动进攻，那么他们将不会使用核武器。

大西洋舰队总司令、海军上将罗伯特·丹尼森却对短程克劳夫导弹忧心忡忡，他们在10月25日的一次低空侦察任务中第一次发现了它们。如果克劳夫导弹配备了核弹头，那么军舰上那些向古巴进发的进攻部队将全军覆没。海军上将提议要"向美国的空中和地面部队发出警告，提醒他们古巴的军事行动具有核武器投放能力"[32]。

克劳夫导弹的现身也令关塔那摩海军基地的指挥官、海军少将爱德华·J. 奥唐奈（Edward J. O'Donnell）警觉不已。他希望获得权限，"一旦克劳夫导弹有任何动作"并会威胁到海军基地时，他能够将其定义为"美国无法接受的侵犯行为"[33]。然而海军少将却没有意识到，离基地仅 15 英里远的已配备核弹头的前线巡航导弹具有更直接、更紧迫的威胁。

来自苏联战场的核武器威胁已经消除，参谋长联席会议不得不重新拟定战争计划。[34]他们也向相关部门索求数据，如果把"敌人使用战略核武器的可能性"考虑在内，伤亡人数将会是多少。为应对古巴入侵，美军将使用能够携带核武器的"诚实约翰"火箭，它相当于苏联的克劳夫导弹或"月神"导弹。尽管麦克纳马拉拒绝为"诚实约翰"火箭配备战略核弹头，但是一旦命令传来，它们很快就可以从佛罗里达州的发射站发射。

数十架海军和空军的攻击机严阵待命，只要敌对状况上升到一定级别，它们将会携带战略核武器攻击古巴目标。两艘航母——"独立号"和"企业号"——停靠在牙买加，离关塔那摩港只有 150 英里的距离。每艘航母上都搭载了约 40 枚核弹，随时可以装入 A－4 天鹰式攻击机。而每一枚核弹的核心都独立储存在邻近的巡洋舰上，通过直升机很快就能运达。[35]其他隶属于战略空军司令部且装载了核武器的喷气机则在佛罗里达州南部的各个机场警戒待命，15 分钟内就能够出发。如果这一切都失败了，战略空军司令部将会派遣 B－47 轰炸机携带 2000 万吨级的核武器把古巴从地球上抹除干净。

从五角大楼的观点来看，为了对抗苏联对战场核武器的依赖，这些计划都是必要的。马克斯维尔·泰勒在成为参谋长联席会议主席之前，曾详细地研究过苏联的军事原则。而令他警觉的是，标准的苏联进攻计划要求一个集团军群装备"250～300 枚核武器"。而这位将军也曾收到关于苏军于 1961 年 7 月在东欧卡帕蒂安山进行军事演习的报告。在这次演习中，他们计划使用多达 75 枚战略核武器，对北约发动"先发制人的突袭"。[36]泰勒警告说，"某些部门"对于战略核武器的抵制"不过是感情用事"。在他看来，现实问题并非应不应该发展这类武器，而是如何使它们变得足够细微和灵活，能够满足"局部地区事态升级时对大规模杀伤性武器的需求"。

　　肯尼迪的其他顾问则认为，"有限核战争"本身就是个自相矛盾的词语。他们回想起，在刚刚发现古巴导弹时，他们和迪安·艾奇逊的意见交换。艾奇逊果然保持着一贯的强硬作风，鼓吹马上对这些导弹基地进行空袭。有人问他苏联会怎样应对这种空袭。

　　"我对苏联了如指掌，"这位前国务卿带着他标志性的自信回答道，"它会端掉我们在土耳其的导弹。"[37]

　　"那么，我们接下来该做什么呢？"又有一个人问。

　　"我认为根据北约的约定，我们必须做出回应，端掉苏联境内的一处导弹发射基地。"

　　"他们接下来该做什么呢？"

　　此时的艾奇逊已经显得不那么确信了。

　　"哦，"他有点恼怒地说道，"到那时，我们希望双方能够保持冷静，停止进一步动作，坐下来谈谈。"

　　其他执行委员会成员听到这位杜鲁门时代的传奇"智者"说出这番言论，都感到一股"着实的凉意"。艾奇逊无意间道

250

出了一件冷战时期令人忧郁的真相：人们根本无法确定，所谓的"有限核战争"到底该止步于何时何地。

而就在美国将军们为伊尔－28所带来的威胁焦虑不已时，他们也在游说白宫，希望能够取消对高能热核武器不得用于欧洲"快速反应预警飞机"的禁令。[38]他们终于在星期六早晨达成了目标。

F－100超佩刀战斗轰炸机在某些方面类似于伊尔－28。它们被部署在土耳其这样的北约前线国家，可以在无预警的情况下轰炸苏联境内的目标。另一方面，它们可以携带威力更大的炸弹，而且飞行速度也快过伊尔－28。超佩刀搭载的两级热核武器，其杀伤力是伊尔－28可搭载核弹的数百倍。而且与三座伊尔－28不同的是，F－100超佩刀战斗机是单座飞机。核弹仅受一位飞行员的人工控制，这是对传统"多人同行制"的违背。

肯尼迪正是基于对核安全的考虑，才于1962年4月禁止超佩刀战斗轰炸机搭载热核武器。因为武器并没有搭载电子锁定系统，所以无法排除它们未经授权便被投入使用的可能性。总统还担心欧洲一些机场的安全措施并不充分，而且美国的核机密也可能会被盗取。

肯尼迪的决议令柯蒂斯·李梅以及其他空军将军十分失望。他们抱怨说，这大大损害了战争计划的效用。超佩刀负责37处"高优先级"的苏联集团目标，它们主要都是分布在东德的机场。空军研究认为，对这些目标投放低能原子弹武器会把"平均杀伤概率"从90%降至50%。这是令人无法接受的。

随着导弹危机持续升温，将军们加倍努力，通过引述

"当前世界局势的严重性"，试图改变总统的决议。这一次，他们成功了。即便这些飞机仍没有配备电子锁定系统，肯尼迪还是让空军得到了他们想要的东西。参谋长联席会议给美国空军的欧洲指挥官发送了消息，授权他们部署核武器。

土耳其的因瑟利克空军基地是几个配有 F－100 超佩刀战斗机的机场之一。因瑟利克的核安全措施是"如此宽松，简直超乎你的想象"。第 613 战略战斗机联队指挥官后来回忆道："我们什么都往飞机上装，（而且）把卸下来的东西放在毯子上，两个星期都不去管。飞机故障重重，机组人员都筋疲力尽。"[39]现在的人们似乎无法想象美国飞行员会在没有授权的情况下发射核武器。但是回过头看，"有些人你甚至都不能把点 22 LR 子弹交给他，尽管跟热核武器比，它还不过是个小玩意儿"。

10 月 27 日，星期六，中午 11：46

（夏威夷，凌晨 5：46）

罗伯特·T. 格拉夫（Robert T. Graff）上校驾驶的波音 B－52 同温层堡垒轰炸机，在黎明前 3 个小时就从夏威夷起飞了。它向西飞至约翰斯顿岛，这是南太平洋一处孤立的环状珊瑚岛，它曾是鸟类的迁徙地，现在被用作核测试基地。而在世界的另一端，数十架类似的飞机装满了核武器正朝苏联飞去，他们正在执行的是名为"铬圆顶"的大规模空中警戒任务。但格拉夫的这一次任务与以往不同，机组人员确切地知道他们将要投下一枚 80 万吨级的炸弹。

在太平洋空投核武器是"多米尼克行动"的一部分。肯尼迪对苏联重新开始核试验十分气愤，于是批准了 30 多项大

252　　气层试验，还包括几项发射火箭的试验和由潜艇发射北极星导弹的试验。10 月 26 日星期五，约翰斯顿高空导弹测试的成功，在一定程度上弥补了此前的一系列失败，其中包括 7 月的一次重大灾难：一枚出现故障的雷神火箭在发射台上爆炸了。火箭的配套设施和邻近的飞机跑道都被炸毁，整座岛屿也被钚污染。把整个区域清理干净用了将近 3 个月的时间。从"多米尼克行动"的结果来判断，相较于导弹，飞机仍然是投放核武器更为可靠的工具。

　　当 B－52 轰炸机到达位于太平洋中部、约翰斯顿东南 100 英里处的投放区域时，天还没有转亮。月亮正停留在海平线附近。这次测试被编排得像一段芭蕾舞一般，每一个动作都经过细致的演练。格拉夫从 45000 英尺高的驾驶舱可以看到数十艘战舰的灯光，它们的任务是监控核爆炸。还有 6 架在附近盘旋并配备了复杂的摄像头和放射量测定器的飞机。它们的目标是美国海军的一艘驳船，上面载有信号标和雷达反射器。

　　当 B－52 轰炸机开始围绕目标做环状飞行时，飞行员把风场信息通过无线电传给了夏威夷的弹道专家，每个人都称她为"基蒂"。[40]加利福尼亚州的劳伦斯·利弗莫尔实验室做了一个新设计，可以优化对弹壳可用空间的利用，而他们这一次正是要测试这项新设计。为了保证测量精确，炸弹在一个准确的时间、高度和位置爆炸就变得非常重要。基蒂身边放着导航图表和一个快要溢出的烟灰缸，她在计算尺上完成了计算，然后通过无线电把投放核弹需要的数据调整传了回去。

　　机组人员中最关键的是投弹手约翰·C. 纽翰（John C. Neuhan）上校。纽翰被评为第八航空军最佳投弹手，他是一个沉默的独行侠，完全沉浸在投弹技艺的细节之中。他的投弹记录近乎完美。同事们把他的成功部分归功于运气，部分归因于他对手控仪器超乎寻常的熟稔。飞机上的一台初级电脑正在机械地工作着。电子设备中还包括一些真空管。纽翰会一根根地排查线路，确定它们是否需要更换。

格拉夫已经 3 次经过投放区域，计算每一圈的飞行时间，以使其恰恰达到 6 分钟整。机组人员打开了一系列开关，装配武器，并准备投放。在第 4 次经过时，纽翰调至紧急无线电频道并宣布倒计时，以便所有机组人员都能够听到。

253

"3 分钟。"

"2 分钟。"

"1 分钟。"

"30 秒。"

"20 秒。"

"10 秒。"[41]

随着高压液压系统顶开了他们身后的炸弹舱门，机组人员感受到了一阵颠簸。飞行操纵板上的黄色警报灯亮了，显示"炸弹舱门开启"。

"投放。"

投弹手用他的拇指按下了手持开关，它就像电子游戏手柄上的按钮一样。一个重达 4 吨的圆形大桶闪着亮光跌入了气流中。几秒钟后，三顶降落伞打开以减慢核弹的降落速度，使得 B – 52 轰炸机有足够的时间飞离这一区域。导航员开始了投放后计时。机组人员关闭了驾驶舱前端的隔热帘，只在中间留了一道缝隙。他们把头转开。在投放后 87.3 秒，来自飞机身后的一道耀眼白光使得每个人都闭上了眼。几分钟后，他们仍能感受到一系列轻微的震荡波，仿佛飞机遭遇了气流一般。

　　蘑菇云直冲 60000 英尺的高空，轰炸机顿时显得如飞蛾般渺小。监控飞机上的新兵们被这亮光眩得什么都看不见。随着 B – 52 轰炸机越飞越远，亮光逐渐减弱，纽翰看向投弹瞄准器。他投中了目标。

　　一个形似月亮的巨大球形在半空中出现，绿色、紫罗兰色和紫色的带子四散开来。这场代号为"灾难"的核试验的巨大光芒持续了一段时间，然后融入了热带温暖的黎明中。核爆炸的景象有一种奇妙夺目的美丽。此时，夏威夷时间为凌晨 5 点 46 分，华盛顿时间为中午 11 点 46 分，莫斯科时间为晚上 6 点 46 分。

　　而在世界的另一端，白宫的执行委员会晨会正要结束。此时楚科奇半岛上空 13 英里处，查克·莫尔茨比正要进入苏联边境。

第十一章　"某些狗娘养的"

10 月 27 日，星期六，中午 11：59

（阿拉斯加州，上午 7：59）

　　要是查克·莫尔茨比按照预定路线飞行的话，他本应已经完成 7 小时 50 分钟的北极飞行任务并在艾尔森空军基地着陆了。可他现在却还驾驶着一架脆弱的飞机在一片漆黑的同温层里横冲直撞，像一个迷失了方向的盲人一般。极光已经消失，星辰也改变了方位，他对自己现在的飞行位置一点都摸不着头脑。一件件怪事接连发生，而他却找不到解释。

　　按预定计划，在艾尔森着陆前的 1 小时里他应与在阿拉斯加州北部巴特岛上空盘旋的"鸭屁股"搜救小队碰面。他们向他许诺会"在窗户上亮起一盏灯"以便他在归途中能够看见，但到了约定时间，却连他们的踪影都没有找到。他既碰不到"鸭屁股"，也收不到巴特岛上的灯塔无线电信号，而它们本该都在他的接收范围内。他开始用明码广播消息，希望有人能将他引导至正确的方向。也许他根本就没有抵达北极。他被北极光眩晕了眼，对方向的判断不过是基于一些"天真的希望"，而非建立在对星辰的准确定位上。

　　突然间，"鸭屁股"通过单边带电台向他发出了信号。他们说，他们会从现在开始每五分钟发射一枚照明弹。U - 2 侦察机飞行员睁大双眼，但仍然什么也没有看到。他们又发射了一枚照明弹，但还是什么都没有看到。莫尔茨比在漫无边际的黑暗中孤身一人，突然感到一阵无法抑制的"惊恐"。[1]
"要么在巴特岛以西，要么在巴特岛以东……但到底是哪个
方位？"

　　几分钟之前，"鸭屁股"搜救小队的导航员曾再次向他
发出信号，问他是否能够确定任何一颗星辰。在眼前的地平
线上是熟悉的猎户座形状。组成猎户腰带的三颗亮星十分容
易辨认；再高一些，在猎户座右肩上方，是第二亮的红巨星
参宿四；而往下到猎户座的左膝，则是天空中最亮的参
宿七。

　　"我可以看到猎户座，它在飞机鼻端左侧 15 度位置。"莫
尔茨比通过无线电把这句话传回去。

　　这时有一阵短暂的沉默，"鸭屁股"和艾尔森的导航员正
在查询手册和星位图，来确定这架走失的 U - 2 侦察机到底在
什么位置。在匆忙的计算之后，"鸭屁股"的导航员传来回
复，命令他向左调转 10 度。

　　收到指令后，莫尔茨比很快又从他的单边带电台收到了另
一条消息，而这条消息的声音却是他不熟悉的。但不管是谁，
对方使用了正确的消息信号，并告诉他向右调转 30 度。在短
短几分钟内，莫尔茨比收到了来自两个不同无线电台的消息，
命令他向两个相反的方向调头。

　　"见鬼了，这到底是怎么回事？"他这样问自己。

　　这位糊涂的飞行员并不知道，他已于阿拉斯加州时间上午
7 点 59 分（华盛顿时间中午 11 点 59 分）穿过边境，飞进苏
联领空。[2]他现在正在地球上最荒芜的地区之一——楚科奇半
岛北岸，偏离原定路线 1000 多英里。

　　随着他穿过边境，至少有 6 架苏联截击机从楚科奇半岛上

两个不同的机场起飞。它们的任务是击落入侵飞机。

在 4000 英里以外的华盛顿白宫，肯尼迪总统正走在内阁会议室外的走廊，准备会见心系民防的州长代表团。他心里想的仍是该如何回复赫鲁晓夫的最新消息，完全没有意识到楚科奇上空正上演着什么样的戏码。他给州长代表团留下的印象是"不同寻常的犹豫和烦扰"，但当他们大声提问，总统对苏联领导人是否有"足够的魄力"时，他也没有任何回避或阻拦。[3]

加利福尼亚州州长埃德蒙·布朗（Edmund Brown）尤为直率。"总统先生，"他问道，"很多人都好奇，您为什么要在猪湾事件上改变主意，放弃进攻。您还会再次改变主意吗？"

肯尼迪表明州长的无端猜测令他不快。"我之所以选择封锁，是因为我认为我们的人民还没有为核战争做好准备。"他平静地回答道。

很多州长都认为，联邦官员们在保护美国人民不受核弹威胁方面，做得还很不够。"简直一无所有。"他们中的一位在谈及美国民防项目时抱怨道。在为避难影片《躲避和掩护》（*Duck and Cover*）和防空洞做了数年的宣传后，美国人民对他们面临的危机已几近麻木。麦克纳马拉在本周早些时候，不过是在新闻发布会上提及了"民防"字眼，就引得记者们哄堂大笑。[4]杜鲁门政府为了帮助孩子们抵御核弹而创作的卡通角色海龟伯特，也已经成了全国人民的笑话：

> 有一只海龟名叫伯特
> 海龟伯特非常警觉
> 当危险降临（爆竹响起）

256

> 它绝不会受伤
>
> 它知道该如何应对……
>
> 它会躲避！（口哨声）
>
> 然后掩护！（伯特钻进了他的龟壳）

民防电影的画面中，孩子们钻到了课桌底下，把自己蜷缩成球状。成年人在办公室和工厂里也会接受类似的培训，但很多人都质疑它们的效用。"在看到核爆炸夺目的光芒时，俯身把头牢牢地夹在两腿间，"学生寝室墙上的海报这样写着，"然后和你的屁股吻别。"

尽管政府开展了大量公关活动试图推广防空洞，但到1962年秋时，这一切收效甚微。民防官员向州长报告说，全国贴有防空洞标记的建筑不多于800栋，提供的空间仅能容纳64万人，而能够提供紧急食物供应的建筑仅有112栋。如果苏联的入侵在周末来临，那么他们的防空洞和食物供应仅仅能够保护17万美国人。[5]

当总统审阅美国对古巴的入侵计划时，令他担心的反倒是苏联将报复施加在美国平民身上的可能性。苏联人与其让古巴坐以待毙，他们自己发射导弹的可能性显然要大得多。根据白宫的估计，在古巴岛上部署的导弹可以危及9200万美国人。本周早些时候，肯尼迪曾问他的高级民防官员，在"入侵导弹发射基地之前"，疏散整个迈阿密地区是否具有可行性。[6] 助理国防部长斯图尔特·皮特曼（Steuart Pittman）认为疏散并不现实，而且只会造成"大混乱"。所以，这个想法只好放弃。

257　　由于政府的不作为，美国人只能自己保护自己。[7] 一波波的恐慌性抢购在部分城市发生，也有部分城市幸免于恐慌的侵扰。有谣言说，一旦战争打响，所有超市都将关闭，这导致洛杉矶的居民涌向当地的超市大肆抢购。在迈阿密地方官员声称每位居民都应该储备两周的食物供应后，当地杂货铺的销售额猛然提升了 20%。华盛顿出现了对瓶装水的疯狂抢购，国家大教堂的主持牧师则命令往地下室灌水以使其成为应急的贮水池。得克萨斯州和弗吉尼亚州的枪械商店也出现了步枪和手枪热销的状况。里士满的一位枪械商解释说，弗吉尼亚人置备武器不是为了抵御苏联人，而是抵御"那些可能会在农村地区寻求庇护的城里人"。

10 月 27 日，星期六，中午 12：15

当总统与州长们会面时，他的发言人把十几位记者请进了他的西厢办公室。肯尼迪担心赫鲁晓夫提出的古巴—土耳其导弹交易会受到国际舆论的欢迎，进而使美国在协商中处于不利地位。白宫需要迅速制定出有效的应对方案。

读完预先准备的文稿后，塞林杰告诉记者们，苏联的最新消息不过是莫斯科于"过去 24 小时内"提出的"一系列前后不一、互相矛盾的提议"中的一个。危机的源头是苏联在古巴采取的行动，而不是美国在土耳其采取的行动。"当务之急"在于终止苏联导弹基地的作业，并使它们"不再运作"。只要苏联做好这一点，任何事都可以讨论。

听完，记者们表现出和当时的执行委员会成员一样的困惑。

"那么就是说总共有两条消息了？"

"是这样的。"

"最后一条消息怎么说？"

"我们不方便透露。"

"你认为我们会在今天下午向莫斯科传送两条回复吗?"

"无可奉告。"

宾夕法尼亚大道 1600 号（白宫所在地。——译者注）外的人行道上,支持和反对封锁的游行示威者们都在呼喊着口号。古巴流放者和大学生们在秋天凉爽的天气里来回行走,喊着"入侵古巴,攻击红色阵营"[8]。6 位佩戴卐字臂章的美国纳粹分子打出了请求直接入侵的标语。和平运动分子则呼吁"战争从此消失"。

10 月 27 日,星期六,中午 12:30

（阿拉斯加州,上午 8:30）

当消息传来说,在北极执行空气样本采集任务的 U-2 侦察机飞行员失踪时,鲍尔将军正在位于内布拉斯加州奥马哈市的奥福特空军基地的高尔夫球场上。[9]从苏联防空系统截取的追踪数据表明,这架侦察机正位于苏联领土上空,且至少有 6 架米格截击机已起飞去击落莫尔茨比。这位战略空军司令部总司令在赶回办公室的途中,路过了一块大型布告板,上面刻着一句奥威尔式的标语"和平是我们的使命"[10]。

在此之前,战略空军司令部没有任何人关注过空气样本采集的任务。鲍尔的一名下属联系了莫尔茨比所属联队——第 4080 战略联队——的指挥官,想知道"你把一架 U-2 侦察机派遣到苏联上空到底是要干些什么"[11]。

"你最好问问别人,因为我现在忙得手忙脚乱。"约翰·德斯·波特斯（John Des Portes）上校如此回复道。他现在更

担心的是逾期未回的安德森少校，又说了一句："我哪里知道
会有一架 U－2 侦察机跑到苏联上空去了。"

　　回到指挥所，鲍尔发现战略空军司令部的情报官员正在一
面大屏幕上绘制莫尔茨比的飞行路线，边上还绘有苏联米格截
击机的飞行路线。美国人实际上是借助于苏联军用飞行控制
器，才得以跟踪这架在楚科奇上空失踪的 U－2 侦察机。由于
信息必须实时提供给散布在国家各处的跟踪站，即便是安全意
识很强的苏联人也没法为他们的防空网络设计非常复杂的加密
手段。由此，那些通过高频无线电传输，并从电离层脱离出来
的数据就能够被远在数千英里之外的美国监听站捕获。

　　鲍尔现在进退维谷。他们"解读"苏联防空系统"传输数
据"的能力是一项受到严格保密的国家机密。[12]如果战略空军司
令部的指挥官们警告莫尔茨比，告诉他所犯的导航错误的严重
性，那么他们将冒很大的风险，因为这可能提醒苏联人去注意
到这项极有价值的情报技术。他们必须想出一个办法，既能够
让莫尔茨比调转方向回到阿拉斯加州，又不能泄露他们得知他
确切位置的方法。使事态进一步复杂化的是，克里姆林宫可能
会把此次误入苏联领空的事件解读成一个极度挑衅的行为；苏
联领导人也有可能会把它看作全面入侵的先行侦察行动。

259

　　情报官员需要获得国家安全局的特殊批准，才能共享他们
知道的发生在莫尔茨比和行动指挥官身上的问题。他们很快就
获得了批准，但条件是不能透露这些情报的来源。而"鸭屁
股"搜救小队和艾尔森空军基地的导航员已经在尝试通过天
文观测把莫尔茨比引回阿拉斯加州。

　　弗雷德·冲本（Fred Okimoto）中尉正是那位为莫尔茨比

绘制飞行路线的导航员。他在午夜把莫尔茨比送走之后，就到艾尔森军官区休息去了。他在几个小时后被行动指挥官福里斯特·威尔逊（Forrest Wilson）上校摇醒，并被告知 U-2 侦察机失踪的消息。"我们遇上麻烦了。"威尔逊用他一贯的低调口吻说道。[13]

两人步行来到了 U-2 侦察机的机棚。他们走进楼上的一间小办公室，飞行任务就是在这里设计好的。冲本又新计算了一遍，检查是不是出了什么差错。一切看起来都似乎正确无误。"鸭屁股"用于联络莫尔茨比的高频单边带无线电频道时而传来声响。导航图表铺满了整个办公室，而 U-2 侦察机飞行员报告的猎户腰带与飞机鼻端的相对位置表明他正朝南飞。当务之急是让他掉转方向朝东飞行。

导航员向窗外望去，注意到东边地平线上有一束微弱的红光。在阿拉斯加州中部，太阳开始升起。这让他想出了个点子。他连上电台，询问莫尔茨比是否能看见太阳升起。

"不能。"传来的回答十分简洁。

此时结论已经非常明显了，莫尔茨比正在阿拉斯加州以西数百英里的地方，也就是苏联领土的上空。解决方案就是让他向左转，直到猎户座位于飞机的右翼翼尖，这样他就能回家了。

莫尔茨比既害怕又疲惫，他仍然能从单边带电台上收到奇怪的消息。这一次，这个不熟悉的声音告诉他要右转 35 度。他要是照做，就会飞向苏联内陆地区。飞行员试图用"只有正统操作员知道"的密码和他确认身份，但是没收到任何回应。

260 来自阿拉斯加州的信号却随着时间的流逝在不断减弱。莫尔茨比听到的最后一条指令是"左转 15 度"。

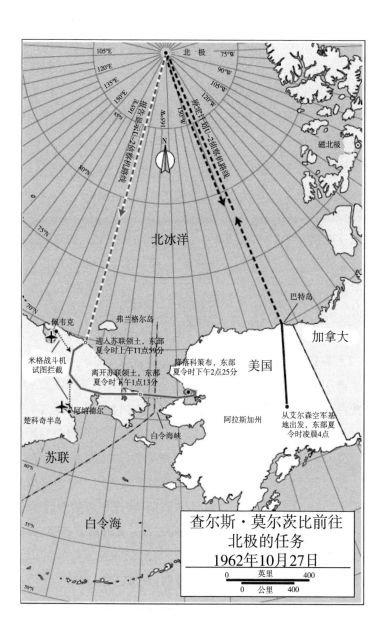

查尔斯·莫尔茨比前往
北极的任务
1962年10月27日

　　莫尔茨比知道燃料已所剩不多了，肯定不能支撑他回到阿拉斯加州。他很有可能需要尝试紧急降落。来自未知源头的信号仍然十分清晰，但他对它们置之不理。他打开了紧急频道并叫道："求救！求救！求救！"

　　在疯狂地叫喊求救后，他捕捉到了一处电台信号，声音像是俄罗斯民歌。三弦琴、手风琴和斯拉夫语突然变得"响亮且清晰"。

　　莫尔茨比终于明白自己在哪里了。

　　从电台听到俄罗斯音乐后，莫尔茨比先是害怕，他想到自己可能会成为"另一位加里·鲍尔斯"。鲍尔斯于 1960 年执行一项针对苏联核弹发射基地的 U-2 侦察任务时，在西伯利亚上空被击落。他跳伞并安全着陆，却立即被苏联农民逮住。莫斯科对其举行了一场形式上的公审，他最终在监狱里度过了 21 个月。这次 U-2 侦察机事件令美国——尤其是艾森豪威尔总统——颜面尽失。美方错误地以为鲍尔斯不可能在击落中生还，艾森豪威尔由此授权发布一份声明，声称鲍尔斯的 U-2 侦察机在土耳其东部"执行高空气象研究任务时"坠毁。[14] 高兴的赫鲁晓夫很快就揭露说，美国政府就此事件做出的一系列声明都不过是蹩脚的谎言。

　　莫尔茨比知道蹲共产主义监狱是怎样的滋味。他的思绪又回到 10 年前 1 月的一天，那是他第 17 次在朝鲜执行作战任务。[15] 他的 F-80 流星战斗机的两侧机翼下都搭载了 1000 磅的炸弹，随时准备投放到 Kunri（一个重要的铁路枢纽）的中国援军身上。在他试图俯冲轰炸铁路线的时候，敌人的一片弹片从后面撞到了机身。飞机随即失控并直冲向地面，时间只够他投放两枚炸弹并猛拉起弹射座椅把手。飞行员的降落伞自动打开，喷气式战斗机从头顶呼啸坠落，而炸弹就在其周围爆炸。他就这样缓缓地降落到地面，跌进了雪地里。他挣脱出降落伞后试图逃跑，但没跑出多远就发现自己对着"十几支步枪的枪口，全都握在中国士兵的手中"[16]。

从这天起他当了 600 天战俘。空军把他列入了"执行任务时失踪"的名单里。[17] 很长一段时间，他与美国及其盟军的战俘分开关押，待在一个臭烘烘的山洞里，且因洞高过低而无法站立起来。后来，他们把他和其他被俘的美国飞行员关到了一起。他们的床铺是肮脏的稻草，还得和老鼠、昆虫共享。那里的气候异常寒冷，牢饭只有米饭和水。"到处是疼痛，强烈的疼痛。一个个月过去，伴随着寒冷和无止境的拷问，饥饿和贫乏变得愈发严重……（莫尔茨比）被从一个地方拖拽、推搡到另一个地方，从来都不知道他和他的狱友们身在何方。"直到 1953 年 8 月底，他才最终因为战俘交换而得以释放。

莫尔茨比越是回忆之前的战俘经历，就越是决心要"尽可能地远离"播放俄罗斯音乐的电台站。他左转后笔直地飞行，直到电台信号在他身后越来越弱，猎户座也出现在飞机右翼翼尖。他仍然在单边带电台的紧急频道上呼叫"求救！求救！"直到声音都嘶哑了。

但是，他离苏联边境仍然有 300 英里的距离。

10 月 27 日，星期六，中午 12：38

（悉尼，星期天，凌晨 2：38）

安德森海军上将在弗吉尼亚州的诺福克基地曾坚持不懈地参加海军学校和匹兹堡大学之间的橄榄球赛。这位海军行动总长认为，即便他在危机的关键时刻离开岗位，船只也仍然能在他的下属手中运行良好，这对他来说事关荣耀。这位约翰·保罗·琼斯传统的守卫者完全信任他的手下们，无论白宫里的上司们对此会做何感想。他始终忠于自己的信条——"把细节留给相关人员……别无故抱怨，别过分担忧。"

他计划在游戏室装上一部特殊电话，以防有任何紧急事件出现。之后，他就在清晨搭乘飞机前往弗吉尼亚州南部。在星期二晚上和麦克纳马拉就封锁计划发生争执后，他就不再掩饰自己对政治家干涉军事的不满了。白宫本该只制订大体的指导方针，让海军自主执行任务，但他们现在坚持要在每一次船只拦截中都握有最终决定权。现在至少已经有"布加勒斯特号"和"文尼察号"两艘苏联船只，在未接受检查的情况下就通过了封锁线。当他从麦克纳马拉的副官那里收到暂时休假的命令时，上将嘴里直接吐出了脏话。[18]

安德森外出参加橄榄球赛意味着他将错过当日参谋长联席会议例会，这次例会将决定针对古巴和苏联的所有军事活动。他的副官向他保证所有状况都在控制之中。这个星期六的午后，一位下属致电美国海军作战部长操作室，来核实准备提交给老大的消息。

"告诉上将放轻松，"安德森的执行助理自信地答复道，"船只运行良好。他可以去好好享受那场球赛。"[19]

有了"华丽的乔治"给他们加油，海军学校以 32 : 9 的比分碾压了匹兹堡大学。

在世界另一端的澳大利亚，一位名叫欧文·多雷斯（Irvin Doress）的美国大学教授却对世界末日的想法着迷不已。一些美国人觉得与其"在夜晚的凉风中等待导弹的来袭"，不如逃离美国，而这位 32 岁的社会学家正是其中一员。[20]在听完肯尼迪关于封锁的演讲后，他第一时间就打包好了行李箱，搭乘澳洲航空从纽约飞往悉尼的第一趟航班。他的行李包括"几本最棒的书、两份手稿、两套西服和一台打字机"。

现今，他正坐在王十字酒店狭小的房间里，回想着他匆忙的决定。此时的悉尼正值午夜。他想起还在美国的两个孩子和妻子，他们已经分居了。他还想起纽约州北部联合学院的学生们。他在匆忙间给社会学系主任留下了一张字条，却没有做任何意义上的告别。他在日记中吐露，他"对于自己抛弃所爱之人的行为"已经开始感到"羞愧了"。他扪心自问："凭什么我比其他人更有资格活下去呢？尤其是那些年轻人。"

"生死自有天命，"他思索着，"即便核辐射没能把你杀死，核战后的世界也几乎是一个人间地狱。"

10 月 27 日，星期六，中午 12：44

（阿拉斯加州，上午 8：44）

佩韦克位于北极圈以北 200 英里处，是苏联最北、最孤立的小镇之一。当地的楚克奇文化主要是饲养驯鹿和猎杀海象。人口密度勉强为每平方英里两个人。隆冬时候，这里的气温可降至零下 50℃。对苏联来说，这个区域的主要价值在于丰富的锡矿和金矿，此外还可以用作北冰洋巡逻船只的冬季避风港，以及边陲军事前哨。苏联在海边的一个机场部署了一个米格截击机中队，用于拦截飞往北极的美国轰炸机。

军事雷达站一确认那架入侵飞机正飞向楚科奇半岛，数架

264

米格截击机便从佩韦克机场起飞了。[21]米格截击机已经多次加速升空，但那架前来挑衅的未名飞机仍处于拦截范围之外。这些苏联飞行员倚仗飞机上搭载的超音速引擎，可以近乎笔直地在几分钟内攀升至60000英尺的高空。然而即便如此，它们离猎物仍然有15000英尺的距离。截击机追踪入侵飞机达300英里，然后冲向西边去补充燃料。

另一组米格截击机从半岛另一端鄂霍次克海岸上的阿纳德尔机场起飞。它们一路向北，接替了部署在佩韦克飞机的跟踪任务。它们在半岛中部几乎追赶上了莫尔茨比，然后尾随他调头向阿拉斯加州方向飞去。

这些拦截的尝试都被3500英里之外、位于内布拉斯加州奥福特的战略空军司令部操作中心追踪到。通过监视苏联防空雷达网络，战略空军司令部的情报官员可以像跟踪莫尔茨比U-2侦察机那样跟踪米格截击机。他们把米格截击机的飞行路线标注在发光的屏幕上。随着米格截击机调头往东，战略空军司令部命令阿拉斯加防空指挥所配备好两架F-102战斗截击机为莫尔茨比提供保护。

在这周早些时候，技师把部署在阿拉斯加州西部格利纳空军基地的F-102战斗截击机上的常规武器都卸载下来，并重新搭载了核弹。[22]对于这些中队来说，这是三级战备等级下的标准程序。搭载了配有核弹头的"猎鹰"空对空导弹后，单独一架F-102战斗截击机就可以消灭一整队来袭的苏联轰炸机。理论上，只有得到总统的授权，才可以使用核武器。但在实际中，F-102只需按下操控面板上的几个按钮，就可以发射核弹头。由于驾驶舱中只有飞行员一个人，所以没人可以否定他的决定。

莱昂·施穆茨（Leon Schmutz）中尉是这些战斗截击机飞行员中的一员，他年仅 26 岁，刚刚从飞行学校毕业。他一边进入白令海峡上空搜寻走失的 U-2 侦察机；一边思索着，要是遇上苏联米格截击机，他该做些什么。他唯一的防御手段就是一枚核弹头，而它足以毁灭其爆炸半径半英里内的一切事物。使用这样的武器简直令人无法想象，尤其是当他还处于美国领土上空的时候。即便是引爆一枚小型核弹头，都可能导致全面核战争。可是如果不做出反应来攻击苏联战斗机，又会与飞行员的基本生存本能相矛盾。

10 月 27 日，星期六，下午 1:28

（阿拉斯加州，上午 9:28）

莫尔茨比在脑海中迅速审视了一下自己的处境。最主要的转机在于他现在已经收不到苏联电台的信号了，而最不利的因素则是飞机搭载的燃料只够支撑 9 小时 40 分钟的飞行。自午夜起飞，他已在空中飞行了 9 小时 28 分钟。剩下的燃料只能再支撑 12 分钟。

想要回到阿拉斯加州，莫尔茨比明白他必须充分利用飞机的滑翔能力。由于它修长、翻动的机翼和超轻的机身，U-2 侦察机可以在没有动力的情况下，依靠风流在大气层缓缓下降，最远可以滑翔 200 英里。它既是一架侦察机，又是一架滑翔机。

他需要为一些紧急状况预留一些燃料，同时还得节省飞机的电力。他最后一次用明码宣布说他将关掉无线电系统。当他按下控制板上的按钮，关闭了"帕拉特与怀特尼"J-57 涡轮喷气发动机时，他"感到了一阵绝望"。飞机开始缓缓地滑翔了。

关闭发动机意味着，莫尔茨比同时也关闭了驾驶舱的增压和取暖系统。应急氧气供应嘶嘶地充满了飞行服的橡皮管，来弥补驾驶舱气压的降低，防止飞行员因为空气过于稀薄而发生血管爆裂。他看起来简直就像个米其林小人。此时的他在海拔 70000 英尺的同温层滑翔，不确定自己的位置也无法和任何人取得联系。他疲惫不已，却又不能入睡，大脑中反反复复地浮现一句话：

"查理，你真是闯了大祸。"

10 月 27 日，星期六，下午 1：41

（阿拉斯加州，上午 9：41）

赫鲁晓夫的最新消息只是印证了参谋长联席会议最悲观的怀疑。军队将领们深信苏联领导人没有任何意图要撤走在古巴的导弹。他不过是在拖延时间，将美国拖入一场无休止、无意义的讨价还价中。等到肯尼迪醒悟的时候，一切都将为时已晚。那些导弹将搭载好核弹头，指向美国，随时准备发射。

在参谋长联席会议成员眼里，莫斯科任何调停的话语和姿态都不过是一种伪装。一位海军高级将领警告参谋长们说："赫鲁晓夫就像之前的每一位教条主义共产党人那样，是孙子的盲目崇拜者。"[23] 为了证明他的观点，他引述了这位备受尊崇的中国军事战略家的几条格言，在公元前 512 年诸侯割据的中国和 1962 年的苏维埃帝国之间做起了对比：

辞卑而备者，进也；

卑则骄之；

故为兵之事，在顺详敌之意。

　　这些参谋长正在五角大楼内部的"坦克"密室里会面，这个房间最显眼的是一幅巨大的世界地图。围坐在铮亮的木质圆桌四周，他们讨论着来自古巴的最新情报，包括可以搭载核武器的克劳夫野战导弹，以及超过预计数量的苏联部队。像往常一样，柯蒂斯·李梅掌控着整个会议，尽管他的发言都只有一两个字，而且拒绝参与讨论。这位空军总司令希望他的同事们能够提议执行对古巴境内数以千计的军事目标实施全面空袭，并在七天后出动地面部队。在李梅的坚持下，将军们开始起草寄送给白宫的文件，指控赫鲁晓夫实施"外交讹诈"。[24]

　　"一再拖延，却不采取进一步直接的军事行动来解决古巴问题，这只会让苏联得益，"参谋长们警告道，"古巴将变得愈发难以击败。美国的伤亡人数会成倍增加。部署在古巴的核弹和可以搭载核武器的飞机对美国本土造成的直接威胁将大大增加。"

　　当麦克纳马拉进入"坦克"密室时，参谋长们正在讨论对古巴发起进攻的时间。麦克纳马拉刚刚从执行委员会的会场出来，他满脑子想的仍然是土耳其的"木星"导弹，如果美国入侵古巴，那么它们很可能就会成为苏联人的攻击目标。如果他们在土耳其沿海部署一艘北极星潜艇，并让莫斯科发现的话，那这可能会打消赫鲁晓夫对"铲除""木星"导弹的兴趣。这艘搭载 16 枚北极星弹道导弹的潜艇十分强大，如果苏联企图攻击土耳其，它们的威慑力可比那些软脚虾似的"木星"导弹强大得多。此外，如果他们给土耳其派遣一艘核潜艇，这也能为他们撤走老旧的"木星"导弹做好铺垫。

　　国防部长告知参谋长们，他们需要准备好计划在地中海东部重新部署至少一艘核潜艇。他同时也想知道，当在讨论针对古巴的空袭计划应当"尽早和及时地执行"时，他们到底有

267

没有想出一个确定的时间。

　　"要么星期天，要么星期一，发动进攻。"李梅粗声粗气地回答道。[25]

　　将军们非常露骨地表现出他们对麦克纳马拉的不耐烦。他们反反复复地就购买新武器系统一事跟他发生冲突，并质疑他是否包藏着"和平主义的观点"。在麦克纳马拉否决了购买新的B-70轰炸机，并坚持把民兵洲际弹道导弹限制在1000枚以下之后，李梅曾问他的同事："赫鲁晓夫来当美国的国防部长，情况是否会比现在更糟。"[26]他实在无法接受麦克纳马拉的小心翼翼。当他问及有没有可能在不杀死太多苏联人的情况下轰炸苏联的导弹基地时，李梅只能一脸惊叹地望着他说："你该不会是疯了吧。"[27]

　　麦克纳马拉对这位空军总司令的感觉则是模棱两可的。他们早在二战时就结识了。这位来自伯克利的出色战略家曾在远东服役于李梅的麾下，他曾设计空袭路线，使得美国对日本城市的轰炸达到最大的破坏效果。在麦克纳马拉眼里，他的前任上司李梅是他所知的"最强的前线指挥官"。[28]李梅尽管非常蛮横，但总能完成任务。他总是以最简单明了的标准思考问题：每摧毁一个目标将折损自己多少人手。麦克纳马拉也帮李梅做过这种计算，这最终使得东京数十万居民——男人、女人和孩子——于一夜间丧命。然而，他对这位将军的敬仰也掺杂着厌恶。麦克纳马拉可以接受用燃烧弹轰炸东京，但是与苏联打核战争会让数百万美国人丧命，这完全不是一个层面上的问题。

　　"有谁能从这样的一场战争中获胜吗？"他在讨论这个问题的时候这样质问空军总司令。

　　"当然是我们获胜，"李梅回答，"那个拥有最多核武器的国家会获胜。"

"如果我们损失了一千万人口，获胜又有什么意义呢？"

麦克纳马拉累了。过去的几天里充满了会谈、电话会议和数百个决议。他睡在办公室更衣间的简易床上，他的办公室位于五角大楼的三楼，俯瞰着波托马克河。[29]他仅仅在星期五的晚上回家吃过一顿晚饭，其他时候吃饭都是在办公室里的一张牌桌上解决的。他每天清晨 6 点就得起床工作，一直干到晚上 11 点，甚至午夜。他的睡眠还常常被电话打断，有时是来自总统，有时是来自高级军官。他唯一的放松就是偶尔去五角大楼地下室的军官俱乐部打打壁球。他的大脑仍然像一台电脑一样工作着，但已经有点渐渐失去了他标志性的犀利，也不再能够用简练的分析和多个选择方案来掌控执行委员会会议了。

在这场勉强的对话中，麦克纳马拉收到了一份由李梅递给他的紧急消息。他快速浏览了一番。

"一架 U－2 侦察机在阿拉斯加起飞后失踪了。"[30]

尽管证明莫尔茨比走失到苏联境内的证据已经非常充分，但等到战略空军司令部的指挥官把这架飞机的失踪报告递交给政府首脑时，时间已足足过去了一个半小时。初始报告不过是只言片语。五角大楼告诉白宫说飞行员在出现"陀螺仪问题"后"偏离了航线"，并被一台"高频方位仪"在弗兰格尔岛附近找到。"之后它也许飞入或者靠近了苏联领土。目前还不知道具体原因。苏联的战斗机已经起飞——我们的也已经上路。"[31]

初始报告已经足够令人担忧了。当两个国家处在核战边缘的时候，一架美国间谍机居然飞入了苏联领空。可以肯定的是，它的燃料已经快用光了。麦克纳马拉冲出了房间给总统打电话。会议日志显示的时间是下午 1 点 41 分。

莫尔茨比担心着关闭发动机的事情，以至于忘记拉下能够固定头盔的带子，以防头盔在增压飞行服充气后上移。如今头盔下部挡住了他的视线，而他"简直他妈的看不见面前的仪表板"。他费了好大的功夫才把头盔恢复到正确的位置。

没过多久，挡风玻璃开始蒙上雾气，头盔面板上也凝结了小水滴。莫尔茨比尽量把嘴靠近面板。他伸出舌头，舔掉了面板上的水滴，透过舔出的区域总算能够看到仪表板了。

高度计显示的高度仍然有 70000 英尺。莫尔茨比心想指针应该是卡住了，然后又意识到虽然没有了动力，飞机仍然在这个高度飞行。过去了足足 10 分钟，U-2 侦察机才开始缓缓下降。他告诉自己，现在需要做的只有"保持机翼水平，保持在降落时滑出最大的距离，然后祈祷守护天使别打盹"。

原来发动机的轰鸣声现在被一种出世的静谧取代。莫尔茨比唯一能听到的便是自己吃力的呼吸声。在飞行了将近 10 个小时后，他最急迫的生理需求就是小便。在通常情况下，想要在 U-2 侦察机里小便，他首先得费力拉开增压飞行服的拉链，扒开好几层内衣，然后对准瓶口。这样的动作即便是在最佳状况下都是非常复杂的，而现在增压飞行服已经充上气，几乎充满了整个驾驶舱，这样的动作就更难以完成了。

10 月 27 日，星期六，下午 1:45

（阿拉斯加州，上午 9:45）

这个早晨异常忙碌，但总统决心不落下每天的游泳运动。他一天通常要和副官戴夫·鲍尔斯一起游泳两次，分别在午饭前和晚饭前。医生出于对他背痛的考虑，规定他每天都得游泳，但这同时也是一种放松方式。西厢地下室的室内游泳池原本是为富兰克林·罗斯福建造的，现在又被重新改造，老约瑟夫·肯尼迪还捐赠了一幅壁画，画的是维尔京群岛上壮观的航海景观。这两位好友一边在 90℉恒温、50 英尺长的泳池中来回游蛙泳，一边互相开着无伤大雅的玩笑。

肯尼迪游完泳回来准备前往餐厅用餐时，路过了他的办公室。[32]电话在下午 1 点 45 分响起，来自麦克纳马拉，他正要报告 U-2 侦察机失踪的消息。

几分钟后，国务院情报局局长从邦迪的地下办公室出来，一路小跑地上了楼梯。罗杰·希尔斯曼刚刚听说了美苏战斗机相继起飞的消息。尽管两天没睡觉的他早已疲惫不堪，但他还是马上感觉到这一事件的严重性。"这其中的含义骇人又露骨：苏联可能把这架 U-2 侦察机的飞行任务看作核战前的最后情报侦察。"

希尔斯曼本以为总统会大发雷霆，或者至少会显露出些许恐慌，但是肯尼迪用一声短促的苦笑和海军岁月里的陈词滥调缓和了紧张的氛围。　　　270

"总有些狗娘养的听不懂人话。"[33]

镇静的外表掩盖着他深深的挫折感。肯尼迪和他的其他家庭成员，尤其是弟弟，不太一样，每次生气的时候他都会变得很安静。与他最亲密的副官担心他将怒火都憋在心里而不发泄出来。当他怒到快要失控时，就会用手指轻打自己的门牙或是紧抓着椅子的扶手，握到指关节都开始变白。

他开始发现对总统权力的诸多限制。虽然各种各样的事情以总司令的名义施行，但他想要掌握所有的情况却几乎不可能。除非"某个狗娘养的"把一切都搞砸了，不然很多事情他将永远都不会知道。军队机器的运行依据的是它内部的逻辑和动力。五角大楼向他保证，赴北极采集空气样本的飞行任务早在几个月前就计划安排妥当，并已取得许可。U-2侦察机竟然会在冷战最危险的时候飞到苏联领土上空，谁都没有想过会存在这种可能性。

令肯尼迪恼火的不仅仅是这些他意料之外的情况。有时候，他要求做的事情也会得不到执行。这种情况的一个例子——至少他自己这么认为——就是土耳其的"木星"导弹。几个月来他都想把这些导弹从土耳其撤出，但是官僚机构总是找出一些自以为是的理由来否决他的意愿。早晨的时候，他和肯尼·奥唐奈在玫瑰园里散步时，他就提及了对此事的恼怒。他让副官帮忙找出"他最后一次要求把这些混账导弹撤出土耳其的日期。不是前五次他要求撤走导弹的日期，而是最后一次"。³⁴结果证明，总统曾在8月命令五角大楼着手调查撤走"木星"导弹的事宜，但是五角大楼怕惹恼土耳其人，就搁置了这个主意。邦迪事后坚称，他从来没有收到正式的"总统命令"要求他们撤走导弹，而档案记录似乎印证了他的这一说法。

当赫鲁晓夫试着把"木星"导弹当作公开讨价还价的筹码后，撤走它们的事宜就变得更加复杂了。但肯尼迪确信的是，他绝不会为了几枚过时的导弹而掀起战争。当他还是太平洋上的一位年轻海军军官时，他就意识到，"当人们决定开战理由时"最好能拿出些令人信服的动机，否则"就会导致全部事业付诸东流"。³⁵这非常准确地总结了他20年后的感受，尤其此时那个决定开战理由的人正是他自己。

但无论是肯尼迪的意愿还是赫鲁晓夫的意愿，它们都和星期六下午的戏码无甚关联。事态发展的速度远远超过了政治领导人所能掌控的程度。

一架美国间谍机在古巴上空被击落了，另一架则在苏联上空失踪。关塔那摩外的一座苏联巡航导弹炮台已经准备就绪，按照赫鲁晓夫的意思，随时威胁着该海军基地，随时可以完全"抹除"它。一个核弹头护卫队正在前往其中一处 R－12 导弹基地。卡斯特罗下令让他的军队对低空飞行的美国飞机开火，并敦促苏联考虑先发制人的核打击计划。

总统没办法全权控制自己的军队。而他之前对这场危机的意识，不过是加勒比海中一场缓慢升级的对抗，美国军舰试图迫使苏联潜艇浮到海面，而筋疲力尽的苏联潜艇船员则担心第三次世界大战是否已经打响。

核时代的悖论在于，尽管美国的力量前所未有的强大，但只要在一个致命的地方走错一步，它就可能全盘皆输。然而，失误是战争不可避免的后果，只不过在之前的战争中，它们比较容易被修正。但今天，赌注越来越大，可以犯错的空间却越来越小。据博比所言，肯尼迪时常会担忧"整个人类彻底毁灭的可能性"。[36]他知道双方"绝不企图"开战。而最令他担忧的想法是，"一旦我们犯错，我们输掉的就不仅仅是我们自己、我们的未来、我们的希望和我们的国家"，还有全世界的年轻人，他们"在这场核冲突中没有插手、没有发声，甚至一无所知，而他们的生命之火却要像其他人那样被核战争扑灭"。

莫尔茨比飞机鼻端前方的海平线上亮起了一道微弱的光芒。几个小时以来他总算能够振奋起精神。他现在确信自己正朝东飞翔在返回阿拉斯加的途中。一个半小时前当楚科奇还是伸手不见五指的时候，艾尔森的导航员已经能看到相同的金色光芒了。莫尔茨比决定在他降至 20000 英尺前都保持这个方向。如果不碰上什么云团的话，他会降至 15000 英尺再看看四周的情况。如果云比较多，那么他会尽力保持飞机的高度。他可不想撞到山上去。

降到 25000 英尺的时候，他的增压飞行服开始放气。视线中既没有云也没有山。当前的太阳光亮足够让他看到地面。地面上覆盖着积雪。

两架机尾和机身都涂有标志性红色颜料的 F-102 战斗截击机出现在了他翼尖的两侧。它们看似用"接近失速速度"以一个非常危险的陡角飞行。莫尔茨比飞机上剩下的电量刚够他通过电台的紧急频道跟战斗机取得联络。一个美国人的声音从苍穹中穿梭而至。

"欢迎回家。"

两架 F-102 战斗截击机在云中冲入又冲出，像嗡嗡叫的飞虫一般环绕着疲惫的间谍机。如果它们要把速度降至和滑翔的 U-2 侦察机一样慢，那么它们的发动机就会中断燃烧并导致坠机。至少目前没有任何苏联米格截击机的迹象，实际上在莫尔茨比到达公海上空之前，它们就调头返回阿纳德尔了。

最近的一个机场位于科策布湾一条荒芜原始的冰带上，这是一处纬度略高于北极圈的军事雷达站。它离莫尔茨比有 20 英里远。F-102 的飞行员们建议莫尔茨比尝试在那里降落。

"我要左转了，所以你们最好给我腾个地方。"莫尔茨比给他左翼尖的飞机发射了无线电信号。

"没问题，转吧。"

随着莫尔茨比向左倾斜转弯，F－102 下潜并从他的视线中消失了。飞行员发回无线电信号告诉莫尔茨比，他先行去查看那条小型飞机跑道了。

在佛罗里达州奥兰多市外的麦考伊空军基地，罗杰·赫尔曼正在跑道尽头等待着，他的双眼不停地扫视着南方天空，希望能看到鲁迪·安德森的踪影。机动员（mobile officer）在辅助 U－2 飞行员降落时起着至关重要的作用。驾驶 U－2 侦察机已经困难重重了，要让它降落则更是难上加难。飞行员要准确地在离跑道两英尺的上空，使其狭长的机翼停止产生升力。机动员会乘坐由他人驾驶的车辆沿跑道尾随飞机，飞机每下降两英尺他就向飞行员报告一次高度。如果飞行员和机动员都正确地完成了各自的任务，飞机就会稳妥地降落在跑道上，否则飞机将会继续滑翔。

赫尔曼这样等待安德森的归来已经有一个多小时了。他的 273 希望越来越小。飞行员没有发回加密的无线电信号，告知他已经回到了美国领空。不可能是导航错误导致他迷失了方向。安德森飞机上所携带的燃料只够他飞行 4 小时 35 分钟。上午 9 点 9 分起飞，时间已经快到了。

赫尔曼站在跑道的尽头，他感觉自己仿佛身处二战电影中，计算着朋友归来的分分秒秒。他一直等，直到联队指挥官德斯·波特斯上校给他下达指令。

"你已经可以回来了。"[37]

10 月 27 日，星期六，下午 2：03

情报的匮乏令麦克纳马拉越来越烦恼。戏剧性的事件正分分秒秒地发生，但即便他得知消息，也是在几个小时之后。他的处世哲学和安德森上将的恰恰相反。他对一切都充满担忧，而且总是想立即知道所有细节。为了掌握充足的情报，他甚至深挖到官僚机构内部。他在五角大楼的办公室为自己接上了参谋长联席会议的通信系统。他亲自给基层官员打电话，其中包括佛罗里达礁岛群的一个雷达操作员，就是为了发现古巴境内和周边都发生了什么情况。[38]

麦克纳马拉并不清楚，那些军队领导人到底是故意隐瞒情报，还是对正在发生的一切亦不知情。他和副手罗斯韦尔·吉尔帕特里克都注意到，从海军旗舰作战指挥室传来的情报和他们从国防情报局得到的消息偶尔会互相矛盾。他们并不确信，海军是不是"依据最新的情报消息运作"[39]，因为空军指挥官们直到莫尔茨比出事时，才知晓他飞往北极的飞行任务。

国防部长得知另一架 U－2 侦察机将循着和莫尔茨比相同的路线前往北极执行空气样本收集的任务后，下令立即将其召回。[40]后来，他又要求空军给他提供一份详尽的莫尔茨比越境报告，在此之前他将中止美国所有 U－2 侦察机的境外飞行任务。

麦克纳马拉再次回到"坦克"密室的参谋长联席会议，迎面扑来了更多令人震惊的消息。一位神情严肃的空军上校冲进房间宣布："一架飞至古巴上空的 U－2 侦察机已经超时 30～40 分钟未归了。"[41]

274 10 月 27 日，星期六，下午 2∶25

（阿拉斯加州，上午 10∶25）

随着莫尔茨比下降至 5000 英尺，F－102 的飞行员们开始紧张了。他们并不明白一架没有动力的飞机如何能在这样的高度飞行而没有燃烧中断。他们并没有驾驶 U－2 侦察机的经验。

莫尔茨比在 1000 英尺的上空第一次经过了科策布湾的飞机跑道。这个伸向海中的半岛覆盖着积雪。一辆卡车标示着跑道的起点。在跑道尽头有几座爱斯基摩人的小屋，山上还有一座军事雷达设施。空中几乎没有侧风，这是个好消息，因为即便是最微弱的风都可能将他轻薄的飞机吹得偏离路线。当莫尔茨比朝向大海做出一个低空左转的动作时，其中一位 F－102 飞行员深信飞机要坠毁了。

"快跳伞！快跳伞！" F－102 飞行员迪安·兰兹（Dean Rands）中尉叫喊道。[42]

莫尔茨比并没有恐慌。他放下两边的襟翼，关掉了空转的 J－57 涡轮喷气发动机，因为它造成了过多的冲力。一切都看起来不错，除了飞机靠近跑道的速度高于他理想的速度。随着飞机从卡车上空 15 英尺处掠过，他打开了飞机后部的降落伞，前后踢着飞机方向舵以使飞机慢下来。现在没有机动员在跑道上陪跑，所以他没法精确地判断飞机高度。"尽管引擎已经关闭了"，U－2 侦察机"似乎没有停止飞行的迹象"[43]。它沿着冰面滑行，最终降落在跑道上，安稳地静止在厚厚的积雪中。

莫尔茨比出神地坐在他的弹射座椅中，没法思考也没法移动。无论是心理上还是身体上，他都精疲力竭。木讷地坐了几分钟后，他被座舱罩上的一阵敲打声惊醒。他抬起头看见了一个身着制服大衣的"满脸络腮胡的巨人"。

"欢迎来到科策布。"那位巨人脸上露出了一个夸张的笑容。

"你不知道我来到这儿有多高兴。"这是莫尔茨比所能回答的一切。

　　他试着爬出驾驶舱，但腿脚已经麻木了。新朋友看到他有所不便，"就伸手握住我的腋窝，轻轻地把我从驾驶舱里架了出来，然后把我像洋娃娃一般放到了雪地上"。雷达站的工作人员和6名爱斯基摩人围上来向这位意外来宾问好。两架F-102战斗截击机则嗡嗡地飞过机场，摇摆着机翼向他告别。

275　　满脸络腮胡的巨人帮莫尔茨比取下了头盔。一阵刺骨的寒风迎面袭来，他打了几个寒战，清醒了一些，也想起了自己的"当务之急"。他向前来欢迎的同事说了声"不好意思"，然后拖着沉重的步伐走到U-2侦察机的另一侧，在那里他释放了快要炸开的膀胱，尿到了一片白雪中。

第十二章 "拼命逃跑"

10月27日，星期六，下午2：27

（蒙大拿州，中午12：27）

紫绕战略空军司令部的一系列安全噩梦中，在苏联上空走失的U-2侦察机不过是最新的一个事件。携带核武器的轰炸机走失，侦察机被击落，炸弹被意外投放，预警系统错误地警告苏联来袭。意外事件引发核战争并不是通俗小说的虚构剧本，它其实处于现实可能性的范围之内。

战略空军司令部现在处于战备状态的飞机、导弹和核弹头数量已经达到历史峰值。[1] 任何时候它都有48架B-52轰炸机——总共60架——在空中待命，随时准备向苏联集团军发起进攻；还有183架B-47轰炸机散布于美国33个民用和军用机场，随时可以在15分钟内起飞；处于戒备状态的远程导弹共有136枚。一份提交给总统的《古巴情况说明书》则写明鲍尔将军"于今晨10点钟动员了余下的804架飞机和44枚导弹"。到星期天中午，战略空军司令部"上膛的"（"准备好发射的"）核打击力量将达到162枚导弹和1200架飞机，总共搭载了2858枚核弹头。

处于战备状态的飞机和导弹愈多，整个系统就愈发紧张。即便莫尔茨比的这段插曲已经落幕，战略空军司令部的高级官员仍然担心蒙大拿州导弹发射井中的民兵洲际弹道导弹会在未授权的情况下发射。使用液态燃料的导弹至少需要15分钟的发射准备时间，使用固态燃料的民兵导弹则不同，它可以在 32 秒内就从发射井中起飞。危机的来临大大加快了这种导弹系统的部署进程，然而，核安全官员现在却开始担心他们似乎走了太多的捷径。

肯尼迪在电视上宣布在古巴发现苏联导弹不久后，就做出激活 10 枚民兵导弹首飞计划的决定。鲍尔想要把手头的每一个导弹系统都对准苏联。他曾致电第 341 战略导弹联队的指挥官小伯顿·C. 安德勒斯（Burton C. Andrus Jr.）上校，想要知道民兵导弹能否绕过规定的安全程序，直接准备发射。

正常情况下，发射民兵导弹需要两组指挥官的四张电子"赞成票"，他们分别处于两个不同的发射控制中心，彼此相距 20 英里。但是，问题在于只有一处控制中心是已建造好的。建筑公司还在第二处发射中心倾倒混凝土，在之后的几个礼拜中它都无法运作。然而，安德勒斯"最不想"透露给他暴脾气上司的答复是"绕不过"。[2] 他知道鲍尔不过是"疯狂地想要抢下李梅这个战略空军司令部不败总司令的风头"，他总会找到法子"给系统找麻烦"。

安德勒斯的父亲曾经是纽伦堡军事监狱的监狱长，看守过像赫尔曼·戈林（Hermann Goering）和鲁道夫·赫斯（Rudolf Hess）这样的纳粹战犯，而安德勒斯这位二战时期的飞行员，似乎继承了他父亲的某些夸张作风。老伯特·安德勒斯会手持马鞭，头戴绿头盔，告诉他的朋友说："我讨厌这些德国佬。"[3] 而小伯特则喜欢在马尔姆斯特伦空军基地的导弹修理棚里，穿上蓝色飞行服，跳上桌子，对着那些惊恐万分的士兵咆哮："赫鲁晓夫知道我们跟在他屁股后头。"[4] 他随身携带着 3 部无线电话，并告诉记者，万一总统需要他，不用电话响 6 声他就能拿起听筒。他被认为是唯一一个掌握实权的导弹基地指挥官，可以指挥那些 64 英尺长的拖车，把导弹从发射井中拖出来。

安德勒斯自战略空军司令部组建之初就服役于此，他"深信那种职业空军无法智取的武器系统还没被发明出来"。智取的方案就是临时替换装置，让第二发射中心控制板的"关键部位"直接连入第一控制中心的回路中。需要的不过是一把螺丝刀、重布线路的麻利手脚和一点美国佬的足智多谋。

在接下来的三天里，安德勒斯乘坐着蓝色旅行车在蒙大拿州各地的小路上奔波，敦促着联队成员们做好导弹的发射准备。离开大瀑布城边缘的马尔姆斯特伦空军基地后，他沿着美国 87 号国道驶向了植被茂密的小贝尔特山。开了大约 20 英里后，出现了一个岔路。沿着 87 号国道向东南 6 英里就能到达阿尔法一号控制中心；沿着 89 号国道线向南 20 英里，再过一个山口，则会到达曾经繁盛的银矿小镇莫纳克。过了莫纳克再前行几英里，在道路的右手边，就会看到用铁网围栏圈出的几英亩荒地和一片灰褐色的混凝土板：这便是阿尔法六号导弹发射井。藏于这混凝土板之下、被重达 80 吨的钢铁大门保护着的正是美国最早的全自动导弹，只需按下按钮就可以发射。

民兵导弹在很多环节完全可以脱离人工运作。老一代的液体燃料导弹需要定期维护和监视：从填装燃料，到从发射井中弹出，最后到点火发射，导弹组成员要时刻有人值班。而民兵导弹则由 10 英里、20 英里乃至 30 英里外的导弹组成员远程控制运作。为了让这些导弹能抵御敌人的攻击，它们被储藏在加固的导弹发射井中，相邻导弹之间的距离都至少有 5 英里。一枚核武器最多只能摧毁一枚民兵导弹，不可能再多了。假使

278

克里姆林宫先发制人发动攻击，苏联导弹还在空中飞行的时候，美国导弹就已经发射了。美国曾制订计划安装 800 枚民兵导弹，散布于蒙大拿州、怀俄明州和达科他州。肯尼迪把它们称作"最后的王牌"。

在负责阿尔法发射任务的中校眼里，指挥民兵导弹有点像拿到一辆崭新的车，但钥匙却不在你手里。"你没法驾驶它。你不觉得自己真正拥有它。如果是液体燃料导弹的话，你可以通过升降机使它从导弹发射井中出来，填装燃料，然后倒计时。但对民兵导弹我们什么都没法做。"[5] 它们待在地下几百英尺处的掩体中，那些导弹发射军官甚至都看不到民兵导弹从导弹发射井中发射出来。

到了星期五下午，安德勒斯和他的高级技术员已经准备好让第一枚民兵导弹上线了。阿尔法一号控制中心看起来就像牧场上的一座普通牧民房屋。在房子内部，导弹手们通过升降机下到一间叫作"胶囊"的小型指挥所中。在最后一次查验项目清单表时，安德勒斯告诉技术员他会把拇指放在关闭阀上。"如果照明出了问题，或者你听到、看到，甚至闻到任何异常的东西，马上喊一声，我会马上把它关掉。"他这样命令道。[6]

"如果我们看似紧张，那是因为我们确实很紧张，"他后来承认道，"当你面对的是可能发起第三次世界大战时，就要做到百分之百的细心和准确，绝对不能意外发射导弹。"

测试非常顺利，他们宣布第一枚民兵导弹已进入运作状态。几个小时后，空军部长尤金·朱克特（Eugene Zuckert）向总统报告说，3 枚民兵导弹"已经搭载了弹头，并对准了苏联。"[7]

279　　事实上，这个系统存在着各种问题和漏洞。连通发射控制中心和马尔姆斯特伦空军基地辅助设施的电话线只有两条。通信线路不断地出现问题。波音公司的工人在安全区域奔波，进行紧急维修。设备的缺乏就"需要更多的变通方案"。[8] 而技术员为了排查问题（包括短路和接线错误）也不断地让一枚枚导弹进入战备状态又解除。

战略空军司令部的官员们在敦促安德勒斯尽快部署好导弹后，又开始重新思索这些事宜。[9] 他们有足够的理由去担心那个临时攒出来的发射程序，坚持要再临时攒出些安全预防措施。为了避免意外发射，他们命令对导弹发射井顶部的沉重钢筋盖实行人工控制。如果导弹在未经授权的情况下被点火发射，它将会在导弹发射井里爆炸。在民兵导弹发射之前，维护人员将连线启动炸药来炸开钢筋盖。战略空军司令部这条关于新程序的命令在华盛顿时间星期六下午 2 点 27 分下达，离阿尔法六号进入运作状态已经过去了 24 小时。

那些负责连线引爆发射井钢筋盖的技术员们半开玩笑地自称是"自杀小分队"。如果他们接到导弹发射指挥官的警报，通知他们导弹即将发射的话，他们就得迅速地接通线路，然后跳进一辆等候他们的卡车，"拼命逃跑"。[10] 他们计算过，在那只白色大鸟从地底出来之前，他们大概有 3 分钟的逃命时间。就算他们没有被往外冲的民兵导弹炸死，他们也很有可能会被往这边飞来的苏联 R－16 导弹击中。

两架靠 8 台"帕拉特与怀特尼"J－57 涡轮喷气发动机驱动的 B－52 同温层堡垒轰炸机从得克萨斯州的卡斯威尔空军基地起飞了。[11] B－52 轰炸机曾被人诬作为 BUFF，即"大而无用的废物"（Big Ugly Fat Fucker），每架 B－52 轰炸机搭载 6 名机组人员，外加 1 名第三飞行员，这使起先的两名飞行员可以在 24 个小时的飞行任务中抽空去休息。每架飞机的炸弹舱里装载着 4 枚马克－28 热核炸弹，那是战略空军司令部在冷战时期的主流武器。马克－28 热核炸弹长达 14 英尺，直径达 2 英尺，外形就像是一支雪茄，其爆炸威力却高达 110 万吨 TNT 当量，是广岛核弹的 70 倍。

280　　机组人员花了数小时研究苏联境内的轰炸目标、轰炸手法和撤退策略。他们已然"准备好上战场了"，[12]但他们又希望"不太可能完成整个任务"。因为互投核弹很可能意味着"我们所熟知的世界将走到尽头"。他们很清楚，美国的轰炸机基地也是苏联核打击的首要目标。在出发之前，他们中有很多人都告诉自己的妻子，要收拾好家用旅行车，装满燃料；如果危机突然恶化，她们就得去能找到的最偏远的地区避难。

B－52 轰炸机沿着南部"铬圆顶"空中警戒线向大西洋飞去，其他则向北沿着北冰洋的海岸线飞往加拿大。两架 B－52 轰炸机会定期视察格陵兰岛图勒的弹道导弹预警雷达站，以防苏联对其进行轰炸。随着军方宣布进入三级和二级战备状态，在空中警戒的战斗机数量增加了 5 倍。战略空军司令部正是以这种方式暗示莫斯科，总统在星期一晚间电视讲话中提到的对苏联施以"全面报复反应"威胁，随时都可以兑现。[13]

飞往地中海的轰炸机会在飞经直布罗陀海峡和西班牙南部时补给燃料，所以同时看见 6 架轰炸机补给燃料是很寻常的事情。补给燃料时，B－52 轰炸机要悬在空中加油飞机的底部并吸走每一滴燃料，整个过程需要 30 分钟。随着它们前往巡逻区域，这些"铬圆顶"飞机常常被苏联的电子战专家们"戏弄"。一座自称是"布拉沃海洋站"的神秘雷达站常常向格陵兰岛附近的空军飞机请求飞行信息。[14] 而 B－52 轰炸机的飞行员已经学会忽略这些未经证实的呼叫信号了，但是这种信息干扰仍然令人讨厌。在星期六的下午，空中加油飞机的飞行员就报告说，在他们和两架 B－52 串联飞行时，就收到了来自西班牙南岸拖网渔船的无线电干扰。

在绕过西班牙和意大利南岸后，B－52 轰炸机左转靠近克里特岛，并向希腊和南斯拉夫的亚得里亚海岸飞去：这是他们调头的位置。他们离苏联边境仍有一小时的飞行距离，离莫斯科则有两个小时。他们监控着高频无线电接收器，以防有来自奥马哈的"紧急行动消息"。如果总统希望他们轰炸苏联，战略空军司令部会以六位字母和数字混杂的形式广播加密命令。 281
至少要有两名机组人员通过放于飞行员近旁的一本黑色密码书来验证这一消息的真伪。

然后 B－52 轰炸机会从低空向苏联进发以避免被敌方雷达侦测到，这跟二战时期李梅针对日本的轰炸行动如出一辙。一些老式 B－47 轰炸机携带的武器必须由一位机组人员亲手"装备"，他得匍匐至炸弹舱，把一根启动棒插入核弹核心。而 B－52 轰炸机的装备程序则是自动的。

飞行员都研究过武器的发射知识，知道如何发射才能把它们"投掷"到目标上。武器配有延时引信，使 B－52 轰炸机可以以 400 节的速度逃离核爆炸的火球和冲击波。太平洋上的发射测试是在几近完美的条件下完成的，而现实中的目标瞄准则难以做到精确。飞行员并没有精密的雷达系统帮助他们把炸弹引向目标。任务执行过程中，战略空军司令部也没有像"基蒂"这样的专家来进行复杂的弹道计算。他们只能靠自己。为了弥补精确性的短板，战略空军司令部坚持要对同一目标进行多次打击，以保证摧毁目标。

"统一作战行动计划"的目标清单上包括导弹发射基地、机场、防御工事和莫斯科城市中类似克里姆林宫那样的指挥和控制中心。该计划在苏联首府列出了多达 6 个目标群，由 23 枚核武器覆盖，每一个目标耗费将近 4 枚核武器。[15]这相当于 2.5 亿吨 TNT 炸药，至少是二战时期使用的炸药总和的5 倍。

理论上，所有目标都有某种"战略上"的重要性，但是有一个值得注意的例外。以防发生 B－52 轰炸机无法抵达目标，或是机组人员被苏联导弹消灭或夺去作战能力的情况发生，这架飞机还配备了对敌方领土"自动发射预装武器"的装置。与其"浪费"核武器，战略空军司令部的规划师们宁愿在轰炸机坠毁前开启自动爆炸装置。B－52 轰炸机的机组人员把这一可怕的装置称作"死人开关"。[16]

10 月 27 日，星期六，下午 3：02

（哈瓦那，下午 2：02）

华盛顿时间下午 3 点 3 分，古巴的国家电台突然在节目中插播通告，宣布"几架未验明身份的战斗机"于今晨"深入本国国土"，并被防空火力驱逐。"古巴空军正以最高的戒备等级、最全面的作战部署待命，随时准备保卫祖国的神圣权力。"

在电台广播通告的时候，从贝胡卡尔运送核弹头的护卫队抵达了哈瓦那以东 160 英里的卡拉瓦萨尔。用于存放弹头的掩体还没建成完工。[17]有一处工地的混凝土地基已然浇好，但那些从苏联运来的支撑铝拱顶却还没有开始组装作业。在第二处

工地，施工队刚刚在端墙安装了一个形如烟囱的通风口，并正
在对屋顶做防水处理。这一建筑的内部并没有装修好，也没有
安装空调设备。由于还没有地方可以储存这些导弹，它们就被
暂时保存在团总部附近、离发射位置 1 英里远的大棚卡车里。
技术员就在卡车里对弹头进行检查。

卡拉瓦萨尔导弹基地隐蔽在低矮山间的棕榈树林和甘蔗地
里。那些山高不过 150 英尺，但可以挡住东边和北边的视线。
四个独立的发射位置之间互相间隔有数百码远。发射架的组成
部分包括一个用于发射时放置导弹的重钢平台，其中心有一个
圆孔，下部有一个圆锥形的火焰导向器。每一个发射架近旁都
停着一辆拖车，帮助把导弹抬升至竖直位置。导弹则存放在附
近的帐篷里。

卡拉瓦萨尔导弹基地是第 79 导弹团指挥官伊凡·西多罗
夫上校麾下的两处导弹基地之一。另一配有四个发射位置的基
地距此 12 英里，更靠近大萨瓜。比那尔德里奥省西部的导弹
基地受树木茂密的群山保护，相比看来，这些基地更直接地暴
露在美国的侵袭之下。但它们有一个巨大的优势，比起那些位
于圣克里斯托巴尔附近的导弹发射基地，它们离人口密集的美
国东部海岸线足足近了 50 多英里，这给它们带来了最高优先
权。圣克里斯托巴尔的苏联导弹打不到纽约，而这座人口高达
八百万的城市却在大萨瓜导弹基地的打击范围内。[18] R－12 导
弹的最远打击距离是 1292 英里，而卡拉瓦萨尔导弹基地和曼
哈顿之间的距离则是 1290 英里。

核弹头抵达意味着西多罗夫可以对美国发射 8 枚 R－12
核弹，总有效载荷的威力至少有 800 万吨，相当于战争史上投
放的所有炸弹的破坏力总和。每一枚具有 100 万吨爆炸威力的

283

核弹头能够弥补导弹在精准投掷方面的短板。西多罗夫还有4枚备用导弹和弹头可用于二次发射，但是考虑到美国全面报复的必然性，二次发射的可能性非常小。

卡拉瓦萨尔导弹基地和其他导弹基地一样，周围环绕着一层又一层的防御网。第一层防御网由古巴防空炮构成，部署在发射台以西1英里处。第二层包含40架超音速米格-21战斗截击机，停放在基地以南7英里处的圣克拉拉机场。坚固、轻巧又有极高可操作性的米格-21，对于更重也更加精密的美国战斗机来说是可怕的竞争对手。最后一层防御网包括古巴北岸的萨姆防空导弹基地和基地以东20英里处的一个配备有战略核弹的摩化步兵团。

这一防御系统的薄弱环节在于其最中心处。西多罗夫部队倚仗他们的武器拥有了毁灭数个美国城市的力量，但他们却无力在空袭下自保。他们的防御武器仅仅是一些为军官配备的机关枪和手枪。多岩石地表使他们没法挖出合适的战壕，连炸药都发挥不了多大作用。他们能做的就是在发射点附近挖几个散兵坑，夜晚在那里执勤，白天则用来休息。

在战争中受过伤的老兵在各个防御位置往来，给焦虑的年轻人提供建议。敌人进攻时应该往哪边跑，应该携带什么。多斯基少校援引了他在卫国战争中得来的经验。

"别担心，"他开心地告诉那些新兵们，"幸运的人自然会活下来。"[19]

该团正式进入"高度"戒备状态，即三级战备。[20]西多罗夫的士兵们已经多次演练了倒计时：把弹头转移到拖车上，为导弹搭载上弹头，把导弹安置到发射台上，把导弹竖直放置在发射台上，填装燃料，发射。西多罗夫简化了一些程序，使他能够在接到命令两个半小时内向美国发射导弹。

　　尽管西多罗夫自己没有发射导弹的权力，但设想他们在没有接到莫斯科的命令就发射导弹的情况也是可能的。导弹并没有配备电子锁定系统来避免未经授权的发射。发射机制靠每个发射台各自的指挥官来控制，通常是一位少校。而基地和贝胡卡尔师总部的通信连接仍然不太可靠。[21]专家们正在安装一套微波网络设施，使得加密命令可以直接从莫斯科传到贝胡卡尔，再从贝胡卡尔发送到卡拉瓦萨尔和大萨瓜，但这一设施还没有竣工。无线电通信随着天气变化时好时坏：有时候通信质量良好，有时候根本听不清发来的消息。

　　记录最终倒计时的职责落到了维克托·叶辛（Viktor Yesin）中尉的肩上，他后来升任苏联战略火箭军的参谋长。数十年后，每当他想到如果发生美国空袭将会导致什么样的结果时，都会感到深深地不安。

　　"你得去理解军人的心理。一旦遭受攻击，凭什么就没法还手？"[22]

10 月 27 日，星期六，下午 3：30

　　长期以来，中情局一直怀疑，一旦美国入侵古巴，卡斯特罗会以任何可能的形式反击美国。[23]中情局曾截取过卡斯特罗发给美国中部的古巴特务的加密信件，警告他们做好准备，"一旦古巴遭受入侵，要配合发起一波恐怖主义和革命行动"。其中包含的情报还显示"至少1000名"拉美国家的居民于1962年来到古巴"接受意识形态的灌输、游击战训练或者两者兼而有之"。这些受训者通过迂回的路线抵达古巴，中途曾在布拉格等东欧城市稍作停留。这一训练计划意味着卡斯特罗在诸如委内瑞拉、秘鲁和玻利维亚等国家有一个忠诚的特务网络，他们都准备保卫古巴革命。

星期六下午，中情局截获了一条消息，"它来自哈瓦那附近的一台发报机"，命令拉美的卡斯特罗支持者摧毁"所有美国佬的东西"。[24] 矿产、油井、通讯社、外交使团，所有归属于美国的东西都是合法目标。世界各地的美国大使馆和中情局工作站都立即进入戒备状态。

"进攻美国佬大使馆，尽可能多地夺取文件，"该消息命令道，"首要目标是对反革命渣滓进行肉体消灭并摧毁他们的行动中心。对不太重要的工作人员可以施以拳脚……把文件从美国佬大使馆拿出来并保存到安全地区，等待下一步指令到来……我们会从媒体得知最后的结果。自由拉美万岁！誓死保卫祖国！"

自从卡斯特罗与华盛顿在 1961 年 1 月决裂后，他毫不避讳自己试图在整个美洲大陆点燃革命之火的欲求。1962 年 2 月，他发表声明向背后有美国支持的拉美政府发动游击战。"闹革命是每一位革命党员的使命，"他宣称，"坐在自己的门廊前等着帝国主义的尸体被抬过去，这是错误的革命行为。"[25] 一个叫作"回旋镖行动"的秘密计划号召说，一旦美国入侵古巴，古巴情报人员就要去炸毁纽约的军事设施、政府办公室、地道，甚至是电影院。[26]

对于卡斯特罗来说，传播革命不仅是一个意识形态问题，它更是一个政治生存问题。从武装入侵到贸易限制再到各种破坏行动，美国无所不用其极地试图破坏他的政权。自他革命生涯之初，卡斯特罗就坚信进攻是最好的防守。他跟他的苏联保护伞这样解释道："只要整个拉丁美洲陷入战争的火海，美国就没办法伤及我们分毫。"[27]

（左侧页码）285

肯尼迪政府把截取古巴无线电消息一事透露给了记者，以此把卡斯特罗描绘成威胁拉美稳定的头号大敌。当然，美国也绝不是一盏省油的灯。总统在上个星期，签字同意在古巴本土进行一系列的恐怖主义行动，包括用手榴弹攻击哈瓦那的中国大使馆，炸毁比那尔德里奥省的一条铁路，以及攻击一座炼油厂和一座炼镍厂。虽然在当前阶段实施这些计划并不实际，但也不意味着肯尼迪政府放弃把破坏行动作为一项报复手段。在星期五的猫鼬行动会议上，博比·肯尼迪同意了一项中情局制订的计划，在外国港口炸毁 22 艘古巴籍船只。[28]

在拉美，同情卡斯特罗的人很快就响应了哈瓦那的号召。[29]几个小时内，委内瑞拉——该区域中最亲美的国家——就出现了一连串针对美国公司的炸弹袭击活动。三个骑着摩托艇的人向马拉开波湖东岸的配电站丢掷柱状炸药包，因此切断了新泽西州标准石油公司油田的电力供应。这些破坏者在攻击第四座变电所的时候由于不慎炸毁了摩托艇，领队当场死亡，而艇上的另外两人则身受重伤。保安人员发现他们悬在水中的油井架上。

委内瑞拉政府立即把这些攻击行为怪罪到古巴头上，声称这些行动是由"一群共产主义破坏分队"在古巴的指使下实施的。[30]古巴政府愤然否认了这一指控，但津津有味地报道了这些爆炸事件，表示它们构成了"委内瑞拉解放军对罗慕洛·贝坦科尔特傀儡政府颁布的军事动员令的首次回应"。

"冲锋号行动"已准备就绪。[31]奥兰多外的麦考伊空军基地上 16 架 F－105 战斗机也做好了准备，用一批以"真相"（LA VERDAD）为大标题的宣传单轰炸古巴。传单一面展示的是一张由美国侦察机拍摄的苏联导弹基地照片，上面标注出导弹帐篷、发射架和燃料填装设备；另一面则展示着一张苏联导弹基地地图和对美国海军封锁的西班牙语解释。

> 苏联人秘密地在古巴建起了带有攻击性的核弹基地。这些基地威胁着古巴人民的生命安全和世界和平，因为古巴现在已经成为苏联扩张行为的前线阵地。

这些传单——总共有 600 万份，基本上每个古巴人一份——由布拉格堡的美国心理战部队印制出来。它们被装在玻璃纤维"传单炸弹"里，捆上引爆线，并将在哈瓦那及其他古巴城市上空爆炸，给地面上的民众送去"真相雨"。"冲锋号行动"正等待着总统的最后许可，可就在这紧要关头，一件意外发生了。古巴的天空突然变得比之前更加凶险。

10 月 27 日，星期六，下午 3：41

6 架海军 F－8 侦察机于下午 3 点 41 分从基维斯特起飞，在苏联雷达的监测下向南飞过了佛罗里达海峡。[32] 随着离古巴海岸线越来越近，它们将分赴不同方向：向西的前去拍摄圣朱利安机场和比那尔德里奥省导弹基地的照片；向东的前去检查圣克拉拉机场的米格－21 战斗机和雷梅迪奥斯的 R－14 导弹发射基地。

287　　海军陆战队的八年老兵埃德加·洛夫（Edgar Love）上尉是这次飞越古巴中部任务的领头飞行员。他从古巴的高级海滩度假胜地巴拉德罗附近进入古巴领空，靠一条铁路线指引方向，并沿着海岸线一路向南飞去。在飞行 8 分钟后，他可以在左侧看到一座从甘蔗田里升起的土包山，这是卡拉瓦萨尔的

R－12 导弹基地。他从侧面拍摄了几张导弹基地的照片，然后继续向圣克拉拉飞去。飞过机场时，他看见了一个即将着陆的米格战斗机中队。他绕过了它们的路线，笔直地向左飞去。在一刹那间米格战斗机似乎有追击洛夫的企图，但最终还是无视了他，然后他便向北朝雷梅迪奥斯飞去。

在拍照过程中，洛夫看到了防空火力的烟雾。要准确辨别出它的源头并不容易，大概是在右侧什么地方。他的僚机驾驶员突然挤了上来，给他的操作带来了困难。他向左急转，差点和僚机驾驶员撞到一起。

"让开点！"洛夫一边打开发动机再燃装置，一边通过无线电对僚机驾驶员吼道，"你靠得太近了。"[33]

当天早些时候，圣克里斯托巴尔的防空炮也对着上空的F－8 侦察机开火了。古巴防空炮人员自从发现那些飞机后就一直处于警戒状态。这次，两架美国飞机从西面的圣迭戈德洛斯巴诺斯村开来，飞过了被美方称作圣克里斯托巴尔一号的中程弹道导弹基地，它的照片由埃克尔中校于 10 月 23 日拍摄。此时，它们正沿着罗萨里奥山脉的山脊线飞行。当两架 F－8 侦察机向东边 3 英里处的二号中程弹道导弹基地进发时，部署在一号导弹基地附近的一个古巴防空部队向它们开了火。

这些正在执行"蓝月任务 5035"的飞行员，可以从驾驶舱的后视镜中看到这些不祥的烟雾。安装在炸弹舱里的摄像头仍然在有规律地运转。但他看到第一团烟时，领头飞行员使劲地把驾驶杆往左扳，然后又很快拉回水平位置。他的前摄像头捕捉到了一幅二号中程弹道导弹基地的全景照片，这张照片后来被五角大楼公开发布出来，作为苏联在古巴导弹活动的证据。照片左侧清晰地显现出发射架和起竖设备，它们位于一座

植被茂密的山峦的山脚下，离一个刚挖好的战壕有几百英尺
远。几秒钟后，飞行员又看到了一团烟雾。这些 F－8 侦察机
在被瞄准开火时拍下的照片此前并没有公开出版，这组照片可
见于第三组插图。这一次，飞行员没有丝毫犹豫。他向左急
转，飞向前往罗萨里奥山脉的归途中。

10 月 27 日，星期六，下午 4：00

　　在下午的执行委员会会议开始后不久，美国海军飞机遭遇
麻烦的消息就到达了白宫。麦克纳马拉报告说，有两架 F－8
侦察机"放弃"了它们的任务，并由于"机械"故障，正在
"返回基地"。20 分钟后，又传来一条消息说，另外两架飞机
也遭到……据观察是某种 37 毫米口径防空炮的袭击。

　　对低空飞机的攻击，尤其是把它和安德森少校 U－2 侦察机
的击落结合起来看，似乎表明苏联对危机采取了"升级"行动。
最新的事态进展使肯尼迪怀疑，继续执行事先安排好的夜间监
视任务是否明智。美国新闻署代理主管唐纳德·威尔逊曾计划
向古巴人民发布公告，告知他们夜间的爆炸是"无害的"。

　　"我觉得我们最好再等等，"肯尼迪告诉威尔逊说，"我也
不清楚今晚是不是行事的正确时机。"

　　"在把它们派出去之前，我们应该做出一些评估。"马克
斯维尔·泰勒也持相同观点。美国新闻署负责人于是迅速地离
开房间，"以确保没人会在这件事上犯错误"。

　　总统于是把注意力转向了一份草稿，它由国务院起草，回
应的是赫鲁晓夫星期五晚上的私函，以及当天早些时候他公开
提议的古巴—土耳其导弹交易。[34] 肯尼迪感到这份草稿没能充
分答复苏联领导人的提议，也没有足够的国际舆论吸引力。他

提议使用更温和的措辞，表示一旦苏联终止古巴的导弹基地工事，美国将"乐意讨论"其他事宜。

"否则，赫鲁晓夫将宣布我们抵制了他的提议，"肯尼迪推演道，"到那个时候我们将面临什么样的处境呢？"

迪安·腊斯克预测苏联人会拿飞入苏联国境的 U－2 侦察机"大做文章"。国务卿届时会宣读一份正在起草的声明，表示 U－2 侦察机不过是执行"日常空气样本采集作业"，因为"仪器的损坏"才"偏离原定路线"。

肯尼迪倾向于对此保持沉默，"只要我们能够避开这个事，就可以避免泄露消息"。他还记得 1960 年一架 U－2 侦察 289 机在西伯利亚击落后，艾森豪威尔总统所遭遇的窘境。想要解释这架 U－2 侦察机到底在苏联上空做了些什么，很有可能会导致美方做出一系列互相矛盾的解释，肯尼迪可不想陷入这种境况，这将有损赫鲁晓夫对他的"信任度"。

"明天给他编一个故事，让我们看起来像是受到了冒犯。"

关于那天下午侦察任务的更多细节，正源源不断地从五角大楼传来。麦克纳马拉错误地报告说有一架 F－8 侦察机被一枚 37 毫米口径炮弹的弹片击中。[35]飞行员安全无事，正在返回基地的途中，但"古巴士兵接到的命令却发生了显著变化"，这一点非常明显。国防部长认为，公开承认美国飞机飞入苏联境内并不明智，因为这只会"让事情进一步复杂化"。

"我同意，"肯尼迪坚定地说，"我们先忘了它吧。"

10 月 27 日，星期六，下午 5：40

来自莫斯科的两条相互矛盾的消息令迪安·腊斯克困惑不已。星期五的时候，他通过美国广播公司记者约翰·斯卡利接到情报说，只要美国承诺不入侵古巴，苏联就会撤走导弹。而今天，苏联领导人却坐地起价，要求美国人把他们的导弹从土耳其撤出去。国务卿命令斯卡利去探究一下事情的原委。

　　下午晚些时候，斯卡利约亚历山大·费克利索夫到斯塔特勒－希尔顿饭店见面，前一天傍晚他们正是在此会面。这一次，记者和克格勃站长去到了空空荡荡的舞厅。斯卡利对这位线人大为恼火，但他还是不想被别人窃听到。

　　"这是场卑鄙的欺诈，"当只剩他俩时，斯卡利抗议道，"莫斯科广播电台提到的方案和我们昨晚讨论的内容完全不是一回事。"[36]

　　费克利索夫试图让斯卡利平静下来。他坚称绝不存在任何"欺诈"，不过他也承认他给莫斯科发送的消息可能会因为"通信线路过于繁忙"而延迟了。他还指出土耳其—古巴导弹交易的主意可不是什么新鲜玩意儿，甚至连沃尔特·李普曼也在专栏文章里提过这个主意。

　　"沃尔特·李普曼提过它，就算是埃及艳后提过它，我都不管，"这位新闻记者言辞激烈地说道，"这完全令人无法接受。它今天令人无法接受，明天还是令人无法接受，它永远都令人无法接受。美国政府根本不可能考虑它。"

290

　　费克利索夫解释说他和多勃雷宁大使都不过是"小角色"，赫鲁晓夫从很多人那里接收建议。他们还在等待莫斯科就昨晚的消息做出解释。

　　跟费克利索夫道别后，斯卡利沿着第十六大道走过三个街区来到了白宫。国务院情报局副局长正在等候他。[37]此时正是下午5点40分。托马斯·休斯（Thomas Hughes）正在观赏日场演出《日本天皇》，突然一位身着日本皇家服饰的演员出现在台上，通知他给办公室回一通电话。他的上司罗杰·希尔斯曼已经上床休息了，他真的累坏了。所以，陪同斯卡利前往总统办公室与腊斯克会面的任务就落到了休斯身上。

腊斯克对最新进展困惑不已。美国之所以如此相信星期五的那封信函，其中一个原因便是这一提议来自费克利索夫这样可靠的消息源。赫鲁晓夫的原话非常模糊，所表达的不过是一旦美国保证不入侵古巴，"把苏联专家部署在古巴的必要性"就不复存在了。如果没有费克利索夫提供这些添油加醋的情报，赫鲁晓夫的原信——用麦克纳马拉的话来说——不过是"12 页完全无用的信息"。[38] "信里没有一个字眼提议说要撤走导弹……这可不是一份协议。如果签下这种协议，你可不知道自己到底签的是什么。"

执行委员会没有一个人意识到，这位记者和这位站长夸大了他们自身的重要性。所谓的斯卡利—费克利索夫"后门途径"基本上是一条无用的消息渠道。

在内阁会议室中，约翰·肯尼迪正面对着愈发强烈的反对声音，它们直指总统想要考虑古巴—土耳其交易的意愿。这一反对声音的领头人是麦乔治·邦迪，他担心仅仅是暗示做交易，就会给美国带来"真正的麻烦"。专家们也同意这样的看法，国家安全顾问坚称："哪怕我们只是表示出姿态，要拿土耳其的防卫和解决古巴问题做交易，那么我们也将不得不面对北约效力大大降低的局面。"

肯尼迪被邦迪的论证激怒了。盟军也许会对导弹交易提出抱怨，可一旦美国入侵古巴，而苏联以攻击柏林或土耳其回应时，他们的抱怨声会更大。"我们都知道，一旦开始流血，人们的胆量就变小了，"他告诉执行委员会，"北约就是这样。当（苏联）占领柏林，每个人都会说'原先那个提议还是挺好的'。我们别再自欺欺人了。"

肯尼迪认为赫鲁晓夫必须尝到点甜头才会从古巴撤走导弹。在公开提议土耳其—古巴交易后，他要是不得到点什么东西是不会轻易让步的。肯尼迪认为，想要把苏联导弹从古巴移除只有两种方法：要么通过武力，要么通过协商。他更青睐协商。

"我不同意，总统先生，"卢埃林·汤普森反对道，"我认为走通这条路子还是有一定机会的。"

"令他让步？"

这位前大使指出，就在不到 24 小时前，赫鲁晓夫还接受了这样的前提条件，即只要美国保证不入侵古巴。他很可能只是试着"给我们施加压力"，看看他到底能把要求提高到哪里。总统应该再把他引回到他在星期五私函中提及的想法。汤普森还担忧着古巴—土耳其交易提案的具体条款。苏联方面的措辞暗示赫鲁晓夫要用导弹换导弹、飞机换飞机、基地换基地。因此，想要把苏联人请出古巴，可能不仅需要撤出"木星"导弹，而且还要撤出部署在土耳其这一北约东疆的全部美军力量。

现在桌上放着好几份可能传达给赫鲁晓夫的回复，它们各执一词。在一通来自纽约的电话中，阿德莱·史蒂文森认为国务院草稿的措辞"太像最后通牒"。他提议换一种更具调停意味的措辞。[39]肯尼迪试图合并这两份草稿，并开始向迪安·腊斯克口述修改方案。大家很快又开始提起了建议。

"稍微改一点点，"肯尼迪指示道，"重新开始，国务卿先生。”

“你可以把下一句删掉。”邦迪插话道。

“‘我们对您的意愿声明表示欢迎，’”腊斯克读着笔记，问道，“我们就不能只说，‘我们有着相同的意愿’吗？”

“我的意愿和他的可不一样，”肯尼迪反驳道，“我向您保证美国人民对为这一问题找到一个令人满意的解决方案有着极大的兴趣……怎么样？”

“对缓和紧张气氛有兴趣？”国务卿低声道。

“我们多少得捏造点什么。”总统让步了。

腊斯克进一步补充道：“您和您的《华沙条约》伙伴提出 292 的建议，我们和我们的同盟国将会给予非常充分的考虑。”

鹰派邦迪可忍受不了把被苏联掌控的《华沙条约》看作自由国家的联盟。“难道我们非得谈及他们的‘《华沙条约》伙伴’吗？”他愤懑地打断道，“‘您（赫鲁晓夫）所考虑的’就行了。”

“对的，我觉得你应该……”总统同意邦迪的说法。

和杰克相对而坐的博比已经再也掩饰不住自己的挫败感了。这篇拼凑出来的文稿立意很高尚，但基本上没有表达任何实质内容。博比的想法跟汤普森一样，他想把跟莫斯科的交易扳回到星期五晚上的提议上去。他建议兄长跟赫鲁晓夫这样说：“您给了我们一个提议，我们接受了。然后您又提出了第二个提议，这个提议跟北约有关，而我们乐意稍后再讨论这个提议。”[40]

博比是执行委员会最年轻、最缺乏经验的成员，他常常表现得争强好胜、词不达意。但他也具有某种才能，可以偶尔直指问题的关键所在。他感到执行委员会的讨论不过是不停地兜圈子，大家都迷失在逗号和从句的泥淖之中。他敦促兄长同意让他和泰德·索伦森去另一个房间，来撰写给赫鲁晓夫的回复草稿。

"为什么我们不试试在没有你吹毛求疵的情况下把草稿写出来？"

这个建议引起了其他执行委员会成员中的阵阵笑声。没人敢这么放肆地跟总统说话。几分钟后，泰勒传达说，参谋长联席会议提议于下周一早晨对古巴发动大规模空袭，除非在最后关头"有无可辩驳的证据表明可能进犯美国的武器正在拆卸"。

"好吧，这挺让我吃惊的。"

执行委员会成员还在讨论着该怎么处置"木星"导弹，以及怎么安抚土耳其人，突然有一件事让他们在一瞬间回到了现实。安德森少校的命运到底如何，美方已经超过四个小时没有他的消息了。几乎可以肯定他已经不在人世了，但他的消失到底是由于意外事故还是敌方行动却还不清楚。美方截获的一条古巴通信消息揭开了谜底。

"那架 U-2 侦察机被击落了。"麦克纳马拉读出了副官递来的纸条。

293　　"飞行员遇难了吗？"博比问道。

泰勒将军提供了更多的细节。"飞行员的遗体在飞机里面。"这架 U-2 侦察机应该是在巴内斯镇上空被一枚苏联萨姆防空导弹击落的。在 U-2 飞过巴内斯镇上空的时候，另一架美国侦察机从该地附近的一座萨姆导弹基地捕捉到了导弹制导雷达信号。"这两件事有着必然的联系。"

苏联的"升级"行动使肯尼迪大吃一惊。莫斯科的"指令肯定发生了重大改变"。肯尼迪开始在各个点之间连线。在周五相对和缓的消息之后，赫鲁晓夫第二天就发来了另一条更加强硬的消息。防空火力向低空飞行的美国海军侦察机开火。现在一架 U－2 侦察机又被击落了。前景似乎突然变得非常悲观。博比·肯尼迪事后这样回忆当时会议室内的气氛："我们感到绑在会议室里每个人、所有美国人，以及全人类脖子上的绞绳突然收紧，用来逃命的桥梁正在崩塌。"[41]

"他们已经先行动了。"强硬派助理国防部长保罗·尼采说道。

最迫切的问题就是该如何回应。

"我们派遣 U－2 侦察机过去本来就是不太合适的，如果我们还这样做，明天会再损失一名飞行员。"总统说道。

泰勒表示赞同："只有采取报复行动的时候才应该派出U－2 侦察机，要是他们再对飞机开火，我们就会派遣大部队入侵。"

"我们得黎明时分就采取行动，然后摧毁所有萨姆导弹基地。"麦克纳马拉说道。

他的副官吉尔帕特里克认为，比起低空飞机遭遇防空火力，击落 U－2 侦察机的意图要更加凶险。那些防空炮很可能是由古巴人操纵的，但萨姆导弹几乎肯定是由苏联人控制的。

"现在格局有所变化了，"麦克纳马拉毫不避讳地说出了自己的想法，"可是格局将怎样变化，我还不清楚。"

10 月 27 日，星期六，下午 5：50

（莫斯科，星期天，凌晨 0：50）

U－2 侦察机飞行员的家人们都住在劳克林空军基地，它位于得克萨斯州德尔里奥镇外围，这是美国与墨西哥边境上的

一个小镇，被仙人掌和灰毛木蒿环绕。第 4080 战略联队包括
294 一个 U－2 侦察机中队，共有 25 名飞行员，是个大家庭。空军为飞行员们在宽阔的地皮上建造了崭新的房屋。他们的社交生活围绕着桥牌俱乐部、教堂和后院烧烤派对旋转。老鲁道夫·安德森和妻子简·安德森（Jane Anderson）是桥牌小组的核心成员。除了他们以外，还有他们最好的朋友罗伯特·鲍威尔（Robert Powell）和马琳·鲍威尔（Marlene Powell），这四人的孩子都是差不多大的年纪。

对于古巴上空到底在上演着什么戏码，飞行员们的妻子几乎是一无所知。危机之初，她们的丈夫们就全都不见了踪影，对自己肩负的使命也没有透露多少消息。这些妇女只能独自照顾家庭，依靠库存的罐头食品，给窗户贴上胶带以防苏联侵袭。尽管她们都试图维持表面的平静，但她们所有的恐惧都会在一个场景中释放出来：一位牧师和一位上校神情严肃地沿着车道迎面向她们走来。

简·安德森已经遭遇过一次这样可怕的场景了。几个月前，空军报告说鲁迪在 U－2 侦察机重填燃料的演习中坠机身亡。后来这被澄清是一条假消息。人员清单出了差错，牺牲的实际上是另一名飞行员。在空军军官向她传达消息之前，鲁迪给她打了电话报平安。但是，理清这个乌龙事件用了一些时间。

星期六下午，当空军车辆出现在军官居住区时，妇女们都望向窗外看看它要开往哪家。当这辆载着牧师和上校的汽车经过了她们的房屋时，每个人都松了口气。最终，军官们下了车，他们要找的是马琳·鲍威尔。[42] 她猜测自己的丈夫是不是遭遇不测了。实际上，他们是邀请她一起到街对面安德森的房

子里去。关于鲁迪的确切消息还没有传回德尔里奥。大家知晓的情况只是他在古巴上空失踪了。

当简听到敲门声时，她躲进了洗手间，不肯出来。马琳试图隔着门安慰她。

"别太担心，"她告诉啜泣的简，"还有希望。"

最终简还是重新回到了客厅，空军医生想给她吃点药帮她镇定下来。马琳把医生叫到一旁。作为简的挚友，她知道一些旁人并不知道的情况。

"别给她吃药，"她低声说，"她怀孕了。"

鲁迪·安德森的遗孀在七个半月后产下一名女婴。

295

由于 7 小时的时差，此时的莫斯科已是午夜时分。尼基塔·赫鲁晓夫正在列宁山的别墅里休息。在这里，整个克里姆林宫和蜿蜒的莫斯科河都尽收眼底。他很晚才从办公室回到家里，照例喝了一些柠檬茶。他让妻儿在第二天早晨开车去莫斯科郊外他们周末度假的地方。他召集了其他中央委员会成员在邻近的政府别墅里会面。一旦有时间，他就会去乡间别墅和家人们团聚。

凌晨 1 点钟前后，赫鲁晓夫从副官那里接到了一连串电话。[43]哈瓦那的苏联大使馆刚刚发来了一封电报，转达了菲德尔·卡斯特罗的一封公函，预测美国将于未来 24 ~ 72 小时内入侵古巴。电报里还夹着一份戏剧性的请求。赫鲁晓夫在电话里听完了那封公函，总结说卡斯特罗主张对美国先发制人地发动核打击。他曾数次打断副官，只为了明确公函文本中的特定段落。

赫鲁晓夫把卡斯特罗的公函看作"最紧急的警报信号"。[44]

昨天早些时候，他认为仍有时间与肯尼迪协商出一个能够保全双方面子的妥协方案。那些美国人似乎意志不坚定。华盛顿还在通过联合国来回应苏联试探性的外交手段，在这种情况下美国不太可能入侵古巴。可万一卡斯特罗说对了呢？赫鲁晓夫曾经指示过，一旦美国入侵，苏联部队就得向他们的古巴同志伸出援手，那时苏联肯定会死伤很多人。将战情限制在古巴本土可能会非常困难，甚至完全不可能限制住。

卡斯特罗暴躁的性格则是另外一个需要考虑的因素。赫鲁晓夫一点都不怀疑，他的这位古巴朋友英勇非凡并愿意为自己的信仰捐躯。他非常喜欢并崇拜菲德尔，但也非常清楚菲德尔刚愎自用的本性。在这位乌克兰农民的眼里，卡斯特罗就像"一匹未曾驯服的青壮马儿"。[45]和这样的人物共事，每一步都要走得小心翼翼。古巴人把他们的领导人称作"马儿"，意思是意气风发。可要让他成为一位坚定的马克思列宁主义者，他还需要接受"些许训练"。

296　　　无论卡斯特罗怎么威胁和叫嚣，赫鲁晓夫都完全不能接受苏联率先使用核武器的想法。和卡斯特罗不同，他对苏联打赢一场核战争的能力不抱任何幻想。美国拥有大量核武器，不但可以先发制人，还可以把整个苏联从地球上抹除干净。古巴人对死亡和自我牺牲的着迷令赫鲁晓夫十分诧异，因为他能够预见远远不止他自身的毁灭和苦难。也许这是他第一次开始明白，无论是"对世界的看法"，还是对人类的珍视，他和卡斯特罗是多么的不同。在赫鲁晓夫看来，"我们并非要为了抵抗帝国主义而慷慨赴义"，而是要实现长远的"共产主义胜利"。为红色运动捐躯并没有抓住共产主义运动的要领。[46]

而现在，这个古巴革命家却天真地谈论着对美国先发制人地发动核打击。赫鲁晓夫生活的时代跨越了一战、俄国内战、卫国战争，想到采纳卡斯特罗的建议行事可能带来的后果，他就不寒而栗。美国自然会遭受"重创"，但是"社会主义阵营"也难逃厄运。即便古巴人抗争并"英勇牺牲"，他们的国家仍然将在核武器交锋中被彻底毁灭。这将会打开"全球热核武器大战"的大门。

卡斯特罗公函所带来的震惊还没有平息，另一条惊人的消息又突然到来。在华盛顿时间下午 6 点 40 分，即莫斯科时间星期天凌晨 1 点 40 分，五角大楼宣布，一架美国军用侦察机在古巴上空失踪，"据推测已经失事"。这份五角大楼的陈述并没有指明这架飞机到底是不是被击落，但其中的暗示已经令克里姆林宫非常不安了。尽管赫鲁晓夫授权在古巴的苏联指挥官可以为了自卫而反击，但他从没下令攻击手无寸铁的侦察机。他想知道肯尼迪是否愿意为这架间谍飞机的陨灭"忍气吞声"。[47]

第十三章　猫和老鼠

10 月 27 日，星期六，下午 5：59

　　在这个"黑色星期六"的下午，美国海军定位了全部四艘苏联潜艇。[1] 他们的位置呈一个巨大的矩形，长宽分别为 400 英里和 200 英里，位于巴哈马群岛与特克斯和凯科斯群岛的东北方向。其中两艘苏联潜艇负责保卫苏联船只顺利通过北方路线从大西洋抵达古巴，而另外两艘则部署在相对靠南的路线上。

　　对"狐步级"潜艇的搜寻是秘密展开的，美国民众对此并不知情。在大部分情况下，肯尼迪都会许可海军进行反潜艇作业，并基本不太过问。麦克纳马拉曾警告说，无论是过度干涉现场指挥官的决定，还是阻挠对具有重大威胁的苏联潜艇的攻击，都将会"非常危险"。"如果随便插手，我们很容易就会因此而损失自己的船只。"执行委员会也批准了美国舰船向苏联潜艇发送信号让它们浮上海面的一系列程序。这些信号包括将四五枚演习用的深水炸弹直接投掷到潜艇上部。海军负责人向麦克纳马拉保证说那些深水炸弹是"无害的"。它们可以产生巨大的水底爆炸声，但不会给苏联船只带来任何物理损伤。

　　搜寻苏联潜艇并迫使它们浮上水面，这简直是"猫和老鼠"游戏的终极版本。应对这些潜艇的是四个猎潜艇航母大队。每个大队都包含一艘航空母舰，数十架飞机、直升机，七八艘驱逐舰。此外，部署在百慕大群岛和波多黎各的海军远程 P2V 反潜艇飞机也会定期巡逻。对"狐步级"潜艇来说，整个

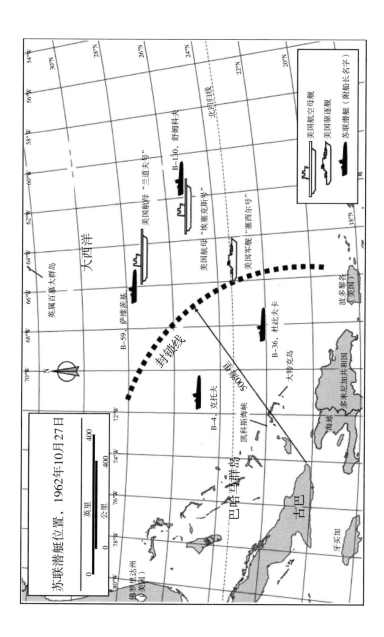

海洋都可以用来躲猫猫。但每天它们都得至少从藏身之处出来一次，以便和莫斯科联络并给电池充电。

299　　　　下午早些时候，美国人在封锁线以内 150 英里处，拍到了一艘身份不明的潜艇，苏联标号为 B－4。在被发现后它很快又下潜了。由杜比夫卡船长指挥的 B－36，在大特克岛附近被水底声呐技术侦察到后，便缓缓地向东航行。而隶属于"埃塞克斯号"航空母舰的一组猎潜艇驱逐舰则在追捕 B－130 潜艇，这艘潜艇的船长是尼古拉·舒姆科夫，它由一台柴油发动机驱动，正在缓缓地向东航行。

这个下午最活跃的搜捕针对的是 B－59 潜艇，它被美国人标号为 C－19。这场搜捕由"兰道夫号"航空母舰领头，这是艘功勋卓著的航空母舰，早在二战对抗日本人的时候就出现在人们的视野中。"兰道夫号"上的直升机和 S－2"搜索者"巡逻机整整一天都在搜捕苏联潜艇，不断地投下声呐浮标并用三角测量回声。搜索集中在百慕大群岛以南 300 英里的一个区域。当时天阴，偶有暴雨。

"潜艇在右舷处。"巡逻机上的观察员喊道。[2] 潜艇正向北航行，试图依靠飑线来隐藏行踪。在它的舰桥上可以看到好几个人。

等到 S－2 巡逻机第二次经过时，苏联的水手们都已经消失了，而"狐步级"潜艇的甲板也已经沉入水下。第三次经过时，整艘潜艇都已经没入水中。美国人投下了演习用深水炸弹，给苏联潜艇发送信号，让它浮出水面验明身份。美国直升机飞行员则不断地通过声呐系统接触潜艇，他们可以听到重机械叮当作响，以及螺旋桨发出的吸水音。一名飞行员甚至能从水下爆炸区域听到舱门的关闭声，"无疑证明我们找到了一艘潜艇"。但是，B – 59 潜艇却待在水底不动。

　　三艘美国驱逐舰到达现场，环绕着"狐步级"潜艇曾出没的区域航行。"投下了五枚手雷提示潜艇验明身份，"美国"比尔号"军舰的航海日志于下午 5 点 59 分这样记录道，"没有回应。用雷达探测潜艇，没有回应。"3 美国军舰"科尼号"又在半小时后投下了五枚演习用深水炸弹。

　　五角大楼在星期三通过莫斯科的美国大使馆向苏联政府传达的消息中，解释过这些信号的意图。"下潜的潜艇在收到这个信号后，应该向东浮出水面。"4 肯尼迪和麦克纳马拉都假定苏联潜艇的船长收到了关于新程序的情报，并都明白这些信号的含义。

　　但他们都错了。苏联政府官员否认他们曾经接收到有关水下信号的消息，也从没把这些内容传达给四艘"狐步级"潜艇的指挥官。

10 月 27 日，星期六，下午 6：30

　　当美国驱逐舰往马尾藻海中投下手雷的时候，在 1000 英里外的华盛顿，马克斯维尔·泰勒正向参谋长联席会议汇报下午的执行委员会会议情况。"总统简直被用土耳其导弹和古巴导弹做交易的想法迷住了眼，"他报告说，"他好像是唯一一个赞成这个交易的人。他觉得所剩时间已经不多了。"5

　　其他参谋长则对这位主席有所怀疑。他们感觉他牵涉了太多的"政治"，和政府走得太近了。博比·肯尼迪甚至以这位前诺曼底登陆伞兵英雄的名字来给自己的孩子命名。总统尊他为学者军人，和以柯蒂斯·李梅为代表的严肃军人不一样。泰勒的一只耳朵因为一次爆炸而略微失聪，但他能够说日语、德语、西班牙语和法语四门外语。白宫流传着这样一句话，如果你拿一个中东问题去问马克斯维尔·泰勒，"他会想知道波斯王赛瑟斯是怎么处理这个问题的"[6]。

泰勒有着很敏锐的历史感，他开始怀疑美国是不是面临着在古巴"陷入泥潭"的危险。[7]他觉得我们有必要时时谨记"英国、苏联和美国各自在布尔、芬兰和朝鲜身上"吃过的亏。最新情报显示，古巴领土上的苏联军队要远多于美国的预估值，泰勒对此十分担忧。美国代号为"行动计划316"的入侵计划在他看来"不容乐观"。

这位主席如履薄冰般平衡着对总统的忠诚和对参谋长同侪的忠诚。他在两个阵营里来回穿梭，既向五角大楼传达白宫的观点，又向白宫传达五角大楼的观点。在执行委员会的辩论中，他总是倡议对苏联人采取强硬路线，支持空袭而不仅仅是封锁。然而，每当总统做出决定时，他都会忠诚地把它贯彻下去，并向将军同侪们解释总统的决策缘由。

泰勒告诉参谋长们，他已经向白宫传达了他们的行动建议，即最迟在下周一发动对导弹基地的空袭。"然后我们就接到了损失一架U-2侦察机的消息。"此时，所有人丝毫都不怀疑，安德森少校一定是被一枚萨姆防空导弹击落了。美国军舰"牛津号"上的电子窃听人员截获了一条电传打字电报机发出的消息，表示古巴人已经找到了安德森的尸体和飞机残骸。[8]国家安全局也掌握了苏联防空系统几分钟的追踪信息，显示U-2侦察机是在古巴东部靠近巴内斯镇的地区被击落的。

"我们是否应该除掉萨姆导弹基地？"主席想要知道。

执行委员会的一部分成员包括泰勒，都赞同立即对一处或者多处萨姆导弹基地进行攻击，作为回应苏联击落美国间谍机的报复行动。五角大楼已经草拟了一份代号为"消防水管"的计划，其中部署了对哈瓦那区域三处导弹基地的攻击。[9]但是，其他参谋长反对这种对单个萨姆导弹基地的空袭和那些诸如投放宣传册的"零散"行动。他们认为这些行动"在军事上不缜密"，因为它们可能会导致美方无意义地损失那些执行任务的飞机。他们倾向于再等一天，然后先从防空系统开始，一次性摧毁苏联部署在古巴的全部军事设施。如果要做出回应，那么，在参谋长联席会议看来，可以接受的最小规模的回应就是除掉全部的萨姆导弹基地，而不是一两处而已。

"我们只会让自己暴露于对方的报复行动之中，"李梅反对道，"我们可以占的便宜不多，却很容易吃大亏。"

"我也是这么觉得，"陆军参谋长厄尔·惠勒（Earle Wheeler）将军附和说，"赫鲁晓夫可能会对我们发射一枚导弹还以颜色。"

就像其他潜艇船长一样，瓦连京·萨维茨基已经快要走投无路了。在过去的两天里，美国海军都在不断地追踪他的潜艇。潜艇电力已经快要耗尽了。他已经超过 24 小时没有和莫斯科取得联系了。下午本来计划好与莫斯科进行无线电会议，但由于美国飞机出现在潜艇上方，他只好采取紧急措施下潜到水中。在他看来，当他在海底下寻求庇护的时候，第三次世界大战可能已经打响了。

对于这位 B - 59 潜艇船长来说，连续四个星期的航行使他在身体上和心理上都疲惫不堪。相较于尼古拉·舒姆科夫的潜艇，他的潜艇的状况还要好一些，舒姆科夫的 3 台柴油发动机已经报废 2 台了，此外还有不少机械问题：通风设备已经停转，

柴油冷却机里堵满了盐粒，橡胶密封圈裂开，好几台电动压缩
机也出了故障。船内气温在 110℉~140℉。二氧化碳浓度已经
302　逼近了临界水平，执勤的军官们由于高温和缺氧而出现头晕症
状。船员们"像多米诺骨牌一样"，一个接一个地倒下。[10]

　　潜艇里温度最高的地方是艇尾鱼雷舱旁的发动机舱。三台
嘈杂的柴油发动机会排出有害气体，把整个房间熏得令人无法
忍受。电池和充电装备一同安装在隔壁舱内。大部分船员的床
铺都在电池舱前部的房间内。潜艇中部则是指挥舱，里面有一
个无线电室，并为船长备有一个小房间，在这里还可以执行升
降潜望镜的操作。潜艇前部则是军官区和艇首鱼雷舱。没有执
勤任务的船员通常会远远避开令人窒息的发动机舱，躺在鱼雷
发射管旁。这里同时也是核鱼雷的放置处。

　　一位少校负责全天候照看鱼雷和维护那些万吨级弹头。他
甚至就睡在那些亮灰色箱子旁边。核鱼雷和传统鱼雷不一样。
根据相关规定，他们只有在收到莫斯科的加密指令后，才可以
发射核鱼雷，而传统鱼雷只要接到舰队司令的命令即可发
射。[11]然而，这些武器并没有专门的锁定设备来阻止未经授权
的使用。一旦负责鱼雷的军官和潜艇船长达成一致意见，他们
就完全可以发射核鱼雷。

　　除了常规的 78 名船员外，B-59 还额外携带了几名乘客。
这些乘客包括潜艇舰队参谋长瓦西里·阿尔希波夫（Vasily
Arkhipov）中校。尽管萨维茨基是这艘潜艇的船长并最终对行
动负责，但阿尔希波夫实际上是和他平级的。[12]此外，船上还
有一组信号情报专家，肩负着截取和分析美国海军情报的任
务。为了窃听美国的情报，这艘潜艇必须靠近水面以使天线可
以穿过海浪探出水面。一旦潜艇下潜，通信就被全部截断了。

当深水炸弹的爆炸声此起彼伏时，这艘潜艇正在水下数百英尺处。所有舱室的灯光都很昏暗。萨维茨基为了节省所剩无几的电力而打开了应急照明。船员们在昏暗中四处摸索。随着爆炸声越来越近，他们越来越胆战心惊。随后，他们就都靠到船体边上。船员们觉得自己仿佛是坐在"一个金属桶里面，外面的人则在手持大锤不断地猛敲桶身"。谁也不知道到底发生了什么。

萨维茨基则同阿尔希波夫和信号情报组组长瓦季姆·奥尔 303
洛夫（Vadim Orlov）一起待在控制舱内。他对美国海军的这套信号程序几乎一窍不通。由于已经和莫斯科还有其他三艘潜艇断了联系，他所知的一切便是自己的潜艇正被美国军舰包围着。他只能猜测等待他和船员们的是什么。基于那些震耳欲聋的爆炸声，美国人正在尽全力地折磨他。对一位潜艇船长来说，最大的耻辱就是在敌人的逼迫下浮出水面。

四十年后，奥尔洛夫回想起随后发生的一切：

> 美国人用以打击我们的炸药威力要比手雷大一些，很明显是某种演习用深水炸弹。我们想"就到这儿了，到这儿就结束了"。在攻击结束之后，完全精疲力竭的萨维茨基大为恼火。撇开一切困境不说，他还没法和总参谋部取得联络。他喊来了负责核鱼雷的军官，命令他为核鱼雷做好战斗准备。"也许在我们翻跟斗的这会儿功夫，战争都已经打响了，"瓦连京·格里戈里耶维奇（Valentin Grigorievich）激动地喊着，"我们现在就把他们炸翻天！我们自己会葬身鱼腹，但也要让他们陪葬！我们不会给海军抹黑的！"[13]

10 月 27 日，星期六，晚上 7∶30

　　在华盛顿，内阁会议室中正进行着紧张激烈的辩论，总统抽空逃了出来，服用他一天两次的药物。除了类固醇和抗生素混合制剂，医生给他额外开了一剂皮质醇，以弥补他分泌不足的肾上腺素。15 分钟后，他接到了杰姬的电话，她把孩子带到了弗吉尼亚州的乡村格伦欧拉，那儿远离华盛顿附近的核辐射区，是他们周末度假时常会去的地方。

　　执行委员会想要达成一致意见变得越来越困难了。对付苏联人，每个人似乎都有自己的一套想法。博比和泰德·索伦森去了总统私人办公室，试图合并国务院和阿德莱·史蒂文森的两份手稿。鲍勃·麦克纳马拉正在设计一个单方面把"木星"导弹撤出土耳其的计划，这样一旦美国对古巴发动空袭，苏联就不会轻而易举地找到一个方便的报复目标。约翰·麦科恩则在起草致赫鲁晓夫的最后通牒：一旦苏联再次对美国侦察飞机发动进攻，我们就会摧毁苏联在古巴的全部军事设施。保罗·尼采正在撰写一份指令，要求莫斯科同意在华盛顿时间星期一下午 5 点，开始拆除古巴的导弹基地，否则后果自负。

　　在短短的几个小时内，执行委员会成员苦苦纠结着应该如何赫鲁晓夫；他们形成同盟，解散，又重新组合。"不同意见针锋相对，"博比后来回忆道，"每个人都紧绷着；有些人已经筋疲力尽了；大家都因为担心和顾虑而感到压抑。"[14]麦科恩和老外交官乔治·波尔站在同一条战线上，攻击麦克纳马拉想要单方面从土耳其撤出"木星"导弹的计划。波尔辩解道，"如果我们把这些该死的导弹从土耳其撤走"，不如拿它们和苏联导弹做交易，或者用于避免"将会导致重大伤亡的军事行动和使事态迅速升温的重大危机"。

"那北约怎么办？"邦迪用警告的口吻问道。

"我不认为北约会出什么大问题，"波尔回复说，"况且北约要是连这都对付不了，那它对我们来说也就没什么价值了。"而就在几个小时前，副国务卿还坚称，仅仅是谈论土耳其的"木星"导弹，就已经是一件"令人极度不安的事情"了。

一位副官对邦迪窃窃私语了一阵。国家安全顾问突然打断了关于战争与和平的辩论，引入了一个更迫切的问题。

"大家想去楼下吃晚餐吗？想要吃饭还是愿意继续等？"

"我哪里还顾得上吃饭。"麦克纳马拉厉声回复道。

人们开始陆续进出内阁会议室。由于肯尼迪的缺席，辩论一直在原地兜圈子，有时候退化成赤裸裸的敌意。总统在场时，副总统林登·约翰逊（Lyndon Johnson）闭口不谈自己的观点。而一旦约翰·肯尼迪离开了房间，他就开始变得活跃，暗示自己在政策上的不同意见。他担心，政府要对总统演讲中表明的坚定立场"做出让步"。美国公众将会因白宫的摇摆不定而更加感到"不安全"。

"人们会感受到的。他们也不知道为什么会感受到，如何感受到的。他们就只是……"

博比回到了会议室。有人暗示说他的哥哥在"做出让步"，这令他非常恼火。然而林登·约翰逊这时又声称，苏联船只正在"穿过"封锁线。

"没有的事，那些船只没有穿过封锁线。它们都掉头回去了……百分之九十都回去了。"

林登·约翰逊坚守着自己的防线。他安静地重复说，要说 305 "我们现在跟总统演讲时一样强硬"可有点困难。几分钟后，在肯尼迪再度走开后，他的话语令其他执行委员会成员大吃一惊。他突然异想天开地说："我觉得这届政府老朽、疲倦且疾病重重，你们不这么认为吗？"他想要采取行动，比如立即对苏联萨姆导弹基地发起进攻。U-2侦察机被击落，这件事吸引了全部人的注意力，使得我们都忽视了"我们每一个人写下的信息"。话语正在失去意义。赫鲁晓夫可是个"谈判专家"。

离开一段时间后，总统终于在7点30分回到了内阁会议室，来为执行委员会的马拉松会议收尾。他没有透露自己在离开的这段时间做了些什么或者会见了谁，但显然他开始选择绕过执行委员会这个决策机构了。各方意见太多，实在难以协调。所以肯尼迪不顾邦迪和其他人的反对，明确表示他仍然在考虑某种形式的交易。如果美国能够在不招致任何伤亡的情况下，通过交易成功撤出古巴的导弹，那么就绝不能靠入侵古巴来摧毁它们。

"如果让这样的战争进入史册，我会觉得这仗打得非常不漂亮。"总统说道。

约翰逊一开始是支持交易的，但他现在害怕赫鲁晓夫仅仅只是利用土耳其来跟美国协商，通过无尽的外交角力让美国做出一次次的让步。

"可那不止意味着导弹。他会把导弹撤出古巴，会把士兵撤出古巴，还会把他的飞机撤出古巴。然后你的全部外交政策就都毁掉了。你得把一切都撤出土耳其：两万名士兵、所有技术人员、所有飞机，还有所有导弹。然后……彻底崩溃。"

"那我们还有什么办法可以让古巴导弹消失呢？"约翰·肯尼迪想要知道。

在危急时刻，肯尼迪最信任的人就是博比。在总统眼里，他是"一名清教徒，绝不会被恶念腐蚀"。博比最重要的优点是他"出色的执行力"[15]和敏锐的直觉，"几乎像有读心术一般"[16]能够准确理解总统的意愿。那些聪明绝顶、脑子里不断进出天才主意的人才在白宫到处都是，但问题的关键在于把事情办成。博比是一位高超的组织者。杰克信任他的弟弟，愿意把任务托付给他。

　　过去十二天中他们共同的经历，深刻地改变了这两个人，尽管改变的方式各有不同。刚知晓古巴部署有苏联导弹的消息时，他们的第一反应是因为被赫鲁晓夫摆了一道而生气，甚至是恼火，差点就要轰炸这些导弹基地了。然而现在他们却不顾一切地寻找方法，想要从眼前的核深渊边缘退下来。 306

　　博比和泰德·索伦森在总统的私人办公室里奋斗着，成功地把两份各执一词的公函合并成了一份。最终版本带有多位作者的标记：[17]

　　　　我认真阅读了您 10 月 26 日的公函，并对您希望为解决问题迅速找到一个方案的意愿表示欢迎。（原国务院草稿，主要由波尔和他的副官亚历克西斯·约翰逊撰写。）

　　　　然而目前需要做的第一件事是停止古巴境内所有能给美国带来威胁的导弹基地上的作业，并且古巴境内所有能够用于威胁美国的武器系统都必须回到不可运作的状态……（史蒂文森/约翰·肯尼迪）假使以上行动能迅速执行，我已经给纽约的代表们下达指令，允许他们在这个周末与代理秘书长和您的代表，共同为古巴问题商定一个永久的解决方案，该方案将会依照您在 10 月 26 日公函中示意的条款进行协定。（史蒂文森）根据我对公函的理解，针对

您提议中的关键因素，我们可以接受以下条款：（罗伯特·肯尼迪）

1. 苏方将会同意在联合国适当的视察和监督下，把这些武器系统从古巴撤走；并采取适当的保障措施，保证终止将此类武器系统进一步引入古巴的行为。（国务院）

2. 美方将会同意——通过联合国使全部协定得以明确，保障这些承诺能在将来继续执行——首先立即撤销当前实施的封锁措施（国务院），其次保证不入侵古巴（执行委员会讨论）……

这一方案将会缓和紧张的世界局势，使得我们能够就您发布的第二封公函中提议的"其他军备"问题，开展进一步的工作，达成更加广泛的协定。（史蒂文森）

我希望重申，美国对于缓和紧张局势、叫停军备竞赛非常感兴趣。（约翰·肯尼迪）如果您在公函中想表达的意思是，你已经准备好讨论缓和关系，减少北约与华约之间的摩擦，那么我们也已经做好充分准备，与我们的盟友考虑任何有所助益的提议。（史蒂文森）

但是请容我强调，第一要素是在有效的国际保证下，停止古巴导弹基地的作业，并采取措施使得武器系统回到不可运作的状态……（约翰·肯尼迪）

总统希望博比能够亲自把这份公函交给苏联大使阿纳托利·多勃雷宁，此外还要传达一条口头消息来强调局势的严重性。在执行委员会其他成员均不知情的情况下，博比已经致电多勃雷宁，邀请他到司法部会面，从白宫沿宾夕法尼亚大道走六个街区就能到达。

执行委员会会议结束后，肯尼迪邀请了一组经过筛选的顾问，包括罗伯特·肯尼迪、麦克纳马拉、腊斯克和邦迪，总统把他们请到了办公室，一同讨论博比将要传达给多勃雷宁的口头消息。总统没有把林登·约翰逊和麦科恩拉进这个小组。这个执行委员会的内部小组同意博比应该提醒大使，所剩的时间已经不多了，而且如果赫鲁晓夫拒绝总统提出的条款，"美方将不可避免地采取进一步行动"。[18] 如果事态发展到此地步，那么在公函中提及的"其他军备"（"木星"导弹的外交辞令）问题，美方将不保证会用以回应赫鲁晓夫关于古巴—土耳其交易的提议。

在读过美国驻土耳其大使发来的一份电报后，腊斯克希望能想出一个调和执行委员会内部不同意见的方法。[19] 他建议博比直接告诉多勃雷宁，那些"木星"导弹很快就会被撤出土耳其。通过这样的方式，这些过时的美国导弹就不会给美苏之间的协商造成阻碍，也不会成为苏联进一步讨价还价的借口了。美苏之间的交易是在拿土耳其人开刀，为了避免给人产生这样的印象，这种单方面撤离"木星"导弹的安排必须严加保密，这非常重要。国务卿这个突围困境的方案得到了大家的一致赞同。

每个人都同意对这一方案严格保密。用邦迪的话来说："这间办公室外的任何人都不允许得知这一消息。"[20] 此外，苏联人也必须同样保守秘密，否则承诺将会变成"一纸空文"。

10 月 27 日，星期六，晚上 8：05

阿纳托利·多勃雷宁对博比·肯尼迪有非常复杂的感情。对于这位和蔼的苏联外交官来说，罗伯特·肯尼迪是一个

308　"心思复杂、难以相处的人，他时常控制不住脾气"[21]。他"举止粗鲁"，对苏联的不端行为大做文章，无论这些行为是真实的还是他肆意想象的。他们之间的对话通常只是"只言片语"。博比把自己看作一名外交政策专家，但他对世界其他地区几乎一无所知。在 1955 年唯一一次对苏联的访问中，他放肆地冒犯了宾主，询问苏联的"窃听电话"技术并批判苏联不够自由。[22]可即便如此，身为总统的弟弟，他也就成了克里姆林宫和白宫之间进行非正式直接沟通的最佳渠道。

在多勃雷宁来到华盛顿的七个月来，他们两位已经多次会面。为了打破坚冰，博比曾邀请这位新上任的大使来到他位于麦克莱恩的家，并把大使介绍给"喧闹的家人"。有关古巴问题，多勃雷宁认为博比"冲动易怒"。在他眼里，罗伯特·肯尼迪是执行委员会中的一名鹰派，敦促他哥哥采取"强硬立场"，甚至是入侵那座岛屿。在上一次会面中，博比生气地指责苏联人耍花腔、"玩骗局"。星期六晚上又被召唤至司法部，多勃雷宁已经为风暴再袭做好了准备。

可当他来到那个宽敞昏暗、装饰着儿童画的办公室时，他实际上见到的是一个没有脾气、几乎有点心神不宁的人。会面一结束，多勃雷宁就给外交部发去了一份电报，在电报中多勃雷宁形容这位司法部长"非常沮丧"，一点都没有平日里的斗志。[23]多勃雷宁从来没见过他这样的一面。"在很多问题上他甚至都不试图争辩，这太反常了。他坚持回到同一个主题，即要抓紧时间，不应错过这个机会。"

博比没有抛出一副外交手腕，他对待苏联大使就像对待一位患难同胞，试图把这个世界从核毁灭中拯救出来。他把 U-2 侦察机的击落以及向美国海军低空侦察机开火，形容为

"事态发展的分水岭"。他不是来下最后通牒的，他只不过是在摆事实。

"在接下来的 12 小时，也可能是 24 小时内，我们需要在一些问题上达成一致。所剩时间真的不多了。如果古巴人还要向我们的飞机开火，那么我们也将反击。"

多勃雷宁反对说，美国飞机完全无权在古巴上空飞行。博比并没有反驳这个观点，他想让大使了解美国的政治现实。军方正在要求总统"以牙还牙"。赫鲁晓夫应该要知道，这些将军里面可有很多暴脾气——"而且不单将军里有这种人"——他们"按捺不住，就想打仗"。

"我们阻止不了这些进入古巴上空的飞行任务，"罗伯特·肯尼迪解释道，"你们部署在古巴的导弹基地对我们的国家安全来说是极大的威胁。而这些飞行任务，是我们了解这些基地建造进度的唯一方式。假使我们用武力回应，将会产生一系列的连锁反应，而想要终止这些反应将会非常困难。"

博比说，类似的逻辑也可以应用于苏联的导弹基地。美国决心要"铲除"这些基地，必要的时候不惜用空袭轰炸来解决问题。如果这样的情况发生，必然会牺牲一些苏联公民，而这将会导致莫斯科在欧洲某处对美国展开报复行动。"一场真正的战争将会打响，而这将付出数以百万计的美国人和苏联人的生命。只要我们有能力，就要尽可能避免任何形式的战争。"

博比把肯尼迪致赫鲁晓夫的公函内容复述给苏联大使听。总统已经做好准备，只要苏联政府拆除这些导弹基地，美国将终止封锁行动，并做出声明保证不入侵古巴。

"那土耳其怎么办？"大使想要知道。

这是最棘手、最敏感的问题，总统和执行委员会已经为此

309

头疼了几乎一整天。博比又一次把自己的公函交付给苏联人，并向他解释了肯尼迪面临的困境。总统愿意在"4~5个月内"撤走"木星"导弹，但他不能以任何公开的形式做出承诺。"木星"导弹的部署决议由北约全权负责。如果美国在苏联的压力下，单方面拆除这些导弹基地，那么盟军之间就会产生无法弥补的裂隙。

博比要求赫鲁晓夫能够迅速地给出答复，如果可能的话，将最后期限定在星期日。"所剩的时间已经不多了，"他警告多勃雷宁，"事态的发展实在是太快了。"

10 月 27 日，星期六，晚上 8：25

罗伯特·肯尼迪于晚上 8 点 25 分返回白宫。他与多勃雷宁的会面持续了不到 15 分钟。会面结束后他立即返回白宫，见到总统时，总统正和他四岁的女儿电话聊天。在过去的几天里，肯尼迪对卡罗琳和小约翰的关心远胜于平日，他会花时间把他们哄上床，并给他们讲故事。他告诉戴夫·鲍尔斯，他担心的不仅仅是自己的孩子，还有"世界各地的孩子"，一旦发生核战争，他们的"生命将会被夺走"。[24]

由于接连的会议带来了诸多压力，他晚上没有像平常那样去游泳，总统邀请了鲍尔斯在楼上的会客厅里吃了一顿非正式的晚餐。厨房人员为他们准备了一些烤鸡肉。杰克开了一瓶白葡萄酒。饥饿的博比问道，鉴于他要报告与苏联大使会面的情况，能不能给他"额外留一只鸡腿"。[25]三人都忙着吃吃喝喝，而肯尼迪却在鲍尔斯的眼神中看到了轻蔑的否定。

"上帝啊，戴夫，就你吃光所有鸡肉，喝光了我所有的酒，谁都会以为这是你人生的最后一餐了。"

"听博比一路讲下来，我觉得这就是我人生的最后一餐。"鲍尔斯回答。

这样漫不经心的玩笑不过是为了掩盖不断攀升的焦虑。白宫是苏联导弹袭击的首要目标。在过去几天里，白宫的工作人员收到过一系列的指示，告诉他们在紧急状况下该怎么做，以及该去哪里。像鲍尔斯、索伦森和肯尼·奥唐奈这类高级副官们则会收到一张粉红色的身份卡，这张卡授权他们可以跟随总统前往西弗吉尼亚州蓝岭山脉的一处地下堡垒。一支精英直升机部队（第 2857 测试中队）的唯一任务就是一旦核打击即将到来，他们就得在白宫草坪上降落，火速把总统和他最亲密的副官们送到安全区域。这些机组人员可以进行遭受核打击之后的救援。届时他们会从头到脚裹上防辐射服，带着撬棍和氧乙炔炬，一路冲进白宫的防空洞，给总统套上防辐射服，然后带着他飞离这片废墟。

这些疏散指令来自一个秘密的末日计划，旨在核战争爆发的情况下，确保美国政府的存续。[26]总统将会同内阁秘书、最高法院法官，以及数千名联邦高级官员一道被疏散到韦瑟山，那里离华盛顿约有 50 英里。韦瑟山配备的设施包括一套应急无线电网络、几间净化室、医院、应急发电厂、火葬场，以及总统套间，还有为约翰·肯尼迪的后背准备的专用治疗床垫。国会也刚刚在阿勒格尼山脉绿蔷薇酒店的地下室里完成了"安全、隐蔽场所"的建设。应急计划还要求拯救美联储资产和文化遗产，比如《独立宣言》和国家艺术馆里的杰作。

"那我们的妻儿会怎么样？"鲍尔斯在收到他的粉色身份卡后问道。[27]   311

这些官员的家人，似乎被末日计划遗忘了。总统的海军副官塔兹韦尔·谢泼德（Tazewell Shepard）上校收到命令为此做出必要的安排。他告诉家属们在华盛顿西北部的一个封闭水库集合，不要带任何私人物品。"只要最低限度的食物和水"，足够维持一段汽车旅程，抵达"华盛顿区外的一个重新安置地点"。肯尼·奥唐奈感到即便是在最乐观的情况下，他的妻子和五个孩子的存活率也是"微乎其微"。

高层官员的家属们对政府的安排缺乏信心，因此都制订了各自的疏散计划。迪诺·布鲁焦尼是中情局一个监视苏联导弹进展的小队成员，他在星期六的晚上"陷入了末日将至的情绪之中"。[28]在他看来，这场危机必将导致"战争和彻底的毁灭"，他让妻子做好准备，带上两个孩子，穿越半个国家到位于密苏里州的父母家去。迪克·莱曼（Dick Lehman）是负责总统每日情报简报的官员，他和妻子也有着类似的约定。

通常官员的职位越高，对和平化解危机的希望就越渺茫。晚上早些时候，鲍勃·麦克纳马拉在执行委员会会议的休息时间里，曾到总统办公室外的游廊上散步，看到阳光一点点隐没。那是一个极美的秋日傍晚，但是这位国防部长却心事重重，完全无心欣赏这片景色。他思忖着，也许自己"再也不能活着看到下一个星期六的夜晚了"。[29]

10 月 27 日，星期六，晚上 9：00

（哈瓦那，晚上 8：00）

国防部长希望护航战斗机能够跟随海军的低空侦察机来完成它们在古巴上空的任务。"如果明天他们还对我们的飞机开火，我们就应该还以颜色。"当执行委员会成员再一次聚集到内阁会议室，进行晚上最后一轮会议时，麦克纳马拉坚持道。

总统并不觉得摧毁个别防空炮有什么意义。"我们不过是让自己的飞机去冒险，反倒是那些地上的人占有优势。"他跟军方将领们持相同意见。如果古巴再度攻击美国飞机，他将宣布美国会把古巴这座岛屿视作"开放领土"，并摧毁所有的萨姆防空导弹基地。同时，他将启用 24 个空军后备中队，包括约 300 架运输机。C－119 运输机被大家称作"飞行车厢"，它将会为入侵行动提供空降部队和补给物资。召集后备军人是美国人表达决心的一种方式。

尽管肯尼迪在为战争做着准备，他仍然通过一系列的让步姿态来寻求最终的和平可能。除去他以非正式的方式向赫鲁晓夫承诺撤走部署在土耳其的美国导弹外，他还私下采纳了迪安·腊斯克的提议，建议由联合国秘书长出面，审慎地处理这个问题。在最后关头，由吴丹而不是由赫鲁晓夫来提出古巴—土耳其交易的和解恳求，对美国及其盟友来说会更容易接受。获得肯尼迪的首肯后，腊斯克给一位名叫安德鲁·科迪埃（Andrew Cordier）的前联合国官员打了电话，他是吴丹的密友。[30] 如果该晚早些时候博比向多勃雷宁传达的秘密交易被赫鲁晓夫拒绝了，那么，科迪埃会让秘书长公开呼吁双方同时从古巴和土耳其撤走各自的导弹。

但是，他们首先得让盟友做好接受这样一桩交易的准备工作。土耳其政府尤其把这些"木星"导弹看作其国际雄风的象征，如果让他们放弃，肯定会令他们咬牙切齿。肯尼迪可不乐意单方面撤走这些导弹，他希望美国的北约盟友能够充分理解拒绝"古巴—土耳其交易"可能带来的武力结局。要是不

312

做这个交易，美国只能选择入侵古巴，然后苏联会进攻土耳其或柏林。如果事态发展到这一步，肯尼迪可不想听到盟友对他说："我们对你言听计从，你却把事情搞得一团糟。"

留给外交途径的时间已经越来越少了。五角大楼呼吁，如果到10月29日星期一，还没有明确的证据证明苏联开始拆除导弹基地的话，就要开始空袭古巴。北约理事会会议将于周日早晨在巴黎召开，已经没有时间让北约大使从他们的政府那里获得指示了。肯尼迪提议把所有的军事安排都推后几个小时，给每个人"最后的喘息之机"，以能够拿出点什么主意。根据总统修改的时间表，对古巴的轰炸将始于10月30日星期二，并在7天后对其发动入侵。

在肯尼迪离开内阁会议室后，还有几位执行委员会成员留在那里，断断续续地交流着。

"你怎么样，鲍勃？"罗伯特·肯尼迪强作笑颜，向麦克纳马拉询问道。

国防部长不想承认自己已经筋疲力尽了。"还好，"他答道，"你怎么样呢？"

"一切顺利。"

"你有什么疑虑？"

"没有，我想我们能做的只有一件事，而我们在尽力而为。"

麦克纳马拉的大脑却在开小差，他想得更加超前。"我们得准备好两件事，"他告诉其他人说，"首先，要准备好一个古巴政府，因为当我们用500架飞机入驻古巴后，我们需要一个政府。其次，我们需要制定应对苏联人在欧洲行动的策略，因为他们无疑会在那里弄出点名堂。"

罗伯特·肯尼迪则在幻想着复仇："我想把古巴收回来。这可是个不错的主意。"

"是不错，"约翰·麦科恩表示赞同，"我要从卡斯特罗手里抢走古巴。"

有人开玩笑说，要把猫鼬计划里的那批人派去管理古巴。

"我们可以让博比当哈瓦那市长。"一位波士顿爱尔兰人打趣道。

于是紧张化作了一片笑声。

古巴下任政府的人选问题也盘桓在国务院古巴专家的脑海里。早些时候，古巴事务协调人在一份长达 3 页的备忘录上签了字，那份备忘录提议"为独立、民主的古巴组建一个执政团"。[31]这个执政团将在"战争进行阶段"为军政府提供咨询，并成为所有古巴人反对卡斯特罗的"集结点"。

专家警告说，任何将古巴恢复到巴蒂斯塔时代的尝试都是不可取的。执政团应该转而强调卡斯特罗背叛了革命，现在古巴人民拥有了"一个真正的机会来实施原先的革命计划"。国务院有一份"杰出古巴人"的名单，他们既不属于巴蒂斯塔一派，也不与卡斯特罗为伍，他们的领头人是何塞·米罗·卡多纳（José Miró Cardona）。

米罗脸上架着一副宽大的眼镜，头发稀稀落落，看上去更像是他原先的身份——一位大学教授兼律师，而非一名政客。这位古巴律师协会前主席在 1959 年年初革命胜利之后，曾担任古巴的名誉总理，不过任职 59 天后便被卡斯特罗替换下去了。"我身后有另一个人在试图执政，这种情况下我没法执政。"他向一位朋友这样解释道。[32]他的政治理念稳健保守，有

314

着反巴蒂斯塔和反卡斯特罗的履历，所以华盛顿要是想要为新古巴政府寻觅一名领导人，他永远是第一人选。

而这位待命的古巴领导人却百般失意，对美国没有多少感激之情。希望已经多次在米罗面前升起又落空，因为他的美国赞助人对于除掉卡斯特罗的计划争吵不休、阴谋不断，又搪塞了事。最大的失望莫过于 1961 年 4 月那一次，中情局前来说服米罗和他的朋友支持猪湾入侵计划。随着游击队艰难跋涉终于登岸，米罗和其他革命委员会成员被中情局人员安排到迈阿密一处安全的住所，随时准备着踏上"自由古巴"的第一片领地。但是，后来任何消息都没有收到。他们没能像英雄一般返乡，这些流亡的领导人在住所里被锁了整整三天，对于沙滩上发生的灾难毫不知情。当一切平息后，他们的一些人不能自持，痛哭流涕。卡斯特罗军队在猪湾俘虏的 1180 人当中就有米罗的儿子。

这些流亡的领导人被安排搭乘飞机到华盛顿与总统会面。"我明白你们心中的感受，"总统对他们说，"我的一名兄弟和一名姻亲也在战争中丧命。"[33]肯尼迪想让他们相信他对自由古巴的承诺是"全心全意的"。机会还会再来。在接下来的一年半中，米罗又多次与总统会面，而他每次离开总统办公室，心中的印象就会改变几分。这次在古巴发现了苏联导弹，他相信解放的日子终于到来了。

这个星期六，米罗基本上都在与迈阿密的美国政府官员会面。他们告诉他，在军中服役的古巴难民们正以"最高戒备"等待着登陆古巴的命令。[34]距离入侵时间显然已经能以小时来计算了，他们讨论着"在解放区建立古巴战时政府的细节"。等到返回家乡后，这位流亡的领导人将要求其副官起草一份宣言，宣告这座岛屿"自由的新黎明"已经到来：

我们绝不是因为复仇的冲动，而是为了正义的精神才回来的。我们所保卫的绝不是任何团体的利益，我们所付诸的也绝不是任何统治者的意愿。我们的到来，是要恢复古巴人民的权利，确立自己的法律，选举自己的政府。我们并不是入侵者。古巴人怎么可能入侵自己的土地呢⋯⋯

古巴人民！让我们挣脱锤子和镰刀（指苏联。——译者注）的压迫。让我们加入到争取自由的新斗争中去。让我们拿起武器拯救国家，让我们坚定地向胜利迈进。我们的国旗随风飘扬，骄傲地舞动着它绚丽的色彩，而这座岛屿将随着自由的悸动而崛起！

315

在中情局位于迈阿密的安全住所里，75 名游击队战斗人员正等待着重返古巴的消息，他们已经不耐烦了。他们被分成 20 个分队，大部分分队里有 2 ~ 5 名队员。只有一支队伍有 20 名队员。当博比·肯尼迪在星期五下午和比尔·哈维在五角大楼的猫鼬行动会议上发生冲突后，潜入行动突然被神秘地"叫停"了。没人知道到底发生了什么，但一些战斗人员开始怀疑肯尼迪兄弟是不是又一次胆怯了。

这些战士的异议通过迈阿密的中情局负责人传到了华盛顿。泰德·沙克利已经在佛罗里达州待了八个月了，在他看来，这些古巴人"反复无常、情绪激动、口无遮拦"。[35]他担心要是整个行动被取消，这些队伍都被解散，会发生什么情况。他们毕竟是些古巴人，这些失望的战斗人员很有可能"会四处散布言论，然后他们的遭遇会在流亡团体中点燃燎原野火"。如果事态发展到这一步，这个故事将不可避免地"被媒体截获"。沙克利完美地用中情局的官话表达了他的担忧，描

述着"基于对处境的客观评估而得出的具体细节"。他开始强
调说，这些战斗人员"胸怀最高昂的斗志，处于最紧张的战
备状态"，不断进行着"装备检查、共产主义宣讲和潜入线路
讨论"。他以更为含蓄的语调继续写道：

> 人的心理和毅力都有极限，行动力的高峰不可能无限
> 地延续下去，因为任何战斗人员都会一鼓作气，再而衰，
> 三而竭。拳击比赛是这样的，其他所有需要战备状态的竞
> 技领域也莫不是如此……
>
> 这一理论众所周知，而只要谨慎判断，亲自评估，
> 那么就能够了解过去七天中反复变动的命令使得我们面
> 临着极易失控的人事状况，并在接下来 48 小时的任何时
> 间内都可能产生惨重的后果。希望你们能够确保不遗余
> 力地运用最高谍报技术的心理和纪律，来掌控局势，防
> 止任何人事骚动的爆发，否则我们无法保证不会产生严
> 重的后果。

316　　　　　……

在佛罗里达海峡另一边的哈瓦那，苏联大使正在竭尽全力
安抚愤怒的菲德尔·卡斯特罗。这位古巴领导人得知尼基塔·
赫鲁晓夫于莫斯科早晨通过莫斯科广播电台提出了古巴—土耳
其导弹交易的提议，这令他怒火中烧。他天生多疑的头脑自动
做出解读，这样的提议显然是一个信号，意味着他的国家可能
变成了两个超级大国之间讨价还价的筹码。

"朋友可不会做这种事，"当亚历山大·阿列克谢耶夫于

周六晚上向他解释苏联的最新立场时，卡斯特罗对这位大使发怒道，"这是不道德的。"[36]

阿列克谢耶夫和卡斯特罗打过三年交道，已经习惯于帮他抚平怒火。这位苏联大使不断地寻找方法，一方面要实施自家政府的指令，另一方面又要避免激怒这片领土的主人，简直就是在走钢丝。他有时候会打乱莫斯科发来的消息，重新组织语言，使它们在易怒的卡斯特罗听来更为顺耳一些。他这一次的方法是对消息进行加工，使它更易于被卡斯特罗接受，而这种加工却给华盛顿、哈瓦那以及安卡拉敲响了警钟。

"在我看来，尼基塔·谢尔盖耶维奇提出的可不是一项交易。"大使安慰地说道。

阿列克谢耶夫把赫鲁晓夫的公函形容成一种谈判策略，目的是为了暴露美方立场的虚伪。美国声称自己有权利在苏联边境附近部署导弹，却否认莫斯科可以拥有相似的权利。肯尼迪不太可能接受赫鲁晓夫的提议。尼基塔的做法使我们能够更容易地在国际舆论中为古巴导弹辩护。

尽管卡斯特罗对这样的说法还不够满意，但他的态度开始变得和缓了。他告诉阿列克谢耶夫，这一封公函的新闻报道使古巴特定的舆论群体"产生了困惑"，其中就包括军方。一些军官询问他，莫斯科是不是出尔反尔，违背了它对古巴的承诺。他会尽全力，向古巴人民解释这一提议背后的逻辑。

前一晚的卡斯特罗还出现在维达多的苏联大使馆，宣告美国即将入侵，而他此时已经不再那么焦虑了。后来阿列克谢耶夫向莫斯科报告说："他开始以更冷静的姿态和更现实的角度来评估状况……尽管他依然相信，美国突然袭击的危险性仍然像过去一样存在。"[37]

317　　　尽管土耳其—古巴交易的提议令他受挫，但卡斯特罗还是很高兴他的苏联同志们击落了美国的间谍飞机。他告诉大使，古巴官方已经收集了飞机的残骸，以及"飞行员的尸体"。阿列克谢耶夫并不知道这一军事行动的细节，他以为 U-2 侦察机不是被苏联人而是被古巴人击落的。他之后呈给莫斯科的报告回避了相关责任问题，反而强调菲德尔认为自己理应命令自己的军队对飞入其领土的美国飞机做出回应。[38]

"卡斯特罗说，一旦遭到（美国）入侵，火力便会对入侵者全开，而他相信一定会取得成功。"阿列克谢耶夫在电报中这样写道。

10 月 27 日，星期六，晚上 9:52

瓦连京·萨维茨基最终得出的结论是，此时留给他的唯一合理的选择只有浮出水面。这艘 B-59 潜艇的指挥官想过用核鱼雷把这些折磨他的人炸飞，但被同僚们劝住了。他决定和潜艇舰队参谋长瓦西里·阿尔希波夫一同现身。一旦可以伸出无线电天线，他们就会给海军总部发送消息，报告位置并描述发生的情况。

当 B-59 发出汩汩声冒出水面时，苏联水手们惊异地发现整个区域都被照得灯火通明。他们浮出水面的位置恰好被四艘驱逐舰围在中心。直升机在头顶上空盘旋，用强光探照灯照亮着海面。还有数十个声呐浮标随着海浪上下浮动，它们被用来搜寻潜艇的位置。这番场景仿佛是黑暗的海面上燃烧着大火。美国海军日志记录的时间是晚上 9 点 52 分。

萨维茨基在阿尔希波夫和其他几名军官的陪同下走上了舰

桥。上面的温度比下面低了足足 30℃。他们就像终于喘上气的溺水者一样吐纳着晚风。一位军官"差点因为吸入过多新鲜的海风，承受不住感官刺激而跌入水中"。[39]当他们看到美国战舰上穿着整洁制服的水手们时，这些苏联军官更是感到不适和羞辱。他们衣冠不整、神情沮丧、精疲力竭，此外潜艇的状况也十分糟糕，但同时他们也感到一种肆无忌惮的骄傲。这是场长达 5000 英里的海底奥德赛之旅，任何其他苏联潜艇军人都没有尝试过。他们所忍受的物质匮乏和恶劣环境，是这些衣着光鲜的敌人所无法想象的。失败的是他们的机器，而不是 B-59 的船员们。

  萨维茨基命令船员们升起苏联旗帜。这可不是他们蓝白的苏联海军军旗，而是纹饰着锤子和镰刀的深红色苏联国旗。他想要表达的是，即便潜艇已然破损，但它依然处于一个超级大国的保护之下。一艘美国驱逐舰用闪光灯发出信号，询问他们是否需要帮助。"这艘潜艇属于苏维埃社会主义共和国联盟，"萨维茨基回复道，"停止你们的挑衅行为。"[40]

  美国的 S-2 "搜索者"巡逻机反复地在低空飞经 B-59 潜艇，一边拍摄照片，一边投下更多的声呐浮标、记录仪器和照明弹。这些照明弹会先下坠几百英尺，然后自燃并发出巨大的亮光。每个照明弹的能量相当于 5000 万支蜡烛。从 B-59 的舰桥往上看，这些飞机仿佛是在投掷演习炸弹。瞭望员甚至报告说美国人正用机关枪向海面散射曳光弹。[41]

  一个小时后，一条来自莫斯科的无线电消息命令 B-59 "甩掉它的追捕者"，先躲到百慕大群岛的一个隐蔽位置。[42]说总比做容易。萨维茨基目力所及，到处都是美国的战舰和飞机。整个海洋就是一口闪光的大锅。

右欄外側: 318

10 月 27 日，星期六，晚上 11：00

（哈瓦那，晚上 10：00）

　　这个星期六的夜晚，美国民众怀着极大的不安入睡，没人知道第二天等待他们的将会是什么。白宫几乎空无一人。肯尼迪遣散了大多数副官，让他们回到自己的妻子和家人身旁，休息休息。[43]唯一被肯尼迪留在身边的是戴夫·鲍尔斯，他是这个卡梅洛特王朝的谐星。每当约翰·肯尼迪意志消沉时，这位揶揄的小爱尔兰人就负责为他加油打气。无论是哪一天，鲍尔斯都是第一个跟总统说早安的政府职员，也是最后一个跟他说晚安的人。他的职责包括确保提供足量的干净衬衫和冰凉饮料。当总统出访或杰姬不在场时，他常常会安排女性来和他的老板幽会。

　　肯尼迪无可救药地沉迷于女色，他向密友透露说，如果"每天不玩上一会儿"，他的偏头疼就很可能会发作。[44]即便是核战的高危期也没能让他的欲望有所减退。他依然和老情人玛丽·平肖·梅耶（Mary Pinchot Meyer）幽会，她是中情局高级官员科德·梅耶（Cord Meyer）的妻子。玛丽优雅、精致、聪慧，她和总统另两名唤作"菲得尔"和"法得尔"的秘书女友可不同。肯尼迪自少年时代便和她相识，并常常在面临巨大压力时寻求她的意见。他曾在 10 月 22 日的家庭晚宴临席前邀请她共进晚餐，而当时杰姬的妹妹李·拉齐维尔（Lee Radziwill）以及她的服装设计师奥列格·卡西尼（Oleg Cassini）也都在场。玛丽在这个星期六的下午给杰克的办公室打了电话。[45]可是他当时正身陷执行委员会的讨论之中，没办法第一时间接听，所以她留了一个在乔治敦的联系号码，那儿是她的居住地。

戴夫·鲍尔斯在他对约翰·肯尼迪偶像崇拜式的回忆录中并没有提及梅耶或是总统的其他女友。根据他的描述，总统在星期六晚上用了些许时间，给安德森少校的遗孀写了一封哀悼信。后来他进了白宫电影院，观赏了《罗马假日》，里面的奥黛丽·赫本（Audrey Hepburn）是他最爱的女演员之一。在关灯睡觉之前，他提醒副官，不要忘了第二天早晨的安排。

"戴夫，我们将要去圣斯蒂芬参加早上 10 点的弥撒。我们要做很多辛苦的祷告，所以可别迟到了。"[46]

其他官员则尽可能地做着他们能做的最后事宜。深夜的五角大楼充斥着紧张的情绪，因为苏联船只"格罗兹尼号"正全速驶向古巴。这艘被两艘美国战舰尾随的邮轮看似会在黎明时分抵达封锁线。总统到时候就得做出决定，到底是扣住还是放行。这一选择可能会导致两种结果：要么是在尚未准备完全时，冒和赫鲁晓夫起冲突的风险；要么是在全世界面前被扣上一顶孱弱和优柔寡断的帽子。

乔治·安德森在观看海军学校—匹兹堡大学的橄榄球赛时，就从柯蒂斯·李梅那里收到了简报，得知华盛顿发生的一切。晚上 11 点钟左右他因为感冒的不适就上床休息了。[47]超过 14000 名空军预备役人员被召集起来，准备一场可能对古巴发动的入侵。参谋长联席会议已然公布了一份经过修订的入侵古巴作战时间表。

针对萨姆导弹基地的空袭：2 小时。

全面空袭：12 小时。

入侵：决策日后 7 天。

全部军队登陆：决策日后 18 天。

320 　　更加令人不安的是，执行委员会计划宣布，任何在直径500 英里的拦截区内被发现的苏联潜艇，都将被视作"怀有敌意"。[48]美国反潜艇部队已经在区域内发现了两艘苏联潜艇，另外两艘则处于该区域边上。这条被提议对外公布的宣言措辞模糊。在特定情况下，它也可以被解读为一旦区域内的潜艇形成"威胁"，该宣言就授权美国战舰向它们开火。

　　哈瓦那的塞尔焦·皮内达（Sergio Pineda）又要准备熬夜工作了。这位拉美通讯社的记者一直从古巴首都向拉美的新闻机构发送消息。在这个星期六的傍晚，数百名女性被召集到卫生营，并有头戴钢盔的士兵出现在庞大的办公楼外，"卸下装着药品和手术材料的巨大板条箱"。他对此进行了报道。

　　"如今一切都有可能发生，"皮内达报道说，"此时的这座城市十分平静。一切事物都沉浸在宁静之中。"[49]在他写下报道文字时，唯一能够听到的声音便是一曲长笛乐音，它来自邻近哨所的无线电接收器。电台播音员时而会打断音乐，重复着安东尼奥·马塞奥·格拉哈莱斯（Antonio Maceo Grajales）的话语，他是反抗西班牙统治的古巴独立战争英雄。

　　"无论是谁，如果试图入侵古巴，就算他们好运没有在战斗中丧命，得到的也只能是古巴浸透鲜血的土壤。"

第十四章 "装箱运回"

10 月 28 日，星期天，凌晨 2：00

（莫斯科，上午 10：00）

大洋彼岸的古巴是苏联士兵，乃至俄国士兵都从未冒险过的远方。尼基塔·赫鲁晓夫当初远渡重洋把他的军队部署到这里时，他想象的剧本与后来实际发生的情况大相径庭。当他于5月做出决定的时候，觉得这个主意简直是神来之笔：既可以帮助社会主义阵营的最新成员抵御美国的侵犯，又能够提高苏联在全球的军事地位。他天真地以为，可以隐蔽地部署这些核武器，然后等到尘埃落定时再展示给全世界。现在他所面临的抉择是从未预料到的：要么让美国入侵古巴，然后爆发核战争；要么就认怂受辱。

局势正以小时为单位，有时候甚至以分钟为单位，朝着不可预测的危险方向变化着。在星期六早晨与中央委员会同僚开会的时候，他宣称美国"不太可能"于近期入侵古巴。即便他得出的结论是终将要撤回那些导弹，他还是认为依然存在讨价还价的空间，可以利用肯尼迪对于开战的不情愿，为苏联榨取最大的好处。但意外接二连三地发生，包括击落一架 U－2 侦察机、一架美国飞机误入苏联领空，以及卡斯特罗发来的预测美国马上就会入侵的警报：这一切都说服了赫鲁晓夫，所剩时间确实不多了。

他要求苏联领导层在莫斯科乡间的一栋政府别墅与他会

面。新奥加廖沃附近的风光宛如仙境，波浪般茂密的桦木林、如画的乡村和蜿蜒的莫斯科河，这里在几个世纪以来一直是俄国统治阶级的游乐场。莫斯科的沙皇们在茂密的森林中开辟出景观花园；斯大林来到这里躲避克里姆林宫的恶魔们；赫鲁晓夫则将此作为自己的周末度假胜地，他喜欢和家人在这里休养。

322　　这座新奥加廖沃别墅是一座仿新古典主义的两层宅邸，和华盛顿的白宫有着些许相似之处。这座别墅本来是为格奥尔基·马林科夫（Georgi Malenkov）建造的，他是被斯大林内定的苏联总理继任者，后来被更加强势的赫鲁晓夫拉下了马。在马林科夫尊严扫地以后，这座房产也被没收，变成了一座政府宾馆。新奥加廖沃将在几十年后名声大噪，因为它将成为米哈伊尔·戈尔巴乔夫总统的度假地，一系列协商会议将会在这里举行，直至苏联于1991年解体。

　　中央委员会的成员在这位总书记身前锃亮的橡木长桌前坐成一排。18位与会人员中包括外交部部长安德烈·葛罗米柯和国防部长罗季翁·马利诺夫斯基。副官们则坐在后面，根据与会人员的需要随时召唤或遣散。像往常一样，这是赫鲁晓夫的秀场，其他人也愿意让他来高谈阔论。房间里夹杂着一丝不言而喻的情绪——"是你把我们拖入这场困境的，现在该由你来寻找出路。"[1] 除了赫鲁晓夫，只有葛罗米柯和阿纳斯塔斯·米高扬对讨论进言颇多。

　　每一位中央委员会成员身前的桌上都放着一个文件夹，里面放着来自肯尼迪和卡斯特罗的最新公函。白宫为了避免莫斯科和华盛顿之间的通信延误，选择通过媒体发布了约翰·肯尼迪的公函。而在中央委员会会议开始的时候，关于多勃雷宁和博比·肯尼迪会面情况的报告还没有抵达莫斯科。但肯尼迪的公函中有段文字提到，他很愿意在古巴危机化解后，与苏联讨论"其他军备"的问题，这些话语鼓舞了赫鲁晓夫。他很清楚，这是在"暗示"将从土耳其撤走"木星"导弹。

赫鲁晓夫原先为中央委员会准备好的剧本是，他将会把美国做出的不入侵古巴的承诺看作苏联外交的一场胜仗，以来掩盖苏联最终不可避免的战略撤退。他的辩词是，他的行动遵守着列宁的伟大传统，而列宁曾在 1917 年为了"保护苏联的力量"，和德国人签订了丧权辱国的《布列斯特—立陶夫斯克条约》，把大片土地让给了德国。而现在他手上的筹码进一步增加了。赫鲁晓夫告诉同僚们，他们不得不解除"战争和核灾难的危险，这可能会毁灭整个人类。为了保卫世界，我们不得不撤退"。[2]

一位副官迅速记下了总书记表达的两个要点：

> 1. 如果引发了（针对古巴的）入侵，我们已经下达命令做出报复性反应；
> 2. 我们同意拆除古巴的导弹基地。

赫鲁晓夫所面临的真正问题并非撤退与否，而是实施撤退决议的后勤问题，以及他如何获取华盛顿最大的让步。会议过程中传来的一系列令人担忧的报告，在很大程度上替他解决了这些问题。

一份来自克格勃哈瓦那办事处的电报报告说："我们的古巴朋友认为，针对军事目标的入侵和轰炸已不可避免。"这份电报还着重附加了卡斯特罗早先的警告。紧接着这份报告，在莫斯科时间上午 10 点 45 分，送来了苏联关于在前一天击落美国 U－2 侦察机的正式报告。这份由马利诺夫斯基签署的文件明确表示击落这架飞机的不是古巴防空部队，而是苏联防空部队，但该消息并没有指明是谁下达了击落命令的命令。身在古巴的苏联指挥官可能在这一敏感问题上听命于卡斯特罗的指挥，这一可能性警醒了赫鲁晓夫。[3]

当中央委员会成员正在消化这些情报的时候，赫鲁晓夫的外交政策副官奥列格·特罗扬诺夫斯基（Oleg Troyanovsky）被召去接听电话。外交部刚刚收到了多勃雷宁的一份加密电报，内容是关于他和博比·肯尼迪的会面的。特罗扬诺夫斯基迅速记下了电报要点，然后回到中央委员会会议。

中央委员会成员聆听着多勃雷宁的报告，这对本来就“火势凶猛”的会议情绪来说，简直是火上浇油。罗伯特·肯尼迪提到了美国将军们的鲁莽行事，这与赫鲁晓夫和其他苏联领导人产生了共鸣，因为他们长期以来都在怀疑五角大楼才是华盛顿的权力中心。大使清楚地在报告中表明，“决策时刻”终于来临。[4]

中央委员会成员们要求特罗扬诺夫斯基再一次朗读电报，以便他们能够全面把握它的言外之意。尽管多勃雷宁在报告中表示，博比·肯尼迪坚持对相关事宜进行“严格保密”，但是加上土耳其这笔筹码，整个交易提案显然变得美味可口。余下的对条款和条件讨价还价的欲望都渐渐消退了，与会人员“很快便同意接受肯尼迪总统的条件”。特罗扬诺夫斯基后来回忆道：“最终的分析显示，无论是我们还是古巴都能够得到彼此想要的东西，我们已经得到美方不会入侵这座岛屿的保证了。”

在这个时候，突然来了一通致国防委员会主席的电话。谢苗·伊万诺夫（Semyon Ivanov）大将在几分钟后回来报告说，美国总统将于华盛顿时间上午 9 点整发表电视演讲。肯尼迪看似是要宣布重大事宜，可能会是美方对古巴的入侵或是对导弹基地的轰炸。

好消息是赫鲁晓夫还有额外一个小时来回复肯尼迪的来信。随着美国夏令时的结束，莫斯科和华盛顿之间的时差在从 7 个小时延长到了 8 个小时。苏联做出回复的最后期限是莫斯科时间下午 5 点整。为了节约时间，回复将通过电台公开发布，而不走加密的外交线路。

尽管两人无论在私人方面还是意识形态方面存在太多不同，但他们对核战本质都有着相似的理解。尼基塔·赫鲁晓夫和约翰·肯尼迪都明白，这样一场战争，其可怕程度将是人类前所未见的。两人也都亲身经历过战争，明白总司令并不总能控制好军队。他们握有炸飞整个世界的能力，这种能力既令他们感到胆怯和恐惧，也像一盆浇在头上的冷水令他们清醒。他们相信战争的风险已经达到令人无法接受的程度，他们有必要果断地采取行动，斩断赫鲁晓夫所谓的"战争的结"。总而言之，他们都不过是平凡的人——难免有瑕疵，为人理想主义、行事莽撞，尽管有时才气纵横，却常常犯错，最终他们都清醒地意识到自己身上流淌的人性。

肯尼迪已经决定，即便与多位副官的建议相左，他也不会为了土耳其几枚过时的导弹而冒核战的风险。他得出结论，除非能够将战争"缘由"清楚地向美国民众解释，否则"他们怎么也不可能打好这场战争"。

克里姆林宫的主人则无须像美国总统办公室的占有者那样

顾忌舆论，至少短期内是如此。但他同样明白，如果在没有采取"所有必要的预防措施"的情况下，把人民领入一场"毁灭的战争"，那么人民将永远都不会宽恕他。[5]卡斯特罗建议赫鲁晓夫对美国进行先发制人的核打击，这令他满脑子都是不祥的预感。尽管赫鲁晓夫本质上是一个赌徒——中央委员会成员后来指控他"制订计划时欠缺考虑"——他也不敢这样玩命。他狡猾的农民本能告诉他何时该逼近，何时该收手。在把将军们送往古巴之前，他就对他们说过："你们谁都别以为自己可以牵着上帝的鼻子走。"[6]

当赫鲁晓夫于 1961 年 6 月在维也纳和肯尼迪会面时，尽管肯尼迪用柏林羞辱了他，可私底下他还是觉得肯尼迪"有点可怜"。他生动地回忆起会议结束后总统脸上深深的失望神情。不过他提醒自己"政治是一桩无情的交易"，并顶住了诱惑没有伸手帮忙。只要不会产生严重后果，他就会肆意地威吓和要挟。但现在的局势已经完全不同了，世界正在核毁灭的边缘摇摇欲坠。这个苏联人开始对这位美国人产生"深深的敬意"。[7]肯尼迪的行事方式表明他是个"头脑清醒的人"，他没有让自己"被吓倒"，没有"莽撞行事"，也没有"高估美国的力量"，他"在危机前给自己留下了一条退路"。

赫鲁晓夫给肯尼迪的最新公函依然流露着一贯的冲动想法和尖刻意象。外交官们会在之后核查一遍文本，使其在官僚术语层面"合乎标准"。这位主席知道时间有限，所以很快就进入正题。苏联会从古巴撤回导弹，然后是一连串的自我辩白。古巴"长期处于侵略性武力的威胁下，而这一武力丝毫不掩盖它试图入侵古巴领土的意图"。"海盗船"在岛屿四周肆无忌惮地航行。苏联的武器只会用于防御性目的。苏联人民

"只是想要和平而已，别无他求"。[8]

在挂起苏联的免战牌后，赫鲁晓夫详细陈述了他对美方行动的抱怨。在这份清单上，打头的是美国侦察机对苏联领土带有挑衅的探查。他提醒肯尼迪说，即便是最小的火花也可能导致一场冲天大火。苏联防空报告说，一架美国 U-2 侦察机飞越边境，进入了楚科奇半岛领空。

总统先生，问题是我们该怎样看待这样的行动？这到底是什么行动，挑衅吗？在一个我们彼此都如此紧张的时刻，当一切都进入战备状态的时候，您的一架飞机却侵犯了我们的边境。我们都知道一架进犯的美国飞机很有可能就会被误认为是一架核弹轰炸机，我们难道不是差一点就被推入决定命运的那一刻了吗？而美国政府和五角大楼在很久以前就宣称您始终不断地安排核弹轰炸机进行巡逻，这无疑进一步增加了我们误判的可能性。

在完成致肯尼迪的公函后，赫鲁晓夫又口述了一份给菲德尔·卡斯特罗的文件。即便是在最好的状况下，和这位易怒的古巴领导人打交道也不容易。匆忙之下宣布和华盛顿达成协议，只会让情况变得更复杂。等到加密电报抵达哈瓦那时，全世界都已经从莫斯科广播电台知晓苏联"装箱运回"的命令了。赫鲁晓夫预料卡斯特罗肯定会发火，因此请求卡斯特罗"不要意气用事"。他承认美国派遣侦察机进入古巴领空这样的行为轻率而不负责任。"昨天你击落了一架，"他抱怨道，仿佛卡斯特罗需要对此负责，"早些时候它们进入你的领空，你可没击落它们啊。"

赫鲁晓夫建议卡斯特罗"多一点耐心，多一点自控，再多一点自控"。[9]如果美国人真的入侵，古巴人有权"以任何方式"保卫自己的国家。但卡斯特罗不能应了"五角大楼军事家的挑衅而意气用事"，因为他们正在寻找一切可能的借口想要入侵古巴。

最后一条消息要发给古巴苏联军队的指挥官普利耶夫将军。这条消息简明扼要：

> 我们认为你在击落美国 U-2 间谍机的事件上行事过于草率，毕竟这是一个关键时刻，和解的可能已经出现，我们有可能通过和平手段避免美国入侵古巴。
>
> 我们已经决定拆除并撤回 R-12 导弹。现在就要开始执行这一措施。
>
> 请确认收到。[10]

在赫鲁晓夫的命令下，普利耶夫的士兵们日夜劳作，为导弹发射做准备，并把它们瞄准美国城市。然而如今就在工事完成的时刻，他们却被要求拆除这一切。而关于这一令人震惊的转向，连一句解释都没有。

10 月 28 日，星期天，凌晨 4：30

美国的驱逐舰已经在"格罗兹尼号"后面跟踪了整整一晚上。这艘苏联商船正向着封锁线航行，站在"劳伦斯号"和"麦克多诺号"舰桥上的美国海军军官们甚至可以看到船上的灯光。他们讨论着，万一收到命令拦截"格罗兹尼号"，他们该如何登船，如何检查它的货物。

海军一再考虑，如果苏联船只拒绝停船接受检查，他们该
如何拦住它们。"朝船头放上一枪的做法要尽可能避免，"来
自诺福克大西洋舰队总部的最新消息这样写道，"如果发生拒
停的情况，我们已经设计好一套程序来拦住船只。"新程序是
用"长线"或是长绳缠住目标船只。[11]这一程序的具体实施细
则并没有在这条消息中指明，而是承诺将在后来的消息中
说明。

美国人在等待着黎明，这时他们注意到，这艘苏联船只恰
好在封锁区外停住了。于是他们向诺福克发送了一份紧急电
报："目标自 4 点 30 分起便在水面上不动了。"

"格罗兹尼号"接到了指令，不要冲撞封锁区域。

10 月 28 日，星期天，上午 6：30

而距离此地 300 英里的北方，美国驱逐舰仍然包围着 B - 59
潜艇。苏联船员已经投降，但潜艇还是挂着苏联红旗。美国军
舰试图通过闪光灯和潜艇沟通，但由于语言障碍和苏联摩斯密
码字母表的独特之处，沟通没能成功。美国通信兵解读出来的
潜艇名称五花八门，比如"X 号船""普利纳夫耶""普罗纳
布拉夫"，后两个名字没有任何实际的意思。[12]

随着黎明到来，美国指挥官们决定再一次尝试和潜艇沟
通。两位精通俄语的人员搭乘直升机从"兰道夫号"来到了
"劳里号"。这艘驱逐舰来到潜艇近旁，进入扩音器的广播
范围。

"Vnimaniye, Vnimaniye。"奥斯卡·麦克米兰（Oscar
MacMillan）船长站在"劳里号"的舰桥上借助扩音器喊道，意思
是"注意，注意"。[13]

327

"请问这艘船的名字？"

B-59潜艇的舰桥上有几名苏联船员。他们没有理会美国人叫喊式的招呼，脸上没有任何表情，也没有任何听懂的迹象。

第二位美国口译员乔治·伯德（George Bird）少校试图讲得更大声。"注意，请注意，"他喊了数遍，"你们的船只叫什么名字？你们的目的地是哪儿？"

可是仍然没有回应。

"劳里号"船长打算换个方法。他把这艘驱逐舰的爵士乐队召集到甲板上，告诉他们演奏几段音乐。《扬基歌》（美国独立战争时流行的一首歌曲。——译者注）的音乐开始在海洋上流淌，紧接着又演奏了布吉伍吉爵士乐。美国人本以为他们可以从这些水手的脸上看到笑容，并询问有没有特定的哪一曲是他们想听的。可是苏联水手们还是没有应答。

"劳里号"上的美国人开始伴着音乐起舞，沉醉的样子十分招摇。他们向苏联潜艇丢了几包香烟和几罐可口可乐，但香烟都掉进了水中。B-59船长萨维茨基告诉船员们"举止要有尊严"。[14]苏联人对着美国人拍照，美国人也对着苏联人拍照。萨维茨基注意到舰桥上的一名船员竟然跟随爵士乐队的演奏用脚打着拍子，他命令这位船员回到甲板下面。

第三次世界大战并没有打响，知道这个消息总算让人松了口气。但即便如此，他们也不可以和美国人称兄道弟。

B-59在被追捕者监视了两天后终于得以逃离。萨维茨基耐心地等待着，直到电池再度充满，他令潜艇下潜500英尺，调转180度，成功地逃脱了美国人的监视。不久后，美国军舰"查尔斯·P.塞西尔号"又迫使另一艘苏联潜艇B-36浮出了水面。而第三艘"狐步级"潜艇B-130由于没能修好损坏的柴油发动机，不得不被拖船拖回了科拉半岛。只有留里克·克托夫（Ryurik Ketov）船长指挥的 B－4 潜艇，避免了在美国军舰面前浮上水面的羞辱，成功完成了任务。

这些潜艇指挥官在 12 月末回到了摩尔曼斯克，而迎接他们的上级却冷淡得如当地寒冷的天气一般。他们并没有因为苏联船只的技术缺陷或美国海军力量的相对优势而得到宽容。像往常一样，任务的失败被怪罪到那些冒着生命危险执行任务的人身上，而不是那些胡乱指挥的将军和党政官员。当这些船长试图描述所遭遇的困难时，却遭到国防部副部长安德烈·格列奇科（Andrei Grechko）元帅的拒绝。他甚至一度气愤地摘下眼镜，狠砸在会议桌上。眼镜立即成了碎片。

格列奇科似乎无法理解，为什么给电池充电，潜艇就不得不浮上水面。"他就明白一件事情，那就是我们违反了保密要求，被美国人发现了，并在一段时间内和他们密切接触。"B－36指挥官阿列克谢·杜比夫卡回忆道。[15]

"这是耻辱！"元帅愤怒地喊道，"你们给苏联丢脸了。"[16]

查克·莫尔茨比自安全回到阿拉斯加州后一直惧怕的时刻也就要来临。鲍尔将军想要见他。这位战略空军司令部指挥官因对任务的严苛要求而出名，即便是最微小的差错也不能容忍。他的副手认为，在公众场合羞辱下属能够给他带来某种病态的快乐。一位高级副官后来回忆，鲍尔"享受诘问和嘲弄他人，他在这方面是个专家。他喜欢在下属汇报的时候在办公室召集一群人，然后把汇报的军官羞辱得无地自容"。[17]如果一名空军中校被将军传唤去汇报一项事故，"那么十次里有九次他会丢了饭碗回老家"。

329

莫尔茨比即将面对的不祥氛围已经到了无以复加的地步。当他在科策布机场被告知，有 6 架苏联米格截击机试图把他击落时，他几乎都要昏过去了。"天哪！""我真庆幸自己当时并不知道……呼！"他"跌跌撞撞地坐到椅子上，担心自己的双腿快要不听使唤了"[18]。他们特意从科策布派出了一架 C-47 军事运输机，把他送回艾尔森空军基地，而此时他的部队指挥官则负责回收他的 U-2 侦察机。到了艾尔森，一架 KC-135 空中加油机载着他向内布拉斯加州的奥马哈战略空军司令部总部飞去。他是这架飞机上唯一的乘客。

一位空军上校陪同他前往鲍尔的地下指挥所。这里简直是个蜂巢，人们"从一处跑到另一处，仿佛他们的生命都倚仗这种奔跑"。上校把他带到指挥室旁的一个汇报室，并表示战略空军司令部的总司令很快就会到来。汇报桌上放着一张航空图，标注着莫尔茨比前往北极的飞行线路。而在图上标注他飞入苏联领空的位置，则贴着一张纸片。

鲍尔将军终于走进了汇报室，他身后跟着"8 名将军，每个人都是一副好些天没脱下制服的模样"。这 24 个小时简直把鲍尔和他的同僚们逼到了神经崩溃的边缘。一架 U-2 侦察机走失到苏联去了；另一架在古巴被击落；在没有收到进一步的通知之前，所有的高空空气样本采集任务都被取消了；而战略空军司令部全员调动的程度达到了 16 年中的最高水平。将军们在会议桌旁坐下，莫尔茨比紧张地立正站着。鲍尔将军在桌边正对着莫尔茨比的位置坐下。他和其他将军不同，身上的制服非常干净，胡子也刮得整洁利落，但是脸色却"极度疲惫"。

"莫尔茨比上尉，给我们汇报一下你昨天的飞行任务吧？"鲍尔在每个人都入座后说道。

莫尔茨比站在导航图旁，一边描述着空气样本采集任务，一边指出他前往北极的计划线路。他提到了北极光的影响，以及他修正方向时遭遇的困难。

"莫尔茨比上尉，你知道你在偏离北极后去了哪里吗？" 330
战略空军司令部的总司令终于打断了他。

"我知道，长官。"莫尔茨比回答道。其他将军"则在座位上扭来扭去"，如坐针毡一般。

"请指给我们看。"

莫尔茨比把地图机密区域上的纸片揭了下来，并用一根指示棒向将军们指出了他的飞行线路。他在科策布的军事雷达站时见到过一张类似的地图，所以知道自己去过哪里。但他并不知道空军是如何跟踪到他的飞行线路的，而且也无法理解为什么在他误入苏联领空之前，他们没"提醒他调转方向"。

"先生们，你们还有什么问题吗？"莫尔茨比讲完后，鲍尔问道。

没人提出任何问题。

将军笑了。

"你的飞机没配备电磁辐射收集系统真是太糟糕了。苏联人的雷达系统和洲际弹道导弹估计都是最高戒备状态。"

鲍尔命令莫尔茨比不要跟任何人谈起他飞越苏联领空的事情。战略空军司令部的飞机在楚科奇附近严重偏离航线的事故，这不是第一次。8 月的时候，一架满载核武器的 B－52 轰炸机，从格陵兰岛返回阿拉斯加州时迷了路。这架轰炸机直直地向苏联飞去，一直飞到离楚科奇半岛不到 300 英里的地方，地面控制站才命令他调转方向。这架飞机的飞行路线似乎和莫尔茨比的十分相似。根据战略空军司令部的官方记录，这一事故"表明了极地区域天体运算错误可能带来的严重后果"。[19]当时正值黄昏,导航员无法准确地识别星辰,正如莫尔茨比受到北极光的干扰一样。

将军们按照军衔顺序离开了汇报室,最后离开的是一名一星准将,他转头一脸惊讶地看着莫尔茨比。

"你真是个幸运鬼。我见过那些闯下的祸远没有你严重的人,都被鲍尔将军嚼碎后一口吐在地上。"[20]

米格尔·奥罗斯科和佩德罗·贝拉已经从古巴西北岸的马拉斯阿瓜斯红树林湿地取回了双体船。他们一直试图联系中情局的母船,他们本该乘坐它回到佛罗里达州,但是一直联系不上。已经困扰米格尔三天的胃部疼痛现在更令他痛苦不堪。两人还会在 29 日和 30 日继续通过无线电联系中情局救援人员,但他们愈发焦虑的消息却无人应答。

他们渐渐地明白了真相:他们被抛弃了。[21]

中情局后来表示,在 10 月 19 日至 20 日夜间成功潜入后,再也没有从两位特工那里"收到任何消息"。[22]哈维在一份备忘录里宣称,"考虑到行动的时机、地形(以及)需要穿越的距离",给奥罗斯科和贝拉提供通信设备"在行动上是不可行的"。[23]然而,他的故事版本以及附在其后的马塔安布雷行动时间表,似乎都经过了特别的设计,专为保护他严重受损的名声。45 年后,贝拉在听到哈维的讲述后大吃一惊,并认为那根本就是"无稽之谈"。奥罗斯科在因为阑尾炎病倒后,拖着无线电设备漫山遍野地找信号。无线电就是他们的生命线。他坚信"他们肯定知道我们在试图联系他们"。贝拉的记忆显然比哈维的官方时间表更具说服力。中情局的记录也显示,在他们之前被派

331

遭到马塔安布雷的特工分队都配备有无线电设备。

哈维为了给自己编出一个体面的理由，试图提醒人们注意，"所有行动，无论是海上行动还是秘密潜入行动"都自 10月 28 起正式停止。实际上，10 月 26 日，在五角大楼的猫鼬会议结束后，行动也曾被暂停过。哈维本身就因为在未得到授权的情况下把特务小队派遣到古巴而被博比·肯尼迪找过麻烦，他可没有勇气去挑战暂停任务的命令。奥罗斯科和贝拉算不上什么了不得的损失。

10 月 30 日星期二的早晨，贝拉最终决定他们不能再等了。[24] "母船没有回来，米格尔奄奄一息，没有任何人回应我们的呼救。"他尽管个头不高，却是个坚忍不拔、体格结实的人，还有个"瘸子"的绰号（四年前，他的脚被卡车碾过，从此便瘸了）。他把他的朋友扶上双体船后便出发了，这艘船本来是用来帮助他们抵达母船的，现在却要在大海里航行。他通过天体导航，一路向北，朝着佛罗里达礁岛群的方向。

海浪很快便从四面八方冲撞着这艘小船。船体不停歇地运动，使奥罗斯科因疼痛而大声叫喊。陆地刚刚从海平面上消失的时候，一个大浪袭来把他们的背囊都冲进了海里，小船也倾翻了过去。等他们终于把船翻过来，发动机却已经罢工了。剩下的工具仅有抢救回来的一支划桨。他们不可能抵达佛罗里达了。他们又开始划船向着古巴的方向返回。

奥罗斯科和贝拉于 11 月 2 日夜间，在向一名农民求救之后被古巴民兵逮住了。一架美国海军侦察机在当天早些时候飞过了马塔安布雷区域上空。铜矿和缆车的照片显示它们都完好无损，可以正常运行，这清晰地表明近期中情局针对古巴的破坏任务以失败收场。[25]

10 月 28 日，星期天，上午 9：00

（莫斯科，下午 5：00；哈瓦那，上午 8：00）

苏联官员思考着赫鲁晓夫致肯尼迪的文稿，直到最后时刻才定稿，又把最终版本翻译成英文。莫斯科时间下午 3 点的时候，苏联外交部致电美国大使馆，告诉他们将于"一个半到两个小时内"收到一份非常重要的文件。[26] 每个人都非常清楚地意识到，5 点钟便是最后期限，而这正是总统向美国人民发表讲话的时刻。

时间正在一点点地耗尽，这封公函的几份副本被委托给负责意识形态的共产党主席列昂尼德·伊里伊乔夫（Leonid Ilyichev），他同时也负责大众传媒。[27] 他命令自己的司机，以最快的速度开到莫斯科广播电台总部，如果路上车不多的话，这趟行程将用去约 40 分钟。黑色的海鸥轿车奔驰在连接着新奥加廖沃和莫斯科中心的蜿蜒的森林公路上，经过了宽阔的库图佐夫大街，开过了纪念俄国人于 1812 年击败拿破仑的凯旋门，还穿过了莫斯科河。当民兵们看到这辆拉着帘子的克里姆林宫豪华轿车靠近时，他们挥舞着长长的白色警棍示意其他车辆往路边停靠。伊里伊乔夫无视了所有的交通规则，以最短的时间到达了广播电台。

电台的广播员却想要争取先浏览一遍文稿的时间。他们习惯于提前数个小时，有时候甚至是提前数天就拿到文稿，由此他们便可以完美完成播报，在情感和坚定的意识形态之间拿捏到恰当的平衡。这些播音员在苏联被称作广播员（Диктор），他们是苏联政府的喉舌。他们中的大部分都是高超的演员，在著名的斯坦尼斯拉夫斯基学校接受过方法派的演技训练。为了使表演逼真，演员必须把角色纳入自己的生活中。如果他能够

说服自己已经无可救药地陷入了爱河，那么他同样可以说服听 333
众。当他们朗读"五年计划"时，声音充盈着骄傲；而当他们
描述帝国主义列强的恶行时，声音则饱含着激昂的义愤。

尤里·列维坦（Yuri Levitan）是最负盛名的广播员。聆听他
悦耳、威权的声音，就仿佛在聆听"老大哥"本人一样。他给苏
联人民播报过喜剧与悲剧，播报过胜利与失败，劝说他们在任何
情况下都要对共产党寄予信心。列维坦曾播报过 1941 年 6 月对纳
粹德国的宣战，以及 4 年后纳粹主义的溃败。他曾于 1953 年宣布
斯大林逝世的消息和 1961 年尤里·加加林的太空之旅。现在落在
他肩上的新闻是宣布赫鲁晓夫将要结束古巴的大博弈。

由于最后期限已经迫在眉睫，伊里伊乔夫坚持要让广播员
不要预先排演，直接在电台上现场直播。赫鲁晓夫的消息将用
俄语和英语进行同步广播。

"这里是莫斯科广播电台。"列维坦开始播报。此时是莫
斯科时间下午 5 点钟，华盛顿时间上午 9 点钟。他告诉听众，
他将朗读一封由共产党中央委员会第一书记、苏联部长会议主
席尼基塔·谢尔盖耶维奇·赫鲁晓夫撰写，致美利坚合众国总
统约翰·菲茨杰拉德·肯尼迪的公开信。

> 苏联政府已于早先下达指令，停止武器基地的建设工
> 作，如今将进一步下达新的命令，拆除你方认为具有威胁
> 性的武器，然后把它们装箱运回苏联。

列维坦成功地让这条消息听起来像是莫斯科和平外交政策
的另一场胜利，挫败了好战的帝国主义国家。智慧超凡、永远
理性的苏联领导人从核毁灭的威胁下挽救了整个世界。

赫鲁晓夫的儿子谢尔盖听到电台上的新闻通告时，正在自家别墅里等待父亲的归来。事情发生了这样戏剧性的转变，既让他松了口气，又让他吃了一惊。以后他将对父亲的决策抱有更积极的看法，但此时此刻这在他听起来，却像是一场"耻辱的撤退"。[28]

"事已至此，"他思忖着，"我们已经投降了。"

其他苏联人民则庆幸梦魇总算结束了。当奥列格·特罗扬诺夫斯基连续在克里姆林宫危机中心执勤一个星期后，他终于回到了自己的公寓，他惊讶地发现自己的体重掉了五磅。当他告诉妻子这几天的工作时，她温柔地责怪他说："如果你下次还想减肥，就找个更安全的方法。"[29]

所谓5点钟的最后期限实际上是一个假警报。美方并没有在这一时刻安排总统讲话。一个电视频道甚至决定重播肯尼迪10月22日的演讲。赫鲁晓夫从情报人员处得到的情报是错误的。

华盛顿通讯社里电传打字机的铃声在星期天上午9点后响起。当一名副官拿着一份从电传打字机打出来的文件，冲进作战室外走廊尽头的白宫食堂时，麦乔治·邦迪正在吃早饭。他用内部线路给肯尼迪打了电话。总统此时还在卧室里，正在穿衣服准备去教堂，而国家安全顾问则在为他朗读来自对外广播谍报处的资料。

莫斯科广播于格林尼治时间10月28日14时04分广播了一条赫鲁晓夫致肯尼迪总统的消息，称苏联已经决定拆除位于古巴的苏联导弹并把它们运回苏联。

10月28日上午9时08分。

"我感觉自己就像重获新生一样，"约翰·肯尼迪在听完这条新闻后告诉戴夫·鲍尔斯，"你知道我们已经为下星期二的空袭做好了全部准备吗？感谢上帝一切都结束了。"[30]

执行委员会的其他成员也都一样喜出望外。当约翰·麦科恩从汽车广播中听到新闻时，他刚结束 9 点钟的弥撒行驶在回家的路上。"我简直不能相信我的耳朵。"他后来回忆道，苏联的 180°大反转非常突然，令人完全预料不到。[31]唐纳德·威尔逊"想要大笑、想要大叫、想要跳舞"。[32]他已经好几个夜晚都没有好好睡觉了，甚至都开始怀疑自己还能不能见到家人，现在心头的乌云散尽，简直高兴得有些忘乎所以。

这是华盛顿秋天一个美妙的早晨。树上的叶子都变成了鲜红色，整个城市也沐浴在金色的阳光中。乔治·波尔抵达白宫时，想起了乔治亚·欧姬芙（Georgia O'Keeffe）的一幅画，画的是"从一个公牛头骨中长出来的玫瑰花"。[33]生命突然奇迹般地从死亡的阴影中现身了。

在离白宫 8 个街区的圣斯蒂芬教堂，当总统从豪华黑色轿车里跳出来时，旁观者从他的步伐中看出了某种特别的轻盈。仅仅几个小时前，他还在计算核战的胜算，得出的结果是在"三分之一到二分之一"之间。[34]

而在波托马克河对岸的五角大楼，气氛则完全不同，这里的参谋长们还在为完善全面入侵古巴之前的大规模空袭计划忙前忙后。肯尼迪把空袭计划推迟到下星期二，这已经让柯蒂斯·李梅怒不可遏了。这位空军将领希望他的将军同侪能随他一同前往白宫，要求空袭最晚于下星期一开展，要赶在导弹基地进入"全面运作状态"之前。

关于莫斯科广播电台播报的电报于星期天早上 9 点 30 分分发到位。参谋长们看后都是满脸的沮丧。李梅把赫鲁晓夫的声明贬作"花招",用来为他在古巴保留的一些武器打掩护。[35]安德森上将则预测,一旦肯尼迪对古巴做出绝不侵犯的承诺,将使美国"只能听任卡斯特罗在拉美胡作非为"。麦克纳马拉认为,赫鲁晓夫的让步使得美国占据了"更为有利的位置",但是将军们对此并不买账。他们起草了一份紧急消息发送给白宫,认为苏联的行动是"不诚恳的提议,只是为了争取时间而已",还警告说"绝不能放松任何警戒的程序"。[36]

"我们曾经上过当。"在他们最终有机会碰面时,安德森这样告诉肯尼迪。

"这是我国历史上最大的一场败仗,"李梅坚称,"我们今天就得入侵古巴。"[37]

菲德尔·卡斯特罗正在维达多的家中。《革命报》编辑卡洛斯·弗朗基给他打了电话,告诉他苏联导弹基地即将拆除的消息。赫鲁晓夫致肯尼迪的公函刚刚被莫斯科广播电台广播后,美联社就开始着手报道。而这位报纸编辑想要知道"到底该怎么处理这条新闻"。

"什么新闻?"

弗朗基在电话中口述了新闻简报,并准备好迎接卡斯特罗即将爆发的怒火。

"狗娘养的!杂种!混账!"菲德尔咒骂了很久,甚至打破了他自己的骂人记录。[38]为了发泄怒火,他又是踢墙又是打碎镜子。苏联人和美国人做了交易,"居然连通知都懒得通知我们",这一点真是击中了他的要害。他感到自己被狠狠地

336

"羞辱了"。他命令多尔蒂科斯总统给苏联大使打电话，搞清楚到底发生了什么情况。

阿列克谢耶夫前一晚熬到很晚才睡。[39]电话响起时他还在床上安睡。

"广播电台报道说苏联政府决定撤回导弹了。"

大使简直不明白多尔蒂科斯在说些什么。显然有什么东西搞错了。

"你们不应该相信美国的广播电台。"

"不是美国广播电台报道的。是莫斯科广播电台报道的。"

10 月 28 日，星期天，上午 11：10

抵达科泉市北美防空联合司令部的报告令人震惊。[40]一座防空雷达捕捉到的证据显示，墨西哥湾有一枚不明导弹被发射出去。根据轨道，其瞄准的目标位于佛罗里达州坦帕湾。

等到北美防空联合司令部的执勤军官搞清楚导弹目标的时候，已经来不及采取任何行动了。他们收到第一份情况报告的时间是上午 11 点 08 分，这离导弹预计的命中时刻已经过去了 6 分钟。在查验了一遍轰炸警报系统（这是一个安装在全国各个城市电话线杆上以及军事基地里的核爆炸检测仪器网络）后，他们发现坦帕市完好无损。而战略空军司令部也对导弹发射的事情一无所知。

搞清楚到底发生了什么用了好几分钟，这着实令相关人员头疼不已。自从在古巴发现苏联导弹后，美国防空系统采取了一项应急措施，把防空系统的防御方位从北方换到了南方。新泽西高速公路旁穆尔斯敦的一座雷达站被重新配置，以便捕捉来自古巴的导弹发射信号。但这个形如高尔夫球的巨大设施却刚刚设置好，还有些问题没有解决。当一颗人造卫星出现在地平线上时，技术员们恰好把一盘测试带装入了雷达系统中，致使雷达操作人员把卫星误认为是来袭的导弹。

虚惊一场！

上午 11 点钟，在约翰·肯尼迪自教堂返回后，北美防空联合司令部也恰好弄清楚了那枚袭击坦帕市的幽灵导弹到底是怎么回事，执行委员会召开了会议。那些几个小时以前还在质疑肯尼迪危机处理手段的副官们，现在则争相拍起了肯尼迪的马屁。星期六下午，总统的顾问们之间还存在巨大的差异和矛盾，邦迪甚至为这一现象想出了一个名头。

"那会儿大家都知道谁是鹰派谁是鸽派，"这位自诩的鹰派代言人说道，"可今天却成了鸽派的天下。"[41]

这其中有许多人，在过去的十三天内基本都待在内阁会议室，被苏联导弹折磨得痛苦不堪。而此时，他们眼里的总统似乎突然变成了一位创造奇迹的人。一位副官甚至建议总统去调停中印边境的战争，因为隐藏在这场战争背后的也是两个超级大国之间的冲突。但是，肯尼迪没有搭理这个建议。

"我不认为他们中的任何一个或是其他什么人，会希望由我出面来解决那场危机。"[42]

"可是啊，总统，您今天简直有 10 英尺高。"

约翰·肯尼迪开口大笑，"这也就能持续一个礼拜"。

肯尼迪起草了一封致赫鲁晓夫的公函，赞扬他撤回导弹的"决定有着大政治家的眼光"。他命令皮埃尔·塞林杰告知电视媒体，不要把整个故事宣扬成是"我们的胜利"。[43]他担心这位善变的苏联领导人会"因恼羞成怒而改变主意"。

但对于那些媒体来说, 要这样限制自己可不容易。当天傍晚, 哥伦比亚广播电视公司便对这场危机做了专题报道:"由巨力多生产商为您播报, 巨力多富含维生素和铁元素, 本膳食补充剂能令你更加强健。"特派记者查尔斯·科林伍德(Charles Collingwood)坐在一幅古巴地图前, 尝试着恰当表达事件的最新进展。他告诉观众们:"今天是一个具有重大意义的日子, 这个世界刚刚经历了二战以来最可怕的核毁灭危机, 我们有充分的理由去信任这样一个世界。"他这样形容赫鲁晓夫致肯尼迪的公函,"这是苏联在政策上一场丢脸的失利"。

博比·肯尼迪由于突然要和苏联大使进行一场临时安排的会面, 因此错过了执行委员会会议的上半场。多勃雷宁正式传达了赫鲁晓夫从古巴撤回导弹的决议, 并让博比向总统转达他"最美好的祝愿"。这位总统的弟弟毫不掩饰地松了口气。"我终于能去看看自己的孩子了,"他告诉大使,"哎哟, 我都快忘了回家的路怎么走了。"[44] 几天来, 这是多勃雷宁第一次看到罗伯特·肯尼迪的脸上露出了笑容。

多勃雷宁后来又收到莫斯科的指令, 试图通过在赫鲁晓夫和肯尼迪之间交换公函, 向美方确认他们对从土耳其撤除美国导弹基地的意愿。但博比拒绝接受苏联的公函, 他告诉多勃雷宁, 总统会信守承诺, 但他不会把这一问题落实到公众视野中。他透露说自己在未来也可能竞选总统, 而一旦和莫斯科进行秘密交易的信息被泄露了, 他就不可能当选了。尽管肯尼迪的弟弟决心避免给他们之间的秘密协议落下文字上的把柄, 但他们依然按照承诺, 于 5 个月后的 1963 年 4 月 1 日拆除了"木星"导弹。

10 月 28 日，星期天，下午

赫鲁晓夫致卡斯特罗的公函于莫斯科广播电台播报后的几个小时送达哈瓦那的苏联大使馆。当阿列克谢耶夫试图转交公函时，他被告知菲德尔已经离开了城区，暂时"联系不上"。事实上，卡斯特罗根本不想和苏联大使见面。赫鲁晓夫在古巴和美国摊牌的关键时刻"抛弃"了古巴，这令他怒气难消。

菲德尔确实为了获取更多的情报，短暂地拜访了埃尔奇克的苏联军事总部。普利耶夫将军向他证实，他确实收到了来自莫斯科的命令，要拆除那些导弹。

"全部都要拆除？"[45]

"全部。"

"很好，"卡斯特罗一边努力忍住自己的怒火，一边站起身来，"很好，我现在要走了。"

菲德尔为了表明他对苏联决议的不满，列出了古巴的五项"要求"，作为美苏交易的先决条件。这些要求包括结束经济封锁，停止"所有颠覆行动"，以及美国从关塔那摩海军基地撤出。他还明确表示，古巴不会接受任何国际组织对其领土进行"视察"。

随着苏联收手的消息逐渐传开，古巴人拥入大街来宣泄怒火。那些宣称"古巴并不孤立无援"的海报都从墙上消失了。人们呼喊着"苏联人滚回家"和"赫鲁晓夫是个懦夫"。很快人群就编出了一首新的讽刺歌：

> 尼基塔，尼基塔，
> 已经给了，你不能又拿走。

尼基塔，尼基塔，

已经给了，你不能又拿走。[46]

　　身在古巴的苏联士兵们比他们的古巴地主还要困惑。很多士兵都出门买醉。一位身在比那尔德里奥省的中情局特工描述了许多事例，比如苏联士兵出售"手表、靴子，甚至是眼镜，换来了买酒钱"。[47]根据一位捷克驻哈瓦那大使的信件，许多人为终于能够回家而高兴不已，但也有许多人伤心难过、痛苦不已。"一些专家和技术员拒绝继续工作，哈瓦那城到处都是醉鬼。"[48]

　　最无所适从的人恐怕是运输核武器的指挥官了，他们在过去的几个月中把这些人类历史上最强大的武器运过半个地球，并用它们瞄准华盛顿和纽约等城市。导弹部队的指挥官斯塔岑科少将，发现他理解不了莫斯科到底想要干什么。当他的士兵辛苦劳作，为了完成赫鲁晓夫的命令而拆除导弹基地时，他向苏联总参谋部的一位代表诉说了自己的失意。

　　"一开始你催促我，越快完成发射基地的建设越好。而现在，你竟然因为我拆除速度过慢而批评我。"[49]

　　在接下来的几天中，菲德尔为他的人民准备好了一个长期抗争的未来。他回到了 la colina，即哈瓦那大学山顶上的校园，这里曾是他早期抗争巴蒂斯塔的舞台。这一次他来到这里敦促学生们，为了保卫国家，"你们要收紧腰带，甚至可能要为国捐躯"[50]。他警告大家，古巴甚至要冒被国际社会"遗弃的风险，成为一个断电断油的国家"。"但相比于失去主权，我们宁愿回到原始的农耕社会。"

　　尽管卡斯特罗炮轰了苏联人，但他仍然是一个着眼于实际的政客。"我们不会在同一个错误上栽倒两次。"他这样告诉

年轻的追随者们。古巴不会在"和美国人决裂"后这么快又
"和苏联人决裂"。无论发生什么，都好过重新落入山姆大叔
的手心里。为了保卫革命，菲德尔情愿做出巨大的牺牲：他绝
不低下那骄傲的头颅。

　　再回到白宫，执行委员会的成员都已悉数离开，约翰·肯
尼迪发现房间里就剩下他和博比了。他们一同回顾了过去的十
三天里发生的事情，尤其是最后一个"黑色星期六"。那一
天，整个世界似乎都在核战的边缘摇摇欲坠。在过去的 24 小
时里，就像他的前辈亚伯拉罕·林肯那样，肯尼迪有好几次都
有理由扪心自问，到底是他控制着局势，还是局势控制着他。

340

　　肯尼迪明白，历史的走向不总是可以被人们预测到的。有
时候，它会被形形色色的狂热分子、被长着大胡子的人、被生
活在洞穴里的理论家、被手持步枪的刺客挟持。而在另外的时
候，它也会被一系列偶然事件拖拽到正常路径之外，比如一架
迷路的飞机、对导弹的错误识别，或者一名怒气冲冲的士兵。
政治家们试图扭转历史的混沌力量，来实现他们各自的意愿，
有些人成功了，有些人则失败了。而在战争和危机的情况下，
一切都处于流变之中，偶然事件改变历史轨迹的可能性就会
增大。

　　在被后世称为"古巴导弹危机"的事件中，这个世界面
对的疑问是，到底是谁掌控了历史：是那些西装革履的人，还
是那些大胡子，还是那些身披戎装的人，还是说谁都没能掌控
历史。在这幕剧中，肯尼迪最终与他意识形态的宿敌尼基塔·
赫鲁晓夫站到了同一边。他们谁都不想打仗。虽然说正是他们
释放了那些具有毁灭性力量的黑暗恶魔，但他们都体会到自己

身上背负着未来世代的责任，他们必须驾驭住那些恶魔。

肯尼迪在 10 月 28 日星期天下午之所以松了一口气，最大的原因在于他和赫鲁晓夫成功地夺回了对历史事件的控制权。冷战一度险些演变成核战的熊熊大火，现在终于又回到了先前熟悉的节奏。拥有常识和理性的人打败了毁灭和混沌的力量。现在的问题在于，秩序和可预见性的胜利将会持之以恒还是转瞬即逝。

回顾历史中的相似事件，约翰·肯尼迪想起了他的一位前辈。在 1865 年 4 月 14 日，即内战中南方投降的 5 天后，林肯为了庆祝他的胜利，决定前往福特剧院，去看一场名为《我们美国人的亲戚》的演出（林肯在演出中被刺杀。——译者注）。

"这个夜晚，我应该去一趟剧院。"杰克说道。[51]

博比不知道自己该报以会心一笑，还是该提醒他小心为好。

"你要去的话，我也想跟你一块儿去。"

古巴导弹危机故事中的许多人物都迅速淡出了人们的记忆，而有些人则注定要流芳百世或遗臭万年。有些人丧失名誉，有些人则获得了巨大的影响力。有些人幸福久远地活了下去，有些人则在悲剧中匆匆离世。但所有这些人，都在这历史上"最危险的时刻"写下了各自永恒的一笔。

中情局的两位破坏行动人员米格尔·奥罗斯科和佩德罗·贝拉在被遣返美国之前，在古巴蹲了 17 年的监狱。而带领他们潜入古巴的欧亨尼奥·罗兰多·马丁内斯（Eugenio Rolando Martinez）则在 1972 年 6 月试图闯入民主党全国委员会的总部时，在水门酒店被逮捕。

查尔斯·莫尔茨比被美国空军禁止飞至靠近北极以及楚科奇半岛附近的区域。他于 1998 年因肺癌病逝。

那位在为攻击关塔那摩海军基地的核弹做准备工作时丧生的苏联士兵，维克托·米赫耶夫，身着古巴军装被埋葬在圣地亚哥。他的遗骸后来被转移到埃尔奇克苏联军人墓地。他的家人仅仅被告知他是在"执行作为一名国际主义者的职责时"丧生的。

乔治·安德森于 1963 年 8 月被解除了海军作战部长的职务，并被任命为驻葡萄牙大使。

威廉·哈维在导弹危机后被解除了猫鼬行动负责人的职务，并被派遣到罗马出任中情局情报站站长，他在那里酗酒成性。

德米特里·亚佐夫于 1987 年出任苏联国防部长，并于 1991 年 8 月发动了针对苏联总统米哈伊尔·戈尔巴乔夫的政变，以失败告终。

约翰·斯卡利在尼克松总统任期内出任美国驻联合国大使。

柯蒂斯·李梅在《奇爱博士》中被丑化成那个疯狂的空军将军巴克·特吉德森。他在 1968 年的总统大选中担任种族隔离主义者乔治·华莱士（George Wallace）的副总统候选人。

切·格瓦拉于 1965 年离开古巴，继续追寻他在全世界进行革命的梦想。他于 1967 年被由中情局幕后支持的政府武装杀死在玻利维亚的群山之中。

罗伯特·麦克纳马拉继续担任国防部长直至 1968 年。他后来对自己在越南战争中煽风点火的行为表示忏悔，并继而相信古巴核战能够得以避免，完全是因为"运气"成分。

尼基塔·赫鲁晓夫于 1964 年 10 月"被退休"。他的中央委员会同人指责他"狂妄自大""冒险激进""破坏了我国政府在国际舞台上的威望"，并把世界推向"核战的边缘"。

罗伯特·F. 肯尼迪于 1968 年 6 月在加利福尼亚州竞选总统时被刺杀。

约翰·F. 肯尼迪于 1963 年 11 月被刺杀。刺杀他的刺客曾活跃于一个自称"公平对待古巴"的左翼抗议团体。

菲德尔·卡斯特罗继续执政了 45 年。2008 年 2 月，他的弟弟劳尔继任，成为新一任古巴总统。

后 记

　　古巴导弹危机在事发之初便迅速被打造成一个神话。肯尼迪的拥趸想要利用这个机会，通过解除部署在古巴的苏联导弹，为约翰·F. 肯尼迪"和平使者"和"实干家"的形象添砖加瓦。正如在此类场合通常都会使用的策略，他们突出了正面因素，并弱化了负面因素，强调了总统在与尼基塔·赫鲁晓夫的意志博弈中所表现出来的决心与技巧。官方历史学家小阿瑟·M. 施莱辛格为这个历史事件确立了自负满满的基调，他认为肯尼迪通过"强硬与克制的组合拳，通过意志、胆识和智慧的齐头并进"，"震惊了整个世界，他所达到的控制如此耀眼，他行动的精准无可匹敌"。[1]博比·肯尼迪、西奥多·索伦森以及其他幕后助手也都得出了类似的崇拜式结论。

　　肯尼迪自己对打造这一神话也是身体力行。在危机过去后不久，他就以非官方的身份，接受了记者查尔斯·巴特利特的长篇采访。巴特利特和斯图尔特·艾尔索普随后在《周六晚报》上发表了一篇文章，描述了总统是如何应对来自阿德莱·史蒂文森的压力，拒绝以撤除美军在土耳其、意大利和英国的军事基地为条件，来换取苏联撤除古巴导弹。该文章引用了一位肯尼迪副官的言论："阿德莱还想要个慕尼黑（指二战前英、法、德、意四国签订的带有绥靖主义色彩的《慕尼黑协定》。——译者注）。"[2]与史蒂文森形成鲜明对比的是，肯尼迪被描绘成一个意志坚定的领袖，即便跟赫鲁晓夫"针锋相对"，也绝不会丧失胆识。执行委员会"首席鸽派分子"博比·肯尼迪激昂地指出，对古巴进行秘而不宣的空袭将会酿成"己所不欲而施于人的珍珠港事件，并与一切美国的传统理念背道而驰"。

官方版本的历史忽略了一些不便公开的史实。执行委员会的录音材料表明罗伯特·F. 肯尼迪的立场要远比上述的声明模糊和矛盾。他"一开始基本不是个鸽派"，施莱辛格在为他写的传记《罗伯特·肯尼迪与他的时代》中这样写道。[3] 在危机开始的第一天，他是鼓吹入侵古巴的一员，甚至叫嚣要发动类似"沉没缅因号"的事件来借机除掉卡斯特罗。他基于来自其兄长和莫斯科的信号，在各个阵营之间摇摆不定。至于约翰·肯尼迪，历史资料显示他甚至到"黑色星期六"都竭尽全力避免和赫鲁晓夫最后摊牌。肯尼迪与史蒂文森的主要区别在于，总统想要在走投无路的时候才亮出各让一步、互相拆除导弹的策略，而外交官史蒂文森则愿意一开始就把这个策略摆到谈判桌上。

对这场危机的亲肯尼迪描述还略过了大部分的背景知识，这些背景知识解释了为什么赫鲁晓夫一开始要决定采用导弹博弈。根据这一描述，苏联的导弹仿佛是突然地出现在古巴，完全不是由美方挑衅所致。在美国参议院因为"水门事件"而开始调查中情局在 20 世纪 70 年代犯下的罪行之前，人们对猫鼬行动所知甚少。之后的解密档案显示，卡斯特罗和苏联确实有理由担心，美国颠覆古巴政权的尝试最后可能会升级为对古巴的军事入侵。美方的破坏活动甚至在导弹危机期间仍在按部就班地进行。至于赫鲁晓夫，他把苏联导弹部署在古巴的动机非常复杂，涉及多个层面。毫无疑问的是，他认为这一举动可以制衡美国的核优势，然而他也确实诚心想要保护古巴革命，不让古巴北方的这位强大邻居熄灭革命之火。古巴和苏联确实害怕美国会干涉，但潜藏在这份害怕背后的并非仅仅是共产主义的偏执。

　　而夜以继日的外交角力所"达成的控制"也远远没有肯尼迪阵营希望我们相信的那么"耀眼"。为了将赫鲁晓夫于10月28日的突然转向归功于自己，肯尼迪的副官们想出了一个"特罗洛普手法"，来描述美方在"黑色星期六"使用的外交手腕。这一手法的名字来自安东尼·特罗洛普（Anthony Trollope）小说中反复出现的一个片段。在这个片段中，维多利亚时代相思成疾的少女选择把别人无心的伸手解读成求婚。多年以来，这样的解释都让导弹危机学者们把这个手法安到博比身上。因为他暗示说他的兄长直接忽略了赫鲁晓夫星期六早上的呼吁——在那个呼吁中赫鲁晓夫提议两国互相解除各自在古巴和土耳其的导弹部署——而选择接受赫鲁晓夫在星期五提出的措辞模糊的提议，这个提议似乎声明只要美国保证不入侵古巴，苏联就拆除导弹。正如施莱辛格写道，这真是一个"天才且简单到令人叹为观止的想法"。[4]

　　"特罗洛普手法"包含一个真相。在索伦森的帮助下，罗伯特·肯尼迪确实重写了给赫鲁晓夫的答复，更加着重于第一封信函中意图调停的部分。而另一方面，这份答复出自多人之手。约翰·肯尼迪并没有忽略赫鲁晓夫的第二封信函，他命令博比告知多勃雷宁，美国将会在"四到五个月内"撤回它在土耳其的导弹。他也开始为公开土耳其—古巴交易做外交铺垫，如果这种公开交易具备可能性的话。总的来说，"特罗洛普手法"版本的历史比任何其他当事人的回忆，都更能给星期六下午执行委员会的激烈辩论梳理出逻辑和连贯性。这次会议可以作为对一个已经疲惫不堪的政府的研究案例，其中身心俱疲的政策制定者不堪责任的重负，在辩论中蹒跚地走向一个大家都能够接受的妥协。

数十年后再来回顾这一场危机，如果让那些曾身处危机之中的人指认那些使世界濒临核战的瞬间的话，他们会挑出两个特别的时刻。第一个时刻发生在 10 月 24 日星期三上午，这时的肯尼迪和副官们已经做好准备，要在封锁线处和苏联船只正面冲突。巴特利特和艾尔索普把它形容为"眼球对眼球"时刻，在这个决定性的"转折点"，肯尼迪态度强硬，而赫鲁晓夫则"退了一步"。那种紧张的气氛，即便是第十六大街上的苏联大使馆都能感受到。多勃雷宁大使后来回忆："当我们目睹美国电视上拍摄的苏联邮轮，一步步地靠近着那条假想线……4 英里、3 英里、2 英里，最后只剩下 1 英里，这艘船会停下来吗？这种紧张的气氛震慑住了大使馆里的每一个人。"5

第二个时刻发生在"黑色星期六"，一系列古怪事件连续发生，其中任何一件都可能导致核战争的爆发。真正的危险并不在于肯尼迪和赫鲁晓夫之间的意志博弈，而在于他们两人是否能够联手控制住那个由他们亲手释放出来的战争机器。修改一下拉尔夫·瓦尔多·爱默生的话，我们可以这么说，事件居于权位并掌控着人类。危机自生出动力。在没有赫鲁晓夫授权的情况下，一架美国 U-2 侦察机在古巴上空被苏联防空部队击落，而另一架 U-2 侦察机却在肯尼迪不知情的情况下误入了苏联的领空。这正是约翰·肯尼迪的发泄时刻，"总有些狗娘养的听不懂人话"。

美国和苏联的档案记录显示，那个"眼球对眼球"时刻并没有真正发生过，至少这个事件并非是肯尼迪和副官们所想象的那样，也不是形形色色的书籍和电影所描绘的那样。赫鲁晓夫早在 24 小时之前就决定，不会冒险与美国海军在公海发生冲突。但这一事件却轻易地抓住了记者、历史学家和政治学者的想象，最后便自然地得到了戏剧性的再创作。它成了公众理解的导弹危机的重要组成部分。形成鲜明对比的是，那个更危险的"狗娘养的时刻"却相对来说没有受到学者们的充分关注。大部分关于导弹危机的书籍甚至都没有提及查克·莫尔茨比这个名字；其他则仅仅用一两段文字就概括了飞入楚科奇半岛领空一事。[6]

　　学者们的忽视一部分可以归因于历史数据的匮乏。尽管《信息自由法案》规定的档案请求年份已经过去了两年多，美国空军却没有公开过任何档案，来帮助我们了解这起战略空军司令部历史上最难堪的事故。在莫尔茨比所属的第 4080 战略联队的官方历史中，1962 年 10 月的记录却几乎都是滑稽的托词。它将他的出航任务列入当月 42 项高空空气样本采集任务清单之中，全部任务都"百分之百的成功"。[7]只有一位获益于机密保护的政府记录员，才敢用无任何实际意义的官僚胡扯来形容这起飞机偏离 900 英里、按响了从莫斯科到华盛顿的警报的事件，我们甚至可以想象它可能引发第三次世界大战。

　　整个世界都注目于肯尼迪和赫鲁晓夫之间的意志较量，为此不惜付出把历史引入混沌歧途的代价，这令人深感不幸。后来，古巴导弹危机被人们看作国家危机处理的典范。据巴特利特和艾尔索普所言，古巴危机的和平解决在"那些手握几近无限权责的一些人心中点燃了内在的自信"。[8]总统的手下们开始相信他们自己的历史版本，但这种自信却变成了自大。约

346

翰·肯尼迪尽管漠视了军事专家的建议，却仍然通过给敌对的超级大国领导人传达谨慎的信号而赢得了一场伟大的胜利。谁也没有想过这些信息实际上被莫斯科误读了，或者赫鲁晓夫会对臆想的信号做出回应，比如他曾经就错误地相信肯尼迪会很快上电视宣布入侵古巴。只要战略取得了成功，它就足以证明战略的合理性。

这一新的外交政策心态——认为只要通过一系列周密的"强硬与克制"，美国便可以迫使全世界唯其马首是瞻——所带来的最致命的结果发生在了越南。麦克纳马拉麾下的优等生想出了一个"渐进式挤压和谈话"策略，要让北越共产党人清醒一下头脑。[9]这一策略的目标并不是击败北越，而是通过使用美国的制空权给河内送去信号，正如约翰·肯尼迪通过封锁古巴给赫鲁晓夫送去了信号一样。五角大楼的国防智囊团设计出了一系列的行动和对抗行动，试图证明河内对美国超级力量的不断挑战是徒劳无功的。一项被称作"滚雷"的轰炸行动于 1965 年 3 月开始实施。但北越领导人对由哈佛大学传授，并由兰德公司推广的博弈理论并不熟悉。他们没有按"逻辑"行事，而且完全忽视了来自华盛顿的信号。他们没有退却，反而和美国针锋相对，使得事态一步步升级。

据继麦克纳马拉之后成为美国国防部长的克拉克·克利福德（Clark Clifford）称，越南战争的缔造者们"深受古巴导弹危机教训的影响"。[10]他们认为正是"灵活反应"和"受控的事态升级"等概念帮助肯尼迪战胜了赫鲁晓夫，而这些概念也将同样帮助他们战胜越南。"他们在核武器方面和苏联一决雌雄，成功地控制了事态发展，这样的经验给他们带来一种错觉，那就是认为像北越这样落后的弹丸国家是没法抵抗美国的实力的，"克利福德解释道，"他们盲信美国的实力，认为世界上任何国家在任何情况下都不可能成功叫板美国。"

前美国驻西贡大使弗里茨·诺尔廷（Fritz Nolting）用类似的措辞评价了麦克纳马拉及其同侪的自负。"一帮雄心壮志的家伙，"他在为一本1978年出版的图书接受采访时回忆说，"想要立即把事情都摆平，收拾好残局。我们有的是实力，我们知道诀窍，我们能够做到。我记得我曾警告过鲍勃·麦克纳马拉一次，告诉他想把一台福特发动机装到一辆越南老牛车里，就算不是不可能，也会非常困难。"[11]

"他怎么回答？"采访人想要知道。

"他表示了同意，但他仍然表示'我们能够做到'。"

现今的新保守派则从古巴导弹危机中得出了一个尽管有所不同，但同样南辕北辙的教训。在为伊拉克战争备战的过程中，他们持有同样的自负，认为美国总统的政治意愿高于其他一切考量。他们是"眼球对眼球"版历史的狂热信徒。而他们的观点有过之而无不及。就在伊拉克战争爆发前不久的2002年10月，在辛辛那提的一场演讲中，乔治·W. 布什总统称赞了约翰·肯尼迪，因为他敢于诉诸武力，清除本土萌生的一种新险境（"蘑菇云"）。他带着赞许引用了肯尼迪在1962年10月22日的讲话——"我们现在生活的世界已经不同，并非只有实际发射核武器才充分构成对国家安全的挑战，才对国家构成最大的威胁。"实际上，小布什把约翰·肯尼迪当作一名战术权威，他想要抛弃自冷战以来几近半个世纪的"克制"策略。但他忽略了一件事情，他的这位前辈曾固执地拒绝了一些最亲密副官的呼吁，没有通过军事手段来解决问题。美国外交政策从威慑变成了先发制人，这一转变显现于伊拉克的舞台上。

小布什政府官员在伊拉克问题上所表现出的狂妄自大，令人想起了导弹危机后的那些"出类拔萃之辈"（出自戴维·哈尔伯斯坦的同名著作《出类拔萃之辈：聪明人在越战中的错误决策》。——译者注）。国防部长唐纳德·拉姆斯菲尔德（Donald Rumsfeld）认为传统战争的规则已经被技术进步和"震撼与威慑"改写。当巴格达街头出现无政府行为的早期迹象时，他只是居高临下地评论说"在所难免"（典出戴维·黑尔关于伊拉克战争的同名戏剧。——译者注）。拉姆斯菲尔德深信美国的军事优势没有人可以叫板，他不耐烦地认为，"某些狗娘养的"根本不可能把事情搞砸。他就像越战时期的前辈那样，是一个"雄心壮志的家伙"，总是认为"我们能够做到"。

阿瑟·施莱辛格说，书写过去是书写现在的一种方式。我们通过当前的事件和争议的棱镜重新阐释历史。当回顾1962年10月那混乱的十三天时，我们的观点受到此后所发生的一切事件的影响：越南战争、冷战结束、苏联解体、"9·11"事件、阿富汗战争和伊拉克战争。未来的历史学家检视导弹危机时则会占据更有利的位置。

再考虑输赢的问题。在危机刚刚结束后，大部分人（特别是美国人）可能会认为肯尼迪是最大的赢家。他达成了自己的基本目标，移除了古巴的苏联导弹，而且没有把这个世界带入一场灾难性的战争中去。而最大的输家则是菲德尔·卡斯特罗，至少卡斯特罗本人是这样认为的，但他的观点对大局无关紧要。他从广播里听到了赫鲁晓夫撤出导弹的决定，气愤地砸碎了一面镜子。在两个超级大国的冲突中，古巴不过是一枚棋子。然而出人意料的是，导弹危机却保证卡斯特罗稳坐古巴领导人的位置超过 40 年。肯尼迪则在取得这场外交胜利的一年多后，被一名"公平对待古巴"的活跃分子射杀了。又一年后，赫鲁晓夫被赶下了台，他的这场古巴冒险也是导致其下台的部分原因。卡斯特罗是最成功的幸存者。

随着时间的流逝，人们越来越清楚，肯尼迪导弹危机的胜利招致了许多意料之外的后果。其一是冷战军备竞赛的进一步升级，因为苏联领导人试图抹除在古巴受辱的记忆。苏联外交部副部长瓦西里·库兹涅佐夫在撤回苏联导弹不久后对一位美国高级官员说："这次就放过你们，下一次绝不会放过。"[12]苏联绝不会再一次让自己跌入战略低谷中。为了在军事上和美国平起平坐，赫鲁晓夫的继任者开启了一个庞大的洲际弹道导弹项目。

在另一场历史剧变中，苏联庞大的军事产业成了它最终解体的一个主要原因。即便是一个资源丰富、国力雄厚的国家，也不可能承受不断增长的军事开支所带来的负担。美国所引领的自由世界最终战胜了苏联领衔的集权世界，但最终的获胜方法却与许多人预料的不同。

导弹危机对于是否有可能打赢一场核战争的辩论来说是一个转折点。在 1962 年 10 月之前，由柯蒂斯·李梅领头的一群很有影响力的将军们，支持对苏联进行先发制人的核打击。但是在导弹危机之后，即便是这些将军都开始重新考虑冷战胜利的前景。要消灭所有的共产主义分子，不付出数百万美国人的性命显然是不可能的。美国和苏联都绝不会再陷入像古巴导弹危机这般规模和强度的直接军事冲突中去。代理人战争还会在越南、中东、非洲以及其他地方继续发生，但美国部队绝不会和苏联部队直接作战，连形似战争的冲突都不会再有。

当军事胜利失去可能性后，它所带来的正面影响把超级大国的竞争转移到了其他领域，而在大部分情况下美国都享有相对优势。即便是成功抵御美国军事力量的国家——越南是最明显的例子——都最终采纳了自由市场经济体系，并向外部世界开放。古巴是这一潮流中显著的反例。在卡斯特罗看来，光是能够掌权这么久，他就已经战胜了美国佬。但实际上，他把这座加勒比海中最繁荣的岛屿变成了一个破败、贫瘠的国家，停滞在 20 世纪 50 年代的时间隧道中无法脱身。你只需从迈阿密到哈瓦那走一遭，就会明白谁是赢家，谁是输家。

在古巴导弹危机的教训中，最历久弥新的便是在这个拥有核武器的世界中，传统的军事胜利已经不再现实了。共产主义并不是靠军事挫败的，它是被经济、文化和意识形态挫败的。赫鲁晓夫的继任者既不能给他们的人民提供基本的物质繁荣，也不能给他们带来精神上的满足。他们打输了意识形态的战争。最终，正如我在《打倒老大哥：苏维埃帝国的灭亡》（*Down with Big Brother：The Fall of the Soviet Empire*）中的观点，打败共产主义的是它本身。

从今天的视角来看，导弹危机的关键时刻并非 10 月 24 日那场布满疑云的"眼球对眼球"冲突。事实证明，肯尼迪和赫鲁晓夫这两个死对头都在寻找解决之道。他们都有炸毁整个世界的力量，但一想到核武器决战，他们都心惊胆战。尽管他们之间横亘着误解、恐惧和意识形态上的猜忌，但他们都是理性、聪明、正派的人。尽管世俗的一切在他们之间产生裂隙，

350

但他们都对彼此抱有一份含蓄的恻隐之情，这在杰姬·肯尼迪写给赫鲁晓夫的信中表现得尤为明显，杰姬在丈夫被暗杀后给赫鲁晓夫手写下了这封私人信件：

> 尽管您和他是死对头，但你们彼此的盟约在于你们决心不让这个世界被炸毁。我丈夫心中对核战威胁的顾虑在于，不仅大人物有可能引发核战，小人物更有可能引发核战。大人物知道自控和克制的必要性，小人物有时候会被恐惧和傲慢驱使。

如今我们可以看到，1962 年 10 月真正的核战威胁并不是来自"大人物"，而是来自"小人物"，典型事例就是"黑色星期六"的"狗娘养的时刻"。在这段时间里，种种事件迅速发展，超出了人们的掌控。用拉姆斯的话来说，"在所难免"的事件到处发生。没人能预测下一个事件会在哪里发生，也没人清楚它会带来什么样的结果。约翰·肯尼迪和乔治·W. 布什之间本质的不同在于，肯尼迪有一个巨大的优点，他能够本能地鉴别出历史的混沌力量。二战中海军尉官的经历教会他要考虑到会有搞砸事情的人出现。他知道总司令不可能掌控战场上发生的一切，无论白宫接收多少情报都无济于事。

冲突双方都装备有核武器的这一事实，实际上给肯尼迪增添了额外的约束。即便是一场小冲突，比如美国军舰与苏联潜艇交火，都有可能导致数千万美国人丧命，这样的噩梦一直萦绕于约翰·肯尼迪的脑海中。即便只有一枚苏联核弹头击中美国城市，也会导致至少 50 万人的伤亡，这一伤亡数字是美国内战的两倍，光是想一想就足够令人清醒了。

俾斯麦对政治直觉的定义是，在所有人之前听到"远方历史的脚步声"的能力。在"黑色星期六"的内阁会议室中，肯尼迪的周围正激烈地讨论着，放弃土耳其的"木星"导弹究竟会给北约带来多大的损伤，他必然在聆听着这阵脚步声。副官们的思绪落脚于政治和军事的术语，然而他的思绪却落脚于历史的术语。他明白自己必须与赫鲁晓夫摊牌，否则华盛顿和莫斯科之间的力量平衡将会被永久改变。他也同样明白，如果他没有力所能及地去避免核战的爆发，未来的世世代代将永远都不会原谅他。

古巴导弹危机证明些许个人会在政治中起到至关重要的作用。人的品性非常重要。如果 1962 年 10 月时任总统的是另外一个人，那么这场危机的结果就可能会完全不同。博比·肯尼迪后来记录道，当时参加执行委员会讨论的十几位高级顾问都"无比聪明、精力充沛……是这个国家最有能力的一批人"。然而在罗伯特·肯尼迪看来，"他们中将近一半的人如果时任总统，那么这个世界就很可能卷入一场灾难性的战争中去"[13]。他之所以得出这个结论，依照的根据在于，执行委员会将近一半的成员都赞同对古巴导弹基地进行轰炸，而走到这一步，就很可能会促成美国对这座岛屿的入侵。

即便是具备了今天的后见之明，我们也无法弄清，如果约翰·肯尼迪采纳了鹰派的建议，将会带来什么样的结果。我们可以想象赫鲁晓夫大约会对这一羞辱忍气吞声，但他也可能对柏林或其他地方施加报复。我们也可以想象，身在古巴的苏联指挥官可能会使用战略核武器进行防卫，而对莫斯科的指令不管不顾。如果军事通信出现故障，这些武器的控制权也将被迫移交给指挥各个导弹部队的将领手中。我们都知道发射一枚搭载核弹头的巡航导弹去打击关塔那摩海军基地只需几分钟的时间。如果遭受这样的攻击，肯尼迪就会承受巨大的压力，以至于不得不做出使用核武器的回应，进而想要把这场核战局限于古巴将变得非常困难。

对于苏联在古巴的军事实力，肯尼迪和他的顾问们有很多盲区。他们夸大了一部分威胁却低估了另一部分威胁。情报工作有很多失误，也有很多成绩。在低估风险之后，中情局及时发现了导弹基地的建筑工事，并非常准确地预测了各个基地进入运作状态的时间。但是，这座岛屿存放有战略核武器的秘密却被克里姆林宫保守了 30 年之久。中情局认为岛上约有 6000 ~ 8000 名苏联"顾问"。而事实上古巴的苏联士兵多达 40000 人，其中包括至少 10000 名训练有素的作战人员。

回顾这段记录，最令人震撼的莫过于传统观念的腐蚀作用。解读和分析情报比搜集情报更关键。从苏联船只上卸下大型管道的目击报告没有被采纳，因为它与中情局官方观点不相符，中情局认为在古巴部署苏联导弹与"苏联迄今为止的行动相互矛盾"。[14] 事后调查把这"情报上的奇袭"怪罪到"分析过程的失误"上。而对贝胡卡尔的核弹头掩体，美国也犯了类似的错误。有多幅照片都拍摄到了核弹头掩体，以及停靠在近旁装有核弹头的运载卡车和起重机。然而，分析师却认为不必对这个基地进行严肃的考量，因为它仅有一道安全护栏，相比之下，苏联类似的设施都配备多道护栏和多处哨站。

肯尼迪当时选择对古巴进行封锁，而没有选择空袭和入侵。他的这一决定，即使在具备我们当前所掌握的情况后再分析，也是难以辩驳的。他并没有冒险挑衅苏联人，使他们做出麦克纳马拉所称的"狗急跳墙"，这么做无疑是正确的。我们

352

应当对他的克制感恩。尽管他有诸多缺点，在政治上犯过诸多错误，但可能正是因为这些缺点和错误，才使得杰克·肯尼迪显露出一种特别光辉的人性形象。在那个时代，政客们通常会妖魔化自己的对手，但肯尼迪却提醒美国人，他们与苏联人有着相同之处且休戚相关——"我们居住在同一个星球上。我们呼吸着相同的空气。我们都珍视孩子的未来。我们都是凡人。"[15]肯尼迪的人性是他的恩典，也是我们的恩典。

当然，也有很多人批评肯尼迪。其中最振振有词的是前国务卿迪安·艾奇逊，他参加过事件早期的执行委员会讨论会。这位杜鲁门政府时期的元老震惊于会议的松散，与其说是总统的军事会议，不如说是随心所欲的学术研讨会。他支持对导弹基地进行定向空袭以排除威胁，并且认为对空袭会导致数以千计的苏联技术人员伤亡的担忧不过是"情感上的狡辩"。艾奇逊把危机的和平化解解释为"瞎猫碰到死耗子"。[16]

这不公平。关于导弹危机的故事充满着误解和误算。光靠"瞎猫碰到死耗子"是无法躲过核末日的。我们真正的好运在于，1962年10月执掌白宫和克里姆林宫的是像约翰·菲茨杰拉德·肯尼迪和尼基塔·谢尔盖耶维奇·赫鲁晓夫这样理智而又清醒的人。

致谢与文献

　　当我下定决心，要写一本关于古巴导弹危机的书时，我常常遇到的问题是："一个被研究得如此详尽的主题还能谈论出什么新花样呢？"结果答案是可以谈论的还有很多。我用了两年时间在六个国家（包括美国、俄罗斯和古巴）进行调查研究，挖掘关于 1962 年 10 月那十三天的一大批全新资料，它们告诉我们，世界是如何从核毁灭的结局中幸运逃脱。一些"陈旧"的资料，比如众所周知的 10 月 24 日"眼球对眼球"冲突，都在调查中丧失了真实性。这本书中对几段重要插曲的描述，包括苏联入侵美国关塔那摩海军基地的计划和误入苏联领空的 U－2 侦察机，都基于之前未经披露的原始资料和档案。其他原始档案则一直处于众人目力可及之处，但从来没有人注意过。可以肯定地说，关于危机的真相将在未来得到更多的揭露。

　　在过去的二十多年间，尤其是自 1991 年苏联解体后，大量关于古巴导弹危机的材料进入了研究视野。可是当我发现许多涉及危机的美国政府档案，包括战略空军司令部、参谋长联席会议和国防情报局的记录，对于研究者来说依然是无法涉足的禁区时，我感到非常讶异。其他记录组，包括亚拉巴马州马克斯韦尔空军基地的空军历史研究部持有的资料，也都受到了严格的限制。大部分苏联政府档案，尤其是国防部档案都没有被公开。至于从古巴档案中获取资料，可能要等到哈瓦那更替政权了。

通过综合参考三种语言（英语、俄语和西班牙语）的原始档案资料，我克服了一部分阻碍。比方说，我之所以能够发现苏联在"黑色星期六"清晨把搭载核弹头的巡航导弹部署在关塔那摩海军基地 15 英里的半径范围内，其关键就在于运用了上述方法。首先激发我的好奇心的是一份苏联在古巴的伤亡名单，它显示两名苏联士兵于 1962 年 10 月 27 日在关塔那摩附近牺牲。一位名叫西摩·赫什的调查记者于 1987 年 10 月发表的一篇文章也引起了我的注意，这篇文章谈论了发生于古巴东部的一场"交火"，牵涉了苏联部队和古巴部队，他们之间的通信内容则显然被美国情报人员截获了。赫什的文章提及了一位叫作马尔采夫的苏联指挥官，他下令派遣救护车赶至现场。而这幅拼图的另一块则来自一名"阿纳德尔行动"老兵的俄语回忆录，里面有一句话提到把前线巡航导弹转移到了靠近关塔那摩的"前沿阵地"。

356

当我的俄罗斯调研员斯韦特兰娜·切尔翁纳亚追踪到其中一名苏联死伤士兵维克托·米赫耶夫的家人时，这个充满疑团的故事开始显现出内在的逻辑了。原来米赫耶夫曾经是午夜巡航导弹护卫队的一员，而他乘坐的卡车跌入了峡谷。我们还找到了那个护卫队的其他士兵，他们仍然记得那场事故，也记得巡航导弹的部署。当我梳理华盛顿哥伦比亚特区海军历史中心的档案时，发现了一份来自关塔那摩海军基地指挥官的机密文件，这份文件报告了在 10 月 26 日至 27 日晚间"为约 3000 名苏联/中国/古巴部队增加炮弹装备"。文件中给出了部署开始和结束时刻的精确军事坐标，误差在 200 码之内，这种消息的来源只能是截获的无线电信号。由此我得以把护卫队标在关塔那摩海军基地 15 英里的半径范围内，和苏联老兵的描述相吻合。这个拼图最后一块的就位，在于我发现那个巡航导弹兵团的指挥官是马尔采夫上校。赫什提到了被截取的通信信号，这点并没有错，但他搞错了那场"交火"的实质，他错以为那是苏联士兵和古巴士兵之间的冲突。

后来我还在波士顿的肯尼迪图书馆找到了一份备忘录，它来自一位美国商人威廉·诺克斯，他曾于 10 月 24 日与赫鲁晓夫会面。这份备忘录中记录了当时苏联领导人对美国的要挟，而这在之前没有被披露过。赫鲁晓夫告诉诺克斯说，如果肯尼迪想要知道我们在古巴部署的武器到底是什么，他就得入侵那个岛屿，"而关塔那摩海军基地则会在当天就被摧毁"。我在 2006 年 3 月拜访古巴奥连特省时，关塔那摩附近崎岖的地形给我留下了深刻的印象。

另一个例子是确定苏联核弹头的存储基地。这是导弹危机的一大谜团，至今仍没有得到完全解决。中情局认为古巴必定有核弹头，否则那些导弹将毫无用武之地。但美国情报分析师没法确定核弹头的位置，并最终放弃了尝试。我通过核对不同的资料，认为自己已经解开了这个谜团。在负责处理这些核弹头的苏联军官的回忆录中，以及在我对他们的采访中，他们大致描述了掩体的位置。他们表示最核心的核武器掩体位于哈瓦那南部小镇贝胡卡尔附近。我于 2006 年 3 月走访了贝胡卡尔，但没能确定掩体的准确位置。当我在马里兰州科利奇帕克的国家档案馆研究中情局的记录时，我却找到了一些文献，指出贝胡卡尔附近曾有"弹药掩体"。原来中情局曾怀疑过这个掩体可能用于储存核弹头，但由于这一设施并没有配备多道安全护栏而放弃了这个想法。

我对核弹头的搜寻在 2007 年的夏天获得了突破性的进展，因为我发现美国海军和空军飞机在导弹危机时期拍摄的原始情报底片被转移到了国家档案馆。更准确地说，国防情报局成千上万桶底片被存放在了堪萨斯州的档案机构。剩下的难题只有一个：大部分检索工具都仍然处于"机密状态"。我几乎没法在这些底片桶的编号中找出规律和逻辑，这使得研究过程几乎等同于大海捞针。每次我只被允许索取二十桶底片，连夜从堪萨斯州空运至华盛顿州。在查找了超过一百桶底片（差不多有数万张照片）后，我很幸运地找到了一些之前未曾出版过的关于贝胡卡尔设施的照片，它们由美国侦察机于 1962 年 10 月拍摄。其中几张照片拍到了用于在古巴境内运输核弹头的特制卡车，这证明我找对了地方。我把这些照片与谷歌地图的实时照片结合比对，最终找到了核弹头存储基地的准确位置。

最后一个例子是发掘 U-2 侦察机于"黑色星期六"误入楚科奇半岛上空的详情。有关导弹危机的学术研究通常对这起事故只是一笔带过。美国空军对查尔斯·F. 莫尔茨比飞行任务的保密工作做得滴水不漏，除了他所属部队的历史记录外，没有任何其他资料，而这份历史记录也奇怪地宣称他的任务获得了"百分之百的成功"。我自 2005 年起敦促美国空军披露莫尔茨比飞行任务的资料，但他们甚至没法（或者是不愿）找到战略空军司令部相关记录的存放位置。为了一片片拼出这起事故的原貌，我不得不依靠其他资料来源，其中包括莫尔茨比于 1998 年死于肺癌之前写下的翔实的回忆录，我从他的遗孀珍妮那里得到了这份资料。此外，我还采访了他的导航员弗雷德·冲本，以及其他 U-2 侦察机飞行员战友。我还发现了一份至关重要的档案，一张标注了莫尔茨比准确飞行路径的地图，以及那些被派遣去击落他的米格截击机的跟踪数据，这些档案都藏在国家档案馆关于国务院行政秘书处的文件中。我怀疑这张地图是国务院解密员不慎公开的，他可能并没有意识到这张地图的重要性。读者可以在第三组插图中看到这张地图，上面并没有任何特别的机密标注。但是，我也没法理解为什么莫尔茨比的飞行任务需要官方做这么多的保密工作。最合理的解释可能是美国政府并不希望证实那个已经众所周知的事实，即美国曾对苏联防空的追踪信号进行实时监控，并利用这些报告弄清了走失的 U–2 侦察机的状况，最终引导它安全地回家。

在为这本书所做的两年调查研究中，我采访了来自美国、俄罗斯、乌克兰和古巴的一百多名导弹危机老兵。他们的名字在本书后面的尾注中都有提及，我就不在此赘述了。但我想特别提及其中的一些人，来表达我由衷的谢意。我在俄罗斯的调查研究主要依赖于斯韦特兰娜·切尔翁纳亚的协助，她是一位出色的档案调查员，帮助我破解了诸多重要的历史事件。多亏了斯韦特兰娜，我得以数次和亚历山大·费克利索夫会面，他是一名苏联间谍，负责监视朱利叶斯·罗森伯格，以及导弹危机期间华盛顿的克格勃机构的日常运作。她同样充当了我的向导，让我见到了由阿纳托利·格里布科夫（他是导弹危机时期苏联总参谋部驻古巴的代表）和列昂尼德·桑尼科夫（他在导弹危机时期是一名年轻的中尉，服役于大萨瓜的一个导弹团）领导的苏联老兵团体。桑尼科夫管理的组织叫作"国际主义战士跨区域协会"（Mezhregional'naya Assotsiatsia Voinov-

Internationalistov），他慷慨地允许我查阅这一组织在过去十年　358
间从导弹危机老兵处收集的信件和回忆文字。桑尼科夫不但介
绍我认识了许多该组织的成员，还将我引见给谢尔盖·卡尔洛
夫中校，他是苏联战略火箭军的历史学家，而且他对"阿纳
德尔行动"百科全书式的了解所基于的原始档案至今仍然不
对西方学者开放。

　　在当年身处古巴的苏联老兵之中，我要特别感谢前战略火
箭军参谋长维克托·叶辛中将，在当时，他还然是一名中尉工
程师。叶辛现在是莫斯科美国—加拿大研究所的一名教授，他
耐心地向我解释了 R - 12 导弹的运作和发射程序。而我能够
了解导弹是如何瞄准美国城市的，则要归功于苏联总部的弹道
部副部长尼古拉·奥布利津少校。奥布利津是一位著名的数学
家，他参与过许多复杂的弹道计算，包括在没有电脑、没有
GPS 的时代参与瞄准华盛顿哥伦比亚特区和其他美国城市的弹
道计算。在基辅，瓦连京·阿纳斯塔西耶夫将军告诉我许多关
于处理苏联核弹头的故事，包括 6 枚由他个人负责的广岛型原
子弹，这让我大为震惊。

　　在美国，我有幸采访了几位危机时期的老政治家，包括前
国防部长罗伯特·麦克纳马拉以及约翰·肯尼迪的特别顾问兼
演讲撰稿人西奥多·索伦森。我还要向国家照相判读中心主管
阿瑟·伦达尔的首席助理迪诺·布鲁焦尼致谢，他用了很多时
间教会我照相侦察的技巧，以及怎么把这种技巧运用于古巴的
案例中。迪诺还告知我原始情报照片被转移到国家档案局的消
息，为我开启了一次尽管艰辛但收获颇丰的侦探之旅。其他不
厌其烦地向我提供帮助的美国老兵包括：前国务院人员雷蒙德·
加特霍夫，他阅读了我的早期手稿并提出了非常有益的指导意

见；U－2 侦察机飞行员理查德·海泽和杰拉尔德·马克莫里，他们都在导弹危机时执行过飞行任务；格雷戈里·J. 齐泽克，他在当时准备和美国海军陆战队一同登陆古巴；情报老兵托马斯·帕罗特、托马斯·休斯和沃伦·弗兰克。我对第 55 战略侦察机联队非官方历史学家罗布·胡佛心怀感激，他帮助我和许多部队老兵取得了联系，同样感谢乔治·卡西迪，他为我和美国军舰"牛津号"上的老兵牵线搭桥。在佛罗里达州，我要特别感谢《迈阿密先驱报》的前记者唐·博宁，让我得以认识反卡斯特罗斗争的老兵们，包括卡洛斯·奥布雷贡和卡洛斯·帕斯夸尔，他们在导弹危机期间身居古巴的奥连特省，秘密地从事中情局的情报搜集工作。我还要感谢佩德罗·贝拉，他曾尝试破坏马塔安布雷的铜矿，却在任务失败后被中情局抛弃，在古巴蹲了 17 年的监狱。他现在居住在坦帕市。

　　我没能从古巴当局得到任何帮助。我在古巴试图调查导弹危机时恰逢卡斯特罗执政晚期，权力正在移交给劳尔，而这期间哈瓦那官僚体系的瘫痪阻碍了我的签证申请：在古巴，即便做最简单的决定，也必须得有金字塔顶端人物的首肯。但就结果而言，我并不认为官方的不配合给我的调查研究造成了多大的影响。古巴为其他历史学家提供的帮助也仅限于菲德尔的长篇独白——关于这个主题一切都包含在这些独白中了——以及一些经过细致筛选的老兵采访。国家安全档案馆组织的研讨会完整地记录了古巴官方的观点，这是一个附属于华盛顿哥伦比亚特区乔治·华盛顿大学的非营利团体。我分别在 2006 年和 2007 年以私人身份前往古巴，足迹遍及整个岛屿，拜访了许多与导弹危机相关的场所，包括比那尔德里奥省的切·格瓦拉藏身的山洞、马塔安布雷铜矿、美国原定入侵登陆的达拉拉海

滩，以及埃尔奇克的苏联总部。我和数十位古巴人进行了私下
交流，其中有数位对 1962 年 10 月的情景记忆犹新。

　　尽管导弹危机老兵的描述对我的调查研究非常重要，我仍
然把所有的口头表述和文字材料进行了一一比对。事件已经过
去四十多年了，即便是最为谨小慎微的见证人也可能会被记忆
捉弄，犯错、张冠李戴、日期混淆也都是非常常见的事情。至
于档案记录也常常会不完整，有时还会不准确。甚至连执行委
员会成员都会收到错误的情报，而这在导弹危机期间也屡见不
鲜。我来举两个例子。首先，在 10 月 24 日，中情局局长约翰·
麦科恩在日记中写道，一艘驶向古巴的苏联船只在和一艘美
国驱逐舰发生冲突后调头返回了。实际上，这起事件从来就
没有发生过。其次，在"黑色星期六"，麦克纳马拉向肯尼
迪总统报告说，一架飞至古巴上空的美国侦察机被防空火力
击中。这一报告后来被证明并不准确。对于研究者来说，最
明智的方法是寻找多方资料，将档案证据和口述历史进行相
互验证。

　　我在档案方面的研究始于国家安全档案馆搜集的古巴导弹
危机档案，内容非常详尽，是当代历史学者不可或缺的文献资
料。这一档案馆在汤姆·布兰顿的带领下，充分利用《信息
自由法案》，尽可能地从比较固执的美国官僚体系中撬出历史
档案。在古巴导弹危机的案例中，该馆于 1988 年打赢了一场
意义深远的法庭战，由此获取了国务院历史学家编纂的资料
集。国家安全档案馆还与学术研究人员通力合作，组织了一系
列关于导弹危机的重要研讨会，包括 1989 年在莫斯科举行的
研讨会，和分别于 1992 年和 2002 年在哈瓦那举行的研讨会。

我对国家安全档案馆的许多工作人员感激不尽，其中包括布兰顿、斯韦特兰娜·萨夫兰斯卡娅、彼得·科恩布鲁、马尔科姆·伯恩以及威廉·伯尔，他们为我提供了诸多档案，并帮助我找到了正确的研究方向。在表达谢意的同时，我也希望能够通过该馆把我自己关于导弹危机的记录提供给其他研究人员。

导弹危机研讨会的文字记录可以在詹姆斯·布莱特、布鲁斯·阿林、戴维·韦尔奇等著的《濒临边缘》（*On the Brink*）系列图书中找到，我在尾注中均有标注。在古巴政府向研究人员开放档案之前，这些研讨会材料仍然是研究古巴官方观点可用的最佳资料。关于执行委员会会议的文字记录，我主要依赖弗吉尼亚大学米勒中心的研究成果。这些研究还在进行，并经过更新，收入了其他学者的反对意见，尤其是约翰·肯尼迪图书馆历史学者谢尔顿·斯特恩的意见，他指出了其中诸多错误。即便是这样，这些研讨会资料仍然是关于执行委员会会议实况最翔实的资料，而且通过米勒中心网站可以便捷地从网络上获取，还可以下载到原始录音。

在美国获取苏联关于导弹危机的档案要比在俄罗斯更容易。材料的最佳来源是德米特里·沃尔科戈诺夫收集的资料，它存放在华盛顿哥伦比亚特区的国会图书馆。苏联军事历史学家沃尔科戈诺夫收集的多数档案资料都借助"冷战国际史项目"而被翻译成了英文，并刊于它们的公报。我手上的其他苏联档案由国家安全档案馆的斯韦特兰娜·萨夫兰斯卡娅和哈佛大学冷战研究项目的负责人马克·克雷默提供。克雷默对苏联和东欧的档案做过大量研究，并写成了关于苏联军事的权威著作。关于导弹危机期间苏联潜艇的作用，萨夫兰斯卡娅是美国在这方面的前沿专家。她曾以私人方式采访过苏联在这场危机中的主要人物，其中包括四位潜艇船长。她让我得以结识B-59潜艇船员瓦季姆·奥尔洛夫，并向我提供了B-36潜艇船员阿纳托利·安德烈耶夫的日记。俄罗斯对外情报局（SVR）的媒体中心则向我提供了苏联关于导弹危机的情报报告。

美国关于古巴导弹危机的档案资料主要存放在波士顿的约翰·肯尼迪图书馆、马里兰州科利奇帕克的国家档案馆，以及华盛顿哥伦比亚特区的海军历史中心。每一处都有各自的优缺点。约翰·肯尼迪图书馆的国家安全文件是关于危机的非常全面且易于获取的档案。可不幸的是，肯尼迪家族仍然对部分档案施加限制。罗伯特·F.肯尼迪的私人记录，包括涉及猫鼬行动的记录，基本上都不对独立研究人员开放。肯尼迪家族还坚持，对总统医学记录的调查必须有"合格"的医学专家随行。波士顿大学的流行病学教授罗伯特·霍斯伯勒于是慷慨地贡献了一个下午的宝贵时间，陪我一同查阅了那些医学记录。约翰·肯尼迪图书馆的前馆长德博拉·莱夫向我提供了帮助和建议，我也要向她表示感谢。

国家档案馆的导弹危机记录分散在诸多不同的资料集中，而且不同的资料集对公众的开放程度也不同。令人十分好奇的是，其中最丰富且最容易获取的资料便是中情局的资料，而中情局实际上却常常因为缺乏公开性而遭到批评。关于导弹危机的大量中情局记录，包括每天的照相判读报告和古巴苏联导弹系统的更新状况，都可以从关于档案馆的CREST计算机系统中获取数字版本。猫鼬行动的详细档案可以从关于约翰·肯尼迪刺杀的文件汇集中获取，而且国家档案馆的网站上还配有在线检索工具。这份价值极高的文件汇集较少涉及肯尼迪刺杀事

件，反而包含古巴导弹危机时的很多资料，比如1962年10月
美国海军入侵古巴的计划，以及导弹危机期间古巴境内美国特
工的报告。

361　　　　相比之下，五角大楼关于导弹危机的记录则非常稀少。在
我的要求下，国家档案馆开始了国防部长办公室有关导弹危机
记录的解密工作，但数以百计的重要档案仍然以"筛选"为
由而没有公开。正如我前文所述，国防情报局收集的大部分原
始情报底片都解密了，但由于没有检索工具，而使得大部分资
料都难以获取。国务院关于危机的绝大多数记录都可供研究人
员获取。就我在国家档案局解密和获取古巴导弹危机的记录而
获得的帮助，我想要感谢以下几位：艾伦·温斯坦、迈克尔·
库尔茨、拉里·麦克唐纳、蒂姆·嫩宁格、戴维·门格尔、赫
伯特·罗林斯－米尔顿，以及詹姆斯·马西斯。我由衷感谢
GlobalSecurity.org网站的蒂姆·布朗，他指导我看懂了国防情
报局的图片。

　　　在将导弹危机的记录向公众开放方面，美国海军和海军陆
战队是4处美国军方档案机构中做得最为出色的，尽管它们在
历史研究方面的预算和空军相比几乎是九牛一毛。我用了几个
星期的时间在海军历史中心梳理它们的记录，其中包括古巴周
边封锁线的实时报告、海军作战部长的办公日志以及每日的情
报总结。我想要感谢海军历史中心的蒂姆·珀蒂和海军航空历
史分部的柯蒂斯·A.乌茨。

　　　比起海军，美国空军在档案记录方面就做得非常糟糕，因
为这些记录基本上都难以被学者获取。目前为止，空军解密的
大部分记录都是部队历史，而鲜有像命令、电报和报告之类的
原始材料。这些历史记录有的很有价值，有的则一文不值。在

很多情况下，这些历史的编纂是为了美化空军，而不是为了准确地描述导弹危机期间的真实情况。面对源源不断的导弹危机记录请求，空军的回应仅仅是公开了更多的部队历史，而不是历史背后的原始档案。琳达·史密斯和迈克尔·宾德在机构的限制范围内尽可能地为我提供了帮助，我对他们表示由衷的感谢。在我拜访马克斯韦尔空军基地的空军历史研究部期间，托尼·佩蒂托向我伸出了援手。在我请求有关特定时间的资料时，柯特兰空军基地空军安全中心的路易·阿利非常及时地做出了回应。

研究和写作都是孤独的行当，这也使我更加感激那些在这条路上为我提供帮助的机构与个人。我需要特别感谢美国和平研究所，它在 2006～2007 学年授予我高级研究员职位。美国和平研究所的支持使我可以数次前往俄罗斯和古巴，并将更多的时间用于写作，没有它的帮助，情况将大不相同。多亏了美国和平研究所，让我能够用两年时间，而不是六个月来完成这个项目，这也使得本书能够精益求精。美国和平研究所的许多人都向我提供了帮助，而我尤其想要感谢的是理查德·所罗门、弗吉尼亚·布维尔，以及我的研究员克里斯·霍尔布鲁克。

我要感谢塞尔戈·米高扬和谢尔盖·赫鲁晓夫，因为他们提供了对苏联政治系统的第一手洞见，并为我们打开了窥探苏共政治局高级官员日常生活的大门。塞尔戈是他父亲阿纳斯塔斯·米高扬的非正式顾问，并数次陪伴他前往古巴。谢尔盖编辑了他父亲的回忆录，并曾参与过苏联火箭项目。

以古巴导弹危机这样的主题研究著述，是一个研究他国及

362

其文化的绝好机会。感谢《华盛顿邮报》在 1988～1993 年派我出任驻莫斯科记者，使我在开始这个项目之前就已对俄罗斯及俄罗斯人有了一定的了解。而我再次拜访莫斯科时，又得到了斯韦特兰娜·切尔翁纳亚极大的帮助。列娜·伯格安诺娃是我在基辅的向导，她是一位出色的社会学博士生。古巴和拉美对我来说基本上是陌生的。我要特别感谢米里亚姆·阿罗塞梅纳，她教我学习西班牙语，并向我介绍了拉美的文化、历史和文学。多亏了她，我在古巴调查时才能不依赖翻译和官方向导。

　　我在写作前一本书的时候，得到了阿什贝尔·格林的诸多建议，受益良多，他是美国最出色的编辑之一，在克诺普夫出版社任职 23 年后于 2007 年退休。与他共事过的作者包括安德烈·萨哈罗夫、瓦茨拉夫·哈韦尔和米洛万·吉拉斯，可想而知他是我所能找到的最理想的搭档。我会非常想念和他共事的时光。他把我的书转交给安德鲁·米勒，米勒编辑在改进本书方面为我提供了许多宝贵的建议。我还想要感谢的克诺普夫出版社人员包括保证本书准时出版的萨拉·谢比尔、文字编辑安·阿德尔曼、图书设计师罗伯特·奥尔森、地图绘制师戴维·林德罗特、制作编辑梅根·威尔逊，以及为本书设计漂亮封面的杰森·布赫。我要特别感谢我的经纪人雷夫·萨加林，感谢他的友情和支持。

　　在莫斯科，彼得·贝克、苏珊·格拉瑟、彼得·芬恩、谢尔盖·伊凡诺夫和玛莎·李普曼都不辞辛劳地向我伸出援手。在波士顿，亚历克斯·比姆和基基·伦德伯格的友好接待令我倍感温暖。在伦敦，彼得·多布斯、米歇尔·多布斯，以及我的兄弟杰弗里·多布斯一直慷慨地为我提供食宿。

除了克诺普夫出版社的编辑们外，还有一些人不辞辛劳地阅读了我的手稿并提供了有用的建议，他们包括汤姆·布兰顿、斯韦特兰娜·萨夫兰斯卡娅、雷蒙德·加特霍夫、戴维·霍夫曼、玛莎·李普曼。特别感谢马丁·舍温，他的评论锋利如刀，句句击中要害。我的母亲玛丽·多布斯本身也是一位作家，她对我的早期手稿提出了很多宝贵的修改意见，我不得不用两个月的时间进行修改。

我最需要感谢的永远都是我的妻子莉萨，以及我的三个孩子亚历克斯、奥利维娅和乔乔。我把本书献给奥利维娅，在我沉浸于本书的两年间，她的音乐创作才能、语言天赋以及对这个世界的好奇心都绽放出了美丽的花朵。

注　释

缩写表

AFHRA	空军历史研究部，马克斯韦尔空军基地
AFSC	空军安全中心，柯特兰空军基地
CINCLANT	大西洋总司令部
CNN CW	美国有线电视新闻网《冷战》系列节目（1998），伦敦国王学院采访文字记录
CNO	海军作战部
CNO Cuba	海军作战部古巴历史文件58~72号盒子，行动档案，美国海军历史中心
CREST	中情局记录检索工具，国家档案与文件署
CWIHP	"冷战国际史项目"公报
DOE	能源部公共网络
FBIS	对外广播谍报处
FOIA	对《信息自由法》依法请求的回应
FRUS	《美国外交关系（1961~1963）》，第10、11、15卷，华盛顿哥伦比亚特区：美国政府印刷局，1997，1996，1994
Havana 2002	关于1962年10月古巴导弹危机的哈瓦那研讨会，研讨会简报手册由国家安全档案馆提供
JFKARC	约翰·F. 肯尼迪刺杀记录资料集，国家档案与文件署
JFKL	约翰·F. 肯尼迪图书馆，波士顿

JFK2，JFK3	菲利普·泽利科、欧内斯特·梅，《总统记录：约翰·F. 肯尼迪，大危机》，第2、3卷，米勒公共事务中心，弗吉尼亚大学
LAT	《洛杉矶时报》
LCV	国会图书馆德米特里·沃尔科戈诺夫资料集
MAVI	"国际主义战士跨区域协会"档案，莫斯科
NARA	国家档案与文件署，科利奇帕克，马里兰州
NDU	国防大学，华盛顿哥伦比亚特区
NIE	国家情报总监
*NK*1	尼基塔·赫鲁晓夫，《赫鲁晓夫回忆录》，波士顿：小布朗出版社，1970
*NK*2	尼基塔·赫鲁晓夫，《最后的遗言——赫鲁晓夫回忆录续集》，波士顿：小布朗出版社，1974
NPRC	国家人事文件中心，圣路易斯，密苏里州
NSA	国家安全局
NSAW	国家安全档案馆，华盛顿哥伦比亚特区
NSAW Cuba	国家安全档案馆，古巴资料集
NYT	《纽约时报》
OH	口述历史
OSD	国防部部长办公室，古巴文件，国家档案与文件署
RFK	罗伯特·F. 肯尼迪，《十三天：古巴导弹危机回忆录》，纽约：诺顿出版社，1969
SCA	国务院古巴事务协调员记录，国家档案与文件署
SDX	国务院行政秘书处记录，国家档案与文件署
SVR	苏联对外情报档案，莫斯科
USCONARC	美国陆军司令部
USIA	美国情报机构
USNHC	美国海军历史中心，美国陆军司令部，华盛顿哥伦比亚特区
WP	《华盛顿邮报》
Z	祖鲁时间或格林尼治时间，比魁北克时间（美国东部夏令时）早4个小时，比罗密欧时间（美国东部标准时间）早5个小时，时间序列241504Z等同于241504GMT、241104Q或241104EDT

第一章　美国人

1. 罗伯特·F. 肯尼迪，*Thirteen Days*，（New York：W. W. Norton，1969），24。导弹发射场的照片存于肯尼迪图书馆、国家安全档案馆，以及海军历史研究中心和国家档案与文件署（NARA）。

2. 1988 年 1 月 CNN 和 Sidney Graybeal 的访谈，CNN CW。

3. 迪诺·布鲁焦尼，"The Cuban Missile Crises Phase 1."CIA *Studies in Intelligence*（Fall，1972），49 – 50，CREST；Richard Reeves，*President Kennedy：Profile of Power*（New York：Simon & Schuster，1993），371；2005 年 10 月作者和罗伯特·麦克纳马拉的访谈。

4. CIA，*Joint Evaluation of Soviet Missile Threat in Cuba*，1962 年 10 月 19 日，CREST。中情局预计 R – 12（SS – 4）的射程为 1020 海里，实际射程为 2080 公里或者 1292 英里。文中所有海里单位均换算成常用的英里。

5. 关于执行委员会的对话，我参考了由弗吉尼亚大学米勒公共事务中心制作的，由 Philip Zelikow 和 Ernest May 编辑的手稿，*The President Recordings：John F. Kennedy*，*The Great Crisis* 第二卷和第三卷（以下简称"JKF2"和"JFK3"）。米勒中心的网站上有上述手稿。我也咨询了 Sheldon M. Stern 的 *Averting "the Final Failure"：John F. Kennedy and the Secret Cuban Missile Crisis Meetings*（Stanford，CA：Standford University Press，2003）。同时，我也听取了原始录音带，这些录音带可在米勒中心和肯尼迪图书馆（JFK）取得。

6. Micheal Beschloss，The Crisis Years（New York：Haper Collins，1991），101.

7. 基廷的新闻稿，1962 年 10 月 10 日。

8. Kai Bird，*The Color of Truth*（New York：Simon & Schuster，1988），226 – 7. Kenneth P. O'Donnell and David F. Powers，*Johnny*，*We Hardly Knew Ye*（Boston：Little，Brown，1970），310.

9. William Taubman，*Khrushchev：The Man and His Era*（New York，W. W. Norton，2003），499.

10. Beschloss，224 – 7. Robert Dallek，*An Unfinished Life*（Boston：Little，Brown，2003），413 – 15. Reeves，174.

11. Reeves，172.

12. Dallek，429.

13. Beschloss, 11.

14. FRUS, 1961 – 1963, 卷 11：Cuban Missile Crisis and Aftermath, 19 号文件。特别小组的破坏计划和早期会议可查询 NARA 的 JFK Assasination Records Collection。也可参见 Richard Helms, *A Look Over My Shoulder*（New York：Random House, 2003）, 208 – 9。

15. JFKARC, 1962 年 10 月 16 日的猫鼬计划备忘录。

16. JFKARC, 1962 年 1 月 19 日, 中情局备忘录。也可参见丘奇委员会报告, *Alleged Assasination Plots Involving Foreign Leaders*（U. S. Government Printing Office, 1975）, 141。

17. Richard D. Mahoney, *Sons and Brothers：The Days of Jack and Bobby Kennedy*（New York：Arcade, 1999）, 87.

18. 迪诺·布鲁焦尼, *Eyeball to Eyeball：The Inside Story of the Cuban Missile Crisis*（New York Random House, 1991）, 223；RFK, 23。

19. RFK, 27.

20. Reeves, 264；Dallek, 439.

21. Samuel Happern 和中情局的历史人员的访谈, 1988 年 1 月 15 日, JFKARC 记录号 104 – 10324 – 1003。

22. 小阿瑟·M. 施莱辛格, *Robert Kennedy and His Times*（Boston：Houghton Mifflin, 1978）, 534。

23. 作者与托马斯·帕鲁特于 2005 年 10 月的采访。

24. Richard Goodwin, *Remembering America*（Boston：Little, Brown, 1988）, 187。

25. "The Guba Project", 1962 年 2 月 20 日, JFKARC 记录号 176 – 10011 – 10046。

26. 麦克马纳斯和丘奇委员会的访谈, JFKARC。

27. 兰斯代尔的备忘, 1962 年 10 月 15 日, JFKARC；帕鲁特和丘奇委员会的访谈。1976 年 1 月 1 日给丘奇委员会的信中, 兰斯代尔否认了自己的"光照"建议, 但有记录证明他的确提出过这个建议。

28. Robert A. Hurwitch 备忘录, 1962 年 9 月 16 日, SCA, JFKARC 记录号 179 – 10003 – 10046。

29. Reeves 引用的艾森豪威尔总统的文件，103。

30. 出处同上，174。

31. Joseph Alsop, "The Legacy of John F. Kennedy", *Saturday Evening Post*, 1964 年 11 月 21 日，17。"五分之一"来自 Reeves，179。

32. Max Frankel, *High Noon in the Cold War*（New York：Ballantine Books, 2004），83.

33. 托马斯·帕鲁特备忘录，1962 年 10 月 17 日，SCA，JFKARC 记录号 179 - 10003 - 10081。

34. 国务院的"The Cuban Crisis 1962"历史，72，NSA Cuba；CINCLANT Historical Account of Cuban Crisis, 141, NSA Cuba。

35. JSC 备忘录，1962 年 4 月 10 日，JFKARC。

36. L. L. Lemnitzerbeiwl, 1962 年 8 月 8 日，JKFARC。

37. Edmund Morris, *Theodore Rex*（New York：Random House, 2001），456.

38. James G. Blight, Bruch J. Allyn and David A. Welch, *Cuba on the Brink：Castro, the Missile Crisis, and the Soviet Collapse*（New York：Pantheon Books, 1993），323 - 4.

39. RFK 日记，JFKARC。也可参见 Chronology of the Matahambre Mine Sabotage Operation, William Harvey to DCI, 1962 年 11 月 14 日，JFKARC。

40. Evan Thomas, *Robert Kennedy：His Life*（Philidelphia：J. B. Lippincott, 1966）51.

41. Chronology of the Matahambre Mine Sabotage Operation；哈维关于破坏行动的备忘录，1962 年 10 月 19 日，JFKARC。

42. Reeves, 182.

43. 布鲁焦尼，*Eyeball to Eyeball*，469。

44. Reeves, 175.

45. O'Donnell and Powers, 318.

46. Stern, 38；Beschloss, 530.

47. 作者与佩德罗·贝拉于 2006 年 1 月的访谈；哈维给兰斯代尔的备忘录，1962 年 8 月 29 日，JFKARC。古巴军方对贝拉和 Pedro Ortiz 的审问，Documentos de los Archivos Cubanos, 1962 年 11 月 8 日，Havana 2002。

48. 另一个代号为"ISOLATION"；Chronology of the Matahambre Mine Sabotage Operation。

49. Warren Hinckle and William Turner, *Deadly Secrets* (New York：Thunder's Mouth Press, 1992), 149.

50. 马拉霍夫的回忆, Archives of Mezhregional'naya Assotsiatsia Voinov – Internatsionalistov, Moscow (以下称MAVI)

51. 叶辛等著, *Strategicheskaya Operatsiya Anadyr'*: *Kak Eto Bylo* (Moscow：MOOVVIK, 2004), 381。除特别说明，本书的参考出处均为2004年版本。有些导弹团的名字出于苏军的保密需要已经在"阿纳德尔行动"中改名。第79导弹团指的是古巴的第514导弹团。中情局说圣克里斯托巴尔的发射场已经达到战备状态，这个消息是错误的。

52. 西多罗夫关于部署的描述可见于 A. I. Gribokov 等著, *U Kraya Yadernoi Bezdni* (Moscow：Gregory – Page, 1998), 213 – 23。

53. 谢尔盖·伊万诺夫的备忘录, 1962年6月20日, 苏联国防部长罗季翁·马力诺夫斯基的备忘录, 1962年9月6日和8日, CW1HP, 11 (Winter 1998), 257 – 60。

54. 马拉霍夫, MAVI。

56. 关于船只的吨位和描述，作者参考了 Ambrose Greenway, *Soviet Merchant Ships* (Emsworth, UK：Kenneth Mason, 1985)。我使用了吨位来形容船容量而不是重量。

56. 作者在2006年5月与 Peter the Great Academy of Strategic Rocket Forces (RSVN) 的官方历史学家 Sergi Karlov 中校的采访。

57. 出处同上。

58. 1998年10月国家安全局公布的古巴导弹危机信息。

59. JFK2, 606. 9月4日, 中情局估计, 苏联在古巴共有3000名"技术人员"。到了11月19日, 他们认为人数是1.2万~1.3万。1963年1月, 他们认为, 古巴危机顶峰时期的苏联兵力大约有2.2万。参见 Raymond L. Garthoff, *Reflection on the Cuban Missile Crisis*, 2*nd*, ed. Washington, DC：Broookings Institution, 1989), 35。

60. 2004年7月作者与 Oleg Dobrochinsky 船长在莫斯科的访谈。

61. I. D. 斯塔岑科少将关于"阿纳德尔行动"的最终报告（以下称斯塔岑科
报告）；参见叶辛等著，*Strategicheskaya Operatsiya Anadyr'*, 345 – 53。

62. 叶辛等著，*Strategicheskaya Operatsiya Anadyr'*, 219。2004 年 7 月和 2006 年 5
月，作者和西多罗夫兵团的工程师中尉维克托·叶辛的访谈。

63. 为消除歧义，我不纠正中情局认为大萨瓜是西多罗夫导弹团的所在地的错
误。事实上，他的导弹团位于大萨瓜西南 17 英里，更靠近卡拉巴莎德萨瓜
（坐标 22°39′N，79°52′W）。其中一支有 4 个导弹发射架的部队（俄语中称
为"diviziya"）位于卡拉巴莎德萨瓜附近；另一支则是在 Sitiecitio 和 Viana
之间，距离大萨瓜西南 6 英里。

64. 马拉霍夫，MAVI。

65. 皮埃尔·塞林杰，*John F. Kennedy：Commander in Chief*（New York：Penguin
Studio，1997），116。

66. 1962 年 10 月 20 日的执行委员会会议纪要，JFK2，604 – 14。

67. Stern，133。也可参见布鲁焦尼，*Eyeball to Eyeball*，314 和 Reeves，388。

68. Havana 2002，卷二。空袭演说的作者尚未确认，但是根据当时的形势，作
者可能是邦迪或者他的助手之一。

69. 西奥多·C. 索伦森，*Kennedy*（New York：Harper & Row，1965），1 – 2；
西奥多·索伦森 OH，60 – 66，JFKL。

第二章　苏联人

1. 塞林杰，John F. Kennedy，262。

2. 谢尔盖·赫鲁晓夫，*Nikita Khrushchev：Krizisy I Rakety*（Moscow：Novosti，
1994），263，由笔者翻译。

3. A. A. 富尔先科，*Prezidium Ts. K. KPSS, 1954 – 1964*（Moscow：Posspen，
2003），卷一，第 60 号协议，617，由笔者翻译。主席团协议的英文翻译可
以在弗吉尼亚大学米勒公共事务中心的克拉姆林决策项目下找到。

4. Sergo Mikoyan，*Anatomiya Karibskogo Krizisa*（Moscow：Academia，2006），
252. *Khrushchev's Cold War：The Inside Story of an American Adversary*（New
York：W. W. Norton，2006），472. 亚历山大·富尔先科和蒂莫西·纳夫塔
利认为这是米高扬而非赫鲁晓夫的话，因此他们认为这个是错误的。塞尔

戈·米高扬是阿纳塔斯·米高扬的儿子。他的书里引用了其父亲在 1963 年
1 月的笔记，也就是导弹危机发生后 3 个月。这个笔记现在由塞尔戈·米高
扬保存。

5. Taubman，xx.

6. James G. Blight and David A. Welch，*On the Brink：Americans and Soviets Reexamine and the Cuban Missile Crisis*（New York：Farrar，Straus & Giroux，1990），329.

7. 尼基塔·赫鲁晓夫，*Khrushchev Remembers：The Last Testatment*（Boston：Little，Brown，1974，以下简称 *NK2*），510。

8. 主席团协议第 60 号。

9. Taubman，xvii.

10. Andrei Sakharov，*Memoirs*（New York：Knopf，1990），217.

11. Reeves，166.

12. 可以参考 1962 年 10 月 24 日威廉·诺克斯关于拜访赫鲁晓夫的描述，JFKL。

13. *NK2*，499.

14. Blight 等著，*Cuba on the Brink*，130。

15. 富尔先科和纳夫塔利，*Khrushchev's Cold War*，416。

16. Aleksandr Alekseev，"Karibskii Krizis"，*Ekho Planety*，33（1988 年 11 月）。

17. 富尔先科和纳夫塔利，*Khrushchev's Cold War*，413。

18. John Lewis Gaddis，*We Now Know：Rethinking Cold War History*（New York：Oxford University Press，1997），264.

19. FRUS，1961 - 1963，卷十五：*Berlin Crisis，1962 - 1963*，309 - 10。

20. 索伦森 OH，JFKL。执行委员会的 13 名成员包括肯尼迪总统、副总统林登·约翰逊、国务卿迪恩·腊斯克、财政部长道格拉斯·狄龙、国防部长罗伯特·麦克纳马拉、司法部长罗伯特·肯尼迪、国家安全顾问麦乔治·邦迪、中情局长约翰·麦克恩、联席参谋长马克斯维尔·泰勒、副国务卿乔治·波尔、特使卢埃林·汤普森，国防部副部长罗斯威尔·基尔帕特里克以及总统特别顾问西奥多·索伦森。另有部分助手会临时加入执行委员会会议。（National Security Action Memorandum 196，1962 年 10 月 22 日。）

21. Walter Issacson and Evan Thomas, *The Wise Men* (New York: Simon & Schuster, 1986), 631.

22. Cuba Fact Sheet, 1962 年 10 月 27 日, NSAW。

23. Reeves, 392.

24. 迪恩·艾奇逊 OH, JFKL。

25. *Air Defense Command in the Cuban Crisis*, ADC Historical Study No. 16, 116, FOIA。也可参见关于空军第 25 旅和第 26 旅的部分。

26. 前 F – 106 飞行员 Joseph A. Hart 于 2002 年 6 月给作者的电子邮件。

27. *ADC Historical Study No. 16.*

28. Beschloss, 481.

29. 多勃雷宁 1962 年 10 月 22 日的电报, *CWIHP*, 5 (Spring 1995), 69。迪恩·腊斯克, *As I Saw It* (New York, W. W. Norton, 1990), 235。

30. 富尔先科和纳夫塔利, *Khrushchev's Cold War*, 474。

31. Oleg Troyanovsky, *Cherez Gody y Rastoyaniya* (Moscow: Vagrius, 1997), 244 – 5.

32. 我根据中情局 10 月 24 日和 25 日的每日备忘录、国家安全局的拦截信息, 以及 Karlow 在莫斯科的研究重新确定了苏联船只在 10 月 23 日的位置。也可参见斯塔岑科报告。

33. 叶辛等著, *Strategicheskaya Operatsiya Anadyr'*, 114。

34. 参考 1988 年 10 月 2 日国家安全局的古巴导弹信息发布 (卷二), 可了解 "亚历山德罗夫斯克" 和 "阿尔梅季耶夫斯克号" 的方位。

35. Stetlana Savranskaya, "New Scources on the Role of Soviet Submarines in the Cuban Missile Crisis", *Journal of Strategic Studies* (2005 年 4 月)。

36. 根据中情局的记录和 Karlov 的研究, 继续前往古巴的船包括 "亚历山德罗夫斯克号""阿尔梅季耶夫斯克号""季夫诺戈斯克号""迪布诺号" 和 "尼古拉耶夫斯克号"。

37. Havana 2002, 卷二, 16 号文件, 由笔者翻译。

38. 富尔先科, *Prezidium Ts. Ks. K. KPSS*, 618 – 19。

39. 尼基塔·赫鲁晓夫, *Khrushchev Remembers* (Boston: Little, Brown, 1970, 下称 *NK1*), 497; Troyanovsky, 245。

40. 亚历山大·富尔先科和蒂莫西·纳夫塔利, *One Hell of a Gamble*:

Khrushchev, *Castro*, *Kennedy and the Cuban Missile Crisis*, *1958 – 1964*（New York：W. W. Norton，1997），39。

41. *NK2*, 478.

42. Blight 等著 *Cuba on the Brink*, 190。

43. 富尔先科和纳夫塔利，*One Hell of a Gamble*, 55。

44. Blight 等著 *Cuba on the Brink*, 203。

45. 富尔先科和纳夫塔利，*One Hell of a Gamble*, 29，引用与阿列克谢耶夫的访谈。

46. Felixi Chuev，*Molotov Remembers*（Chicago：Ivan R. Dee，1993），8.

47. *NK1*, 495.

48. 富尔先科和纳夫塔利，*One Hell of a Gamble*, 153。

49. *NK1*, 495.

50. Dmitri Volkogonov，*Sem'Vozdei*（Moscow：Novosti，1998），420；Vokogonov 著作的英文版是 *Autopsy for an Empire*（New York：Free Press，1998），236，翻译略有差异。

51. 作者在 2005 年 11 月 ~2006 年 2 月与 F – 102 的飞行员丹·巴里和达雷尔·基德森的访谈。

52. USAF 事故报告，1962 年 10 月 22 日，AFSC。

53. 亚力克谢夫给莫斯科的信件，1962 年 10 月 23 日。*CWIHP*，8 – 9（Winter 1996 – 97），283。

54. Tomás Diez Acosta，1962 年 10 月：*The Missile Crisis as Seen from Cuba*（Tucson，AZ：Pathfinder，2002），156。

56. 费尔南多·达瓦洛斯，*Testigo Nuclear*（Havana：Editora Politica，2004），22。

56. Dallek, 335.

57. 约翰·肯尼迪医疗档案，JFKL。

58. 克劳斯文档，JFKL。

59. Reeves, 396.

60. 作者 2006 年 2 月和 B – 47 前飞行员鲁格·温切斯特的访谈。

61. 第 509 轰炸机联队历史，1962 年 10 月，Special Historical Annex on Cuban Crisis, FOIA, Whiteman AFB。

62. 作者于 2005 年 12 月和 B - 47 领航员 Ross Schmoll 的访谈。

63. 卡洛斯·弗朗基, *Family Portrait with Fidel*（New York：Random House, 1984），192。

64. 叶辛等著, *Strategicheskaya Operatsiya Anadyr'*, 130。

65. M. A. Derkachev, *Osoboe Poruchenie*（Vladikavkaz：Ir, 1994），24 - 28, 48 - 50；叶辛等著, *Strategicheskaya Operatsiya Anadyr'*, 79。要了解普利耶夫的个性，可以参考 Dmitri Yazov, *Udary Sudby*（Moscow：Paleya - Mishin, 1999），183 - 5。

66. 叶辛等著, *Strategicheskaya Operatsiya Anadyr'*, 143。Gribokov 等著, *U Kraya Yadernoi Bezdni*, 234。

67. Karlov 访谈。

68. 米高扬在 1963 年 1 月的笔记；见米高扬，252 - 4。

69. Vladimir Semichastny, *Bespoikonoe Serdtse*（Moscow：Vagrius, 2002），236。

第三章 古巴人

1. 1962 年 11 月 14 日美国海军从 DNI 到 CINSUSNAVEUR, CNO Cuba, USNHC 的信息。

2. 手稿, 1962 年 10 月 22 日, JFK 3, 64。布鲁焦尼, *Eyeball to Eyeball*, 542。

3. 9 月 25 日, 国家安全局误以为"因迪吉尔卡号"是"破冰船"，但是正确地发现该艘船是从摩尔曼斯克地区出发的。参见 1988 年 10 月国家安全局发布古巴导弹危机信息。"亚历山德罗夫斯克号"的货物可参考 1962 年 10 月 5 日马力诺夫斯基的 Special Ammunition for Operation Anadyr 报告卷二。"因迪吉尔卡号"的信息来自 Karlov 的笔记和访谈。指挥该船的苏联军官尼古拉·别洛博罗多夫在 1994 年说总共有 6 枚核地雷被运往古巴，但是这个说法没有被文件证实。James G. Blight and David A. Welch, eds. , *Intelligence and the Cuban Missile Crisis*（Oxford：Routlege, 1998），58.

4. 这种炸弹的正式名字为 RDS - 4。作者和瓦伦汀·阿纳斯塔耶夫于 2006 年 5 月的访谈。

5. *CWIHP*, 11（Winter 1998），259。也可参见 1962 年 9 月 8 日对古巴苏联军队总指挥的指令, Havana 2002, 卷二。

6. 根据阿纳斯塔耶夫提供的消息，"塔季扬娜"的方位是 23°1′13″N，82°49′56″W，向西距离马里埃尔港 5 英里。

7. 中情局于 1963 年 1 月的重新分析，得出"亚历山德罗夫斯克号"位于靠近北莫尔斯克港的 Guba Okolnaya 潜艇设施。参见中情局的历史项目"On the Trail of the Aleksandrovsk"，1995 年 9 月 18 日，CREST。

8. 马力诺夫斯基的报告，1962 年 10 月 5 日，Havana 2002，卷二。

9. 参见格里布科夫等著，*U Kraya Yadernoi Bezdni*，208。"亚历山德罗夫斯克号"的过程类似。

10. Osipov 中将的报告，MAVI；Karlov 采访。

11. 关于跟随的船只，可参见，1962 年 10 月 23 日的 NSA 拦截；古巴导弹危机信息发布（卷二），1998 年 10 月。

12. 参见中情局关于"Soviet Bloc shipping to Cuba"的备忘录，1962 年 10 月 23 日，JFKARC。10 月 24 日，在"亚历山德罗夫斯克号"停进拉伊莎贝拉，中情局曾错误地判断了该船的位置，并且说该船不可能在 10 月 25 日前到达哈瓦那。中情局备忘录，1962 年 10 月 24 日，CREST。"亚历山德罗夫斯克号"是通过电子定位技术而非现场观察定位的。

13. 猫鼬计划备忘录，1962 年 10 月 16 日，JFKARC。

14. 中情局关于"阿尔法 66"的报告，1962 年 11 月 9 日，JFKARC；也可参见联邦调查局位于 Cuban Information Archives 的网上报告，FOIA release R‑759‑1‑41，www.cuban‑exile.com。"阿尔法"袭击发生于 10 月 8 日。

15. 根据 Karlow 的船只记录，到达时间为莫斯科时间"1345"。国家安全局定位凌晨 3 点 49 分时的"阿尔梅季耶夫斯克号"位于拉伊莎贝拉 25 英里外，国家安全局古巴导弹危机信息发布（卷二），1998 年 10 月。

16. 富尔先科和纳夫塔利，*One Hell of a Gamble*，254。该书作者们误以为"亚历山德罗夫斯克号"当天晚些时候到达。

17. 作者 2004 年 7 月对阿纳托利·格里布科夫将军的采访。

18. 作者于 2006 年 5 月对 Rafael Zakirov 的采访；Zakirov 的文章，*Nezavisimoe Voennoe Obozrenie*，2007 年 10 月 5 日。也可参阅曾任核武器指挥官的别洛博罗多夫的 *U Kraya Yadernoi Bezdni* 等，204‑13。别洛博罗多夫是在危机结束三十年后写的，对日期和一些其他细节无法清楚记录，但是他的报告却是苏联在古巴核武器处理的最权威描述。

19. 美军海军记录，NPIC Photopraphic Interpretation Reports，CREST；来自蓝月任务 5001 号、5003 号和 5005 号的初始情报影片，NARA；作者 2005 年 10 月和威廉·埃克尔、考夫林以及杰拉德·科菲的访谈。埃克尔执行的是第 5003 号任务。

20. 作者 2005 年采访了曾驾机飞越古巴的约翰·I. 哈德逊。其他飞行员也记得从低空拍摄过照片。但是亚瑟·伦达尔和马克斯维尔·泰勒在 10 月 24 日告诉肯尼迪这些图片是从 1000 尺高空拍下的，JFK3，186 − 7。原胶片存放于 NARA，已经有许多线索说明照片是在 1000 尺的高度拍摄。

21. 布鲁焦尼，*Eyeball to Eyeball*，374。

22. 对埃克尔的采访。

23. 达瓦洛斯，15。

24. 叶辛等著，*Strategicheskaya Operatsiya Anadyr'*，189。

25. 阿纳托利·I. 格里布科夫和威廉·Y. 史密斯，*Operation ANADYR：U. S. and Soviet Generals Recount the Cuban Missile Crisis*（Chicago：Edition Q，1993），57。

26. 出处同上，55。

27. 格里布科夫等著，*U Kraya Yadernoi Bezdni*，100。

28. 叶辛等著，*Strategicheskaya Operatsiya Anadyr'*，173。由维克托·叶辛将军提供的关于炸弹冲击的信息——2006 年 5 月的访谈。

29. 埃德蒙多·德斯诺埃斯，《低度开发的回忆》，（Pittsburgh：Latin American Literary Review Press，2004），171。

30. 阿道弗·吉利，*Inside the Cuban Revolution*（New York：Monthly Review Press，1964），48。

31. 为了解这个对话的完整版本，我参考 Stern，*Averting "The Final Failure"*，204。

32. Abel，116.

33. Reeves，397.

34. David Halberstam，*The Best and the Brightest*（New York：Random House，1972），269.

35. 2006 年 5 月作者对古尔帕特里克的海军助手 William D. Hauser 船长的采访。

36. 1962 年 11 月 2 日,《时代》杂志对安德森的描述。

37. 安德森给麦克纳马拉的备忘录 1962 年 10 月 23 日, CNOCuba, USNHC。

38. 联席参谋会议的手稿, Havana 2002, 卷二。

39. 乔治·安德森 OH, USNHC。

40. Blight and Welch, *On the Brink*, 64.

41. Abel, 137; Joseph F. Bouchard, *Command in Crisis*（New York：Columbia University Press, 1991）, 115。埃布尔和其他作家都误将安德森的作品当作 Manual of Naval Regulations。布沙尔指出, 这个手册上面没有关于如何实行封锁的说明。《海上战争法则》可从 USNHC, no. NWIP 10‐2 获得。

42. Roswell Gilpatric OH, JFKL。安德森否认自己说了粗话, 但是承认在关于如何实行封锁上, 说了"俏皮话"。

43. 麦克纳马拉的访谈。

44. 根据 Abel, 135‐8, 大多数作者认为这个事件发生在 10 月 24 日星期四, 而麦克纳马拉回忆说是 10 月 23 日, 发生在海上封锁开始前。这个记录显示, 安德森在 10 月 24 日 20 时 35 分离开五角大楼; 麦克纳马拉于 21 时 20 分进入海军旗舰作战指挥室, 并且见到了安德森的一位副手。CNO Cuba 文件, CNO Office 记录, USHNC; 也可参见麦克纳马拉的办公室日记, OSD。

45. 这次场合的来源包括肯尼迪, *Thirteen Days*, 65‐6; 阿纳托利·多勃雷宁, *In Confidence*（New York：Random House, 1995）, 81‐2; 以及随后确立的两人的报告。罗伯特·肯尼迪的版本由 FRUS 重印, 第 11 卷, 175; 多勃雷宁的作品英文翻译, 1962 年 10 月 24 日, 可见于 *CWIHP*, 5（Spring 1995）, 71‐3。

46. Tad Szulc, *Fidel：A Critical Portrait*（New York：William Morrow, 1986）, 465。关于卡斯特罗的早期经历, 我参考了舒尔茨的作品。

47. "The Fidel Castro I know", Gabriel Garcia Marquez, *Cuba News*, 2006 年 8 月 2 日。

48. *Prensa Latina* dispatch by Sergio Pineda, 1962 年 10 月 24 日。

49. 莫里斯·哈尔珀林, *Rise and Decline of Fidel Castro*（Berkeley：University of California Press, 1972）, 191。

50. Szulc, 30.

51. 出处同上，51。卡斯特罗后来宣布，他是在较为情绪化的状态下写这封信的，这并不是他对美国的真正感受。他的争论并不可信，而且看似是为了取悦国际读者。这封信的抄本陈列在古巴的博物馆，供本国人阅读。

52. Hugh Thomas, *Cuba：The Pursuit of Freedom* （New York：Harper & Row, 1971），445.

53. 哈尔珀林，81。

54. 出处同上，124 - 25，160。

55. 参见匈牙利大使 Janos Beck 的报告，1962 年 12 月 1 日，Havana 2002，第2 卷。

56. 参阅，例如，富尔先科和纳夫塔利引用的阿列克谢耶夫，*One Hell of a Gamble*，179。

57. Mary McAuliffe, *CIA Documents on the Cuban Missile Crisis* （Washington, DC：Central Intelligence Agency, 1992），105。这名飞行员名为 Claudio Morinas。该报告于 1962 年 9 月 20 日在中情局内散布。

58. Henry Brandon, *Special Relationships* （New York：Atheneum, 1988），172。

59. Szulc, 445.

60. 作者曾于 2006 年 3 月拜访波塔利斯洞穴。这个洞穴已经成为纪念切·格瓦拉的博物馆和圣祠。

61. Jorge Castaneda, *Companero：The Life and Death of Che Guevara* （New York：Knopf, 1997），83.

62. 出处同上，62。

63. 出处同上，71。

64. Blight and Welch, *On the Brink*, 398.

65. 铁木尔·盖达尔是苏联解体后俄罗斯的第一位总理叶戈尔·盖达尔的父亲。几十年后，叶夫图申科得意地讲述自己年轻时在哈瓦那，被俄罗斯资本主义之父"在白衬衫上撒尿"的经历。可见于作者 2006 年 6 月的访谈，也可参见叶夫图申科的文章 *Novaya Gazeta*，2005 年 7 月 11。

66. 铁木尔·盖达尔，*Grozi na Yuge* （Moscow：Voennoe Izdatelstvo, 1984），159.

第四章 "眼球对眼球"

1. *NYT*，1962 年 10 月 24 日；Foy Kohlercable to State Department 1065，1962 年 10 月 24 日，SDX。

2. 诺克斯的会议笔记，JFKL。

3. Beschloss，496.

4. 罗杰·希尔斯曼在国务院的备忘录，1962 年 10 月 26 日，OSD。

5. Reeves，410.

6. RFK，69 – 70.

7. Dobrynin，83.

8. *NYT*，1962 年 10 月 28 日。

9. Clinton Heylin, *Bob Dylan: Behind the Shades Revisited* (New York: HarperCollins, 2001), 102 – 3；也可参见鲍勃·迪伦和 Studs Turkel 在 1963 年 5 月 1 日的访谈。

10. Rusk；237.

11. RFK，72.

12. 大西洋舰队总司令第 241523Z 号信息，CNO Cuba, USNHC。这条命令也通过单边带电台从海军作战室传至海军中将。Griffin 笔记，1962 年 10 月 24 日，CNO Cuba, USNHC。

13. 根据大西洋舰队总司令第 241950Z 号信息 CNO 古巴，USNHC。"基莫夫斯克号"10 月 24 日 9 时 30 分的方位是 27°18′N，55°42′W。根据 NARA 现有的舰艇记录，"埃塞克斯号"10 月 24 日 9 时的方位是 23°20′N，67°20′W。在 Graham Allison 和 Philip Zelikow 在 *Essence of Decision* 第二版第 233 页（New York: Longman, 1999）和第 348 – 349 页，以及富尔先科和纳夫塔利在 *Khrushchev's Cold War* 一书第 477 页和第 615 页，对苏联船只位置描述均有错误。根据 USNHC10 月 25 日 CNO 办公室记录，美国海军在 10 月 25 日认为，苏联船只在 10 月 23 日祖鲁时间 7 时，也就是华盛顿时间上午 3 时调头。根据苏联的记录，调头命令是在 10 月 23 日上午 6 时发出的，也可参见第二章的注释。

14. McAuliffe，297. 麦科恩的信息有误。肯尼迪在执行委员会会议上指出，拦截是在 10 时 30 分到 11 时之间发生的。

15. RFK，68 – 72；也可参见 Schlesinger 的 *Robert Kennedy and His Times*，537，上面有罗伯特·肯尼迪的原话。

16. 中情局报告，1962 年 10 月 25 日，CREST。

17. 布鲁焦尼，*Eyeball to Eyeball*，391。部分关于苏联船只的位置，包括"亚历山德罗夫斯克号"和"波尔塔瓦号"的位置是明显有误的。可参见 JFK3，238，了解准确信息。

18. CNO，Report on the Naval Quarantine of Cuba，USNHC。

19. CNO 办公室记录，1962 年 10 月 24 日，CNO Cuba，USNHC。

20. 1962 年 10 月 24 日来自国家安全局局长的信息，国家安全局密码博物馆，马里兰米德堡。

21. JFK3，41.

22. 安德森的第 230003Z 信息，CNO Cuba，USNHC。

23. 科勒给国务院的电报第 979 号，1962 年 10 月 16 日，SDX。

24. CINCLANT（丹尼森）给参谋长联席会议的 312250Z 号信息，CNO Cuba，USNHC。

25. 美国海军第 241610Z 和 250533Z 号信息，CNO Cuba，USNHC，也可以参考 Electronic Briefing Book，75，NSAW 的 "The Submarines of October"。潜艇的位置确认为 25°25′N，63°40′W。这艘潜艇被美国海军命名为 "C – 18"。

26. 关于这次 B – 130 的航行，可参考 Gary E. Weir and Walter J. Boyne，*Rising Tide: The Untold Story of the Russian Submarines That Fought the Cold War*（New York：Basic Books，2003），79 – 98，该书基于和舒姆科夫船长的访谈。

27. Savranskaya，"New Sources on the Role of Soviet Submarines in the Cuban Missile Crisis"，*Journal of Strategic Studies*，（2005 年 4 月）。

28. Weir and Boyne，79 – 80；Aleksandr Mozgovoi，*Kubinskaya Samba Kvarteta Fokstrotov*（Moscow：Voenni Parad，2002），69.

29. "New Sources."该文章也有关于苏联的潜艇舰长是否有权利在受到攻击后使用核鱼雷的证据。当然，该证据是自相矛盾的。

30. 战略空军司令部的历史学家记录了每日的武器总数，记录的位置是 *Strategic Air Command Operations in the Cuban Crisis of 1962*，*SAC Historical Study* 第 90 号，第 1 卷，NSA。SAC 控制室的相片来自 FOIA 第 2 卷。

31. *SAC Historical Study* 第 90 号，第 1 卷，58。

32. 威廉·考夫曼的备忘录，*Cuba and the Strategic Threat*，1962 年 10 月 25 日，OSD。

33. Cuba crisis records，第 389 战略导弹联队，FOIA.

34. *SAC Historical Study* 第 90 号，第 1 卷，vii。

35. G. M. Kornienko, *Kholodnaya Voina*（Moscow：Mezhdunarodnie Otnesheniya, 1994），96。尚不清楚苏联是否还截获了二级战备的命令。二级战备的命令属于最高机密；鲍尔的讲话并不是保密的，可参见 Garthoff, *Reflections on the Cuban Missile Crisis*，62。

36. Richard Rhodes, *Dark Sun：The Making of the Hydrogen Bomb*（New York：Simon & Schuster, 1995），21.

37. 布鲁焦尼，*Eyeball to Eyeball*，262 - 5。

38. Fred Kaplan, *The Wizards of Armageddon*（New York：Simon &Schuster, 1983），265.

39. 贺拉斯·韦德将军 OH，AFHRA。

40. Kaplan, 246.

41. 威廉·考夫曼的备忘录：*Cuba and the Strategic Threat*，OSD。

42. *USCONARC Participation in the Cuban Crisis 1962*，NSAW，79 - 88，119 - 21. 美国大陆空军司令部（USCONARC）给众议院拨款委员会的简报，1963 年 1 月 21 日。

43. "The Invasion of Cuba"，in Robert Cowley, ed.，*The Cold War*（New York：Random House, 2006），214 - 15.

44. *British Archives on the Cuban Missile Crisis, 1962*（London：Archival Publications, 2001），278；"Air Force Response to the Cuban Crisis," 6 - 9，NSAW；*NYT*，*WP*，and *LAT* 在基维斯特的报道，1962 年 10 月。

45. USCONARC, 117.

46. 作者与卡斯特罗的空军助手 Rafael Del Pino 的访谈，2005 年 9 月。Del Pino 未发表作品的手稿。

47. 1962 年 10 月 24 日卡斯特罗和古巴军事领袖们的回忆录，由古巴政府发布，Documentosde los Archivos Cubanos，Havana 2002。

48. Szulc，474 – 6.

49. 作者曾于 2006 年 3 月到访达拉海滩和萨姆防空导弹发射场。发射场和反导弹发射场位于 23°09′28.08″N，82°13′38.87″W，现在仍能使用 Google Earth 找到。

50. Acosta，165。可参考 Blight 等著，*Cuba on the Brink*，211，了解卡斯特罗的想法。Cuban Web 网站上有卡斯特罗到访 AA 单元的图像。

51. Franqui，189.

52. 苏联防卫部长马力诺夫斯基的估算；Blightand Welch，*On the Brink*，327。

53. 海军陆战队记录，1962 年 10 月，JFKARC。

54. 作者在 2005 年 4 月与第二海军陆战队团作战军官 Gregory J. Cizek 少校的访谈。

56. 作者在 2005 年 5 月与第二海军陆战队团作战军官助手 Don Fulham 的访谈。

56. CINCLANT 的信息，1962 年 11 月 2 日，CNO Cuba，USNHC。

57. CNO 办公室记录，1962 年 10 月 24 日，CNO Cuba，USNHC。

58. 格里布科夫和史密斯，*Operation ANADYR*，69。

59. 斯塔岑科的报告。

60. Szulc，179.

61. Beschloss，501.

62. 出处同上，502。

63. 叶辛访谈，2004 年 7 月和 2006 年 5 月。也可参见叶辛等人的 *Strategicheskaya Operatsiya Anadyr'*，154。

64. 作者于 2004 年 7 月和弹道导弹旅副旅长尼古拉·奥布利津少校的访谈。

65. 关于发射 R – 12 导弹的过程，我十分感谢叶辛上将，他曾是西多罗夫团的中尉工程师。

66. 这些位于古巴西部的发射场被中情局由西向东分别以圣克里斯托巴尔 1、2、3、4 命名。前两个（班迪洛夫斯基）发射场距离圣克里斯托巴尔分别是 16 英里和 13 英里。另外两个（索洛维耶夫）分别位于东北部 16 英里和 7 英里。

67. 斯塔岑科的报告。

第五章 "直到地狱结冰"

1. 主席团第 61 号议定书。富尔先科，*Prezidium Ts. K. KPSS*，620 – 2。

2. Attributed to Deputy Foreign Minister Vitaly Kuznetsov, in Kornienko, 96.

3. Semichastny, 279.

4. Emilio Aragonés 的证词，Blight 等著，*Cuba on the Brink*，351。

5. 贝拉的访谈。

6. 猫鼬行动备忘，1962 年 8 月 29 日，中情局报告，JFKARC。

7. *CWIHP*，8 - 9（Winter 1996 - 97），287.

8. Alexander Feklisov, *The Man Behind the Rosenbergs*（NewYork：Enigma Books, 2001），127.

9. *NK1*，372.

10. *Tulanian* 的沃伦·罗杰斯访谈（Spring 1998）。

11. 作者 2004 年 7 月和大使馆参赞的访谈；克格勃给莫斯科的回报，SVR；富尔先科和纳夫塔利，*One Hell of a Gamble*，261。

12. 多勃雷宁的电报，1962 年 10 月 25 日，LCV；富尔先科和纳夫塔利，*One Hell of a Gamble*，259 - 62。

13. *Hoy Dominical*（Havana）的文章，1962 年 11 月 18 日；中情局报告，1962 年 8 月 29 日，猫鼬计划备忘录，JFKARC.

14. 作者和科菲中尉的访谈，2005 年 12 月；他的行动代号为"蓝月任务5012"。

15. 科菲给大卫·舒普的未标明日期的信件。

16. 格里布科夫等著，*U Kraya Yadernoi Bezdni*，253 - 60。

17. 马力诺夫斯基的备忘录，1962 年 9 月 6 日，LCV，Malinovsky memorandum, September 6，1962，LCV，*CWIHP*，11（Winter 1998），259。每个团除了发射器，还控制着四枚"月神"导弹和八枚常规导弹。

18. 作者于 2006 年 1 月和卡洛斯·帕斯夸尔的访谈。理查德·赫姆斯的中情局猫鼬计划备忘录，1962 年 12 月 7 日，JFKARC。

19. Richard Lehman, "CIA Handling of Soviet Build - upon Cuba"，1962 年 11 月14 日，CREST。

20. 出处同上。

21. NIE 85 - 3 - 62，"The Military Buildup in Cuba"，1962 年 9 月 19 日，CREST。

22. 中情局观察员关于处理古巴情报信息的报告，1962 年 11 月 22 日，CREST。

报告于 10 月 2 日由中情局发出，并且含有总部的意见。根据卡洛夫检查的 RSVN 文件，9 月 16 日在马里埃尔港的"波尔多瓦号"船上有 R – 12 导弹。

23. 马钱特，1962 年 11 月 10 日，NSAW Cuba；也发表在英国的古巴导弹危机档案上 1962。

24. M. B. Collins 的报告，1962 年 11 月 3 日，英国的古巴档案，*Cuba Under Castro*，第 5 卷：1962（London：Archival Publications，2003），155。

25. 核控制官员 Rafael Zakirov 的回忆录，叶辛版，*Strategicheskaya Operatsiya Anadyr'*，第一版（1999），179 – 85。也可见 Zakirov 2007 年 10 月的文章。

26. 马利诺夫斯基，1962 年 5 月 24 日，LCV，*CWIHP* 手稿，11（Winter 1998），254。

27. 马利诺夫斯基给普利耶夫的命令，1962 年 9 月 8 日，出处同上，260。

28. 作者曾于 2006 年 3 月到访马亚里阿里巴。

29. Yazov，157；也可参见格里布科夫等人的 *U Kraya Yadernoi Bezdni*，119。

30. 格里布科夫等，*U Kraya Yadernoi Bezdni*，90，302 – 3。

31. *Cuba under Castro*，第 5 卷，152。

32. Svetlana Chervonnaya 和 Vitaly Roshva 中士 2006 年 5 月的访谈；格里布科夫等，*U Kraya Yadernoi Bezdni*，87 – 88。

33. Blight 和 Welch 等编，*Intelligence and the Cuban Missile Crisis*，102。

34. Zakirov 2007 年 10 月的文章。

35. "Guantanamo Bay Compared to Attack-Ready Suburbia"，*Washington Evening Star*，1962 年 11 月 14 日。

36. 大西洋部队总司令历史，第 7 章，Evacuation details from Cuba Fact Sheet，1962 年 10 月 27 日，NSAW。

37. 关塔那摩海军基地状况汇报第 15 250100Z 号，CNOCuba，USNHC.

38. 《芝加哥论坛报》在关塔那摩的报道，1962 年 11 月 13 日。

39. George Plimpton OH，JFKL.

40. Porter McKeever，Adlai Stevenson：*His Life and Legacy*（New York：William Morrow，1989），488.

41. Arkady Shevchenko，*Breaking with Moscow*（New York：Knopf，1985），114.

42. 总统的涂鸦，JFKL。

43. O'Donnell and Powers, 334.

44. Scott D. Sagan, *The Limits of Safety* (Princeton, NJ: Princeton University Press, 1995), 99. 北美防卫指挥作战指挥中心记录, 1962 年 10 月 26 日, Sagan Collection, NSA。

45. 德鲁斯前 F - 106 飞行员 Jim Artman 给作者的电子邮件。

46. *ADC Historical Study* No. 16, 212 – 14.

47. 引用同上 121, 129。

48. Historical Résumé of 1st Fighter Wing Operations During Cuban Crisis, 1962 年 12 月 13 日, AFHRA; 和赛弗里奇空军基地前 F - 106 飞行员丹·巴里的电子邮件往来。

49. 北美防卫指挥记录, NSA。

第六章 国际

1. 来自切斯特·克利夫顿上将的手稿, 1962 年 10 月 22 日, JFKL。

2. 这是大西洋舰队副总指挥 Wallace Beakley 中将提出的建议, 第 136 特别小组指挥 Alfred Ward 中将的日记, USNHC。也可参见皮尔斯和肯尼迪的航海日志, NARA。

3. 来自第二舰队司令官 (COMSECONDFLT) 的第 251800Z 号信息, CNO Cuba, USNHC.

4. 雷诺兹上校的个人笔记, Battleship Cove Naval Museum。马萨诸塞州的 Fall River 常年展出 *The Kennedy*。

5. 布鲁焦尼, *Eyeball to Eyeball*, 190 – 2。

6. Photo Interpretation Report, 1962 年 10 月 25 日, CREST.

7. 补充文件第 6 号, *Joint Evaluation of Soviet Missile Threat in Cuba*, October 26, 1962, CREST; 布鲁焦尼, *Eyeball to Eyeball*, 436 – 7。了解潘科夫斯基的信息, 可以参阅 Jerrold L. Schecter and Peter S. Deriabin, *The Spy Who Saved the World* (New York: Charles Scribner's Sons, 1992), 334 – 46。关于潘科夫斯基材料的标签是 IRONBARK 和 CHICKADEE, 在 1962 年 10 月 19 日的 *Joint Evaluation*, CREST 提到。

8. 布鲁焦尼, *Eyeball to Eyeball*, 437。

9. Arthur Lundahl OH，July 1，1981，Columbia University Oral History Research Office.

10. Photo Interpretation Report，1962 年 10 月，CREST。

11. Thaxter L. Goodall，"Cratology Pays Off"，*Studies in Intelligence*（Fall 1964），CREST. 该艘船为"卡西莫夫号"，于 9 月 28 日拍摄。

12. 布鲁焦尼，*Eyeball to Eyeball*，195 - 6。

13. Chronology of Submarine Contacts，C - 20，CNO Cuba，USNHC. 也可参见 Summary of Soviet Submarine Activity 272016Z，also in Electronic Briefing Book 75，NSAW。

14. 声音监测系统在大西洋的活动，CTG 81.1message 261645Z，USNHC；Electronic Briefing Book 75，NSAW。

15. Summary of Soviet Submarine Activity，272016Z。

16. 安德烈耶夫的日记是由斯韦特兰娜·萨夫兰斯卡娅提供的，NSAW。日记部分于 2000 年 10 月 11 日由 Krasnaya Zvezda 出版。

17. 杜比夫卡的回忆录 "In the Depths of the Sargasso Sea"，格里布科夫等著，*U Kraya Yadernoi Bezdni*，314 - 30，斯韦特兰娜·萨夫斯卡娅译，NSAW。

18. 潜艇指挥官维塔利·阿加福诺夫船长的回忆录，叶辛等著，*Strategicheskaya Operatsiya Anadyr'*，123。

19. 布鲁焦尼，*Eyeball to Eyeball*，287。

20. 这次会议的官方文件里删去了关于克劳夫野战导弹发射器和战术核武器的部分。但是在肯尼迪图书馆由 Sheldon M. Stern 整理的笔记里有此方面的描述。

21. 邦迪和乔治·波尔的对话，第 11 卷，219；1962 年 10 月 26 日，执行委员会会议。

22. *U. S. News & World Report*，1962 年 11 月 12 日；*Newsweek*，1962 年 11 月 12 日。也可参见阿瑟·西尔韦斯特 OH，JFKL.

23. 船只记录，由阿兰德报告，*Krig och fred IAtomaldern*，24 - 25；作者于 2005 年 9 月和 Nils Carlson 的访谈。

24. 来自斯德哥尔摩美国大使馆的电报，1962 年 10 月 27 日，CNO Cuba，USNHC。

25. "库兰加塔号"文件，CNO Cuba，USNHC。

26. 阿列克谢耶夫给莫斯科的第49201号电报，1962年10月26日，NSAW。

27. 叶夫图申科的文章，*Novaya Gazeta*，2005年7月11日。

28. JFK1，492.

29. 哈尔珀林，155。

30. Blight等著，*Cuba on the Brink*，83，254。

31. 出处同上，213。

32. 来自巴西和南斯拉夫大使馆的报道，在James Hershberg，"The United States, Brazil, and the Cuban Missile Crisis"中引用，*Journal of Cold War Studies*（Summer 2004）。

33. David Martin，*Wilderness of Mirrors*（New York：Harper & Row, 1980），127.

34. Martin，136. 也可参阅David Corn，*Blond Ghost*（New York：Simon & Schuster, 1994），82。

35. Martin，144；也可参阅Thomas，*Robert Kennedy*，234。罗伯特·肯尼迪的日记上列有10月27日来自迈阿密圣·罗曼的电话，以及10月26日预定召开的会议，但是尚不明确该次会议最后是否召开。

36. 迈科恩的会议记录，1962年10月29日JFKARC；也可参见帕鲁特的会议纪要，FRUS，第11卷，229–31。

37. 兰斯代尔会议记录，1962年10月26日，JFKARC。沉船计划在10月27日得到会议的许可，然而，在赫鲁晓夫同意从古巴撤出苏联导弹后，10月30沉船计划被勒令中止。兰斯代尔会议记录，1962年10月30日，JFKARC。

38. Chronology of the Matahambre Sabotage Operation，1962年11月21日，JFKARC。

39. 帕鲁特的访谈。

40. Martin，144.

41. 洛杉矶战略空军司令部给联邦调查局局长的报告，1962年10月26日，JFKARC。

42. Senate Church Committee Report，*Alleged Assassination Plots*，84.

43. 哈维在丘奇委员会的证词，1975年7月11日，JFKARC。

44. 罗塞利在丘奇委员会的证词，1975年6月24日，JFKARC。

45. Thomas, 157 - 9, 兰斯代尔给罗伯特·肯尼迪的备忘录, 1961 年 12 月 4 日, JFKARC; 中情局给丘奇委员会的备忘录, 1975 年 9 月 4 日, JFKARC。

46. 哈尔珀林和中情局历史工作者的访谈, 1988 年 1 月 15 日, JFKARC。

47. Thomas, 159.

48. 哈尔珀林和中情局历史工作者的访谈; 哈维给丘奇委员会的证词。

49. Stockton, *Flawed Patriot*, 141.

50. 哈维给丘奇委员会的证词。

51. Branch and Crile III, "The Kennedy Vendetta"; 中情局检察院的评论, 1975 年 8 月 14 日, JFKARC; Corn, *Blond Ghost*, 74 - 99。

52. 作者和前 JM/WAVE 官员 Warren Frank 的访谈, 2006 年 4 月。

53. 罗伯特·肯尼迪私密文档, 第 10 号箱子, JFKARC。

54. WP, 1962 年 10 月 28 日, E5。

56. 中情局给兰斯代尔的备忘录, "Operation Mongoose-Infiltration Teams", 1962 年 10 月 29 日。

56. 卡洛斯·奥布雷贡未出版的 1996 年回忆录; 作者于 2004 年 2 月和奥布贡的访谈。

第七章 核弹

1. 米高扬和美国官员的对话, 1962 年 11 月 30 日, SDX。

2. Acosta, 170.

3. 中情局备忘, 1962 年 10 月 21 日, CREST/JFKL。

4. Blight 等著, *Cuba on the Brink*, 111; 斯塔岑科的报告。

5. Blight 等著, *Cuba on the Brink*, 113。

6. 格里布科夫和史密斯, *Operation ANADYR*, 65。

7. TASS 报告, 1962 年 10 月 27 日; *Revolución*, 1962 年 10 月 27 日, 8; *NYT*, 1962 年 10 月 27 日, 6。

8. *Cuba Under Castro*, 1962, 107.

9. 阿列克谢耶夫给苏联外交部的电报, 1962 年 10 月 23 日, NSAW。

10. 德斯诺埃斯的访谈, 2006 年 4 月。

11. 弗朗基, 187。可参阅中情局 1963 年 6 月 5 日 (JFKL) 的电报, 了解弗朗基当时的观点。

12. *Cuba Under Castro*, 1962, 147.

13. 富尔先科和纳夫塔利, *One Hell of a Gamble*, 161 - 2。

14. 哈尔珀林, 190。

15. *Cuba Under Castro*, 1962, 619 - 20.

16. 空军在战略空军司令部鉴别系统的信息第 57834 号, 1962 年 10 月 25 日, CNO Cuba, USNHC.

17. 科尔尼延科的访谈。

18. Beschloss, 521; Abel, 162.

19. 布鲁焦尼, *Eyeball to Eyeball*, 288。

20. 斯卡利对希尔斯曼的备忘录, 1962 年 10 月 26 日, FRUS, 第 11 卷, 227。

21. 引自出处同上, 241。

22. 皮埃尔·塞林杰, *With Kennedy* (Garden City, NY: Doubleday, 1966), 274 - 6。

23. 克格勃的对外情报部门不同意传达费克利索夫的许多报告, 因为这些报告缺乏机密信息, SVR。

24. Feklisov, 371.

25. 出处同上, 382; 多勃雷宁, 95。多勃雷宁给费克利索夫在华盛顿的假名是 "Fomin"。

26. 费克利索夫给 Andrei Sakharovsky 的报告, 1962 年 10 月 27 日, SVR。亚历山大·富尔先科和蒂莫西·纳夫塔利, "Using KGB Documents: The Scali - Feklisov Channel in the Cuban Missile Crisis", *CWIHP*, 5 (Spring 1995), 58。也可参阅 Semichastny, 282。克格勃形容费克利索夫和斯卡利的交易是 "未获得授权"。

27. B. G. Putilin, *Na Krayu Propasti* (Moscow: Institut Voennoi Istorii, 1994), 104.

28. Hershberg, "The United States, Brazil, and the Cuban Missile Crisis", 34; Putilin, 108.

29. Putilin, 106.

30. Derkachev, 45.

31. 叶辛等著, *Strategicheskaya Operatsiya Anadyr'*, 113。

32. 格里布科夫等著，*U Kraya Yadernoi Bezdni*，167，226。

33. 叶辛等著，*Strategicheskaya Operatsiya Anadyr'*，51；格里布科夫等著，*U Kraya Yadernoi Bezdni*，115；格里布科夫和史密斯，*Operation ANADYR*，64 – 5；Putilin，105。

34. 参阅 Svetlana Savranskaya，"Tactical Nuclear Weapons in Cuba: New Evidence" *CWIHP*，14 – 15（Winter 2003），385 – 7；也可参见 Mark Kramer，"Tactical Nuclear Weapons, Soviet Command Authority, and the Cuban Missile Crisis" *CWIHP*，3（Fall, 1993），40。

35. LCV.

36. 罗曼诺夫是一直专门负责核武器储存和维护的军队指挥官，这支部队名称为 "Podvizhnaya Remontno – Technicheskaya Baza"（移动维修—技术基地），或者 PRTB。每一支导弹团、前线巡航导弹兵团、摩化步兵团或者伊尔 – 28 编队都有一支 PRTB 部队。在到达古巴之前，核弹头由尼古拉·别洛博罗多夫上校指挥的兵工厂控制，这个兵工厂需要向核武器设计局汇报。一旦核弹头安全抵达古巴，别洛博罗多夫将会把控制器转交给每一支 PRTB 部队，但是在维护上共同承担责任。

37. Cuba Activity Summary, 1963；中情局，*Joint Evaluation of Soviet Missile Threat in Cuba*，1962 年 10 月 19 日，LBJ Library；NPIC 备忘录，1961 年 12 月 4 日，"Suspect Missile Sites in Cuba"，NPIC/B – 49/61，CREST。

38. 马利诺夫斯基，"Instructions for Chiefs of Reconnaissance Groups"，1962 年 7 月 4 日，LCV。也可参见格里布科夫等著的别洛博罗多夫回忆录，*U Kraya Yadernoi Bezdni*，210。

39. 罗曼诺夫的死亡证明，1963 年 1 月 30 日，卡洛夫检。

40. 叶辛等著，*Strategicheskaya Operatsiya Anadyr'*，196；作者和博尔坚科的战友瓦连京·波尔科夫尼科夫中尉的访谈。

41. 作者和 Vadim Galev 的访谈，2006 年 5 月；来自 V. P. Nikolski 医生和 Kriukov 工程师的信件，MAVI。

42. "Recollections of Dmitri Senko"，载于叶辛等著，*Strategicheskaya Operatsiya Anadyr'*，265。

43. 格里布科夫等著，*U Kraya Yadernoi Bezdni*，234 – 5。

44. 马歇尔·卡特的简报，白宫会议，1962 年 10 月 16 日，JFK2，430。

45. *Joint Evaluation of Soviet Missile Threat in Cuba*，1962 年 10 月 19 日，LBJ 图书馆。

46. Photographic Interpretation Reports，CREST.

47. Dwayne Anderson，"On the Trail of the Alexandrovsk"，*Studies inIntelligence*（Winter 1966），39 – 43，CREST.

48. 参见布鲁焦尼，*Eyeball to Eyeball*，546 – 8。

49. 参见格里布科夫等著，*U Kraya Yadernoi Bezdni*，209；格里布科夫和史密斯，*Operation ANADYR*，46。后一个资料中，格里布科夫错误地认为"月神"核弹头是存放在贝胡卡尔的。根据别洛博罗多夫的说法，这些核弹头存放于马那瓜。贝胡卡尔地堡的坐标是 22°56′18″N，82°22′39″W。地堡和环形路的轮廓现在仍能通过谷歌地球查看。总部设施距离地堡南部 1 英里，位于贝胡卡尔城郊东南边。马那瓜建筑（三个地堡）的坐标为 22°58′00″N，82°18′38″W。

50. 作者和迪诺·布鲁焦尼的访谈，2007 年 5 月。

51. *Joint Evaluation of Soviet Missile Threat in Cuba*，1962 年 10 月 19 日，CREST；伦达尔给肯尼迪的汇报，1962 年 10 月 22 日。

52. 布鲁焦尼，*Eyeball to Eyeball*，542。中情局后来才发现，马里埃尔才是进出古巴的核武器的重要转移点，但是对贝胡卡尔却缺乏关注。

53. USCONARC 历史，154，NSAW。

54. "Alternative Military Strikes,"JFKL；"Air Force Response to the Cuban Crisis"，8，NSAW；Blight 等著，*Cuba on the Brink*，164。当菲德尔·卡斯特罗 1992 年在哈瓦那会议上听到这些计划，他错将空袭次数听成了 119000 次。他要求重新说一遍数字，因为觉得这个数字有些"夸大"。听到数字其实是 1190 次，他冷冷地说，"这听上去好多了"。

55. USCONARC 历史，105，130，139，143；指挥官的会议，1963 年 2 月 4 日，CNO Cuba，USNHC；Don Fulham 的访谈。

56. 美国海军陆战队情报估计，1962 年 11 月，JFKARC。

57. 参阅，比如 CINCLANT 第 311620Z 号信息，CNO Cuba，USNHC。

58. Chervonnaya 和前线巡航导弹团的高级空军机械师 Vitaly Roshva 军士的访谈，

2006 年 5 月。根据美军情报拦截,在菲利布纳的发射位置坐标是 20°0′46″N,75°24′42″W。在维罗里奥的预发射位置是 20°5′16″N,75°19′22″W。

59. Chervonnaya 和 Gennady Mikheev 的访谈,家族照片和通信往来,2006 年 4 月。

60. 这次交流是由美军情报部门拦截的,由 Seymour M. Hersh 报道。"Was Castro Out of Control in 1962?" *WP*,1987 年 10 月 11 日,H1。文中有一些错误,包括关于古巴军队想要进入苏联地对空发射场的猜想。这次说法依赖的是与 Roshva 的访谈和关塔那摩海军基地的情报报告。

61. 由比约恩·阿兰德的电台报道,由他的儿子 Dag Sebastian Ahlander 翻译。

62. 报道的手稿,1962 年 10 月 26 日,Robert Williams Collection,University of Michigan。

63. 卡洛斯·阿尔加苏赖,"La crisis de octubre desde una perspectiva Cubana",Conference in Mexico City,2002 年 11 月;Blight 等著,*Cuba on the Brink*,248。

64. 哈尔珀林,190。

65. 索伦森 OH,JFKL。

第八章 先发制人

1. 参见例子,10 月 26 日,执行委员会讨论,JFK3,290。

2. 笔者对美国军舰"牛津号"R 分部 Aubrey Brown 的采访,2005 年 11 月。

3. 笔者对美国军舰"牛津号"R 分部负责人 Keith Taylor 的采访,2005 年 11 月。

4. "牛津号"航海日志,NARA;笔者对美国军舰"牛津号"T 分部负责人 Dale Thrasher 的采访,2005 年 11 月。*President's Intelligence Check List*,1962 年 10 月 22 日,转引自关于与肯尼迪白宫的情报关系的中情局文件,18,record no. 104 – 10302 – 100009,JFKARC。关于"牛津号"的信息也来自 George Cassidy,前 T 分部成员。

5. 国家安全局密码博物馆。报告并没有提及"牛津号"。然而,对船员的采访和对航海日志的调查表明"牛津号"正是该报告的信息来源。

6. "The 1962 Soviet Arms Buildup in Cuba",77,CREST;来自美国国家安全局

副局长 John Davis 的备忘录，1962 年 11 月 1 日，JFKL。

7. Boris Chertok, *Rakety i Lyudi*: *Goryachie Dni Kholodnoi Voini*（Moscow: Mashinostroenie，1999），Karibskii Raketnii Krizis 一章。关于拜科努尔一位苏联导弹军官的回忆，也请参见 Ivan Etreev, *Eshce Podnimalos's Plamya*（Moscow: Intervesy，1997），79－80。拜科努尔的 R－7 弹道导弹处于 2 级预备状态，和古巴导弹一样。

8. 威廉·考夫曼备忘录，*Cuba and the Strategic Threat*，OSD。美方的数字包括装备在北极星潜艇上的 144 枚洲际弹道导弹和 96 枚普通导弹。苏方的数据来自战略火箭军历史学家 Karlove，且基于苏联官方数据。苏方的数据包括普列谢茨克的 36 枚 R－16 洲际弹道导弹和 4 枚 R－7 弹道导弹，和拜科努尔的 2 枚备用 R－7 弹道导弹，后者并不处于长期战备状态。远程轰炸机的数量差距更大，大多数人估计苏方数值是美方的 5 倍。中情局和国务院认为苏联拥有 60～70 处可运作的洲际弹道导弹发射台，这比五角大楼预计的稍少，但仍然高于引自 Karlove 的苏联官方数据。Garthoff，208.

9. 对奥布利津的采访；弹道部门指挥官 Vladimir Rakhnyansky 上校的笔记，MAVI。

10. Blight 等著，*Cuba on the Brink*，109－111。

11. 阿列克谢耶夫给莫斯科的消息，1962 年 11 月 2 日，NSAW Cuba。莫斯科导弹危机会议的副本，1989 年 1 月。Bruce J. Allyn，James G. Blight，and David A. Welch，eds.，*Back to the Brink*: *Proceedings of the Moscow Conference on the Cuban Missile Crisis*，*January 27－28*，*1989*（Lanham，MD: University Press of America，1992），159. 也请参见 Blight 等著，*Cuba on the Brink*，117－122。

12. Putlin，108.

13. Blight 等著，*Cuba on the Brink*，252。

14. 卡斯特罗给赫鲁晓夫的信，1962 年 10 月 28 日，提交至 2002 哈瓦那会议的古巴文件。

15. Blight 等著，*Cuba on the Brink*，345；富尔先科和纳夫塔利，*One Hell of a Gamble*，187。

16. 1962 年 11 月 2 日，急件，NSAW。

17. NSAW Cuba.

18. Richard Rhodes, *The Making of the Atomic Bomb* (New York, Simon & Schuster, 1986), 672.

19. Sakharov, 217.

20. Dalleck, 429.

21. G. G. Kudryavtsev, *Vospominaniya o Novoi Zemlye*, 可从 www. iss. nillt. ru 下载；V. I. Ogorodnikov, *Yadernyi Arkhipelag* (Moscow：Izdat, 1995), 166；作者对核弹老兵 Vitaly Lysenko 的采访，基辅，2006 年 5 月。

22. Kudryavtsev 的文章。

23. Ogorodnikov, 155 – 158；Pavel Podwig, *Russian Strategic Nuclear Forces* (Cambridge, MA：MTI Press, 2001), 503.

24. 未出版的莫尔茨比回忆录，由 Jeanne Maultsby 提供。第 4080 战略联队历史（战略空军司令部），1962 年 10 月，FOIA。

25. 对海泽的采访。参见 Michael Dobbs, "Into Thin Air", *WP Magazine*, 2003 年 10 月 26 日。

26. 富尔先科, *Prezidium Ts. K. KPSS*, 623, Protocol No. 62。

27. 富尔先科和纳夫塔利, *One Hell of a Gamble*, 261 – 262。

28. 同上，248。

29. 苏联大使阿纳斯塔斯·米高扬后来告诉古巴人，这篇专栏文章促使赫鲁晓夫提出了古巴—土耳其交易的提议。参见与古巴领导人谈话的备忘录，1962 年 11 月 5 日，NSAW Cuba。也请参见富尔先科和纳夫塔利, *One Hell of a Gamble*, 275。李普曼的专栏文章于 10 月 25 日刊于 *WP* 和其他报纸上。

30. *Problems of Communism*, Spring 1992, 笔者译自俄文资料。

31. Malinovsky 给普利耶夫的消息，1962 年 10 月 27 日，莫斯科时间 16 点 30 分，NSAW。

32. 葛罗米柯给阿列克谢耶夫的消息，1962 年 10 月 27 日，NSAW。赫鲁晓夫副官奥列格·特罗扬诺夫斯基，声称中央委员会"并不知道"发布这条古巴—土耳其的提议会给肯尼迪带来麻烦。参见 Troyanovsky, 249。然而，给阿列克谢耶夫的指示明确表示努力争取公众的偏袒是赫鲁晓夫战略的重要的一部分。

33. Theodore Shabad, "Why a Blockade, Muscovites Ask", *NYT*, 1962 年 10 月 28 日。也请参见 "The Face of Moscow in the Missile Crisis", *Studies in Intelligence*, Spring 1966, 29 – 36, CREST。

34. Petr Vail' and Aleksandr Genis, *Shesdesyatiye-Mir Sovetkovo Cheloveka*（Moscow: Novoe Literaturnoe Obozrenie, 2001），52 – 60.

35. 来自 Eugene Staples 的报告，美国大使馆，莫斯科，1962 年 10 月 30 日，国务院古巴文件，NARA。

36. Malinovsky 给赫鲁晓夫的消息，1962 年 10 月 27 日，MAVI。

37. Vail' and Genis, 59.

38. 阿列克谢耶夫，1962 年 11 月 2 日，NSAW 急件。

39. 卡斯特罗给赫鲁晓夫的信，1962 年 10 月 26 日至 27 日，NSAW Cuba，由笔者翻译。

40. 对 Roshva 的采访。有关部署的细节，参见格里布科夫等著，*U Kraya Yadernoi Bezdni*, 89 – 90, 115 – 119；对移动火箭技术基地军官 Vadut Khakimov 的采访，载于 *Vremya i Denghi*, 2005 年 3 月 17 日。

41. 关塔那摩海军基地情报报告。

42. 1962 年 12 月 6 日，来自 M. B. Collins 载于 *Cuba Under Castro*，卷五，565。中情局后来错误地把马亚里阿里巴的前线巡航导弹标注为 "Sopkas" 的海岸巡航导弹。这两种导弹从外表上看十分相似，但后者并不携带核弹头，且只用于打击船只。参见以下讨论 *CWIHP*, 12 – 13（Fall-Winter 2001），360 – 361。

第九章　搜寻"格罗兹尼号"

1. 中情局备忘录，*The Crisis: USSR/Cuba*, 1962 年 10 月 27 日，CREST。

2. Reeves, 92.

3. Michael K. Bohn, *Nerve Center: Inside the White House Situation Room*（Washington, DC: Brassey's, 2003），30.

4. 塞林杰，*With Kennedy*, 253。

5. Bohn, 32.

6. *NSA and the Cuban Missile Crisis*, 1998 年 10 月专题著作，国家安全局出版。

7. Bouchard, 115. 也可参见 Graham Allison, *Essence of Decision*（Boston：Little, Brown, 1971）, 128。

8. 参谋长联席会议"剑鞘"消息 270922Z, JFKARC；古巴情况说明书, 1962 年 10 月 27 日, NSAW。

9. 中情局备忘录, *The Crisis*：*USSR/Cuba*, 1962 年 10 月 27 日, CREST；参谋长联席会议"剑鞘"报告, 1962 年 10 月 28 日, 古巴国家安全档案, JFKL。

10. 参谋长联席会议"剑鞘"消息 270922Z, JFKARC。

11. 赫鲁晓夫给吴丹的消息, 1962 年 10 月 26 日, NSAW。

12. 参见例子, 中情局备忘录, *The Crisis*：*USSR/Cuba*, 1962 年 10 月 27 日, CREST；"Operation Mongoose Sabotage Proposals", 1962 年 10 月 16 日, JFKARC。

13. 执行委员会讨论, 1962 年 10 月 25 日, JFK3, 254。

14. 第 55 战略侦察机联队历史, 1962 年 10 月, AFHRA。

15. USAF 事故报告, 1962 年 10 月 27 日, AFSC；笔者对其中一架中止任务的 RB – 47 飞机导航员 John E. Johnson, 以及后备飞机电子战军官 Gene Murphy 的采访, 2005 年 12 月。

16. 第 55 战略侦察机联队历史, Sanders A. Laubenthal, "The Missiles in Cuba, 1962：The Role of SAC Intelligence", FOIA；"麦克多诺号"消息 271336Z, "格罗兹尼号"文件, CNO Cuba, USNHC。

17. Andrew St. George, "Hit and Run to Cuba with Alpha 66", 《生活》杂志, 1962 年 11 月 16 日。也请参见中情局关于"阿尔法 66"的备忘录, 1962 年 10 月 30 日和 1962 年 11 月 30 日, JFKARC。

18. 小威廉·R. 赫斯特给克莱尔·布斯·卢斯的信, 克莱尔·布斯·卢斯文件, 国会图书馆。

19. William Colby 和克莱尔·布斯·卢斯之间的电话谈话, 1975 年 10 月 25 日, 中情局档案, CREST。卢斯和基廷之间的交易详见 Max Holland, "A Luce Connection：Senator Keating, William Pawley, and the Cuban Missile Crisis", *Journal of Cold War Studies*（Fall 1999）。

20. 中情局备忘录, 1975 年 7 月 25 日, CREST。

21. 中情局关于"阿尔法 66"的备忘录, 1962 年 11 月 30 日, JFKARC。

22. 对贝拉的采访，2006 年 1 月。

23. *NYT*，1962 年 10 月 28 日。

24. 约翰·肯尼迪也在这一传送名单之列，他要求大使馆给出解释。布鲁斯告诉白宫，中情局批准他们把照片披露给英国媒体。布鲁斯给 Michael Forrenstal 的消息，1962 年 10 月 24 日，国家安全档案，JFKL。一位中情局在伦敦的代表切斯特·库珀说他给华盛顿打了电话，但无人接听，他之后发了电报"说除非华盛顿对此否决，否则我就要这么做"。切斯特·库珀 OH，JFKL。

25. 布鲁斯给国务卿的消息 No. 1705，1962 年 10 月 28 日，JFKL 和 SDX。

26. Reeves, 291.

27. 英国政府首脑间的谈话录音，1962 年 10 月 27 日，DEFE 32/7，公共档案局。关于英国军方在危机期间动向的讨论，参见 Stephen Twigge 和 Len Scott，"The Thor IRBMs and the Cuban Missile Crisis"，*Electronic Journal of World History*，2005 年 9 月，网上可以找到。

28. Beschloss, 217；Reeves, 68.

29. Reeves, 250.

30. 参谋长联席会议备忘录，1962 年 10 月 6 日，NARA。

31. 中情局国家评估办公室备忘录，1962 年 10 月 27 日，JFKL。

32. 来自柏林的报告，UPI 和 NYT，1962 年 10 月 27 日。

33. 中情局备忘录，*The Crisis：USSR/Cuba*，1962 年 10 月 28 日，CREST。

34. 参见 Taubman, 538 – 540；富尔先科和纳夫塔利，*Khrushchev's Cold War*，457 – 460。

35. Troyanovsky, 247.

36. 笔者对前 U－2 飞行员罗伯特·鲍威尔（即鲍勃·鲍威尔）的采访，2003 年 6 月。

37. 第 4080 战略联队历史，特殊行动的附录，1962 年 10 月，FOIA。

38. 战略空军司令部给 CONAD 的消息 CNO 262215Z，1962 年 10 月 26 日，CNO Cuba，USNHC。

39. 对海泽和 McIllmoyle 的采访。

40. 未出版的克恩回忆录；*Supplement 8*，*Joint Evaluation of Soviet Missile Threat in*

Cuba，1962 年 10 月 28 日，CREST。

41. 战略空军司令部对安德森起飞时间的报告有许多错误。我使用的是最初执行命令中的时间，见战略空军司令部消息 262215Z，美国防空副本，收于 USNHC 文件。这一飞行计划显示的安德森进入古巴领空的时间，与苏联人的记录相吻合。安德森飞行线路地图参见 *Supplement 8*，*Joint Evaluation of Soviet Missile Threat in Cuba*，1962 年 10 月 28 日，CREST。

42. 安德森的飞机是加利福尼亚州伯班克市洛克希德的 Skunk Works 工厂生产的第三架飞机，生产时间是 1955 年。它是一架在 U–2F 基础上升级的 U–2A 侦察机。那个于 10 月 14 日首次拍摄下苏联导弹基地的飞行员海泽，驾驶的飞机编号为 56–6675，是史上第二架 U–2。而莫尔茨比飞越苏联上空时驾驶的 U–2 侦察机编号为 56–6715。这三架都坠毁了，这几乎是大部分早期 U–2 侦察机的命运。第 4080 战略联队历史，1962 年 10 月，FOIA。

43. 对 McIlmoyle 的采访。

44. 从纽约发给国务卿的国务院电报 1633 号，1962 年 11 月 5 日，SDX。

45. 笔者对安德森女儿 Robyn Lorys 的采访，2003 年 9 月；安德森的医疗报告，1962 年 10 月 11 日。

46. 对约翰·德斯·波特斯上校的 OH 采访，NSAW Cuba。

47. 对赫尔曼的采访；也请参见 *WP Magazine* 文章，2003 年 10 月 26 日。

48. Bruce Bailey，*We See All：A History of the 55th SRW*（私下出版），111。我非常感激第 55 战略侦察机联队非官方历史学家 Rob Hoover，他帮助我和飞行员取得联系。

49. 笔者对 RB–47 侦察机飞行员 Don Griffin 的采访，2004 年 12 月。Griffin 执行了 10 月 27 日的一项飞行任务。

50. *SAC Historical Study No. 90*，卷一，卷三，NSAW。

51. 参见麦克纳马拉和 Taylor 对执行委员会的评论，JFK3，446，451。Taylor 错把"果盘"雷达说成了"水果蛋糕"雷达。根据麦克纳马拉，RB–47 侦察机捕捉到"果盘"信号的"同时"，U–2 侦察机正在古巴上空。

52. 第 55 战略侦察机联队历史，1962 年 10 月，FOIA。威尔森于 10 月 27 日侦查到了三处"大雪茄"雷达。他提交了总共 14 份"导弹信号拦截报告"，即与不同的苏联导弹系统关联的雷达信号报告。

53. Martin Caidin, *Thunderbirds* (New York：Dell, 1961), 109。

54. 莫尔茨比回忆录。所有形容莫尔茨比个人思虑和行动的文字都来自这本未出版的回忆录；它们都与其他信息来源核对过，包括同时期的天文图，和国务院一份关于莫尔茨比的路线图表。

56. 同上。

56. 给 George Burkley 上将的信，1962 年 10 月 24 日，克劳斯档案，JFKL。

57. Burkley 备忘录，1962 年 10 月 25 日，肯尼迪医疗档案，JFKL。

58. Dallek, 154.

59. Reeves, 19.

60. Dallek, 72.

61. 引自 Stern, 39 – 40。

62. Reeves, 306.

63. 索伦森, *Kennedy*, 513。

64. Reeves, 306.

65. 参谋长联席会议紧急行动档案，Scott Sagan 记录，NSAW。

66. 参见例子，Fred Kaplan, "JFK's First Strike Plan", *Atlantic Monthly* (October, 2001)。

67. Reeves, 229 – 230, 696；目标数据来自 Kaplan, "JFK's First Strike Plan"。当鲍尔向麦克纳马拉报告 SIOP – 62 的摘要时，他脸上带着一丝得意的笑容说："部长先生，我希望你在阿尔巴尼亚没有任何朋友或是交情，因为我们会把它从地球上抹除干净。"

68. 白宫文字记录，1962 年 12 月 5 日，引自 David Coleman, *Bulletin of Atomic Scientists* (May – June 2006)。关于和内战的对比，参见 Reeves, 175。

69. Goodwin, 218.

第十章　击落

1. 格里布科夫等著，*U Kraya Yadernoi Bezdni*, 124。

2. 叶辛等著，*Strategicheskaya Operatsiya Anadyr'*, 273；苏联前防空部队军官 Pavel Korolev 上校的回忆录，载于格里布科夫等著，*U Kraya Yadernoi Bezdni*, 246 – 253。笔者对苏联防空部队政委 Grigory Danilevich 上校的采访，2004 年

7 月。

3. 格里布科夫等著，*U Kraya Yadernoi Bezdni*，124。

4. Philip Nash, *The Other Missile of October：Eisenhower，Kennedy，and the Jupiters* (Chapel Hill：University of North Carolina Press，1997)，1 – 3.

5. 1962 年 10 月 22 日，备忘录，麦克纳马拉文件，OSD。

6. 格里布科夫等著，*U Kraya Yadernoi Bezdni*，199 – 200。苏联国防部长后来报告说，U – 2 侦察机"被击落，是为了避免照片落入美国人手中"。马利诺夫斯基备忘录，1962 年 10 月 28 日，*CWIHP*，11（Winter 1998），262。根据 Derkachev，56，普利耶夫知道击落事件后非常愤怒。"你们不该这么做"，他跟他的下属说，"我们会使（外交）协商变得复杂化。"

7. JFK3，240；10 月 27 日的飞行记录，载于国家照相判读中心的 5017 – 5030 任务照相判读报告，CREST。

8. 1962 年 10 月 27 日，参谋长联席会议笔记，哈瓦那 2002 年，第二卷。笔记一位参谋长联席会议历史学家沃尔特·普尔根据原始文字记录，于 1976 年记录下来。根据参谋长联席会议，原始文字记录后来被销毁了。这些任务拍下的照片包含在 *SAC Historical Study No. 90*，第二卷，FOIA。

9. 马拉霍夫笔记，MAVI。

10. *British Archives on the Cuban Missile Crisis*，242.

11. 萨韦里奥·图蒂诺，*L'Occhio del Barracuda*（Milan：Feltrinelli，1995），134。

12. 对德斯诺埃斯的采访。

13. 阿道夫·吉利，"A la luz del relámpago：Cuba en Octubre"，*Perfil de la Jornada*，2002 年 11 月 29 日。

14. FBIS 翻译的反叛者广播，1962 年 10 月 28 日。

15. 合众国际社 10 月 27 日对哈瓦那的报道，参见 *NYT*，1962 年 10 月 28 日。

16. 笔者对 Alfredo Duran 的采访，2005 年 12 月。

17. 格里布科夫等著，*U Kraya Yadernoi Bezdni*，124；Putilin，111 – 112。对于击落的时间有几个差别微小的不同版本。我所依据的时间来自科罗廖夫上校，他当时正在卡马圭指挥所执勤（参见格里布科夫等著，250）。关于残骸的位置，参见 1962 年 10 月 28 日统一军部的 1065 号报告，NSAW Cuba。

18. 格里布科夫等著，*U Kraya Yadernoi Bezdni*，235。

19. 参见国家照相判读中心报告，1962 年 10 月 26 日与 10 月 27 日，CREST。

20. 叶辛等著，*Strategicheskaya Operatsiya Anadyr'*，67。

21. 斯塔岑科的报告；对叶辛的采访。

22. Malinovsky（Trostnik）给普利耶夫的命令，1962 年 10 月 27 日，NSAW
    Cuba，由笔者翻译。一份不同的翻译参见 *CWIHP*，14－15（Winter 2003），
    388。

23. 格里布科夫和史密斯，*Operation ANADYR*，69。

24. *Verde Olivo*，1968 年 10 月 10 日，引自 Carla Anne Robbins，*The Cuban Threat*
    （New York：McGraw Hill，1983），47。

25. 中情局备忘录，*The Crisis：USSR/Cuba*，1962 年 10 月 26 日，CREST；笔者
    对波尔塔莱斯山洞的拜访；蓝月任务 5019－5020，1962 年 10 月 27 日，国
    家照相判读中心报告，CREST。

26. 蓝月任务 5019－5020，1962 年 10 月 27 日，国家照相判读中心报告，
    CREST。

27. 参见例子，David Holloway，*Stalin and the Bomb*（New Haven，CT：Yale
    University Press，1994），326－328。

28. 中情局备忘录，*The Crisis：USSR/Cuba*，1962 年 11 月 6 日，CREST。中情
    局报告说空军的伊尔－28 由"列宁主义共青团号"核潜艇运输，"几乎确
    定地"于 10 月 20 日停靠在奥尔金。根据布鲁焦尼，*Eyeball to Eyeball*，
    173，国家照相判读中心已经对奥尔金留心注意，因为当地的建筑活动和在
    苏联地区部署伊尔－28 时的活动十分类似。但与圣朱利安的伊尔－28 不同
    的是，奥尔金的飞机从未离开板条箱，并于 11 月 26 日被撤走。布鲁焦尼，
    536。

29. 对阿纳斯塔西耶夫的采访。

30. 马利诺夫斯基备忘录 1962 年 9 月 6 日和 8 日，NSAW Cuba，翻译载于
    CWIHP，11（Winter 1998），258－260。也请参见 Raymond Garthoff，"New
    Evidence on the Cuban Missile Crisis"，同上，251－254。

31. CINCONAD 消息 2622345Z，CNO Cuba，USNHC；关于参谋长联席会议的回
    复，参见参谋长联席会议决议年表关于古巴危机的内容，1962 年 10 月 27

日，NSAW Cuba，和海军作战部长办公室对事件的 24 小时摘要，270000 ~ 280000，CNO Cuba，USNHC。

32. 参谋长联席会议决议年表，1962 年 10 月 28 日，NSAW Cuba。

33. CINCLANT 历史，95。

34. Blight 等著，*Cuba on the Brink*，255，261；CINCLANT 历史修正文件，参谋长联席会议对伤亡人数的估计，1962 年 10 月 28 日，CNO Cuba，USNHC。

35. Polmar 和 Gresham，230；USCONARC 给 CINCLANT 的消息 291227Z，CNO Cuba，USNHC。

36. 泰勒关于麦克纳马拉和总统的备忘录，1962 年 5 月 25 日，参谋长联席会议记录，NARA。

37. 索伦森 OH，JFKL。

38. 参谋长联席会议关于麦克纳马拉的备忘录，1962 年 10 月 23 日；吉尔帕特里克关于总统和邦迪的备忘录，1962 年 10 月 24 日；Sagan 回忆录，NSAW；Sagan，106 – 111。在 10 月 24 日，吉尔帕特里克告诉他的副官，他不认为有必要改变这一武器的管理准则。吉尔帕特里克办公日记，OSD。

39. Robert Melgard 中校，引自 Sagan，110。

40. 作者对 George R. McCrillis 中尉的采访，"灾难"试验中的飞行员，2006 年 2 月。

41. "多尼米克行动计划"中描述的步骤，1962 年 9 月，空军对"多尼米克行动"所做准备的历史，卷三，DOE。

第十一章　　"某些狗娘养的"

1. 莫尔茨比回忆录。

2. 记录莫尔茨比 U – 2 侦察机和苏联拦截机的数据来自美国政府图表。我在国务院执行秘书处找到了最为详细的地图，SDX，7 号盒子。另一份记录苏联拦截机的地图取自佩韦克某空军基地，现藏于国家安全文件。古巴，54 号盒子，地图、图表和照片文件夹，JFKL。

3. 布鲁焦尼，*Eyeball to Eyeball*，456。

4. 官方文字记录，麦克纳马拉新闻发布会，1962 年 10 月 22 日，OSD。

5. 助理国防部长斯图尔特·皮特曼向全国州长会议提交的报告，1962 年 10 月

27 日，JFKL。

6. 斯图尔特·皮特曼 OH，JFKL。

7. Alice L. George, *Awaiting Armageddon*：*How Americans Faced the Cuban Missile Crisis*（Chapel Hill：University of North Carolina Press, 2003）, 73 – 80.

8. AP 和 UPI 报道，1962 年 10 月 27 日；*WP*，1962 年 10 月 28 日。

9. 笔者对 Orville Clancy 少校的采访，前战略空军司令部总部军官，2003 年 6 月。

10. Maynard White 上校的回忆，*America's Shield*，*The Story of the Strategic Air Command and Its People*（Paducah, KY：Turner, 1997）, 98。

11. 德斯·波特斯 OH，NSAW。

12. 对 Clancy、杰拉尔德·E. 马克莫里和前战略空军司令部情报官员 James Enney 的采访，2005 年 10 月。

13. 笔者对弗雷德·冲本的采访，2005 年 8 月。

14. Taubman, 455.

15. 莫尔茨比于 1952 年 1 月 5 日在朝鲜被击落；他于 1953 年 8 月 31 日被释放。莫尔茨比私人档案，NPRC。他在朝鲜审问的一个副本被提交至苏联，并由美苏战俘和作战失踪人员联合委员会发布。

16. Martin Caidin, *The Silken Angels*：*A History of Parachuting*（Philadelphia：J. B. Lippincott, 1964）, 230 – 236.

17. 莫尔茨比私人档案。

18. 与麦克纳马拉副官 Francis J. Roberts 上校的通信和他的采访，2006 年 5 月。

19. CNO 办公日志，1962 年 10 月 27 日，CNO Cuba, USNHC。那位海军副官是 Isaac C. Kidd 上尉。

20. 通信理事会，时事通信 22 号，赫尔曼·卡恩文件，NDU；笔者对欧文·多雷斯的采访，2006 年 2 月。

21. 莫尔茨比飞行图表。

22. 笔者对前 F – 102 战斗拦截机飞行员莱昂·施穆茨和 Joseph W. Rogers 的采访，2003 年 6 月。也请参见 Sagan, 136 – 137；阿拉斯加州空军指挥所日志，1962 年 10 月 22 日。

23. Gen V. H. Krulak 少校给参谋长联席会议的消息，1962 年 10 月 26 日，参谋长联席会议马克斯维尔·泰勒记录，NARA。

24. 总统的参谋长联席会议备忘录，JCSM - 844 - 62，OSD。

25. 参谋长联席会议普尔笔记。

26. Kaplan, 256.

27. David Burchinal OH, NSAW Cuba.

28. 对麦克纳马拉的采访；也请参见纪录片《战争迷雾》中对麦克纳马拉的采访，导演埃罗尔·莫里斯（Sony Pictures Classics, 2003）。

29. *LAT*，1962 年 10 月 28 日；麦克纳马拉办公日记，OSD。

30. 参谋长联席会议普尔笔记。在他 1975 年的口述历史中，Burchinal 声称麦克纳马拉歇斯底里地叫喊："这意味着和苏联开战。总统得和莫斯科接通热线！"麦克纳马拉否认曾这样说过。莫斯科—华盛顿"热线"是在导弹危机后才出现的。

31. 机密 U - 2 侦察机备忘录，国家安全文件，179 号盒子，JFKL。

32. 我基于 1962 年 10 月 27 日的总统电话日志重构了这些事件；白宫日志，JFKL；以及奥唐奈和鲍尔斯，*Johnny, We Hardly Knew Ye*，338 - 339。最后一份叙述弄错了约翰·肯尼迪知晓两起 U - 2 侦察机事故的时间。

33. 罗杰·希尔斯曼，*To More a Nation*（Garden City, NY：Doubleday, 1967），221；约翰·肯尼迪给杰奎琳·肯尼迪的信，1964 年 3 月 6 日，JFKL；对罗杰·希尔斯曼的采访，CNN CW。

34. 根据奥唐奈和鲍尔斯，约翰·肯尼迪曾于"8 月命令撤出'木星'导弹"。邦迪后来驳斥了这一声明，认为"总统的观点不等于总统的命令"。参见 Stern, 86。一份日期标注为 1962 年 8 月 23 日的总统备忘录（NSAM 181），给五角大楼下达任务调查"把'木星'导弹从土耳其撤出需要采取哪些行动"。参见 Nash, 110。

35. 同样的言论也出现在 Stern, 39, 296。

36. RFK, 127, 106.

37. 对赫尔曼的采访，第 4080 战略联队历史，1962 年 10 月，FOIA。

38. 笔者对麦克纳马拉军事副官 Sidney B. Berry 的采访，2006 年 5 月。

39. 吉尔帕特里克 OH, NSAW。

40. 第 4080 战略联队历史，1962 年 10 月，FOIA；麦克纳马拉给空军部长的备忘录，1962 年 10 月 28 日，OSD。

41. 参谋长联席会议普尔笔记。消息由联合侦察组的 Ralph D. Steakley 上校带到。

42. 莫尔茨比回忆录。莫尔茨比并没有提及那个劝他跳伞的飞行员的名字。施穆茨表示那些话不是他说的，所以说这话的就肯定是兰兹了，他已经过世了。

43. 莫尔茨比算出他的飞行时长是 10 小时 25 分，这是 U-2 侦察机的飞行时长记录。白宫记录上显示他的降落时间是在他飞行 10 小时 14 分后的华盛顿时间下午 2 点 14 分。国家安全文件，179 号盒子，JFKL。他原定的返回时间是上午 11 点 50 分，飞行时长为 7 小时 50 分。我所使用的时间来自莫尔茨比，该数据也被第 4080 战略联队历史，1962 年 10 月引用。

第十二章 "拼命逃跑"

1. 古巴情况说明书，1962 年 10 月 27 日，NSAW。

2. 小伯顿·C. 安德勒斯上校的回忆，第 341 战略导弹联队历史，FOIA。

3. Joseph E. Persico, *Nuremberg*: *Infamy on Trial*（New York: Penguin, 1995），50.

4. 对第 341 战略导弹联队的导弹修理师 Joe Andrew 的采访，2005 年 9 月。

5. George V. Leffler 中校，摘自《周六晚报》，1963 年 2 月 9 日。

6. 安德勒斯的回忆。

7. 尤金·朱克特给约翰·肯尼迪的信，1962 年 10 月 26 日，柯蒂斯·李梅记录，手稿分区，国会图书馆。阿尔法六号在 1962 年 10 月 26 日 1816Z（华盛顿时间下午 2 点 16 分）进入战略戒备状态（第 341 战略导弹联队 11 月历史，Sagan 合集，NSAW）。

8. 第 341 战略导弹联队 10 月历史，Sagan 合集，NSAW；Sagan，82-90。

9. *SAC Historical Study No. 90*，Vol. 1，72-73，121；战略空军司令部消息 1827Z，1962 年 10 月 27 日。

10. 对 Andrew 的采访，载《时代》杂志。

11. *SAC Historical Study No. 90*，Vol. 1，43. 在导弹危机期间，B-52 轰炸机通

常搭载 4 枚马克 - 28 热核炸弹或者 2 枚马克 - 15 热核炸弹。

12. "A Full Retaliatory Response", *Air and Space* (November, 2005); 笔者对前战略空军司令部飞行员 Ron Wink 和 DonAldridge 的采访, 2005 年 9 月。

13. Sagan, 66.

14. *SAC Historical Study No. 90*, Vol. 1, 90。关于干扰, 见空军消息 AF IN 1500 和 1838, 10 月 27 日和 28 日, CNO Cuba, USNHC。

15. Kaplan, 268.

16. Sagan, 186 - 188.

17. 中情局, *Supplement 8*, *Joint Evaluation of Soviet Missile Threat*, 1962 年 10 月 27 日, 约翰逊图书馆; 对叶辛的采访。

18. 笔者此处关于卡拉瓦萨尔把目标瞄准纽约的信息来自维克托·叶辛上将, 他当时在西多罗夫麾下担任一位中尉技术员, 而且他作为苏联战略火箭军的参谋长, 可以查阅其他研究者无法查阅的档案文件。

19. 马拉霍夫笔记, MAVI; 对叶辛的采访。

20. 对叶辛的采访。

21. 中情局, *Supplement 8*, *Joint Evaluation of Soviet Missile Threat*, 约翰逊图书馆。

22. 对叶辛的采访。

23. 中情局电报, 关于一旦入侵古巴, 共产党人针对美国中部的计划, 1962 年 10 月 10 日, 国家安全文件, JFKL; 中情局关于颠覆古巴的备忘录, 1963 年 2 月 18 日, JFKARC。

24. 通过 CREST 取得的未标注日期的中情局备忘录, RDP80B01676R001800010029 - 3; 中情局备忘录, *The Crisis: USSR/Cuba*, 1962 年 10 月 29 日和 11 月 1 日; 1962 年 10 月 27 日, 截获消息, JFKARC。

25. Blight 等著, *Cuba on the Brink*, 18。

26. Blight 和 Welch 等编, *Intelligence and the Cuban Missile Crisis*, 99。

27. 富尔先科和纳夫塔利, *One Hell of a Gamble*, 141。

28. 中情局备忘录, "Operation Mongoose, Main Points to Consider", 1962 年 10 月 26 日, 麦科恩关于猫鼬行动会议的备忘录, 1962 年 10 月 26 日, JFKARC。

29. *NYT*，1962 年 10 月 29 日。

30. *NYT*，1962 年 10 月 30 日。

31. CINCONAD 心理传单项目，OSD。参谋长联席会议一开始支持这一行动，后又在 10 月 27 日的备忘录（OSD）里把它形容为“军事上不安全”。参谋长们担心投弹飞机可能会被击落，反而给古巴人带来政治宣传的胜利。

32. 海军作战部长办公室对事件的 24 小时摘要，270000～280000，CNO Cuba，USNHC；由指挥官詹姆斯·A. 考弗林中尉提交给笔者的飞行记录表。

33. 笔者对埃德加·洛夫上尉的采访，2005 年 10 月；国家照相判读中心报告中有关蓝月任务的记录，1962 年 10 月 27 日，CREST；原始情报底片，NARA。

34. 这份国务院的草稿由乔治·鲍尔和他的副官 Alexis Johnson 起草，Johnson OH，JFKL。草稿的副本载于马克斯维尔·泰勒文件，NDU。

35. 根据飞行员的报告，没有飞机被击中。我们并不清楚到底有多少架飞机执行下午的任务。泰勒将军告诉执行委员有两架飞机出现发动机故障后返回了基地，而另外六架则飞入古巴境内。根据其他报告，安排执行 10 月 27 日下午任务的飞机共有六架。可参见如，五角大楼作战室 10 月 27 日日志，NSAW。

36. 斯卡利有关腊斯克的备忘录出版于塞林杰，*With Kennedy*，274－280。也见于美国广播公司关于约翰·斯卡利的节目，1964 年 8 月 13 日，文字记录可通过 NSAW 获得。

37. 笔者对托马斯·休斯的采访，2006 年 3 月。斯卡利和休斯于下午 5 点 40 分一同进入白宫。白宫日志，JFKL。

38. JFK3，462.

39. 腊斯克把史蒂文森起草的稿件朗读给执行委员会听。我在 NDU 的马克斯维尔·泰勒文件中找到了国务院原先的草稿。也可见于亚历克西斯·约翰逊 OH，JFKL。

40. 这在后来被叫作“特罗洛普手法”，后记（344～345）中对比有讨论。诸多作家，比如说 Graham Allison 就声称约翰·肯尼迪正是在博比的建议下，决定回应赫鲁晓夫的第一封信，忽略第二封信。这种说法过度简化了实际发生的情况。约翰·肯尼迪并没有忽略第二封信。下一章会给出他解决土耳其—古巴问题的很多细节。

41. RFK，97.

42. 笔者对马琳·鲍威尔的采访，2003 年 9 月。见 *WP Magazine*，2003 年 10 月 26 日，根据第 4080 战略联队历史，简·安德森在 10 月 27 日下午 5 点 50 分被通知她的丈夫失踪了。

43. Troyanovsky，250；Sergei Khrushchev，363.

44. 赫鲁晓夫给卡斯特罗的信，1962 年 10 月 30 日，NSAW Cuba。

45. Shevchenko，106.

46. 赫鲁晓夫给卡斯特罗的信，1962 年 10 月 30 日，NSAW Cuba；Sergei Khrushchev，364。

47. *NK*1，499.

第十三章　猫和老鼠

1. 美国海军通过发现的时间顺序来标记苏联潜艇。第一艘被明确标记的是 "C - 18"（苏联标号 "B - 130"，由尼古拉·舒姆科夫指挥），时间是 241504Z。其他的有 "C - 19"（"B - 59"，瓦连京·萨维茨基），时间是 252211Z；"C - 20"，后来被确认为 "C - 26"（"B - 36"，阿列克谢·杜比夫卡），时间是 261219Z；以及 "C - 23"（"B - 4"，留里克·克托夫），时间是 271910Z。

2. 航母第十六师，古巴导弹危机文件，NSAW。

3. "比尔号" 和 "科尼号" 航海日志，NARA，也可通过 NSAW 获得。

4. 国防部长给国务卿的消息，240054Z，NSAW Cuba。

5. 参谋长联席会议普尔笔记。

6. 《时代》杂志的简介，1961 年 7 月 28 日。

7. 参谋长联席会议消息 051956Z，CNO Cuba，USNHC。

8. 执行委员会会议报告了这条截获的消息，对美国军舰 "牛津号" 的 Keith Taylor 的采访，关于截获的追踪信号的描述见 Harold L. Parish OH，1982 年 10 月 12 日，NSA。

9. CINCONAD 消息 27022Z 和 280808Z，CNO Cuba，USNHC。一些作者声称白宫不得不采取游说李梅的方法，才使他放弃下令立即进攻萨姆导弹基地。见

布鲁焦尼，*Eyeball to Eyeball*，463－464。参谋长联席会议历史学家沃尔特·
普尔的笔记则显示这不是真实的情况。参谋长联席会议倾向于继续派遣侦察
机执行任务，直到另一架飞机被击落后，再展开报复行动，其最低限度为进
攻所有的萨姆导弹基地。参谋长联席会议决议年表，1962 年 10 月 27 日，
NSAW。关于参谋长联席会议反对零散行动，见 10 月 27 日关于"Proposed
Military Actions in Operation Raincoat"的备忘录，OSD。

10. Mozgovoi，92，Havana 2002，Vol. 2。

11. 叶辛等著，*Strategicheskaya Operatsiya Anadyr'*，84；Mozgovoi，71。潜艇舰队
指挥官是一级上尉维塔利·阿加福诺夫。他当时正在 B－4 潜艇上。

12. 两人都是二级上尉，这在苏联相当于中校。负责鱼雷的军官是一名三级上
尉，相当于美国的海军少校。

13. Mozgovoi，93；笔者对奥尔洛夫的采访，2004 年 7 月，其他潜艇指挥官质
疑过奥尔洛夫事件。阿尔希波夫和萨维茨基都去世了，所以已经不可能确
切地知道萨维茨基的措辞。奥尔洛夫的描述与其他潜艇人员的描述相符，
同时也与我们所知的 B－59 潜艇行动相符。

14. RFK，102。

15. Schlesinger，*Robert Kennedy and His Times*，625。

16. Schlesinger，"On JFK：An Interview with Isaiah Berlin，"*New York Review of
Books*，1998 年 10 月 22 日。

17. 见国务院和史蒂文森草稿以及执行委员会讨论。

18. 不同人的描述在具体的与会人员方面存有异议。根据腊斯克，除他之外与会
人员有约翰·肯尼迪、罗伯特·肯尼迪、麦克纳马拉、邦迪，以及"可能还
有另一个人"。给 James Blight 的信，1987 年 2 月 25 日，NSAW。根据邦迪，
参加会议的还有波尔，吉尔帕特里克、汤普森和索伦森。见麦乔治·邦迪，
Danger and Survival（New York：Random House，1988），432－433。

19. 腊斯克提出的方法首先由美国驻土耳其大使雷蒙德·黑尔提出，载于安卡
拉电报 587，该电报为星期六早上发至国务院——NSAW。

20. 邦迪，433。另一版描述见腊斯克，240～241。

21. 多勃雷宁，61。在罗伯特·肯尼迪于 1962 年 10 月 30 日致腊斯克的一份备
忘录里，他说他要求多勃雷宁于晚上 7 点 45 分在司法部与他会面（FRUS，

Vol. XI，270）。但是罗伯特·肯尼迪却迟到了。执行委员会 7 点 35 分才结束。罗伯特·肯尼迪然后又去总统办公室开会，这场会议持续了大约 20 分钟。他和多勃雷宁会面的时间大约是晚上 8 点 5 分，和国务院把总统的消息发送给莫斯科是在同一个时间。出处同上，268。

22. 克格勃罗伯特·肯尼迪档案，1962 年 2 月，SVR。

23. 多勃雷宁给苏联外交部的电报，1962 年 10 月 27 日。我通过以下材料重构了这个事件：多勃雷宁的电报，罗伯特·肯尼迪致腊斯克的一份备忘录和罗伯特·肯尼迪，*Thirteen Days*，107—108。罗伯特·肯尼迪的描述和多勃雷宁的描述非常接近，尽管多勃雷宁更加直白，尤其是在撤回"木星"导弹方面。就"木星"导弹的讨论，同一天的多勃雷宁电报看起来比罗伯特·肯尼迪的各种说辞更加可信。美国官方有关"木星"导弹的说法随着时间不断改变。前肯尼迪副官，比如泰德·索伦森，就承认他们曾低调处理，甚至是略去了可能带来尴尬的细节。参见 Jim Hershberg 发表的文章和文档，*CWIHP*，5（Spring，1995），75 - 80，以及 8 - 9（Winter 1996 - 1997），27，344 - 347，包括有多勃雷宁电报的英文译文。

24. 奥唐奈和鲍尔斯，325；白宫日志和总统电话日志，1962 年 10 月 27 日。

25. 奥唐奈和鲍尔斯，340 - 341。

26. Ted Gup，"The Doomsday Blueprints"，*Time*，1992 年 8 月 10 日；George，46 - 53。

27. 奥唐奈和鲍尔斯，324。

28. 布鲁焦尼，*Eyeball to Eyeball*，482；"An Interview with Richard Lehman"，*Studies in Intelligence*（Summer 2000）。

29. Blight 等著，*Cuba on the Brink*，378。麦克纳马拉说他在"黄昏时离开了总统的办公室"，返回五角大楼，然而 Sheldon Stern 指出当执行委员会会议结束时，天已经黑了：10 月 27 日的落日时间是晚上 6 点 15 分。

30. FRUS，Vol. XI，270；Rusk，240 - 241。一些学者曾质疑，腊斯克于 1987 年对寻求科迪埃帮助做出的描述是否可靠，但是这一描述与之前的执行委员会辩论中的说法，以及肯尼迪对"木星"导弹的观点相符合。

31. 国务院古巴事务协调人备忘录，1962 年 10 月 27 日，JFKARC。

32. 米罗档案，*Time*，1961 年 4 月 28 日。

33. Reeves, 97.

34. Néstor T. Carbonell, *And the Russians Stayed*：*The Sovietization of Cuba* (New York：William Morrow, 1989), 222 – 223.

35. 中情局有关"猫鼬行动"的兰斯代尔备忘录。潜入队, 1962 年 10 月 29 日, JFKARC；也可见于有关隐蔽行动的兰斯代尔备忘录, 1962 年 10 月 31 日, JFKARC。

36. Allyn 等著, *Back to the Brink*, 149。

37. 阿列克谢耶夫发给莫斯科的电报, 1962 年 10 月 27 日, 翻译载于 *CWIHP*, 8—9 (Winter 1996 – 1997), 297。

38. Blight 等著, *Cuba on the Brink*, 117。阿列克谢耶夫说, 他直到 1978 年才知道到底是哪方击落了飞机。

39. 对奥尔洛夫的采访。

40. 出处同上。

41. Mozgovoi, 93；第 16 航空母舰师, 古巴导弹危机档案, NSAW。

42. 对奥尔洛夫的采访。

43. Salinger, *John F. Kennedy*, 125。

44. Seymour Hersh, *The Dark Side of Camelot* (Boston：Little, Brown, 1997), 389. 性爱需求对于约翰·肯尼迪来说十分重要。

45. 白宫电话记录, 1962 年 10 月 27 日；白宫社交文件, 1962 年 10 月 24 日, JFKL。梅耶多次拜访白宫在特勤局都有记录。没有证据显示她在 10 月 27 日曾和约翰·肯尼迪幽会。我们也无法确定肯尼迪是否回复了她的电话, 因为他可以避开白宫的接线总机, 用当地的电话线路打电话。有关他们之间关系的讨论, 见 Nina Burleigh, *A Very Private Woman* (New York：Bantam Books, 1998), 181 – 227。

46. 奥唐奈和鲍尔斯, 341。

47. CNO 办公室日志, 1962 年 10 月 27 日；OPNAV 事件简报, CNO Cuba, USNHC。

48. 吉尔帕特里克手写笔记, 晚上 9 点。执行委员会会议, 1962 年 10 月 27 日, OSD。

49. 10 月 28 日拉美通讯社报道, FBIS, 1962 年 10 月 30 日。

第十四章　"装箱运回"

1. 特罗扬诺夫斯基，250。关于会议的时间，见谢尔盖·赫鲁晓夫，*Nikita Khrushchev*，351。

2. 1993 年 9 月对苏共中央委员会书记鲍里斯·波诺马廖夫的采访，引自富尔先科和纳夫塔利，*One Hell of a Gamble*，284；关于马利诺夫斯基于 1962 年 10 月 28 日中央委员会会议的笔记，见富尔先科，*Prezidium Ts. K. KPSS*，624。

3. 谢尔盖·赫鲁晓夫，335。谢尔盖写道，他的父亲愤怒地质问马利诺夫斯基，身在古巴的苏联将军到底是为苏联军队效力，还是为古巴军队效力。"如果他们为苏联军队效力，那么他们为什么要听从外国指挥官的指挥？"由于谢尔盖并没有亲身经历这场对话，所以我并没有使用这一引述。但是其中表露的情感准确地反映了他父亲当时的观点。

4. 特罗扬诺夫斯基，251；多勃雷宁，88。多位作者都认为多勃雷宁关于他和罗伯特·肯尼迪会面的报告由于抵达时间过晚，没能够影响到赫鲁晓夫给约翰·肯尼迪的回复。见例子，富尔先科和纳夫塔利，*Khrushchev's Cold War*，490，这一例子声称赫鲁晓夫"在他得知肯尼迪做出让步之前……口述了他的让步讲话"。这对 10 月 28 日的中央委员会会议记录是一种误读。会议记录确实表明，中央委员会成员的一个小组在当天的晚些时候确实又开会讨论了多勃雷宁的报告，并对其做出了回复。然而当天的议程至少有九项，而多勃雷宁的报告只能位列第三，排在致信菲德尔·卡斯特罗和致电普利耶夫（议程第五项）之前，而后两项都是初定的讨论内容。其他中央委员会会议记录显示数项议程的辩论"并没有按照顺序进行"。

   所以，多勃雷宁的消息很有可能在会议的第一部分就已经抵达，在赫鲁晓夫口述他给约翰·肯尼迪和卡斯特罗的回信之前，然后在会议的第二部分成了细节讨论的主题。这和赫鲁晓夫自己的回忆录以及特罗扬诺夫斯基的回忆录相一致，而特罗扬诺夫斯基在会议的第一部分也在场。特罗扬诺夫斯基的描述结合中央委员会会议记录的部分材料，是实际情况的最权威版本，我的写作严格地遵循了这些材料。

5. 赫鲁晓夫给卡斯特罗的信，1962 年 10 月 30 日，NSAW。

6. 格里布科夫等著，*U Kraya Yadernoi Bezdni*，167。

7. *NK*1, 500.

8. FRUS, Vol. XI, 279.

9. 赫鲁晓夫给卡斯特罗的信，1962 年 10 月 30 日，NSAW，由笔者翻译。

10. 马利诺夫斯基给普利耶夫（假名为帕夫洛夫）的电报，1962 年 10 月 28 日，
莫斯科时间下午 4 点钟，NSAW Cuba，由笔者翻译。马利诺夫斯基又在莫斯
科时间晚上 6 点 30 分发送了第二条消息，命令普利耶夫不得使用 S - 75 萨姆
防空导弹，且还命令地面的战斗机，"不得与美国的侦察机发生冲撞"。两份
文档的翻译载于 *CWIHP*，14 - 15（Winter 2003），389。

11. CINCLANFLT 消息 272318Z，CNO Cuba，USNHC。

12. 美国军舰"比尔号""科尼号""默里号"的日志书，见 NSAW 备案的潜
艇年表。

13. 第 16 航空母舰师，古巴导弹危机档案，NSAW。

14. Mozgovoi，94；对奥尔洛夫的采访。

15. 杜比夫卡回忆录，"In the Depths of the Sargasso Sea"，萨夫兰斯娅翻译。

16. Mozgovoi，109 - 110。

17. 贺拉斯·韦德将军 OH，AFHRA。

18. 未出版的莫尔茨比回忆录。

19. Sagan，76。

20. 莫尔茨比具体如何飞入了苏联领空以及他从北极出发后的准确线路，这些
谜团在数十年内都将无法解开。尽管美国政府承认飞行员犯下了"严重的
导航错误"，才飞向了苏联领土，但它还是尽可能地掩盖了这一场令人窘
迫的事故。麦克纳马拉要求获得一份有关问题的"完整详细的报告"，但
是空军的调查结果并没有得到公布。（麦克纳马拉致空军秘书的备忘录，
古巴导弹危机文件，1 号盒子，OSD。）笔者可以找到的和这一事故相关的
官方文件，包括两张标明莫尔茨比飞越苏联领空的线路地图。这些地图出
现在意想不到的地方：一张在国务院记录中，一张在约翰·肯尼迪图书馆。
这表明它们可能是无意间被解密的。
把这些线路图和天体图相互参照阅读，可以确证莫尔茨比的记忆以及帮助
他回到阿拉斯加州的导航员的记忆。但这些又与广为人们所接受的官方口
吻相左，后者把他飞到苏联的原因归结为他在北极的时候取道错误的方向。

然而这些资料表明，莫尔茨比根本就没有到达北极，他所抵达的区域可能是格陵兰岛北部或是加拿大北部的伊丽莎白女王群岛。

官方版本的主要问题是，它解释不了额外 1 小时 14 分钟的飞行时间。在75000 英尺的高空，U－2 侦察机必须以大约 420 节的速度飞行。如果莫尔茨比真的以这样的速度飞到北极并转向错误，他会在华盛顿时间上午 10 点45 分进入苏联领空，而不是实际上的 11 点 59 分。额外的飞行时间可以使他飞行 600 英里的距离。

这一数据偏差可能性最大的解释是指南针干扰了他的导航计算，指南针在北极附近无法指向。飞行员只能倚仗星辰和陀螺仪来保持自己朝固定的方向飞行，并帮助自己准确地计算时间和飞行距离。据另一名 U－2 侦察机飞行员罗杰·赫尔曼称，莫尔茨比告诉朋友们，他当时忘记把陀螺仪从指南针上解下来，这个失误会导致他被引向地球磁极的北极，这个磁极当时位于加拿大北部。

根据国务院的线路图，莫尔茨比并飞入苏联领空的方位不是从北部，而是从东北部。而他曾提到，曾在飞机鼻端的左侧看到猎户腰带，这两者是相互吻合的。如果他是从北极出发一路向南飞行，那么他将在飞机鼻端的右侧看到猎户腰带。

21. 对贝拉的采访。

22. 理查德·赫姆斯备忘录，1962 年 11 月 13 日，JFKARC。

23. 马塔安布雷铜矿破坏行动时间表，1962 年 11 月 14 日，JFKARC。另见哈维对中情局的备忘录，1962 年 11 月 21 日，JFKARC。哈维在他的备忘录里表示，计划"仅安排了两次前后相接的碰面，分别是 10 月 22 日和 23 日"，即破坏人员出发后的第四天和第五天。如果这两次碰面都错失了，那么"最终搭救行动"定于 11 月 19 日。这份时间表毫无意义可言。因为任何人都明白，想要完成破坏行动，四五天的时间一般是不够的。也是在 10 月，即前一次以铜矿为破坏目标的、以失败告终的任务中，由奥罗斯科领队的破坏小队确实是在进入古巴后第五天撤回的。10 月 22 日至 23 日的搭救计划可能是为另一项隐藏武器的行动安排的，或者一旦奥罗斯科和贝拉没能到达马塔安布雷的话，这一日期便是他们撤退的时机。没有理由怀疑贝拉的主张，他认为首先的碰面日期是 10 月 28 日和 30 日，而最终的撤退时间则是 11 月 19 日。

24. 古巴审问报告，1962 年 11 月 8 日，哈瓦那 2002，古巴档案文件，对贝拉的采访。

25. 蓝月任务 5035，1962 年 11 月 2 日，NARA。

26. 莫斯科致国务卿电报 1115 号，1962 年 10 月 28 日，SDX。

27. 特罗扬诺夫斯基，252；Taubman，575 – 576。

28. 谢尔盖·赫鲁晓夫，367。

29. 特罗扬诺夫斯基，253。

30. 奥唐奈和鲍尔斯，341；Beschloss，541。

31. Alsop 和 Bartlett，"In Time of Crisis"，*Saturday Evening Post*，1962 年 12 月 8 日。

32. 威尔逊 OH，JFKL。

33. Abel，180.

34. 索伦森，*Kennedy*，705。

35. 参谋长联席会议普尔笔记。

36. NSAW Cuba.

37. Beschloss，544.

38. 弗朗基，194；Thomas，524。关于卡斯特罗的描述，见 Blight 等著，*Cuba on the Brink*，214。

39. 对阿列克谢耶夫的采访，CNN CW。

40. 有关这起事件的完整描述，见 Sagan，127 – 133。Sagan 以及其他作者给出的时间显然是错误的：北美防空联合司令部日志给出的时间是 1608Z，或者说华盛顿时间上午 11 点 08 分。Sagan Collection，NSAW。

41. 执行委员会会议总结记录，FRUS，Vol. XI，283。

42. 对索伦森的采访，CNN CW。

43. Reeves，424.

44. 给多勃雷宁的指令，1962 年 10 月 28 日，NSAW；多勃雷宁，89 – 90。

45. 格里布科夫和史密斯，*Operation ANADYR*，72。

46. Mario Vargas Llosa 报告，*Le Monde*，1962 年 11 月 23 日。

47. 中情局备忘录，*The Crisis：USSR/Cuba*，1962 年 11 月 10 日，CREST。

48. 致驻捷克斯洛伐克大使的电报，1962 年 10 月 31 日，Havana 2002，Vol. 2。

49. 叶辛等著，*Strategicheskaya Operatsiya Anadyr'*，57。

50. K. S. Karol，*Guerrillas in Power*（New York：Hill & Wang，1970），274.

51. RFK，110.

后记

1. 小阿瑟·M. 施莱辛格，*A Thousand Days*（Boston：Houghton Mifflin，1965），851。

2. Alsop 和 Bartlett，"In Time of Crisis"，*Saturday Evening Post*，1962 年 12 月 8 日。

3. 施莱辛格，*Robert Kennedy and His Times*，529。

4. 施莱辛格，*A Thousand Days*，828。

5. 多勃雷宁，83。

6. 唯一的例外是 Scott Sagan，*The Limits of Safety*（1993），这是一项关于牵涉核武器事故的研究。

7. 第 4080 战略联队历史，1962 年 10 月，FOIA。

8. Alsop 和 Bartlett，"In Time of Crisis".

9. Kaplan，334.

10. Clark M. Clifford，*Counsel to the President*（New York：Random House，1991），411.

11. Michael Charlton 和 Anthony Moncrieff，*Many Reasons Why：The American Involvement in Vietnam*（New York：Hill & Wang，1978），82。摘自 Eliot A. Cohen，"Why We Should Stop Studying the Cuban Missile Crisis"，*The National Interest*（Winter 1985 – 1986）。

12. Reeves，424.

13. 施莱辛格，*Robert Kennedy and His Times*，548。

14. NIE 85 – 3 – 62，1962 年 9 月 19 日；关于事后记录，见 1963 年 2 月 4 日，总统外交情报咨询委员会关于麦考利夫的备忘录，362 – 371。

15. 约翰·肯尼迪致美洲大学的开学致辞，1963 年 6 月 10 日。

16. Reeves，425；另见 "Acheson Says Luck Saved JFK on Cuba"，*WP*，1969 年 1 月 19 日。

索 引

图书在版编目（CIP）数据

午夜将至：核战边缘的肯尼迪、赫鲁晓夫与卡斯特罗/（美）多布斯（Dobbs, M.）著；陶泽慧，赵进生译. －－北京：社会科学文献出版社，2015.11（2023.3 重印）

ISBN 978 - 7 - 5097 - 7293 - 5

Ⅰ.①午… Ⅱ.①多… ②陶… ③赵… Ⅲ.①美俄关系－国际关系史－研究 ②美俄关系－核安全－研究 Ⅳ.①D851.29 ②E712.1

中国版本图书馆 CIP 数据核字（2015）第 069551 号

午夜将至

——核战边缘的肯尼迪、赫鲁晓夫与卡斯特罗

著　　者／〔美〕迈克尔·多布斯
译　　者／陶泽慧　赵进生

出 版 人／王利民
项目统筹／董风云　段其刚
责任编辑／周方茹　张金勇
责任印制／王京美

出　　版／社会科学文献出版社·甲骨文工作室（分社）（010）59366527
　　　　　地址：北京市北三环中路甲 29 号院华龙大厦　邮编：100029
　　　　　网址：www.ssap.com.cn
发　　行／社会科学文献出版社（010）59367028
印　　装／三河市东方印刷有限公司

规　　格／开本：889mm×1194mm　1/32
　　　　　印张：19　插页：1.25　字数：426 千字
版　　次／2015 年 11 月第 1 版　2023 年 3 月第 8 次印刷
书　　号／ISBN 978 - 7 - 5097 - 7293 - 5
著作权合同
登 记 号／图字 01 - 2013 - 9289 号
定　　价／79.00 元

读者服务电话：4008918866